本书由国家社会科学基金项目
"东北地区边境旅游发展转型与旅游'两区'建设路径及模式研究"
（项目号：17BJY013) 资助

RESEARCH ON THE DEVELOPMENT TRANSFORMATION
OF BORDER TOURISM IN NORTHEAST CHINA AND
THE PATH AND MODE OF
BUILDING "TWO ZONES" FOR TOURISM

东北地区边境旅游发展转型与旅游"两区"建设路径及模式研究

崔哲浩 吴雨晴 著

社会科学文献出版社
SOCIAL SCIENCES ACADEMIC PRESS (CHINA)

序　言

东北地区是我国最早开展边境旅游的地区。1987 年 11 月，我国首次批准辽宁省开展丹东市至朝鲜新义州市的边境旅游活动；1988~1990 年，我国陆续批准辽宁省、黑龙江省、吉林省和内蒙古自治区等省（区）边境城市开展边境旅游活动。1991 年开始，东北各省（区）陆续制定边境旅游暂行管理办法，辽宁省于 1991 年制定，吉林省于 1992 年制定，内蒙古自治区于 1994 年制定，黑龙江省于 1998 年制定。1997 年国家出台《边境旅游暂行管理办法》。2000 年开始，东北地区边境旅游进入快速发展阶段，逐步成为"兴边富民"的战略性支柱产业。2010 年开始，东北地区边境旅游被全面纳入国家对外开放整体战略体系，进入全面融合发展阶段。2013 年 7 月，我国新增 18 个开展边境旅游异地办证的地区，这 18 个地区主要集中在黑龙江、吉林、内蒙古、广西。2015 年开始，东北地区融入"一带一路"倡议，成为我国向北开放的重要窗口。2020 年，边境旅游成为东北边境地区实现乡村振兴及共同富裕的主要路径之一。

经过 30 多年的发展，东北地区的边境旅游虽然取得了很多成效，但长期以来受经济、交通、人才、国际政治等因素制约，与国内其他边境地区（西南）的边境旅游相比发展相对缓慢，而且研究也较薄弱。主要存在的问题包括东北地区各省（区）现行边境旅游相关管理办法已不太适合边境旅游业发展；旅游消费低，旅游产品供给单一；与周边国家旅游合作存在一定难度；旅游出入境手续较为烦琐，通关时间较长；与东北地区毗邻的一些国家政策执行随意性大、不同口岸手续不统一等。

虽然目前东北地区边境旅游业存在一些问题，但其具备较大的经济潜力和发展优势，应充分利用东北边境地区所具有的旅游资源和经济合作基础，将边境旅游业打造成区域经济合作的先导产业，从而带动其他相关产业协调发展。当前，东北地区面临"一带一路"倡议、新一轮东北振兴战略及乡村振兴战略等重大机遇。东北地区边境旅游业应抓住这一历史性契机，并结合自身的优势，及时进行转型升级，探索推进边境旅游持续健康发展的新途径和新方法，为东北边境地区的开发开放走出一条新路。

跨境旅游合作区和边境旅游试验区（以下简称"旅游'两区'"）建设是东北地区边境旅游转型升级的有效方案，是顺应"一带一路"倡议、新一轮东北振兴战略以及乡村振兴战略的重要举措，是推动沿边开放的创新之举，更是推动我国与周边国家共同发展的实际需要。建设旅游"两区"，可为边境乡村地区增加就业机会和财政收入，促进经济发展，实现边境地区共同富裕。目前，东北地区旅游"两区"建设各项条件正在日渐成熟，即将成为旅游业转型升级的"试验田"。这是我国在区域经济一体化框架下旅游领域的新尝试，也是对边境旅游和毗邻国家经济合作模式的新探索。

本书采用文献综合研究、实地调查、定量分析、跨学科综合研究、比较分析等研究方法，深入研究东北地区（包括辽宁省、吉林省、黑龙江省及内蒙古自治区东北部的边境地区）的边境旅游发展总体态势、边境旅游市场、边境旅游资源、边境旅游城市、边境旅游政策、边境旅游安全等内容。结合分析内容，本书全面剖析中朝、中俄、中蒙边境地区的旅游"两区"建设条件、现状，在此基础上，深入探析旅游"两区"建设模式及路径，提出东北地区边境旅游转型发展的战略目标、对策建议及展望。

根据不同的旅游资源特色、旅游市场情况、区域经济发展情况等建设条件，东北边境地区边境旅游试验区可采取边境商贸旅游试验区、边境民族文化旅游试验区、边境风景廊道旅游试验区、边境生态旅游试验区4种建设模式。

根据东北边境地区中朝、中俄、中蒙跨境旅游合作过程及合作区建设情况，东北边境地区跨境旅游合作区可采取"国际公园"模式，具体可分为国际生态公园、国际文化公园、国际产业公园等。

根据东北地区边境旅游资源、边境旅游市场、边境旅游城市竞争力、边境旅游政策、边境旅游安全治理及旅游"两区"建设模式、路径等分析内容，发挥政策优势、资源优势、区位优势、文化优势、毗邻国家友好关系，本书提出符合新时代东北边境旅游转型发展的对策建议。具体对策建议如下：破除边境地区各种限制，逐渐恢复边境旅游市场；全面贯彻法规，实施扶持政策；统筹旅游规划管理，创新经营管理体制；优化边境地区投资环境，拓宽多种融资渠道；提升旅游产业地位，积极培育边境旅游市场；加快边境特色城市建设，完善边境基础设施；利用高科技手段，提升旅游景区及企业的智慧平台；健全边境旅游人才培训，积极引进边境旅游专门人才；加强跨国旅游合作，强化国内地域间合作；社区参与边境旅游助力乡村振兴；创新边境旅游发展模式，探索旅游"两区"建设路径。

　　本书的完成，笔者要感谢课题组成员延边大学地理与海洋科学学院金光益老师、李媛媛老师，长春财经学院蔡昕彤老师，以及团队的研究生张俊杰、张玉哲、马小晰等同学。各位成员在文献收集、整理、核对等方面给予了笔者多方面的帮助，在此表示诚挚的谢意。社会科学文献出版社吴尚昀编辑对本书进行了仔细编校，使得内容更流畅，衷心感谢您的付出。

目　录

绪　论

一　研究意义及目的

（一）研究背景及意义

东北地区是我国最早开展边境旅游的地区。1987年11月，我国首次批准辽宁省开展丹东至朝鲜新义州的边境旅游活动；1988~1990年，我国陆续批准辽宁省、吉林省、内蒙古自治区、黑龙江省等省（区）边境城市开展边境旅游活动。1991年开始，东北各省（区）陆续制定边境旅游暂行管理办法，如辽宁省于1991年制定，吉林省于1992年制定，内蒙古自治区于1994年制定，黑龙江省于1998年制定。1997年国家出台《边境旅游暂行管理办法》。2000年开始，东北地区边境旅游进入快速发展阶段，逐步成长为"兴边富民"的重要战略性支柱产业。2010年开始，东北地区边境旅游被全面纳入国家对外开放整体战略体系中，进入全面融合发展阶段。2013年7月，我国新增18个开展边境旅游异地办证的地区，这18个地区主要集中在黑龙江、吉林、内蒙古、广西（其中，东北地区占14个，广西占4个）。2015年开始，东北地区融入"一带一路"倡议，成为我国向北开放的重要窗口。2016年11月，国务院发布新一轮东北振兴战略，专门提出"支持东北地区积极发展旅游、文化等新消费增长点，出台推动东北地区旅游业转型升级发展的工作方案，完善旅游服务设施，新建全域旅游示范区，加快东北沿边重点开发开放试验区和边境经济合作区建设"等举措。2020年边境旅游成为东北地区实现乡村振兴及共同富裕的主要路径之一。东北地区的边境旅游业迎来新的机遇和挑战，为东北地区与毗邻国家旅游合作发展注入了强大动力。

经过30多年的发展，东北地区的边境旅游虽然取得了很多成效，但长期以来受经济、交通、人才、国际政治等因素制约，与国内其他边境地区

（西南）的边境旅游相比发展相对缓慢，主要存在的问题如下。第一，东北各省（区）现行边境旅游相关管理办法已不太适合边境旅游业发展。2022年9月，文化和旅游部会同外交部等部门起草《边境旅游管理办法（修订征求意见稿）》并公开征求意见，但东北各省（区）至今一直没有修改及出台新的边境旅游管理办法。第二，旅游消费低，旅游产品供给单一。目前，东北地区的边境旅游产品以国门、界碑、界河、民俗等观光型旅游产品为主，游客逗留时间较短，人均消费普遍较低，重游率低。① 第三，与毗邻国家旅游合作存在一定难度。东北地区与毗邻国家在政治、经济、文化等方面有较大差异，直接制约跨境旅游合作。如俄罗斯远东地区是经济后进地区，管理体制滞后；朝鲜采取计划体制，严加防控边境地区。② 第四，旅游基础设施较差，综合服务能力较弱。目前，东北边境地区大多是国内相对落后的地区，由于经济水平较低、缺乏资金支持，其基础设施大多比较落后，交通不便，缺乏必要的住宿设施。此外，边境旅游业相关人才极度缺乏，许多景区没有导游讲解服务，特别是外语导游人才奇缺，严重影响旅游接待能力。③ 第五，旅游出入境程序较为烦琐，通关时间较长。边境旅游的发展很大程度上受到相关国家政策的制约，这一点主要体现在跨境旅游手续的复杂程序上。例如，朝鲜口岸有时采取开包检查，不准携带印有一些国家（韩国、美国等）商标的物品等。④ 目前东北边境游一般不能"自由行"，必须参团。

　　虽然目前东北地区边境旅游业存在一些问题，但其具备较大的经济潜力和发展优势，应充分利用东北边境地区所具有的旅游资源和经济合作基础，将边境旅游业打造成区域经济合作的先导产业，从而带动其他相关产业发展。新一轮东北振兴战略、乡村振兴战略的发布，为东北地区旅游、商贸、物流等产业的发展提供了新的机遇。东北地区边境旅游业应抓住这一历史性契机，并结合自身的优势，及时进行转型升级，探索推进边境旅

---

① 刘佳劼."一带一路"战略下的东北地区边境口岸旅游发展研究［D］.哈尔滨师范大学，2016：35-58.

② 王明清，丁四保.东北地区扩大对外开放的地缘障碍因素分析［J］.当代经济研究，2014（01）：89-93.

③ 葛全胜，钟林生，等.中国边境旅游发展报告［M］.北京：科学出版社，2014：20-22.

④ 夏友照.关于建立中俄朝跨境旅游合作区的战略思考［J］.社会科学战线，2011（11）：237-239.

游持续健康发展的新途径和新方法，为东北地区的开发开放走出一条新路。

　　跨境旅游合作区和边境旅游试验区（以下简称"旅游'两区'"）建设是东北地区边境旅游转型升级的有效方案。2015 年 12 月，国务院出台《关于支持沿边重点地区开发开放若干政策措施的意见》（国发〔2015〕72号），专门提出提升旅游开放水平，促进边境旅游繁荣发展的意见。其具体举措包括改革边境旅游管理制度；研究发展跨境旅游合作区，支持满洲里、绥芬河、二连浩特、黑河、延边、丹东等 11 个有条件的地区研究设立跨境旅游合作区（其中东北地区 6 个、西南地区 4 个、西北地区 1 个）；探索建设边境旅游试验区；加强旅游支撑能力建设。这些国家战略层面的举措不仅为东北边境旅游发展提供了强有力的政策指导，更预示着边境旅游即将迎来跨越式的发展。

　　跨境旅游合作区是中国与毗邻国家在旅游产业领域深化金融、贸易、管理、投资等各方面合作的试验区，既是跨境经济合作区发展的先导区和试验田，又是边境旅游发展的一种新模式。① 跨境旅游合作区更接近于特区的理念，一些新的措施和特殊政策通过两国政府的协商和批准，在这一区域内部由地方政府和旅游主管部门实施。这一新概念是我国于 2011 年提出来的。随后，黑龙江、吉林、辽宁、内蒙古、广西、云南、新疆等沿边省（区）陆续提出跨境旅游合作区的构想，一些边境地区在此方面已经取得了不同程度的进展。如 2013 年，吉林省提出图们江三角洲中俄国际旅游合作区的构想；2014 年，黑龙江省提出黑河、绥芬河中俄跨境旅游合作区的构想；2015 年，内蒙古自治区提出满洲里、二连浩特跨境旅游合作区的构想。

　　边境旅游试验区是在中国边境区域内设立的、依托边境口岸城市、强化政策集成和制度创新、以旅游业为主导的发展区域，是践行全域旅游理念、以旅游商贸服务为主导产业、旨在带动边境地区开发开放的旅游功能区。② 它突出了旅游服务业在沿边区域发展中的主导作用，强调了改革创新对边境旅游试验区发展的驱动作用，明确了地方政府探索边境发展道路的职责。但是各地对边境旅游试验区研究谋划得少，推进得慢，落地得更少。

---

① 李飞. 跨境旅游合作区：探索中的边境旅游发展新模式 [J]. 旅游科学，2013，27（5）.
② 李庆雷，高大帅. 边境旅游试验区建设的认识问题与推进对策 [N]. 中国旅游报，2016-12-06（003）12 月 6 日第 3 版.

目前东北地区已经具备建设边境旅游试验区的优势及条件，如吉林省东部白山、延边等边境地区可以建设集生态、民俗、边境于一体的边境旅游试验区；黑龙江省黑河、抚远、绥芬河等边境地区可以建设集购物、休闲、冰雪于一体的边境旅游试验区；内蒙古自治区满洲里、二连浩特等边境地区可以建设集草原、休闲、购物、民俗于一体的边境旅游试验区。2018 年 4月国务院批准设立内蒙古满洲里边境旅游试验区。

旅游"两区"建设是顺应"一带一路"倡议、新一轮东北振兴战略及乡村振兴战略的重要举措，是推动沿边开放的创新之举，更是推动我国与周边国家共同发展的实际需要。旅游"两区"建设可为边境乡村地区增加就业机会和财政收入，促进经济发展，实现边境地区共同富裕。目前，东北地区旅游"两区"建设各项条件正在日渐成熟，即将成为旅游业转型升级的"试验田"。这是我国在区域经济一体化框架下旅游领域的新尝试，也是对边境旅游和毗邻国家经济合作模式的新探索。

（二）研究目的

第一，本书详细分析了东北地区边境旅游发展过程、边境旅游市场现状、边境旅游资源禀赋、边境旅游政策、边境旅游安全治理等内容，为国家及东北各省（区）出台新的边境旅游管理办法提供有价值的参考资料。第二，目前国内的研究重点放在跨境旅游合作区的介绍、背景及构想等初级层面，没有深入分析跨境旅游合作区的建设路径、合作机制及模式。本书在"一带一路"倡议、新一轮东北振兴战略、乡村振兴战略下提出东北边境地区跨境旅游合作区的建设模式及路径，为东北及国内其他边境地区跨境旅游合作区的建设提供可借鉴的参考资料。第三，本书在全域旅游和共同富裕视角下提出东北边境地区边境旅游试验区建设的条件、模式及路径，为东北及国内其他边境地区边境旅游试验区的建设提供可借鉴的参考资料。第四，本书提出东北地区边境旅游转型发展的战略目标、对策建议与展望，为东北地区边境旅游业的有序恢复提供可借鉴的参考方案。

二　研究方法

（一）文献综合研究方法

收集和分析有关文献资料，利用收集的资料详细分析边境旅游概念与内涵、边境旅游研究理论、国内外边境旅游研究进展、边境旅游政策等内容，并收集文化和旅游部数据中心、东北各省（区）统计年鉴、边境地级行政区的统计年鉴及国民经济和社会发展统计公报等数据资料，分析东北地区各省（区）旅游市场、边境地级市（盟）旅游市场、边境口岸出入境人数、旅游资源分布等内容。

（二）实地调查法

结合收集的文献资料内容，对辽宁省丹东市，吉林省延边朝鲜族自治州，黑龙江省黑河市、绥芬河市，内蒙古自治区满洲里市、二连浩特市等边境城市进行实地调查，分析东北边境城市的跨境旅游路线、旅游企业、旅游客源市场、乡村旅游、边境旅游政策、跨境旅游合作遇到的问题等内容。

（三）定量分析法

收集东北地区边境城市的旅游市场、旅游收入、旅游景区数量、旅游企业数、旅游交通、社会经济条件等内容，从边境城市旅游基础条件、旅游发展现状和旅游发展潜力三个方面构建边境城市旅游竞争力指标体系，采用熵技术支持下的层次分析法，科学评价各指标权重，使用 Santy 的 1-9 标度方法，分析评价东北地区边境城市竞争力等级、不同竞争力类型的边境城市旅游竞争力、不同边境段（中朝、中俄、中蒙）的旅游竞争力等。

（四）跨学科综合研究方法

利用旅游经济学、旅游地理学、区域经济学、地缘政治学、国际贸易学等跨学科理论及方法，分析边境城市旅游市场、旅游资源禀赋、边境城市旅游竞争力、边境旅游安全治理、边境地区乡村振兴发展、边境旅游试验区、跨境旅游合作区等内容。

（五）比较分析法

分析国内西南地区、西北地区边境城市国内旅游市场、国际旅游市场、出入境口岸情况、边境旅游发展过程等内容，结合东北地区的实际发展情况，探讨东北地区边境城市跨境旅游合作区和边境旅游试验区建设模式及路径。

三 研究对象及主要研究内容

(一) 研究对象

本书的研究对象为广义的东北边境地区,包括辽宁省、吉林省、黑龙江省及内蒙古自治区东北部(呼伦贝尔市、兴安盟、锡林郭勒盟)的边境地区,详细分析东北边境地区的边境旅游发展总体态势、边境旅游市场、边境旅游资源、边境旅游城市、边境旅游政策、边境旅游安全等内容。

(二) 主要研究内容

本书由绪论和正文构成,具体框架及内容如下。

绪论,主要包括本书的研究意义及目的、研究方法、研究对象及主要研究内容、学术价值及社会效益。

第一章 国内外边境旅游研究进展,主要包括边境旅游概念与内涵、边境旅游研究理论、国外边境旅游研究进展、国内边境旅游研究进展。

第二章 东北地区边境旅游发展的总体态势,主要包括东北地区边境旅游发展的阶段及其特征、东北地区边境旅游的地位和作用、东北地区边境旅游总体发展现状、东北地区边境旅游发展存在的问题。

第三章 东北地区边境旅游资源禀赋与特征,主要包括东北地区边境旅游资源的类型与数量、东北地区边境旅游资源质量等级、东北地区边境旅游资源的总体特征、东北地区不同边境段旅游资源开发概况、东北地区毗邻国旅游业发展与旅游资源概况。

第四章 东北地区边境旅游客源市场分析,主要包括中国边境旅游客源市场总体情况,辽宁省、吉林省、黑龙江省、内蒙古自治区边境旅游客源市场情况。

第五章 东北地区边境城市旅游竞争力评价,主要包括东北地区边境城市旅游竞争力的目标与意义、东北地区边境城市旅游竞争力评价指标体系构建、东北地区边境城市旅游竞争力评价模型与测算方法、评价结果及分析。

第六章 东北地区边境旅游政策解析,主要包括边境旅游政策的界定与影响因素,我国边境贸易政策沿革,我国边境旅游政策沿革,东北地区边境旅游政策沿革、现状与问题，东北地区与毗邻国家边境旅游政策分析。

第七章　东北边境地区旅游业助推乡村振兴发展分析，主要包括边境地区旅游业助推乡村振兴，辽宁省、吉林省、黑龙江省、内蒙古自治区边境地区旅游业助推乡村振兴发展实践。

第八章　东北边境地区边境旅游试验区建设模式及路径，主要包括边境旅游试验区产生背景及相关研究，中朝、中俄、中蒙边境地区边境旅游试验区建设模式，东北边境地区边境旅游试验区建设路径。

第九章　东北边境地区跨境旅游合作区建设现状及路径，主要包括跨境旅游合作区内涵及相关研究，中朝、中俄、中蒙边境地区跨境旅游合作区建设现状及路径。

第十章　东北地区边境旅游转型发展战略目标及展望，主要包括东北地区边境旅游转型发展战略目标、东北地区边境旅游转型发展对策建议、东北地区边境旅游发展展望。

四　学术价值及社会效益

（一）学术价值

探索边境旅游新模式：旅游"两区"是贸易自由化和经济一体化在旅游产业领域实现的一种新尝试，也可以视作边境旅游自贸区，因此，借鉴经济学、地理学、旅游学等多学科的理论和方法，探析旅游"两区"的建设条件、模式及路径，有利于发展旅游经济学理论。

（二）社会效益

第一，对东北边境地区国际合作的带动效应。旅游"两区"建设，能够有效地改善通关环境，增强国家间的相互信任，拉动相关产业发展，促进区域合作向更广领域、更深层次深入发展。第二，旅游产业的外溢效应。旅游"两区"建设，不仅在旅游产业本身，还要在金融、投资、物流、服务外包、劳动力输出、能源等多个领域连带发展，起到旅游发展的乘数效应。第三，发展边境旅游能够助力乡村振兴。东北很多边境乡村经济发展水平较差，发展边境旅游，可增加就业机会及财政收入，带动人才回流，促进经济发展，达到共同富裕的目的。第四，东北地区将成为我国实施

"一带一路"倡议和"旅游外交"战略的重要区域之一。图们江中朝俄区域、呼伦贝尔中俄蒙区域将成为北上丝绸之路的重要节点，以及发展"旅游外交"战略的重点区域。第五，边境旅游将成为东北地区边境安全治理的主要路径。边境旅游的发展，可以巩固中国同周边国家的友好关系，保障边境地区实现政治稳定、社会和谐和经济发展。

第一章　国内外边境旅游研究进展

第一节　边境旅游概念与内涵

一　边境旅游的概念

边境旅游是一个具有空间内涵的概念，有时也被称为边境地旅游或跨境旅游，指游客通过边境口岸或国家行政边界进行的跨越国界的旅游活动。边境旅游发生在边境线附近，是一种特殊的国际旅游。[①]

早期研究者对于边境旅游概念界定如下。《边境旅游暂行管理办法》将边境旅游定义为经批准和指定的旅游部门组织和接待我国公民，集体从指定的边境口岸出入境，在双方政府商定的区域和期限内开展的旅游活动。张广瑞（1997）认为，边境旅游是某国国际旅游的组成部分，是出游的一种方式，是指人们跨越边境口岸开展的旅游活动。姚素英（1998）提出，边境旅游就是指邻国或者相邻两区域的居民，在边境开展的短程旅行游览活动。它使国内旅游得到了拓展，在国际旅游中占有举足轻重的地位和特殊的意义。田欣（2003）认为边境旅游是指经政府批准的边境地区的市、县，与相邻边境地区进行合作，组织中国公民前往另一国开展的旅游活动。通过对比前期研究者的看法、归纳可发现，其基本上都是围绕《边境旅游暂行管理办法》中边境旅游这一概念的定义范围来展开的。对边境旅游来说，研究人员一般都强调如下三点。第一，边境旅游就是在邻近国家之间进行旅游，这种形式与其他类型旅游之间存在着明显差异。第二，边境旅游的游客应当在规定的口岸进出境。第三，边境旅游具有明显的区域性、时限性特征，即边境旅游在规定地区、规定期限之内进行。结合中国旅游产业的发展过程，可以说，早期边

[①]　中国旅游研究院. 中国旅游大辞典. 上海：上海辞书出版社，2012：31.

境旅游是我国旅游业在特殊发展阶段、特殊地区的一种特殊的旅游形式。

进入 21 世纪后，国内大众旅游市场异军突起，规模越来越大，出境旅游的市场需求也变得越来越强烈。与此同时，我国边境地区旅游业得到快速发展，但由于历史原因以及现实条件限制，边境省份之间存在着较大的经济差距，因此，加快边境地区旅游开发势在必行。许多边境省区，特别是边境县域，在发展区域旅游产业过程中，把开发"边境旅游"视为重要手段。基于这样的背景，我国学者对边境旅游这一概念的内涵与外延进行了全新的理解，边境旅游这一概念得到了极大的拓展。陈永涛（2004）在地理空间关系上，区分了边界旅游与边境旅游。韦国兆（2008）和祝招玲、谢维光（2010）认为，边境旅游包括边境跨国游和边境地区游。其中，边境跨国游是指两国游客在规定地区和时间，经过各自边境口岸，前往对方国家开展的出入境旅游活动；边境地区游是指在本国边境地区开展的境内旅游活动。李飞（2013）为了使边境旅游研究中的指向更加明确以及便于统计，主张以跨境旅游取代边境旅游，由具体到归纳，对边境旅游的认识从早期的"以口岸为载体，开展跨界旅游等多种形式"到现在的"在边境地区开展旅游活动"。孙杨（2014）认为边境旅游是旅游者以参与旅游或自助旅游的形式在边境地区开展的一日或多日的旅游活动。李庆雷等（2017）认为，边境旅游指发生于边境线附近地区、以边界所涉物象和人事为中心吸引物的旅游活动。

二　边境旅游的内涵

边境旅游和政治意识形态、国家安全等息息相关，属于敏感性比较强的涉外旅游活动。我国在"一带一路"倡议下大力推进对外开放战略，为边境旅游提供了广阔的发展前景，也给边境旅游带来了前所未有的机遇与挑战。发展边境旅游对推动边境地区经济社会发展、改善当地居民生活、增进相邻国家间的沟通和相互了解等，均有十分重要的意义。我国边境地区民族文化多样，旅游资源丰富，吸引着国内外众多游客。但是，边境旅游也存在着空间受限、程序简单、费用低等特点。

（一）边境旅游的特点

针对边境旅游的特点，学者提出了如下观点。第一，边境旅游是一种独特的旅游形式，它具有国内旅游与国际旅游两大旅游形式的双重特征。边境旅游与国内旅游不同，它具有明显的地域特征、民族性、文化特色。第二，过夜要素未被列入边境旅游的判断中，也就是说边境旅游中的旅行时间没有对"过夜"的硬性规定（王桀、苏季珂，2022）。第三，边境旅游开发的最初目的是进一步拓展中国旅游业的对外开放，推动边境地区经济繁荣和社会稳定，加强与毗邻国家的交流与友谊。第四，以"界线"为标志特点的国门和界碑、界桥和其他"结点景观"，形成边境旅游核心吸引物，对边境两侧的旅游者具有吸引力。第五，边境旅游有多种表现形式。在部分交通良好、经济发达、开放意识较强的边境地区，边境旅游具有双向流动和规模大的特点，影响范围较大，影响程度较深。相反，在交通阻塞、经济落后、开放意识较差的地区，边境旅游则很难扩张，其影响范围与程度亦较低。第六，边境旅游的主要动机包括休闲娱乐、国家情怀、交际往来、边境购物等（Larsen，2001；John，2000）。第七，边境旅游具有政策敏感性。对于经营边境旅游业务的旅行社及从事出入境审批的机关部门，双方均有严格的审批程序和管控制度。边境是一个国家综合实力的展现之窗，是各国维护主权尊严与领土完整的入口和阵地，在政治上、军事上都有很大意义，游客须持具体文件、经口岸进行相应查验后方可通过（高飞，2021）。

（二）边境旅游类型的划分

学者根据不同的分类标准，对边境旅游做了如下的划分（见表1-1）。

表 1-1　边境旅游划分

学者	分类依据	具体分类
张广瑞（1996）	旅游目的	贸易驱动型、观光驱动型、购物观光型
	地区类别	①东北、北部和西北地区边境旅游（中俄、中蒙）。这一地区的边境旅游基本上是贸易驱动型，人员双向流动，流量大，向双方内地发展深入，外方以购物为主要目的的旅游团居多 ②西南地区边境旅游（中越、中缅、中老）。这一地区的边境旅游主要是购物观光型，边境旅游中方的需求旺盛，出多进少。边境地区互市活动活跃，中方向外方的深入较远，而外方基本上未来向中方内地发展 ③辽宁和吉林的中朝边境地区边境旅游。这一地区的边境旅游以观光型为主，中方需求旺盛，流向单一，基本上是中方旅游者向朝方进行多日游的流动，旅游目的地直接到达首都平壤、妙香山、金刚山，甚至到达开城和板门店
	旅游费用的支付主体	自费旅游和非自费旅游

续表

学者	分类依据	具体分类
姚素英 (1998)	旅游方式	探亲旅游、观光旅游、购物旅游、商务旅游、疗养旅游、观光加度假、购物加度假等

数据来源：笔者整理。

第二节　边境旅游研究理论

边境跨境旅游研究涉及理论包括区域经济理论（增长极理论、点—轴开发理论、核心—边缘理论）、共生理论、内生增长理论、空间相互作用理论、区域旅游合作理论、阻滞效应。

一　区域经济理论

旅游资源的开发首先集中在占据优势的地区，进而带动其他地区旅游资源的开发。从区域经济理论的角度看，具体可以运用增长极理论、点—轴开发理论、核心—边缘理论对边境旅游进行研究。增长极理论指出，增长在空间范围内并非同时均衡增长，而是从一个或几个增长点往外蔓延，由此带动了全区的发展。点—轴开发理论是从增长极理论中引申出来的，这一理论主张增长极间的轴线具备有利条件，会有效地形成一个增长带，有助于推动区域和谐发展。因此，旅游资源开发应该根据各个地区自身的特点，确定合适的发展战略和目标。该理论对整合各种旅游资源、推动区域的协调发展有着举足轻重的作用。核心—边缘理论指出，在资源开发初期，将中心旅游资源点作为核心区域，其他旅游资源点属于边缘区域，随着旅游业的深入发展，边缘地区影响不断扩大，对核心地区产生了一定程度的影响。核心区域在影响力越来越大的情况下，也会向边缘区域蔓延，核心区域和边缘区域之间的边界逐渐冲淡（罗妹梅，2021）。

（一）增长极理论

增长极理论首先是由法国经济学家弗郎索瓦·佩鲁提出的，增长极是指以区域内部带有支配效应的经济空间为起点，通过辐射带动其他地区实现增长和发展的单元（宋继承，2013）。增长极效应包括支配效应、乘数效应、极化与扩散效应三种。支配效应也称为拉动效应，指的是一方给另一方造成不可逆或局部不可逆的影响；乘数效应主要指增长极上推动性产业和其他产业之间存在前后及旁侧关联性，由此带动生产、促进就业、提高经济效益；极化与扩散效应指的是在区域的不均衡发展中，经济以增长极为核心增长，各要素资源聚集与扩散的过程。比如，边境地区凭借其得天独厚的区位条件、民族文化、异域风情、政策支持等，优先发展旅游业，再形成经济网络，通过各种渠道向外传播优势资源，从而促进边境地区的经济发展（吴松立、李海莲，2021）。极化效应解释了规模经济，由此有效地拉动了本地区经济、旅游业的发展，扩散效应解释了增长极和非中心地区差距缩小的原因。

增长极理论对于地区旅游空间结构布局以及旅游发展核心区域建设具有重要指导作用。该理论认为旅游开发区域应根据其特有的旅游资源、交通基础设施，选择主要优势因子，分析其前后及旁侧联系，整合地区优势因子及其他因子，共同发展该地区旅游业，推动其迅速成长为该地区旅游业的增长极。随着旅游业发展到一定阶段后，根据扩散效应，该地区可借助网络、交通、旅游新线路等不同渠道，将优势不断向周围景区蔓延，逐步形成以增长极为中心、以周边各旅游景区为骨架的区域旅游网络空间（孙学文，2021）。

（二）点—轴开发理论

点—轴开发理论在旅游业的开发布局上有着广泛的应用，是我国著名经济地理学家陆大道院士提出的，是指区域经济发展过程在空间上呈线性推进的一种模式。在这一理论中，"点"就是在一个地区范围内，具有强大凝聚力和吸引力、区位条件比较优越的经济中心城镇，"轴"就是把各经济中心联系在一起的轴线，在这一基础上形成了以一个或几个具有强大辐射功能的城镇为核心，向周围一定地域进行扩散和聚集而构成的网络型空间结构。点—轴开发理论对增长极理论进行了拓展与推广，"点"为地区旅游发展增长极之所在，"轴"为增长极外围交通干线。

（三）核心—边缘理论

"核心—边缘"这一概念最早由经济学家 Pulevision 提出，用于描述地理空间的相互作用。1966 年弗里德曼出版了《区域发展政策》一书，核心—边缘理论被正式提出。1969 年，弗里德曼在《极化发展理论》中对这一理论做了进一步的改进，并以此来解释城市之间的非均衡发展态势。所谓"核心"，一般是指城市或者区域的中心，而所谓"边缘"，就是经济相对落后或者前缘区域。这一理论把区域空间结构和经济发展阶段联系在一起，着重指出，区域经济增长过程是一个经济空间结构持续演化的过程。该理论对阐释边境旅游产业的演化过程及跨境旅游合作有着重要意义。区域空间格局决定于特定地区内部的资源禀赋结构、交通条件以及政府干预程度等因素。边境地区除了在地理位置上远离中心，在时间和空间上也处于边缘，从而造成了社会财富分布不均衡。这一问题已引起旅游社会学与旅游人类学界的关注。随着核心—边缘理论不断发展，该理论内涵也被应用于旅游业。

任何一个区域旅游业的发展，都是由核心旅游景区及外围旅游景区构成的。景区的范围边界，是指核心景区和外围景区之间的边界。在众多景区中，以资源禀赋为基础形成的旅游景区往往具有较高的知名度及影响力，而周边一些相对弱势的外围景区则会被边缘化。核心景区的核心吸引物及旅游基础设施都比周边景区要好，所以外围景区应借助核心景区资源优势，增强其发展力。因此，利用核心—边缘理论研究核心景区及其周边外围景区的关系对推动整个地区的经济增长有着重要意义。Hall（2005）认为隔离感与边缘是边境地区的基本特征。Christaller（1963）基于消费者动机，运用核心—边缘理论，对边境旅游现象进行了分析。他认为，以追求快乐和享受为动机的旅游者大多向边缘地区聚集，而旨在受教育、从事商务活动的游客则聚集在城市中心。Ash Tuner（1996）则将核心—边缘理论进一步发展为核心—边缘依赖理论，以分析旅游分配与发展的权力差异。Crick（1989）认为边缘区对核心区存在依赖，并将这种依赖现象称为"休闲新殖民主义"。边境地区作为国家政治、经济、文化等方面较为敏感的地带，具有特殊功能。边境旅游已经成为边境地区经济和社会发展的一种重要方式，能够吸引大批旅游者聚集到边境地区，由此实现从边缘到前沿的转变。

二　共生理论

"共生"最初主要应用于生物学领域中，后来随着旅游业的蓬勃发展，人们开始将共生理论扩展到旅游学领域中。1879 年，德国医生 Antonde Bary 首创"共生"这一概念，他认为，共生是指不同生物密切生活在一起（洪黎民，1996）。21 世纪以来，旅游行业的竞争关系日趋激烈，旅游供需关系由供不应求向供大于求转变，学者们对旅游行业中的企业、景区、游客、旅游目的地、旅行社等多方利益主体之间的互动关系做了重新深度思考，并取得了共识。学者们认为"共生"是达到不同利益主体之间互惠共赢目的的途径。从区域旅游发展的角度来看，对旅游共生关系的认识可分为两个方面。一方面，旅游共生关系是不同区域的互惠合作。边境旅游的"边境"突出了国家间边缘地带的关系，可以指向不同尺度。所以，边境旅游，从宏观意义上看，是涉及两个或者两个以上国家之间的旅游关系；从微观意义上看，它指向的是国家之间或者更低一级的区域。另一方面，旅游共生关系是旅游系统内不同要素间的合作与互惠，包括旅游开发过程中不同利益主体、旅游业与其他产业间的相互作用关系。在国际旅游市场不断拓展的今天，跨境旅游合作作为旅游共生的外显形式，加快了各国边境地区的贸易自由化以及经济一体化，也加快了多国游客、资本、信息和技术的流动，并带动了其他产业的发展，从根本上提高了区域的旅游竞争力（Gelbman and Timothy，2010）。

三　内生增长理论

内生增长理论认为区域经济的持续增长并不一定要依赖于外力，也可以根据其内生力量实现经济持续增长。相关学者提出的技术创新、人力资本积累、国际贸易中技术溢出带来的技术进步等观点促进了内生增长理论的形成（Grossman and Helpman，1991）。内生增长理论认为，一个国家的经济增长与它的知识、技术和人力资本等因素成正比，这些因素水平越高，经济增长越快（任力，2009）。内生增长理论强调了人才、技术的重要性，能够为边境旅游经济发展提供前进的方向。边境地区处于边缘地带，历史发展、自然条件等多方面因素导致边境地区建设资金短缺、人才培养和经济发展相对落后、地区开发程度较低。比如，以自然资源禀赋为主的边境地区，其经济社会发展缓慢，基础设施落后，对外开放程度低，导致产业结构单一，难以带动整个区域经济的快速发展。所以，受多种经济资源要素制约，边境地区经济发展难以套用传统的经济增长方式。但相对于核心区而言，边缘区因其相对欠发达，保留着本真的自然与文化景观，具有发展旅游的先决条件。同时，随着各地居民之间的文化交流越来越频繁，边境旅游业得到快速发展，已经逐渐成为拉动边境地区经济社会发展的新增长点和内生动力。因此，可以促进资金、技术、人才向边境地区集聚，形成有效的牵引力，促进当地社会、文化、经济发展（高飞，2021）。

四　空间相互作用理论

地球表层的抽象表述就是空间，任何事物都存在于特定的空间中。空间相互作用理论是在牛顿万有引力原理的启示下发展起来的。20世纪40年代，斯特瓦特试图用万有引力理论来解释距离衰减特征。1972年，地理学家哈格特参照物理学热传递的内容划分了对流、传导及辐射三种城市区域空间相互作用的形式。他认为城市之间存在着物质能量交换与转移，并指出城市空间相互作用发生的先决条件是城市间的互补性、通达性和可介入性。

空间相互作用理论认为，即使是相互分离的空间，也存在着不同程度的相互作用。在区域发展中，必须考虑到各地区之间可能存在的相互影响关系。学者通过建立相应的数学模型，如引力模型、重力模型和城市流强度模型等，估量空间的相互作用关系。这些模型都能较好地揭示各种影响因素对一个特定地点或某个区域经济活动不同程度的影响力，为区域开发提供理论依据。在旅游研究中最为人们所熟知的是旅游引力模型和旅游距离衰减模型（高飞，2021）。随着时间的推移，这些模型逐渐发展完善，并成为解释空间作用现象的有力手段。发展边境旅游要打破区域边界的束缚，既要强化地区内部互动过程，也要增进同毗邻国家的沟通，在旅游产品开发、旅游线路设计、出入境政策、旅游管理和控制等方面加强合作，把边境旅游打造成边境地区经济发展的支柱产业，并且利用边境旅游发展的机遇，突破行政区划壁垒，促进区域之间和各国之间经济和社会持续发展、文化与政治不断交流。

五　区域旅游合作理论

区域旅游合作是指政府、旅游企业、行业协会、民间组织等旅游主体，为了激发旅游市场活力，避免地方旅游保护主义和行政区域代替旅游区域等现象所导致的市场不正当竞争、旅游产品重复建设、旅游路线分割等问题，重新分配和优化配置各地资源，通过建立共同运行机制、出台互惠政策等方式来共同发展旅游业，以获取最大经济效益、社会效益和生态环境效益，实现各主体共同目标的过程。为了达到区域利益最大化，各旅游经济主体必须联手行动，在区域内加强旅游合作，以政府为导向，建立合作机构，编制协作规划作为保障，在原有旅游产品的基础上，深入挖掘当地旅游特色，促进资本、信息、技术、人力等各经济要素的合理流动，消除主体间的非正常壁垒，实现旅游资源共享、优势互补，消除旅游合作的市场化障碍，加强旅游合作，促进资源开发，推动旅游产品多元化开发，增强旅游品牌和区域发展的竞争力，从而使区域的旅游业得到整体协调发展。同时要注重加强区域合作机制的建设，形成政府主导、企业积极参与、市场运作、利益共享的良好格局（刘洋，2017）。

六　阻滞效应

阻滞效应指的是非完全开放的国界对旅游流集散的迟滞、筛选、阻碍作用，其体现为对以跨越边界为特征的边境旅游活动的抵抗抑制作用，解释了我国边境旅游长期发展缓慢的原因（陈永涛，2018）。依据不同分类标准，阻滞效应可划分为不同的类型。按照国界对旅游流的阻滞程度，可分为完全阻断、不完全开放状态、完全开放状态。完全阻断指的是两国边界不允许人员互相流动，游客不可以跨越边界进行旅行活动。不完全开放状态强调的是游客需要办理较多烦琐的通行手续才可以跨越国界进行旅游，目前大多数国家的边界管制属于这种状态。因此，必须加强区域内政治互信，建立信任机制，以消除各种阻力。完全开放状态指的是旅游者可以畅通无阻地跨越边界，边界几乎不存在。世界上有少数国家的边界处于这一状态。《申根协定》促进了欧洲旅行，其签署的目的在于消除欧盟内部各成员国的边界限制，使游客可自由通行。根据边境旅游受阻的客体，阻滞效应可分为人员阻滞、物品阻滞、车辆阻滞。人员不能流动不利于两国的政治交往与合作；物品不能流动会影响两国的经贸交流，不利于经济发展及社会财富的流通增值；车辆阻滞影响交通基础设施的建立，不利于两国的共同发展以及命运共同体的形成。边贸通道在促进区域经济增长中起到重要作用，但其自身也可能成为阻塞点或瓶颈。以旅游发展、对外贸易为视角进行思考，相邻国家应该共同努力，积极主动开展合作，减小阻滞效应，促进旅游和经贸的发展，并以此带动边境地区发展，这也是边境地区政策制定的宗旨和方向。

第三节　国外边境旅游研究进展

整体来看，国外研究者更加关注边境旅游发展的微观层面问题，如以案例研究为切入点，重点关注边境旅游感知与行为、边境旅游吸引物、边境旅游发展的效应和影响、跨境旅游购物、跨境旅游合作等。其研究区域主要集中在区域社会经济合作比较密切的地区。早期主要集中于区域经济一体化程度较高的欧洲申根国家以及北美地区的美国和加拿大；进入 21 世纪后，随着全球一体化进程的加快，对亚洲地区，特别是东南亚以及东亚地区的研究逐渐增多。

（一）边境旅游吸引物研究

1. 边境旅游吸引物及边境旅游吸引力

边境旅游吸引物在国外边境旅游的研究中占有极其重要的地位。旅游吸引物要有吸引旅游者的能力，旅游吸引力是旅游吸引物的核心。关于边境旅游吸引物的理论研究最早可以追溯至 1979 年 IUG 会议后 Matznetter 和 Eriksson 发表的两篇论文。Matznetter（1979）最早尝试将政治边界和旅游吸引物间的空间位置细分为三类：两个旅游景区分属政治边界两侧，彼此间隔较远；一个景区跨越边界线而存在，或者两个旅游景区都在边界线附近；单个景区属于并紧紧挨着政治边界的一边。这为此后研究边界线旅游吸引力问题提供了良好的基础，也为后续边境旅游吸引物问题的研究奠定了坚实基础。Eriksson（1979）指出，边界通关便利程度、自然和社会条件对边界旅游吸引力水平有显著影响。Leimgruber（1989）探讨了边界感知、边境吸引和边界的障碍作用。Timothy（1995）系统论述了政治边界与旅游的关系，认为边界既可以视为旅游吸引物，也可以视为旅游目的地，并进一步依据旅游吸引物的不同特征，对其进行划分。Hall（2005）认为边境地区的旅游吸引力来自欠发达地区长期保留下来的原始的大自然和文化价值。Sofield（2006）强调边界是旅游吸引物与障碍的矛盾统一体，边界既限制了游客的涉足范围，同时其特有的边界风光也形成了独特的旅游吸引力吸引游客前来观光。

　　在案例研究方面，国外学者多有建树。Prokkola（2007）指出跨境旅游合作可以作为提升边境旅游吸引力的关键途径之一，从而使边境线得到从"障碍"向"资源"的有效转换。Gelbman 和 Timothy（2010）在对以色列与巴勒斯坦的"栅栏"、"金三角"与"柏林"围墙等国家边界的功能研究中，也表明了边界可以实现从阻碍（hostile）到旅游吸引物的转变。与此同时，美加跨境购物问题受到了 L. D. Matteo 和 R. D. Matteo（1996）与 Timothy（1999）的关注。他们对历史数据进行了追踪和对比，结果表明，美加跨境旅游的快速发展得益于美加在商品及税法上存在差异，之后，众多海关免税区在边境地区建立，从而带动了消费和边境地区的经济增长。Timothy（2001）指出边境旅游吸引物范围极其广泛，不仅包括边境地区的餐饮服务、娱乐等活动，还包括边境地区原生态的语言、文化、风俗、服饰等特色要素。

　　2. 边境旅游吸引物的类型

　　边境旅游吸引物是指边境地区被赋予了某种象征意义的物品或场所，以及自然演变形成的一些特殊物件，具体包括景观吸引物、文化吸引物、商品吸引物。

　　（1）景观吸引物

　　一些特有建筑因地理位置位于边境附近，成为边境地区独有的人文景观。比如国门、界碑、边境线、篱笆、城墙、瞭望塔是边境旅游吸引物，它们与国家权威和国防实力之间有着千丝万缕的联系，也是边境地区的标志。位于中朝边界的图们界碑、地处中俄边境的满洲里国门等有着独特的魅力，吸引了游客前往观光。

　　除此以外，边境地区的火山地貌、瀑布、石林、江流、高原、草原、森林、植物花卉、珍稀动物等较为罕见的自然旅游资源，也是自然景观边境旅游吸引物。比如，尼亚加拉瀑布位于美国和加拿大两国的交界处，可以从美、加两国不同的角度去欣赏；世界第一高峰珠穆朗玛峰、第二高峰乔戈里峰分别位于中尼、中巴边境，亦是全世界众多登山爱好者的喜爱之地。

　　（2）文化吸引物

　　近年来，随着旅游业的蓬勃发展，越来越多的人选择到境外进行跨国界旅游，以体验异国异域文化。在这一过程中，这些来自不同国度的游客不仅能感受到异域的魅力，还能够学到一些知识和技能，促进文化交流和经济合作。在众多边境旅游吸引物中，语言及文化的差异对边境旅游业发展具有重要作用。边界两侧国家文化的相似性和差异性均可以形成边境旅游吸引物。各国不同的语言和社会文化差异是驱动人们前往边境旅行的主要原因之一（Mckercher，2001）。如伊朗北部边境约尔法地区由于其独树一帜的朝圣之旅受到旅游者的热捧。伊朗大部分居民信仰伊斯兰教，其内部浓烈的宗教氛围和独特的建筑、服装等文化要素使其成为众多游客的信仰之地。当地的自然风光、民族风情及风土人情吸引了大批来自世界各地的游客。而边境国家的语言和文化类似，也能够激发游客进行边境旅游的热情。如中国吉林省延边朝鲜族自治州的朝鲜族居民大多讲朝鲜语，其与朝鲜的语言类似，同时，延边州在饮食、服装、建筑风格等文化要素方面与朝鲜具有相似性，推动了延边州边境旅游的发展。

（3）商品吸引物

边境两国商品差异是边境旅游吸引物，包括商品价格的差异和商品种类的差异。边界两侧国家税收制度和贸易制度的不同导致商品价格不同，而产生价格差异时高价区的居民就会到低价区去消费。因此，商品的差异性是影响旅游者消费行为的重要因素之一。比如，20 世纪八九十年代，美国与加拿大边境旅游蓬勃发展，其中一个主要原因是美加之间存在商品价差。美国由于零售行业竞争激烈且商品税率较低，产品价格较为低廉，吸引了加拿大人跨国购物。1987 年，到美国消费的加拿大人有 3000 多万，到 1991 年这个数字已经翻了一番（Di Matteo L. and Di Matteo R. D.，1996）。瑞士与邻国的汽油价格差异是商品价格差异推动边境旅游发展的又一例证。除了商品价格差异，商品种类不同也促使跨境购物现象的产生。在美墨边境，两国的医疗差异导致了墨西哥居民前往美国、美国居民前往墨西哥求医的奇特现象（Valdez and Sifaneck，1997）。在美国，医疗设施、药品更先进，费用也相对高昂，医院过分依赖手术治疗。而亲密信任的医患关系、快捷便利的服务、高效的药物治疗、低廉的医疗费用是墨西哥医疗的特点，这种医疗差异造成了美墨居民选择到邻国寻求医疗服务（Leick et al.，2020）。

（二）边境旅游感知及消费行为研究

1. 边境旅游感知研究

旅游感知是国外边境旅游需求研究的重要内容，重点集中在对旅游者体验、满意度及其影响因素的研究上。对此，国外学者大多围绕特定的案例进行研究。

Kenneth 等（2007）以美国纽约州西部和加拿大安大略省南部边境地区、中国的香港和深圳交界地区为例，对 635 名旅游者进行了认知、情感和行为等方面的调查，结果表明，经济因素、质量因素、服务因素和愉悦因素对游客的感知、行为和满意度有一定的影响。Correia Loureiro（1995）在对西班牙和葡萄牙两个边境地区乡村旅游案例分析中得出游客对乡村形象感知情况以及对乡村旅游的信任程度影响边境地区乡村旅游者满意度的结论。Timothy 和 Butler（1995）研究发现边境两侧国家社会文化的相似性和异质性对跨境旅游行为会产生积极的促进作用。Canally 和 Timothy（2007）认为旅游者的主观因素如个人安全意识、制度差异、出行兴趣等，会在不同程度上阻碍美国和墨西哥边境城镇的大学生边境旅游行为的发生。Lovelock 和 Boyd（2006）对边境旅游发展影响因素进行了较为系统的研究，他们提出了边境旅游的"M-M-M"体系，从政策、组织、制度、区位、社区或景区管理者的价值观、专业知识背景、个性特征等不同层面总结了边境旅游发展的影响因子。Putrevu（2008）等指出经济发展水平、政策开放程度、旅游服务质量等都是边境旅游者出游意愿的主要影响因素，同时，文化在边境旅游发展过程中起到了积极而显著的推动作用。Jakosou（2011）通过在俄芬边境地区卡累利阿的实地调研明确提出，不完善的基础设施和水准低下的服务会制约当地边境旅游业的发展，并提出进一步深化双方旅游合作，将会扩大俄罗斯的旅游市场、促进旅游者购买力的提高。

2. 边境旅游消费行为

旅游消费行为是边境旅游研究热点之一。边界两侧国家的税收政策和经济贸易政策差异导致的商品价格差异和种类差异，吸引了众多旅游者。

边境购物往往成为边境旅游者最主要的动力因素，边境两国具有不同的税率、商品与服务价格、个性化需求及炫耀性消费需求等，会促使人们发生边境旅游购物行为，也会影响游客的出行频率（Guo and Arturo，

2006）。另外，边境购物旅游影响因素随区域不同有所差异。

在针对美加间跨境购物旅游的研究中，Di Matteo（1993）认为加拿大人前往美国的跨境购物是一项包含了观光、度假、住宿等多种动机的活动，具有其特殊性，而且这种行为在一段时间内对美国经济发展起到了有效的推动作用。Di Matteo L. 和 Di Matteo R. D.（1996）认为居民从加赴美跨国购物旅行是由两国汇率、税收和价格差异所推动的。Timothy 和 Butler（1995）基于对购物距离、频率和种类的归纳和总结，构建跨境购物旅游模型，旨在探讨加拿大居民在美加两国跨境购物旅游中的作用，并研究跨境购物对旅游业的影响。结果表明，跨境购物作为美加边境旅游的核心驱动力，对政治、立法、经济、社会造成了多方面的影响。Ahamed（1996）认为边境旅游已成为加拿大曼尼托巴省和美国北达科他州边境交界地区经济发展的支柱产业。

针对美墨间跨境购物旅游的研究大多认为美墨边境旅游主要是由医疗水平差异以及商品价格差异而推动的。Valdez 和 Sifaneck（1997）关注了美墨边境的 "药品旅游"，并对药品旅行者的时空转移方式、药物出售及获取流程以及各个行为体之间的互动关系进行了研究分析，揭示了处方药 "灰色市场" 的运行，使人们对此动态有了更深入的认识。Jean（1987）研究了 1979~1985 年美国和墨西哥边境的跨境旅游购物消费支出对美墨生活成本指数以及两国货币汇率变动的影响，研究发现比索的贬值使得墨西哥在边境旅游发展中的收支平衡得以改善。

对欧洲的相关研究成果亦十分丰富。Banfi 等（2005）指出瑞士汽油价格低于邻国，引致邻国旅行者前往瑞士的边境旅游需求增加，从而促成瑞士边境旅游的盛行。Spierings 和 van der Velde（2008）从欧洲的跨境购物行为出发，提出 "边界悖论"，认为 "不断增加的跨境一体化与不断减少的跨境流动性可能会同时出现"。该研究也验证了 Timothy 边界在各国之间的要素流通过程中扮演着中介和障碍的双重角色的研究结论。

除了边境购物旅游动机和影响因素差异，边境购物旅游者的个体行为及其所带来的影响也有所不同。如不同的跨境购物者或者本土购物者由于购物主体或者消费环境的不同而存在显著差异。具体来说，购买者对产品和服务品质的要求、文化素养、家庭收入水平等方面的差异，会导致边境购物的行为产生差别（Velde，2017；Sullivan et al.，2012）。Szytniewski 等

（2017）从社会文化相近性角度，对荷兰和德国边境地区的购物旅游进行研究，指出消费者在体验异域文化时，也能体会到不同的产品、价格和氛围，这些构成了购物旅游的独特魅力。

（三）边境旅游效应研究

1. 经济效应

世界上多数国家的边境地区往往是经济欠发达、少数民族聚居的地域，而边境旅游活动对于边境地区经济发展的推动作用是显而易见的，并得到了国内外学者的认同。边境旅游业不仅能带动边境地区相关产业的繁荣与发展，而且还可以通过拉动当地经济增长来改善边境地区的居民生活条件，增加当地居民收入。Timothy（1995）发现加拿大边境居民跨境购物的兴起，与边境地区旅游业赤字大幅上升有着密不可分的联系，并给社会、经济、政治带来不同程度的影响。O'connor 和 Bolan（2008）对北爱尔兰边境地区的边境旅游给出建设性意见，指出在边境地区树立旅游品牌形象至关重要，有利于促进农村经济的发展。Hampton（2010）认为边境旅游不仅可以提供就业岗位、增加居民收入，并且能够加强边境地区与其他地区的经济联系。Sullivan 等（2012）等运用投入—产出分析法，对美墨跨境购物的类型及其对区域经济发展的作用和对旅游者本身的效用进行了定量研究，发现跨境旅游者的活动主要是购物、餐饮和观光，而跨境购物支出所产生的乘数效应在 1.27 和 1.45 之间，因此，跨境旅游消费将是一个巨大的消费市场，而跨境旅游消费潜力也会随着跨境购物的增长得到释放和提升。同时，有些学者对边境旅游对收支平衡的影响进行了研究。Mikaeili 和 Aytuǧ（2019）认为边境旅游可以吸引游客进入本国进行消费，给边境居民提供就业岗位、增强各国之间的贸易往来，继而推动跨国资金的流动、促进经济增长。

2. 生态效应

国外学者认为边境旅游对生态环境既有积极影响，也有消极影响，即生态环境效应既有正面效应，也有负面效应，但以正面效应为主。Ferreira（2004）认为边境旅游的发展提高了人们对大林波波跨国公园生态环境的重视和保护，促进了生态环境的可持续发展。Plumptre 等（2007）通过对刚果、乌干达和卢旺达边境生态保护区的大猩猩数量进行动态跟踪研究发现，近 25 年大猩猩数量快速增长，这表明即使国家间摩擦升级，跨境旅游合作对于生态环境保护的作用依旧非同小可。Milenkovi（2012）以塞尔维亚共和国边境地区为案例地，研究指出，区域一体化是各国经济可持续发展的必要抉择，发展边境旅游、开展旅游合作对于实现区域一体化、拓展生存空间以及生态系统的维护至关重要。Martin 和 Vigne（2012）在对印度西孟加拉邦边境地区国家公园居民的生态环境保护意识的调查中得出结论，即当地大力发展生态旅游促进了社区居民收入，使当地居民对生态环境保护持支持态度，从而改变了以往利用森林资源作为生产资料的传统生活方式，降低了对自然资源的需求，更好地推动了生态保护。在边境旅游带来的负面影响上，学者指出边境旅游可能会引发一系列负面影响，如牺牲当地居民的权益换取生态环境的保护导致的社区冲突加剧、环境破坏加重、资源利用过度、生物多样性遭到破坏等。Michael（2005）通过对新西兰边境的"葡萄酒旅游"进行实地考察发现，大多数游客无法辨认葡萄园和酒厂的标识而随意流动，会对酒厂造成严重的人为破坏。

3. 社会文化效应

在边境旅游对就业和人口流动的影响方面，Anderson 和 Dimon（1995）认为美墨边境旅游业的发展给墨西哥女性提供了更多的工作岗位，使其经济状况和社会地位得到了改善和提高，他还认为单身女性参加有偿工作的比例提高，而已婚妇女对有偿工作参与度则不显著。Scott（1995）研究了俄罗斯和罗马尼亚边境旅游中所存在的性别歧视问题，以及与移民女性从事边境旅游工作的相互作用。在边境旅游对当地人身份认同和区域形象的影响方面，Izotov 和 Laine（2012）以芬兰俄罗斯边境地区为例，探讨了边境旅游对构建区域身份认同的作用和对边境地区是熟悉氛围还是陌生氛围构建的影响。边境旅游者在给当地居民创造经济效益的同时，能够影响当地居民认知，这种认知影响包括积极影响和消极影响。代表着不同文化的游客的到来给边境地区居民带来崭新的感受和反思，为当地经济注入新的活力，为定位发展方向提供新的思考。而在负面影响上，边境地区往往是少数民族聚居区，具有自身优秀的传统文化，旅游者的增多，会导致旅游产品的同质化现象，使边境地区失去文化特色。比如，边境地区旅游的发展对该地区的语言有一定的冲击作用。随着边境地区的居民使用邻国语言的人数增多，邻近国家的边境旅游者数量也将增长。Prokkola（2007）认为边境旅游促进了区域认同和 "无边界"（borderless）区域形象的建构。Helleiner

（2009）对加拿大尼亚加拉地区居民的边境旅游参与度进行调查并指出，青年人对旅游业并不支持。

4. 国际政治关系效应

Timothy（2001）认为边境旅游的发展有利于促进国际协作，加强相邻国家和平共处的友好关系，共谋社会事业发展。Gelbman（2008）基于自然景观解释的方法，对以色列和阿拉伯国家边境旅游目的地与双方关系的联系进行分析，指出边境虽然是矛盾与冲突的中心，但也是双方文化相互融合与开展旅游协作的重要地区，象征着和平。Gupta 和 Dada（2011）以克什米尔地区为例，通过建立克什米尔地区跨境旅游涉入模型来验证边境旅游对国际冲突的缓冲作用，并指出边境旅游区应作为政治冲突的缓冲地带，应通过边境旅游消除国家间的贸易壁垒，促进经济发展。

（四）边境旅游发展管理和调控研究

边界问题也一直影响着毗邻国家之间的关系和交流，特别是边境管理更是一个复杂而敏感的话题，涉及双方政治、外交、军事以及文化传统方面的利益纠纷。国外学者从整体的角度出发，聚焦跨境旅游合作、旅游资源的跨境保护、边境旅游调控管理工具等方面进行了研究。

1. 跨境旅游合作

（1）跨境旅游合作的利益主体研究

跨境旅游合作的利益主体研究包括主体的构成、来源、角色、作用等的研究。Vodeb（2010）、Bhatasara 等（2013）认为，利益主体应包含所有参与旅游合作的利益相关者，如政府、相关管理部门、企业、非政府组织、社区、居民等。Prokkola（2011）认为政府主导，旅游企业不主动参与的旅游合作项目一般不会顺利开展。Blasco 等（2017）认为私营旅游企业对于促成和开展跨境旅游合作有着极高的贡献度。Chirozva（2015）认为非洲跨境生态保护区生态旅游的发展离不开社区的支持和参与。

（2）跨境旅游合作机制

跨境旅游合作具有减少贸易壁垒、促进经济发展、加强和平交往、稳定边疆的重大作用。在跨境旅游合作中，各国共同承担推广成本。Timothy（1999）基于可持续发展原则，研究了美加边境三个国家公园管理体系建立、基础设施建设及旅游资源保护等一系列跨境旅游合作举措，并建立了跨境合作强度模式，论证了双边条约对跨境旅游合作的意义。Greer（2002）指出跨行政区的旅游合作可以使区域间的旅游潜能得到充分开发，同时，制定兼顾双方的旅游战略能够强化并维护双方相互信任的旅游合作关系。在跨境旅游合作框架的构建上，Lovelock 和 Boyd（2006）基于爱尔兰跨境合作、新西兰卡特林斯跨境合作等一系列实证研究建立了基于宏观、中观和微观三个层面（M-M-M）的跨界合作影响因素分析框架。在宏观层面上，中央政府权力的分散和宏观政策非常关键，在合作模式、经济一体化、可持续发展战略方面的政策支持能够鼓励地方政府以政策为导向，尝试跨境合作。在中观层面上，当地政府作为跨国合作的主要领导者和管理者，以确定合作框架的基本准则及合作的长期规划为工作重点。在微观层面上，重点处理景区归属权与社区居民认知等问题，建设跨国旅游景点，要求具备专业的旅游资源管理人员和维护人员，这也离不开当地居民的支持，跨境旅游合作框架的实现最终要落实到个体。S. Tomasz 和 M. Tomasz（2007）对巴格跨境旅游景区的旅游组织模式和未来发展前景进行了探索。Timothy（1999）提出了跨境旅游资源合作管理模式，着重强调了管理体系、基础设施、人力储备、旅游资源的保护和推广、跨界合作和部门间协调等要点。Armaitien 等（2007）基于海滨单元研究方法（littoral cell approach），提出以综合性的海岸管理机制来管理俄罗斯立陶宛边境库罗尼安海岸，使人类旅行活动与海岸自然演变规律相适应。该模式在一定程度上可以作为在开展国际海洋生态文明建设中进行区域协作开发和环境保护的有益参考。Stadzieniecki（2015）基于旅游合作的空间尺度，将边境旅游合作划分为国家间、边境区域间和跨边境三类，并研究了跨境旅游合作过程中的旅游组织模式问题。Farmaki（2019）认为跨境合作让边境线两边国家应联合起来，共商共建边境地区的发展战略，共同创造经济利益的双赢，最终建立相互信任的友好合作关系。

（3）跨境旅游合作方式

跨境旅游合作案例研究能够帮助学者更好地总结各种跨境旅游合作框架。大湄公河次区域经济合作是由中国、缅甸、老挝、泰国、柬埔寨和越南六国达成的跨境合作尝试，目的是推动次区域的经济与社会发展，增强其成员之间的经济关系。2001 年柬埔寨、老挝、泰国、越南四个国家对于简化跨境贸易和入境旅游免签证问题制定了相应的法规，以促进区域内的贸易投资便利化进程及减少通行阻力，从而刺激边境贸易和跨境旅游需求的增加（Asian Development Bank，2002）。大湄公河次区域的经济合作，促进了各国经济的发展，有助于消除各成员国之间的矛盾和分歧，为跨境旅游合作的开展提供了更大的可能。Timothy（1999）在对美加边境跨境公园进行实地考察之后，提出从构建总体战略、采取具体的生态保护措施、保护文化遗产和自然遗产以及长期维护可持续保护机制四个方面来展开可持续合作，认为在文化或自然资源横跨多国的情况下，与邻国开展长期友好合作就显得特别重要。Greer（2002）认为跨司法区合作可以实现对旅游的有效开发，减少同质化现象。而跨境合作的长期持续发展可以通过制定全面旅游开发策略、构建平衡的伙伴关系、充分理解政治的敏感性以及采取参与性合作模式来实现。

跨境旅游合作可以从各方面展开。在旅游产品和服务领域，Ioannides等（2006）认为应当将跨境旅游合作中的诸如住宿、餐饮等旅游产品和服务予以标准化，拟定相同的产品质量标准。在教育培训合作领域，Mihaela等（2014）以克罗地亚、匈牙利等国为例，认为应注重对边境地区学生文化素质的培养，使其充分学习周边国家的文化和语言，这可以帮助他们更好地参与到跨境旅游合作中。国际高等教育交流合作也对边境旅游合作有着潜移默化的催化作用。在旅游品牌的形成方面，Markovic（2013）在对克罗地亚和斯洛文尼亚跨境旅游合作的研究中，指出边境地区要想增强自身的国际竞争力，可以联合邻国共同建立旅游品牌来提高品牌知名度和影响力，形成竞争优势。

2. 旅游资源的跨境保护

Milenkovi（2012）认为跨境旅游合作对塞尔维亚边境地区的生态环境保护具有重要意义。Plumptre等（2007）认为跨境旅游合作有利于大维龙加景观生态旅游地的环境保护。Martin和Vigne（2012）认为印度西孟加拉邦边境地区国家公园和野生动植物保护区的犀牛保护所取得的成功经验之一是边境旅游合作的顺利开展。Spierenburg（2011）就大林波波跨国公园的生态保护问题进行了探讨，并着重指出了居民在生态环境中获得经济效益的重要性。Schindler等（2011）评估了希腊和保加利亚边境处的自然保护区制度及其执行情况，对保护建议未能得到有效落实的原因进行了剖析。该研究结果表明，有些保护区存在法律地位不明确、管理机构缺位及职责不明、环境保护主体的自然保护意识不强等问题，导致其无法发挥应有的作用。所以，在生态环境保护方面开展跨国合作是极其有必要的，但在合作过程中，各国利益的权衡又会对合作伙伴关系产生积极的或消极的影响。

3. 边境旅游调控管理工具

调控管理工具主要指税收和其他政策手段。Arrington（2010）以津巴布韦与赞比亚交界地区维多利亚大瀑布为研究对象，探讨其殖民和后殖民时期的政府政策对其旅游的影响。Bradbury（2012）认为自"9·11"事件后，尽管美加边境的安保措施明显增强，但其边境旅游自驾游游客数量并没有因此增加。

第四节　国内边境旅游研究进展

我国边境旅游研究起步于 20 世纪 90 年代，经历了 30 多年的发展，取得了众多研究成果，为边境旅游的实践提供了有益参考。其研究的侧重点不尽相同，重点研究领域包括边境旅游发展驱动机制、边境旅游发展影响因素、边境旅游开发策略、边境旅游资源评价及开发策略、边境旅游管理与调控等方面。

一　国内边境旅游研究的主要关注点

（一）边境旅游发展驱动机制

在边境旅游的理论研究中，对其驱动机制的研究是极其重要的研究课题之一。对于旅游动力机制的理解，彭华（1999）认为旅游者拉动旅游消费和旅游商品对游客的吸引力，以及中介和环境条件相互作用联系的互动系统构成了旅游发展动力系统。钟韵等（2003）认为旅游动力系统由三大子系统组成：吸引力、支持和中介。对于旅游驱动力的研究，杨芳（2015）对中哈边境旅游发展的动因进行了分析，指出经贸合作、政治关系、文化认同推动了中哈边境旅游发展。杨劲松（2016）认为，边境贸易、政策创新、产业支撑以及城市发展是中国边境旅游业发展的重要推动力。跨境旅游活动中，由于历史原因及地缘因素的制约，边境地区形成不同类型的区域空间格局。黄华（2012）提出，边境旅游的空间结构由地理、区位、资源、文化、政治、交通等诸多因素决定，并将其发展的驱动机制归纳为环境、旅游资源、旅游产品、经济、政治和技术六大动力驱动边境地区旅游空间结构的演化。高飞（2021）将边境旅游体系分为四大相互联系的子系统，即需求子系统、中介子系统、供给子系统和支撑子系统，并提出环境支撑力、市场推动力、中介影响力和边界吸引力四种作用力的互动为边境旅游系统发展提供动力。

（二）边境旅游发展影响因素

国内学者也对边境旅游的影响因素进行了较多的探讨。不同形式的旅游及其影响因素之间既存在共性，又存在差异。地理区位、基础设施条件、旅游资源、旅游环境、文化内涵等共性要素对各种形式的旅游影响程度都比较大，然而边境旅游作为一种特殊的旅游形式，既受共性因素影响，也受自身的个性因素影响，比如，经济贸易环境、政府政策和资金的支持力度、客源国经济条件等个性因素对跨境旅游影响更为显著。黄爱莲（2011）通过研究旅游者对于跨越中越边境的阻碍感知，发现两国通关口岸准则不统一，信息存在差异，边界口岸的通关程序、文化差异和安全问题成为边境旅游的阻碍。赵多平等（2012）对新疆、内蒙古、云南的边境旅游影响因素进行了分析，发现旅游资源丰度、地理区位、边境贸易发展水平、旅游开放度、可进入性等因素是影响边境旅游规模大小和类型的关键。孙良涛等（2012）概括了滇越发展边境旅游的有利条件，主要表现为地缘优势明显、交通便捷、通关手续方便和旅游资源丰富等。陈俊安（2014）研究了中越旅游政策对两国旅游和经济发展的贡献和影响。纪光萌（2015）构建了边境旅游影响因素指标体系，将边境旅游发展的主要影响因子概括为通关和税务减免的政策，交通便利程度，地区资源丰富度，引导标识，跨境合作水平，营销宣传，国门、界碑等边境旅游吸引物，住宿、餐饮、景点门票等相关价格因素。甘静（2016）认为边境旅游地域系统受边境资源储量、地缘政治关系和边境城市发展水平等因素的影响。时雨晴和虞虎（2018）强调了政府和企业的重要主体作用，技术创新、旅游文化、旅游资源等核心要素，以及经济贸易、地缘政治关系在推进边境旅游发展中的重要意义。刘长生、简玉峰（2006）运用计量经济学模型，得出入境旅游需求受客源国经济发展水平、入境游客来华旅游费用、竞争者旅游价格以及入境游客的"反馈效应""再次回游行为"等因素的影响。梁冬晗（2011）

运用面板数据分析法和时间序列分析法分析了我国入境旅游的影响因素，研究认为，客源国经济水平、旅游耗费成本、经贸的往来文化、目的地国际市场地位、旅游产品吸引程度与客源国旅游需求之间存在耦合关系。胡丽娟（2013）认为突发事件及客源国人均国内生产总值、汇率、相对消费者物价指数等宏观经济变量会对秦皇岛入境旅游需求产生影响。徐武伟（2017）利用莫兰指数分析了中国不同年份入境旅游的空间分布，得出对外开放程度、区域经济发展程度、旅游资源充裕度和交通便利程度是影响我国入境旅游业发展的主要原因。高飞（2021）从边境旅游活动的本身出发，将边境旅游的影响因素概括为旅游政策因素、交通因素、客源国因素以及目的地因素，并指出边境旅游效应和空间关系影响边境旅游的规模和发展水平。

（三）边境旅游开发策略

我国的边境旅游案例研究大部分以边境旅游开发展开，研究包括了国家、省区和城市等不同空间尺度，并对边境旅游发展战略、模式、资源开发等内容进行了深入探讨。杨兆萍、张小雷（2001）认为由于边境地区偏僻、发展相对滞后，深受各方面的制约，而旅游边贸互动模式能够成为边境地区发展的有效方式。孙永刚（2001）提出，边境旅游开发应注重资源产品开发、市场营销推广、规范化管理、完善基础设施、开发纪念品等。杨丽（2001）从云南省河口、瑞丽和畹町等边境地区的旅游市场特点出发，提出了"内联外拓"策略来拓展边境旅游市场，并加大边境旅游市场开发力度的建议。汪德根、陆林等（2004）对内蒙古的入境客源市场进行了时空及消费结构的研究，提出了适应市场需求的边境旅游市场开发策略。刘小蓓（2004）分析了广西边境旅游的客源市场，建议广西创新旅游产品、树立旅游品牌、塑造和提升品牌形象、大力开拓国内外各级市场"内联外拓"、开辟新旅游线路等。杨勇（2005）指出中国—东盟自由贸易区的建立，为边境旅游发展创造了契机，应抢抓机遇进行旅游开发，以此来推动东兴市边境旅游的发展。谢莉（2005）论述了西北边境地区开发旅游的有利条件和优势，并提出制定产业支持政策、扩大对外开放、促进旅游合作、完善旅游基础设施建设、保护旅游资源和生态环境、做好旅游推广、提高景区的整体知名度等一系列加快西部边境旅游开发的举措。张守艳（2005）

结合黑龙江省三江地区的旅游开发情况及旅游客源市场的具体情况分析认为，该地区可实行"一轴两圈"旅游分区开发模式。郑辽吉（2009）基于行动者—网络理论，提出边境旅游的行动者—网络体系，探究了丹东市边境旅游发展和对旅游产品的创新开发。银淑华（2010）调查了入境旅游的俄罗斯客源市场，对其空间分布、交通方式、停留时间和旅游消费特征进行了分析，并以此为依据，提出了改善中俄两国边境旅游发展的建议，认为增加游客停留时间，发展中国特色中医养生休闲游，开拓俄罗斯和欧洲地区新的海外旅游市场，是今后中国进一步发展中俄边境旅游的战略选择。祝招玲、谢维光（2010）认为佳木斯市具备发展边境旅游业的政策、旅游资源、地缘、交通、人才等优势条件，提议佳木斯市发展边境旅游应采取"以点连线成带"的开发模式和横向联合、强化合作模式，希望能促进佳木斯市边疆旅游业良性发展。刘云、张梦瑶（2014）从空间结构、合作主体方面提出了中缅跨境区域旅游合作的新思路，即"点—轴—圈"模式和"政府主导、企业参与、协会促进"的内外协作型合作模式。罗纯（2017）对勐海县边境旅游发展现状和问题进行了剖析，提出了开发精品旅游项目、实现旅游资源环境一体化发展、建立跨境合作区、创新旅游产品等符合勐海县实际情况的边境旅游开发模式。胡莹（2018）构建了一系列云南边境旅游发展新模式，包括空间模式和旅游边贸小镇、跨境旅游经贸合作区、边境旅游走廊等多种类型的优化模式。韩璐、明庆忠（2018）基于产业融合理论与符号学理论，探讨了滇西边境地区少数民族文化旅游发展模式，分析了九种内生优化类型，并提出一种由边界圈层、阈界圈层、过渡空间组成的综合空间优化模式。

（四）边境旅游资源评价及开发策略

1. 边境旅游资源评价

旅游资源评价课题已引起众多学者的关注，他们从多个方面开展了相关的探讨。学者对旅游资源评价的研究主要包括旅游资源单体或者单要素评价、旅游资源组合评价等，评价方法包括定性和定量两种，定性评价方法如"三三六"法（王建军，2005），定量评价方法大多是数量经济学方法，如模糊数学评价、层次分析法等（冯亮等，2018）。在研究方法上，李小芳（2007）运用模糊评价法对桂林的人文旅游资源进行了综合评估，并提出了人文旅游资源开发建议；冯燕（2007）采用层次分析法（AHP）对人文旅游资源进行了定量评价。陶柯方等（2019）提出基于迭代算法与可变模糊模型相结合的组合优化赋权的人文旅游资源可变模糊评价模型，发现该模型更具科学性和合理性，更符合云南少数民族村落的实际旅游情况，使用该模型比使用常规可变模糊集方法、模糊综合评价法和AHP所得评价结果更加精确合理。在研究内容上，张玉良（2012）对吉林省珲春市的边境旅游资源进行了归纳，将其分类为人文资源和自然资源，并对旅游资源进行了定性和定量的评价，认为珲春的边境旅游资源具备良好的开发价值和使用价值；卢卫（2012）对广西边境地区旅游资源进行了定量和定性评价，分析了广西边境地区旅游资源开发的潜力；陈永涛（2013）指出边界线两侧的旅游资源是极其重要的旅游吸引物，并研究了边境旅游资源构成，认为边境旅游资源的研究是边境旅游研究中不容忽视的一个重要课题；钟林生等（2014）依据国家旅游资源分类、调查与评价标准，对我国九省（区）136个陆地边境县旅游资源的数量、类型、特征进行了梳理和总结，并在此基础上对陆地边境旅游资源的质量等级进行了评价。

2. 边境旅游资源开发策略

国内的研究多集中于对边境地区的案例研究，重点对区域旅游资源特征、类型及政策进行了研究，并对边境旅游发展状况和存在的问题进行了剖析，并据此制定了相应的开发战略。陈新建、农优勇（2001）评估了广西西南边境地区龙州县的文化生态旅游资源，并提出龙州县生态文化旅游资源的开发战略。廖国一（2005）以广西东兴市京族地区为例，对其海洋文化资源类型、内涵及价值进行了系统的研究，认为中越边境地区的特色旅游产品应该紧紧围绕京族的海洋文化发展。王晓军、罗显克（2006）对广西边境地区的民族文化旅游资源的类型、特点以及开发原则进行了概括，并结合边境地区民族文化和旅游资源的发展现状，对其未来发展设想进行了探讨。龚祖联（2008）认为澜沧县拉祜族文化旅游资源的开发应以文化为核心，建议着重发展拉祜族的特色文化和旅游产品，明确建设拉祜族文化旅游区的战略定位。黄华敏（2010）归纳了崇左市体育旅游资源，建议崇左通过加大宣传力度、打造体育旅游品牌、依托当地高校、加强法律法规建设等举措来促进体育旅游资源的开发。聂晓倩（2013）分析了丹东旅游资源开发现状及问题并给出了相应的对策和建议。徐佳（2015）以霍尔果斯边境口岸为例，划分了伊犁少数民族文化旅游资源类型，并结合民族传统文化旅游资源的开发原则，提出了霍尔果斯口岸边境旅游资源的开发策略。

3. 跨境旅游资源合作开发

赵明、郑喜坤（2004）分析了黑龙江中俄边境跨境旅游资源的跨国协作与合作模式，提出了黑龙江省的跨境旅游产品开发构想及策略。刘思敏（2007）以德天瀑布城的开发为例，提出应以多国联动的方式开发边境旅游资源。李伟山、孙大英（2012）认为中越边境旅游合作应以中越边境的文化旅游资源为契机，共同开发中越边境民族文化旅游带，实现中越边境民族文化与旅游业的融合发展。田友春、顾永昆（2012）考察概括了滇越边境地区旅游资源，指出滇越双方应抓住昆明—海防经济走廊建设和滇越铁路改造升级等重要发展机遇，全力打造中越边境旅游区的品牌形象。王睿（2015）分析了云南省边境地区与缅甸、老挝、越南开展旅游资源合作的重要性和可行性，并提出了跨境旅游资源的合作开发管理模式。

（五）边境旅游管理与调控

我国关于边境旅游管理与调控的研究多以跨境旅游合作和边境旅游发展战略的选择为重点，而跨境旅游合作的话题涉及合作主体、合作管理和利益机制、合作路径、合作带来的产业效应等。

1. 跨境旅游合作研究

与国外关于跨境旅游合作的研究相比较，我国相关研究虽然起步晚，但是发展速度较快。"跨境旅游合作区"这一概念在 2010 年被提出以来，迅速成为国内边境旅游关注的重中之重。跨境旅游合作区是指由不同国家或地区之间在地理位置上相互联系，形成的以旅游业为主体的经济综合体。李飞（2013）就跨境旅游合作区的概念、特点、发展阶段、发展模式等问题进行了探讨。幸岭（2015）对我国跨境旅游合作区的发展目标、类型以及重点发展区域进行了分析。目前关于中国跨境合作的研究成果主要集中在政策支持、区域合作、国际分工与贸易、文化交融、经济影响和可持续发展等领域，并取得了一定成效。国内学者从中国跨境旅游的实际出发，对跨境旅游合作中的利益主体、管理机制与利益机制、路径探索、产业效应等方面均进行了较为深入的探讨。

（1）跨境旅游合作中的利益主体

黄丽霞（2013）认为云南省边境旅游发展的主体包括政府、旅游企业、游客、社区居民、边境旅游开发者和旅游从业人员等利益相关者，其中，政府是代表着公共利益的非营利机构，边境旅游开发者和旅游从业人员则以谋求经济利益为主，实现自身经济效益最大化，游客则是消费主体。景婧（2016）指出中越跨境旅游合作中的利益主体包含中越两国政府、旅游企业、边境游客和边境居民，并分析了这四种利益主体，希望通过帕累托改进使利益主体达到最优状态。曹璨（2017）认为两国政府、旅游企业、行业协会、边境社区居民是中缅边境区域旅游合作的利益主体，其中，前三种主体处于不同的层次，边境社区居民是重要的参与者，共同推动中缅边境区域旅游合作。田里等（2018）认为在进行跨境旅游合作意愿的调查从而研究开展跨境旅游合作的可能性时，要充分考虑到各方利益相关者，如旅游企业、社区居民、旅游者等。

（2）边境旅游管理机制与利益机制

祝亚雯等（2009）以一般系统论和博弈论为理论背景，从政策、经济、社会文化和环境保护等层面出发对旅游业中涉及的利益相关者进行了认知差异的分析，通过分析指出，若想建立公平、透明的机制，就要平衡好各利益主体之间的利益分配问题。梁萍（2008）认为利益驱动机制是云南与东盟旅游合作机制中的重要组成部分。成竹（2015）认为要保证滇越国际旅游合作实现利益均衡，需要解决利益补偿、利益协调、利益共赢这三个层次的问题，从而扩大现有优势，使跨境旅游合作朝着持续、健康的方向发展。葛欣（2016）从利益共享机制、利益约束机制、利益补偿机制三方面对中俄蒙区域旅游合作中的利益机制进行了探究，构建了政府部门与旅游企业动态演化博弈模型。黄丽霞（2013）将博弈论引入云南省边境旅游，对云南省边境旅游开发与发展中涉及的核心利益相关者进行了两两博弈。卢澜之（2017）在演化博弈视角下，对德宏州边境旅游发展不同阶段的核心利益相关者进行了博弈分析。

（3）跨境旅游合作中的路径探索

赵明、郑喜坤（2004）认为通过开展国际合作来进行边境跨境旅游资源开发，有利于边境旅游资源优势的发挥，促进地区经济发展，并对黑龙江中俄边界的组织发展模式和开发战略进行了详细探讨。普拉提·莫合塔尔、海米提·依米提（2009）研究了新疆和中亚五国的边境旅游合作现状，并针对各国合作的优势条件，提出了新疆和中亚国家的旅游业合作发展模式及策略。李英花等（2011）对图们江区域旅游资源进行了调查，分析了边境旅游合作的制约因素并提出了相应对策。赵明龙（2011）探讨了中越旅游合作区的功能定位、合作范围、空间布局、旅游产品体系、合作区设立的效应和推行举措等方面内容。陈健（2013）认为云南和老挝的旅游合作，应依照稳步开放、稳定合作的原则，并建立集多元主体参与、多层主体互访和强有力的保障体系于一体的综合合作机制。罗奎（2016）提出了中哈国际合作示范区边境旅游的建设目标、发展重点及合作方向，将中哈自由旅游区空间布局确定为"一大核心，四大片区，多个景区"，并提出了建设的保障措施。海伦（2016）提出蒙古国与内蒙古自治区旅游合作发展路径：建立旅游合作机制，制定旅游合作发展规划，在营销、研究、人才交流等方面加强旅游合作，利用资源的整体优势，鼓励本地牧民从事旅游工作，注重草原生态保护等。钱学礼（2017）则从民族文化角度提出了一系列促进中越跨境旅游合作开发的对策。王灵恩等（2013）总结了欧盟边境旅游与跨境合作经验，对我国边境旅游发展提出建议。张洁妍（2013）对东北边境口岸的跨境合作进行了比较，指出不同口岸的跨境合作中都有各自的特点和问题，并从交通、边贸、产业升级、外汇结算等方面提出了对策和建议。张梦瑶（2014）以云南省瑞丽和畹町中缅边境经济合作区为案例，从空间结构与主体合作的角度出发，从政府和企业层面提出了跨境旅游合作的模式与路径选择。于国政等（2015）基于网站大数据，分析了中国与周边东北亚、中亚、南亚、东南亚国家跨境旅游合作的空间结构和市场，并基于跨境旅游发展的影响因素以及未来发展态势的分析，提出了推动跨境旅游合作的建议与对策。杨芳（2015）在丝绸之路经济带这一新的经济区域背景下，对中哈边境旅游发展的动因进行了分析，指出经贸合作、政治关系、文化认同推动了中哈边境旅游发展，并就中哈边境旅游合作的基础设施建设、旅游产品开发、边境旅游安全等方面进行了深入的讨论。李英花等（2022）分析了中朝边境旅游发展过程及中朝边境地区跨境旅游合作区建设现状，提出中朝边境地区跨境旅游合作区建设路径，即探索建立"国际生态公园"新模式，并提出"国际生态公园"的建设路径。

（4）跨境旅游合作的产业效应

黄爱莲（2010）认为北部湾跨境旅游合作作为一个重点发展方向，要坚持"大旅游、大产业、大发展"的发展思路，促进旅游业与其他产业的融合发展，加快北部湾新兴旅游业的建立。李燕、李继云（2016）认为中越跨境旅游合作可以推动旅游交通和服务等基础设施的建设和发展，从而推动其他产业的融合发展。黄爱莲、罗平雨（2018）认为瑞丽口岸的跨境旅游业极大地促进了口岸产业结构的优化和调整，从而促进了瑞丽口岸农业、工业、旅游服务等领域的快速发展。

2. 边境旅游发展战略

旅游产业发展战略是指在充分认识旅游业发展基本规律后，某个具有一定独立性的经济体对于其旅游业发展的目标、产业定位、资源分析、环境支持、产业形象与产品推广、战略实施效果的预测与反馈机制、战略评价等的产业发展总体步骤、程序、路径与方式的总和所制定的综合发展规划（把多勋，2005）。国内学者从边境旅游资源、边境旅游市场、边境旅游空间合作、边境旅游产品、旅游战略实施效应等方面，对边境旅游发展策略进行了较为全面的探讨，既涉及宏观战略层面的重大谋划，比如边境旅游发展模式、机制，也涉及微观实施层面的举措，为发展边境旅游业提供新的思路。石美玉（2009）从统一旅游目的地、互为客源地、跨国旅游线路、旅游联合促销、国际合作平台五个角度解释了联合发展战略的重要性。崔莹（2010）指出，做好边境地区的规划和产品的布局，使其更加多样化，提高其档次，是边境旅游发展的一个主要方面。徐淑梅等（2012）根据对东北旅游优势资源和发展现状的分析，提出了"五区四轴"的旅游空间格局及区域战略协作机制。周彬、钟林生等（2013）对中俄界江旅游发展的状况及问题进行了分析，提出了以"一带两级三区"为主的旅游开发策略。贺传阅等（2014）对黑龙江省中俄边界旅游业的发展状况进行了研究，并结合黑龙江的实际情况，归纳出了六种发展战略模式，即国际接轨的跃迁战略、区域合作型空间战略、多元产品战略、产业联动发展战略、精益求精的质量战略、融合发展的文化战略。

3. 边境旅游调控管理工具

在国家"一带一路"倡议实施过程中，对边境地区旅游资源和旅游业进行扶持已成为政府工作重点之一，而制定相应的旅游政策则显得尤为重要。为促进国家边境旅游的开放合作，各级政府通过优惠税收、政策支持等调控管理工具，从基础设施建设、财税金融优惠和出入境便利化等方面做出不少努力，促进边境旅游的发展和产业升级。边境旅游调控管理在具体管理举措上主要有健全法律、政策、规章制度，简化出入境程序，强化旅游市场监督和管理，加强旅游基础设施建设和服务系统维护，加强旅游从业人员专业培训等。旅游政策既有通用政策，也有许多仅适用于边境地区独有的专项政策，比如财政政策、税收政策、用地政策、环境政策等。张广瑞 1996 年发表的《边境旅游发展的战略与政策选择》一文是我国最早对边境旅游政策进行研究的文章。刘来吉（2001）从我国西部大开发战略背景出发，分析了西部边境地区发展边境旅游在政策上的可能性。陈兴华、李键（2008）结合具体案例，探讨了跨境旅游侵权纠纷处理问题。随着我国出境旅游业的迅猛发展，国内对旅游政策的研究需求也接踵而来，也有许多研究成果是围绕着如何完善签证管理来展开的。廖欣欣、卢小平（2014）对边境口岸进出境证件签发管理制度存在的局限性进行了剖析，并提出了相应的制度管理建议。包彩红（2015）对我国出境旅游在不同发展阶段的政策实践进行了评估。罗斌（2017）研究了入境免签政策对于杭州入境旅游客流量的影响，并思考了新时期杭州发展入境旅游的新对策。张金山等（2016）对影响组团游客、散客、自驾车游客三类主体跨境旅游便利化程度的制度性因素进行了系统分析，最终提出了跨境旅游制度的提升对策。刘家诚等（2017）聚焦海南离岛免税政策经济效应研究，对政策调整的有效性进行了检验。陈俊安（2018）以边境治理为切入点，就如何发展中越跨境旅游合作区提出了一系列政策设想。

二　我国边境旅游研究展望

我国在边境旅游研究方面取得了一些成就，从边境旅游相关的学术文章发表数量的快速增长可以看出，其研究领域不断扩大，研究的层次也在不断加深。我国的边境旅游发展比较迟缓，无论理论积累还是旅游实践都与欧美等发达国家存在较大的差距。在理论研究方面，学者对边境旅游的概念和分类十分关注，但相关讨论主要围绕《边境旅游管理暂行办法》中"边境旅游"的定义而展开，这不仅导致了研究的多次重复，也使理论与实践出现了不一致。由于对边境本身没有进行深入的研究和分析，国内边境旅游的理论研究难以深入。在研究方法上，国内边境旅游领域的研究方法大多是定性的，虽然也有少数定量的研究，但定量分析的过程主要依靠二手数据，指标体系单一，研究成果的实用价值受到严重限制。在研究课题和内容的选择上，相关研究主要集中在旅游者行为和市场分析的实践领域，学科视角以经济学和管理学为主，不够系统和深入。在案例研究方面，相关成果研究对象主要是宏观层面上的国家和具体城市，宏观研究和微观研究之间的联系很弱，存在研究领域过于集中、研究方法较为单一、缺乏理论研究、后续跟踪研究以及对国外相关研究的借鉴较少等问题。综合以上情况，本书建议今后对中国边境旅游的研究可以从以下五个方面进行。

（一）拓展研究领域，构建边境旅游的基础理论体系

第一，加强旅游产品供给研究。比如对边境地区旅游景点、旅游线路、旅游精品项目、旅游服务等基础设施，可深入探讨，要重点关注边境地区旅游资源的共同开发和保护、边境旅游合作机制的建立与开展等问题。第二，加强对边境旅游市场需求的研究。研究国内外游客的需求结构及边境旅游者的活动规律，重点关注旅游者的动机、偏好、消费和决策行为，游客感知与旅游体验等内容。第三，进一步加强对边境旅游社会、经济、生态环境效应的研究。第四，旅游目的地的社会化研究也是至关重要的。跨境旅行者在目的地旅行时，有可能引发文化的冲突，改变当地居民原有的文化习俗，不利于边境地区民族文化的传承。第五，边境旅游对于边境民族地区经济发展的作用是有目共睹的，应加强对中国跨境旅游和兴边富民关系的研究。

（二）推进边境旅游研究方法定量化，研究视角多元化

中国作为世界第二大经济体，面临着全球变暖和空气污染等环境问题、逆全球化思潮抬头等经济问题以及人口就业和大国外交等社会问题，这些问题对边境地区旅游业有巨大的影响和冲击。因此，边境旅游的理论和方法研究不应从单一的政治、环境、外交等视角出发，而应从多维度、多方面的视角来审视。同时也需要学者在研究边境旅游问题时，融合运用多学科的理论和研究方法，如社会学、人类学、地理学、旅游学、环境学、管理学、生态学、政治学、经济学等，从而构建一个科学完整的边境旅游理论体系。从研究方法上看，现有的边境旅游研究多以定性研究为主，定量研究很少。应强化定性和定量的结合，使用等价距离指标、回归方程、投入产出、建筑现场测绘等定量研究方法以及半结构化访谈等定性研究方法来探究边境旅游对当地经济、当地居民身份认同的影响等；通过问卷调查法，运用帕累托效应对旅游满意度进行测量；应用目的地营销方法，结合消费者行为学、心理学，目的地形象感知等方法，为旅游产品开发与品牌营销提出崭新的战略，满足消费者偏好和需求，从而产生正面的经济效益和社会效益。此外，还应重视利用地理学中的遥感技术、地理信息技术来研究边境旅游中旅游资源的分布、人与地之间的具体关系等问题。

（三）立足国家战略需求，深化边境旅游政策体系研究

为了实现国家通过边境旅游这一发展途径来促进边境地区经济和文化全面发展，改善我国地缘政治外交关系，实施对外开放与贸易，促进区域一体化的美好愿景，在关注产业政策、金融政策、投融资政策、物价政策的基础上，还应着重对边境旅游业的具体政策，如边境地区开放政策、消费者权益和人身安全保护政策、边贸互惠政策等进行深入的探讨。

加强对边境旅游政策体系的研究，促进跨境旅游政策的制定，提高跨境贸易的规模和质量，以期达到旅游业引领边境地区经济社会全面繁荣发展的目的。加强与周边国家的开放政策和边境旅游政策的深度合作，深入分析与探讨邻国的旅游政策，推动跨境旅游合作的顺利进行，以达到与周边国家在经济、政治上的共赢。如在共建"一带一路"的发展新方向探索中，应给予边境旅游这一实践路径充分的重视，加强旅游"两区"建设。

（四）依托边境重点旅游口岸，进行典型案例模式研究

目前，建设跨境旅游合作区是中国跨境旅游合作的一个重要途径，必须同周边国家加强合作，共同研究和实施示范项目，优先在发展较为完善的边境地区进行试点和示范，开发多种模式的跨境旅游合作区新样板，为其他边境地区提供示范。根据边境旅游发展的实际情况，参考其实践路径，总结成功经验，提炼出具有代表性的边境旅游开发模式，探索出具有当地鲜明特色且适合自身发展的边境旅游发展道路，形成既有理论支撑又可以实际应用的研究成果。

（五）重视国际合作与交流，提升研究水平

由于发达国家对跨境旅游研究起步较早，经过长期发展，积累了很多经验，拥有相当一部分的研究成果。我国应该借鉴国外同类理论与实践经验，结合自己的实际情况开展相关研究工作。学习发达国家在跨境旅游的成功实践经验，并且与当地的研究机构进行学术交流，完善合作机制，建立稳定的合作关系，共同探索边境旅游发展新模式、新方法、新思路，一起创造边境旅游新成果、新成绩、新辉煌，从而不断促进中国在边境旅游领域研究水平的提高以及在政策、管理制度方面的发展与进步。从欧洲的"跨境步道"到中国的"跨境旅游合作区"和"边境旅游试验区"，从北美的"跨境国家公园"到中国的"亚洲大象国家公园"，这是中国在积极学习国际经验的生动体现。

第二章　东北地区边境旅游发展的总体态势

第一节　东北地区边境旅游发展的阶段及其特征

我国东北地区陆地边界线东起辽宁省丹东市的鸭绿江口，西至内蒙古自治区锡林郭勒盟的最西端，与朝鲜、俄罗斯、蒙古国三个国家接壤。黑龙江省边境线北至北极村，东至黑瞎子岛，北部、东部与俄罗斯隔江相望，西部与内蒙古自治区相邻，是中国沿边开放的重要窗口，现已成为我国对俄罗斯及其他独联体国家开放的前沿。① 吉林省是全国 9 个边境省份之一，东与俄罗斯滨海边疆区接壤，东南隔图们江、鸭绿江与朝鲜咸境北道、两江道、慈江道相望。② 辽宁省大陆海岸线东起鸭绿江口，东南以鸭绿江为界与朝鲜隔江相望。③ 内蒙古自治区位于祖国北部边疆，外与俄罗斯、蒙古国接壤。④ 辽阔的边境土地蕴含着丰富的自然资源、鲜明的民族文化，为东北地区的边境旅游注入了活力，为东北地区开展边境旅游提供了强有力的基础条件。1987 年 11 月 4 日，国家旅游局、对外经济贸易部正式批复《关于拟同意辽宁省试办丹东至新义州自费旅游事》。自该文件发布后，30 多年来东北地区边境旅游在国家政策的支持下迅速发展，许多原本宁静的边陲小城迅速繁荣起来，边境旅游也成为众多边境城市的支柱产业。边境旅游对国家的对外开放、国际经贸的发展、边境地区的稳定、旅游扶贫的实现等

---

① 《省情概况》，黑龙江省人民政府网站，https：//www.hlj.gov.cn/hlj/c108476/202005/c00_30550923.shtml。

② 《对外交流》，吉林省人民政府网站，https：//www.jl.gov.cn/shengqing/tzfz/dwjl/。

③ 《自然概貌》，辽宁省人民政府网站，https：//www.ln.gov.cn/web/zjln/zrgm/index.shtml。

④ 《区域概况》，内蒙古自治区人民政府网站，https：//www.nmg.gov.cn/asnmg/yxnmg/qqgk/202003/t20200304_235646.html。

方面具有积极的意义。回顾改革开放以来边境旅游发展的历程，可将其分为以下五个阶段。

一 起步缓慢的边境贸易启动时期（1978～1987年）

人员的流通是旅游必不可少的前提要素，边境地区前期的贸易活动促进了边境地区人口的交流与流动，为边境旅游的开发奠定了基础。1978年党的十一届三中全会以后，国家实行对外开放政策。随着边境口岸的开发，边境贸易进入了发展阶段，东北地区的贸易流通与日俱增。其中，率先重启的是中朝边境贸易，1981年9月，国务院同意恢复中朝贸易。1982年4月16日，中苏两国政府换文决定恢复边境贸易。1983年，内蒙古自治区对苏联远东和西伯利亚地区的边境贸易正式恢复。1984年12月15日国务院批准的《边境小额贸易暂行管理办法》为边境贸易的发展提供了政策和制度上的优惠以及法律上的保障。1985年，内蒙古自治区恢复与蒙古国的边境贸易往来。1987年，吉林省同苏联滨海边疆区直接建立了贸易关系，双方于1988年首次签订了边境易货贸易合同。[1] 边境贸易的繁荣带动了东北边境地区服务业、工业的发展，经济高速迅猛发展需要更多劳动力的支持，自然而然地带动了人员的流动。与此同时，边境贸易的兴起带动了东北地区与邻国之间的访问活动，如1985年，中国辽宁省丹东市与朝鲜新义州经过协商开展了互相访问的活动。虽然这尚不能算是真正的边境之游，但也改变了这片区域长久以来被封锁的局面，为东北地区边境旅游的开发勾画了雏形，为东北地区边境旅游的发展提供了基础经验。

二 开拓发展的初步探索时期（1988～1998年）

1987年11月4日，国家旅游局和对外经济贸易部联合发布《关于拟同意辽宁省试办丹东至新义州自费旅游事》，这是由我国政府主管部门发布的有关边境旅游活动的第一份批文，自此边境旅游正式在我国出现，其既标志着我国东北地区边境经济发展的转折，也标志着中国边境旅游业的起步。1988年4月18日，辽宁丹东国际旅行社组织了第一批以朝鲜新义州为旅游目的地的一日游。由于是初试阶段，边境旅游的限制颇多，要求参与游客

---

① 孙攀. 我国沿边地区对外开放模式和效应的比较研究 ［D］. 黑龙江大学，2011.

必须是辽宁省户籍居民且每年旅游人数限定在 5000 人次以内。① 1990 年，辽宁省边境旅游发展有了一定的突破。在出游时长上，增加了三日游旅行产品供游客选择；在路线上，旅游目的地延伸到朝鲜境内的妙香山、平壤等地。随着辽宁省边境旅游事业的发展以及我国经济实力的增强，1988～1990 年，中央又陆续批准黑龙江、吉林和内蒙古等省（区）的部分边境城市开展边境旅游活动。这一时期，东北地区边境旅游总体规模较小、人数较少，并且配套的边境旅游政策并不完善。但毋庸置疑，这是东北地区边境旅游的起点，东北地区的边境旅游也是以此为节点逐渐摸索出了一条发展之路。1992 年，《国务院关于进一步对外开放黑河等四个边境城市的通知》下发，宣告东北地区边境旅游进入了大发展时期。同年 4 月 8 日，内蒙古自治区外事办公室、旅游局等部门联合发布了《中蒙多日游暂行管理办法》和《中俄边境旅游暂行管理办法》。② 两个办法分别指出，中蒙、中俄边境旅游属于不动汇旅游，双方采取对等交换团队、提供对等服务的方式，并规定了中蒙三日游至七日游的四条旅游线路。1992 年 9 月 5 日，吉林省旅游局发布《吉林省边境旅游暂行管理办法》，规定旅游团队必须从批准的口岸出入境，按照规定的旅游线路和时间进行活动，按时返回。至此东北地区的边境旅游在出游人数以及经济效益方面都有了一定发展。在出游人数方面，虽仍有国家层面明确的控制规定，但游客人数较 1990 年前有了成倍的增长；在经济效益方面，进入 20 世纪 90 年代以后东北地区边境旅游的经济效益及其对地方经济的促进作用也明显增强。边境旅游的发展带动了边境贸易的发展，但是在大步调发展的同时也出现了假冒、欺诈等负面问题。就此我国进入了调整边境旅游政策、整顿边境旅游市场乱象的调整阶段。1997 年 10 月，国家旅游局发布《边境旅游暂行管理办法》，同时东北地区各有关部门总结开启边境游十年来的经验与教训，学习新的管理办法，与邻国有关部门充分协商合作，打开了东北地区边境旅游的新格局。这象征着东北地区边境旅游从此在健全的管理制度下走上了正轨。在此阶段，边境旅游的发展带动了交通、住宿、购物等第三产业的发展，拓宽了边境贸易的范围，助推了边境贸易的快速发展。

① 郑辽吉. 丹东市赴朝边境旅游发展研究［J］. 世界地理研究，2002（03）：71-78.
② 宋魁，陈秋杰. 中俄旅游合作的回顾与展望［J］. 西伯利亚研究，2001（05）：11-16.

三 产业模式初步形成的高速增长时期（1999～2009年）

1999年初，在旅游、公安、边防等部门的共同努力下，东北地区的边境旅游实现了三个重大突破：首先在人数限制方面，取消了每年组团人数的限制条件；其次在旅游路线方面，进一步拓宽了边境旅游的空间范围，如1999年前辽宁省丹东市至朝鲜的旅游线路限定在朝鲜边境平安北道地区，1999年后扩宽到了平壤和板门店；最后在出游时长方面，进一步延长了旅游天数，如中朝边境旅游从过去的最高三日游延长到了六日游。1999年9月召开的中央民族工作会议对"兴边富民"发展边境旅游做出了进一步指示，为边境旅游的开展明确了方向。2001年实施的《全国兴边富民行动规划纲要（2001—2010年）》指出，"要大力发展第三产业，充分发挥边疆自然资源、人文资源优势，大力发展边疆经济"。吉林省延边朝鲜族自治州边境旅游在国家政策的扶持下迅速发展，2004年全州边境游游客总数达126000人次，超过了全省的90%。[①] 2005年6月，中国发布了中国公民团体出境旅游的开放国名单，中国和俄罗斯签订了一份谅解备忘录，决定从9月20日开始，中国游客可以使用中俄两国的互免团体旅游签证，前往俄罗斯旅游，俄罗斯成为首个向中国旅游者提供全面免签的国家。该政策要求5人起成团，旅行社须填写一式五份的"中国公民赴俄罗斯旅游团队名单"，并加盖有关部门的印章。自此，中俄边境地区的旅游开发步入新时期。[②]《兴边富民行动"十一五"规划》提出，要加强边贸和地区间的合作，要把"走出去"和"引进来"作为重点，加强与邻国的地区经济和技术合作。从此，边境旅游对东北地区经济发展的牵动作用越来越明显。在边境旅游客源市场方面，赴朝、俄旅游市场结构已经发生变化，主要客源市场由省内扩展至省外，并且省外游客比例不断上升，在游客组成方面多为散客游、商务会议游。在此期间，东北地区各边境城市把握机遇、深化改革，推出了多项旅游产品。如"十一五"期间，黑龙江省黑河市形成了数十条国际与国内相结合的旅游线路；吉林省延边朝鲜族自治州开发了至朝鲜罗津、

---

① 赵壮，杨吉生. 吉林省边境旅游现状与发展对策分析 [J]. 现代商贸工业，2009，21（03）：58-59.

② 牛育育，吴殿廷，周李. 中俄旅游合作的回顾及前瞻 [J]. 东北亚经济研究，2020，4（05）：78-93.

先锋、南阳等地的多条旅游线路，旅游产品由一日游丰富为三日游、四日游、八日游、九日游、十一日游等。① 多年来，边境旅游的发展为东北地区经济的调整带来了机遇，促进了边境贸易和工业产品的发展。边境旅游的发展，给东北地区的第三产业带来了巨大的客源，促进了物资、信息、资金的流动，为东北地区的旅游资源开发、旅游基础设施建设注入了新的活力，促进了商贸、餐饮业的发展。中朝政府于 2009 年 4 月正式签订了一份关于开通豪华旅游火车的合同，提供了中国图们—朝鲜南阳—朝鲜七宝山的三日游线路。同年 8 月 30 日，国务院批复了《中国图们江区域合作开发规划纲要——以长吉图为开发开放先导区》，将长春、吉林作为图们江区域合作发展的重点区域，对周边地区的发展和开放起到了积极的推动作用。② 与此同时，东北地区相继推出了观光游、红色游、康养游、民族文化游等多元化旅游产品，形成了以旅游六大要素（吃、住、行、游、购、娱）为基础的旅游产业。至此，边境旅游的发展与边境经济的繁荣日益紧密，边境旅游逐步成为提高边境城市知名度、发展边境城市经济、稳固边境安全的主要路径。

四　扶贫开发与融合发展的全面发展时期（2010~2019 年）

2010 年 6 月，国家层面明确提出"积极建设内蒙古满洲里开发开放试验区"，促使中蒙两国间的交流不断增多。③ 2011 年 6 月，国务院办公厅印发的《兴边富民行动规划（2011—2015 年）》提出，要"大力培育开发具有边境特色的重点旅游景区和线路"。2012 年 4 月，中国图们江区域（珲春）国际合作示范区经国务院批复设立，标志着中朝两国间的合作更加紧密，也标志着中朝边境旅游已逐渐成为延边州旅游业的一张名片。随着政策的开放，东北地区边境城市双向出入境开通，边境地区充分发挥桥梁的作用，增强了与俄罗斯、朝鲜、蒙古国之间的交流与合作。内蒙古满洲里开发开放试验区、中国图们江区域（珲春）国际合作示范区的设立，标志

① 温艳玲，张倩玉．延边地区中俄朝边境旅游现状与发展战略之思考［J］．东疆学刊，2010，27（03）：94-99+114.
② 孙攀．我国沿边地区对外开放模式和效应的比较研究［D］．黑龙江大学，2011：52-58.
③ 崔哲浩，吴雨晴，张俊杰．国家安全视域下东北地区边境旅游发展研究［J］．中国生态旅游，2022，12（03）：429-441.

着边境旅游已成为边境开发开放战略的核心部分，也标志着边境旅游已成为促进区域经济一体化的主要媒介。在这个阶段，边境旅游进入了一个融合发展的机遇期。2013年，国家首次提出了精准扶贫。旅游业作为一个从业门槛低、劳动密集型的产业，旅游扶贫自然而然地成为国家精准扶贫计划中的重要内容。东北边境地区经济水平较为落后，边境城市第一、第二产业的产出较低，且多数边境城市交通较为闭塞，如吉林省白山市交通以客运汽车为主，无高铁、飞机等交通工具。因此，在这个阶段，东北地区的边境城市成为乡村旅游、旅游扶贫的重点地区。2015年8月，《关于进一步促进旅游投资和消费的若干意见》指出，要"加大对乡村旅游扶贫重点村的规划指导、专业培训、宣传推广力度"。2016年，中共中央、国务院发布的2016年中央一号文件指出"强化规划指导，扶持休闲农业与乡村旅游的发展"。在这样的背景下，中俄、中蒙、中朝边境旅游接待人数、旅游收入逐年增长。2019年，辽宁省丹东市边境旅游接待人数5608.10万人次，旅游收入527.00亿元；[①] 吉林省延边朝鲜族自治州边境旅游接待人数2751.38万人次，旅游收入555.34亿元；[②] 黑龙江省黑河市、绥芬河市、抚远市边境旅游接待总人数4961万人次，旅游收入361亿元；[③] 内蒙古自治区二连浩特市、满洲里市边境旅游接待总人数398.09万人次，旅游收入212.32亿元。[④][⑤]

这个时期，东北地区的边境旅游业与国家对外开放整体战略、脱贫攻坚、乡村振兴战略紧密相连，边境旅游业全面融合发展，为全面建成小康社会添砖加瓦。辽宁省丹东市宽甸满族自治县以此为契机，形成了包括2个旅游电商扶贫示范村、22个乡镇电商扶贫服务站、204个村级服务点在内的农村电商网格化服务体系，带动了全域52921名建档立卡贫困人口全体实现稳定脱贫。[⑥]旅游业的综合带动性刺激了边境地区的经济发展活力。截至2019年末，延

① 崔哲浩，吴雨晴，张俊杰. 国家安全视域下东北地区边境旅游发展研究 [J]. 中国生态旅游，2022，12（03）：429-441.
② 《延边概况》[EB/OL]. （2019-11-14）. http：//www.yanbian.gov.cn/zq/ybgk/201911/t20191114_307.html.
③ 王艺烨. 黑龙江省中俄边境旅游发展研究 [D]. 牡丹江师范学院，2020.
④ 《二连浩特市概况》[EB/OL]. （2022-01-06）. http：//www.elht.gov.cn/mlel/csgk/.
⑤ 《满洲里市情》[EB/OL]. （2022-04-11）. http：//www.manzhouli.gov.cn/mzl/mlbc/mzlsq/index.html，2022-04-11.
⑥ 《丹东宽甸"百村脱贫致富"工程富民强村》[EB/OL]. （2020-10-28）. http：//ln.people.com.cn/n2/2020/1028/c378327-34379094.html.

边朝鲜族自治州 2.9 万户 4.3 万人脱贫，5 个贫困县全部摘帽，304 个贫困村退出贫困序列。① 白山市 1.02 万户 1.8 万人脱贫。通化市 2.8 万贫困人口脱贫，73 个贫困村退出贫困序列。黑龙江省抚远市抓吉赫哲族村、黑河市外三道沟村曾均为省级贫困村，2019 年依托旅游扶贫项目，获得扶贫资金 247.8 万元，村中年收益 13.3 万元，覆盖 96 户，贫困人口 200 余人，2019 年村中旅游收入达 300 万元。② 内蒙古自治区通过 "旅游+扶贫" 的发展模式，将边境旅游业作为助力富民扶贫的工作核心，实现了边境地区的脱贫产业振兴。截至 2018 年，内蒙古自治区全域通过旅游发展共计带动 34513 户 8.6 万人实现脱贫；③ 2021 年，呼伦贝尔市建档立卡脱贫户人均纯收入达到 16284.88 元，较 2020 年的 13840.53 元增长 17.66%。④

五　乡村振兴战略下边境旅游发展的新时期（2020 年至今）

东北地区把握机遇，以乡村振兴工作为重点，统筹推进经济、政治、文化、社会和生态文明 "五位一体" 建设。区域内 17 个边境城市、2 个市级辖区、52 个县级行政单位，以美丽的乡村风光、特色的人文民俗为主要着力点，大力发展现代服务业，全面推进乡村振兴战略，推动边境乡村的旅游发展。与此同时，相关部门积极作为，大力提升边境地区的旅游吸引力，边境地区旅游相关配套设施日益完善，居民生活质量、幸福感显著提升。在旅游业的带动下，边境地区城乡实现了大跨步、高质量的发展。边境旅游业的综合效应推动了乡村的产业兴旺，不断为乡村全面振兴、农业强、农村美、农民富助力。

游客组成结构方面，青年群体俨然已成为主力军。⑤ 出游距离方面，本地游、周边游成为主流。边境旅游活动方面，2021 年由国家发展改革委、文化和旅游部、国家体育总局联合印发的《冰雪旅游发展行动计划

---

① 《延边州五年脱贫攻坚工作回眸》［EB/OL］.（2020-01-07）. http：//www.jl.gov.cn/zw/sydtp/202101/t20210107_7888124.html.
② 《旅游助脱贫 "好风景" 变 "好钱景"》［EB/OL］.（2020-10-17）. https：//new.qq.com/rain/a/20201017A0FMG800.
③ 周永珍. 内蒙古乡村旅游：现状·案例·实践［M］. 北京：中国旅游出版社，2019.
④ 《呼伦贝尔市建档立卡脱贫户人均纯收入达 1.6 万余元》［EB/OL］.（2022-06-20）. https：//www.nmg.gov.cn/zwyw/gzdt/msdt/202206/t20220620_2073754.html.
⑤ 崔哲浩. 2021 年延边州文化旅游产业发展报告，内部研究报告：6-12.

（2021—2023 年）》指出，以 2022 年北京冬奥会为契机，加大冰雪旅游产品供给，推动冰雪旅游高质量发展，实现 "带动三亿人参与冰雪旅游"。① 在这一政策的背景下，东北地区的边境城市通过开展冰雪旅游，从而实现了新的发展。吉林省以长白山为核心，大力发展冰雪旅游、乡村旅游。这个阶段，东北地区的边境旅游由以往的双向出入境转变为国内边境游，并将边境地区旅游事业的发展与体育赛事巧妙相连，使东北地区边境旅游寻找到了新的出路，走向了新的阶段。②

第二节　东北地区边境旅游的地位和作用

　　边境地区作为一个独特的地理区位，它的屏障防护作用正在向辐射作用转化。边境旅游是由相邻国家共同合作形成的，旅游活动的黏性较强，因此边境旅游活动表现出不同的形态、不同的特点。在某些运输条件好、经济发展相对较好、开放程度较高的边境地区，如东北地区辽宁省丹东市、吉林省延边朝鲜族自治州等地，边境旅游呈现多向流动、规模大、影响面广的特点。东北地区疆域广阔，物产丰富，毗邻俄罗斯、朝鲜、蒙古国三国，接壤部分多风光秀丽，具有丰富的旅游资源。而边境旅游资源的开发，不仅能促进两国边境地区经济社会的发展，更可以作为两国互动的窗口，促进跨境合作和对外开放，成为促进国与国友好发展的桥梁。东北地区发展边境旅游的重要作用，主要体现在以下四个方面。

一　边境旅游促进东北边境地区发展，成为东北地区新的 "支柱产业"

　　20 世纪 90 年代以来，随着改革开放的不断深化和经济社会的高速发展，东北地区体制性和结构性矛盾日趋显现，以工业为核心的东北地区面临着企业设备和技术老化、资源型城市主导产业衰退等严峻问题，经济社会发展与东南沿海地区差异扩大。但是边境旅游产业的兴起给东北边境地

---

① 李克良，王紫娟，张瑶，苏畅，张彩云．"三亿人参与冰雪运动" 背景下我国冬季运动发展的瓶颈与对策研究［J］．冰雪运动，2021，43（06）：45-48．
② 李军岩，刘颖．后疫情时期东北冰雪旅游产业差异化协同发展研究［J］．沈阳体育学院学报，2020，39（03）：1-9．

区的经济发展带来了新的转折点。

东北边境地区的生态环境优越，拥有三江平原、长白山、东北虎豹国家公园以及大型湿地等诸多国家级乃至世界级的生态资源。此外，其森林、草原资源均在中国占据重要地位。良好的生态与辽阔的地域融合，构成了极佳的游憩空间。①《全国兴边富民行动规划纲要（2001—2010 年）》提出要充分发挥丹东、珲春、绥芬河、黑河、满洲里等沿边开放城市的区位条件，重点对俄、蒙、朝等东北亚国家发展边境贸易。《兴边富民行动"十一五"规划》指出要加快促进边境贸易发展，带动边民致富和地方增收，大力发展口岸经济，发展边境旅游，促进出入境旅游健康发展。《兴边富民行动规划（2011—2015 年）》强调要挖掘边境地区传统文化资源、打造特色文化品牌，依托边境旅游资源开发重点边境旅游景区和边境特色旅游线路，鼓励发展边境旅游等。《兴边富民行动"十三五"规划》指出，要推进边境地区基础设施建设，全力保障和改善边境地区民生，大力发展边境特色优势产业，着力提升沿边开发开放水平，着重强调发挥好周边境外经贸合作区的带动作用，突出休闲旅游等功能。利好政策的持续叠加，为东北边境地区开发开放水平提升提供了得天独厚的条件。

发展边境旅游可助推东北亚经济合作一体化。在我国黑龙江省、吉林省、辽宁省和内蒙古自治区东部分布着黑河、绥芬河、珲春、图们、丹东、满洲里、二连浩特等口岸，构成了东北边境口岸群。②口岸的开放使得边境城市的交通、娱乐、服务等第三产业快速发展，走向国际市场。作为经济的支撑点，口岸推动着边境地区经济的振兴。中国东北边境地区从地理位置来看是东北亚区域的中心，边境旅游正在东北亚合作中发挥重要角色。目前，东北亚各国间的跨境旅游合作发展迅速，开发跨国边境游项目、构建旅游共同体、推动旅游一体化已成为东北亚区域国家的共识。作为全球经济最具活力的区域之一，东北亚地区六国人口占全球人口的 23%，GDP占全球经济总量的 19%，是全球发展最具活力的地区之一。③东北亚地区海

---

①　徐淑梅，李圆慧，王亚丰. 中国东北东部边境地区旅游业发展研究［J］. 地理科学，2012，32（03）：336-341.

②　孙晓谦. 中俄边境地区旅游开发潜力分析［J］. 西伯利亚研究，2002（01）：27-31.

③　《中国新闻网：东北亚地方政府共谋打造"东北亚海洋经济合作圈"》［EB/OL］.（2021-09-22）. https：//baijiahao. baidu. com/s？id＝1711606306830790573&wfr＝spider&for＝pc.

陆相连，海洋资源丰富，以海洋为纽带的经济、文化等合作日益紧密，而旅游作为各国民众最喜闻乐见的合作领域，正在得到更多重视。

二 加速东北边境地区产业结构调整，成为经济转型发展的"引领产业"

东北地区是重工业基地，其传统产业比重偏高，产业结构不合理是制约其发展的重要原因。因此，调整经济结构，促进东北地区与先进国家的联系和合作，成为提高边境开放程度的必然选择。要重塑东北地区的优势和产业结构，就必须在强化第一产业、提高第二产业的基础上，大力发展第三产业。旅游业是第三产业的重要组成部分，旅游资源的合理利用可以增加第三产业对经济的贡献，促进社会、环境和人类的协调发展。边境旅游具有很强的关联性，发展边境特色旅游，必将给边境地区带来人流、人才和资金流；而商品流、信息流的迅猛发展，又能使餐饮业、酒店业、商业生产、消费等各方面都得到极大的发展。它不仅与第三产业有直接的联系，而且还间接地影响第一、第二产业。有效发挥旅游产业的带动作用正是东北边境地区经济结构优化的关键所在。发展旅游业，是调整产业结构、优化经济结构的一种有效途径，既是东北边境地区经济发展的现实需要，也是其长期发展的一种有效途径。

旅游业供给侧改革助推旅游产业结构性调整。东北各省（区）确立了各自旅游业新的经济增长点，形成了以俄罗斯、蒙古国、日本、韩国为主体的国际客源市场。东北地区各边境城市结合自身资源特色形成了一系列成熟的旅游产品。其中，吉林省延边朝鲜族自治州、辽宁省丹东市、黑龙江省牡丹江市的旅游产品格外突出。吉林省延边朝鲜族自治州珲春市作为中、俄、朝三国交界和东北亚的几何中心，其"一眼望三国"以及多国跨境旅游线路为其旅游业的发展奠定了坚实的基础；中国第一大边陲城市——辽宁省丹东市推出了"鸭绿江畔美丽丹东"旅游整体形象；黑龙江省牡丹江市推出以镜泊湖、绥芬河边境风情及冬季雪乡为核心的旅游产品，带动牡丹江的跨国旅游线路发展。[①] 2020 年，黑龙江省、吉林省、辽宁省第三产业增加值占比超过地

---

① 徐淑梅，李圆慧，王亚丰. 中国东北东部边境地区旅游业发展研究 [J]. 地理科学，2012，32（03）：336-341.

区生产总值的 50%，内蒙古自治区第三产业增加值占比达到 49.56%。

三　边境旅游业是东北边境资源型城市重要的"接续产业"

在我国 118 个资源型城市中，有 31 个位于东北地区，占到了全国的 26.3%，这些城市大多处于边境地区。许多边境资源型城市未形成完整的工业结构和加工产业链，造成其所在地区就业机会少、经济发展缓慢的现象。随着我国东北地区的矿产资源日益枯竭，寻找并发展新的经济增长点已成为东北地区经济可持续发展的必然途径。出于历史原因，东北地区部分大中小国企在企业经营的基础上，建立了大量的度假区、宾馆、疗养院、文化教育和休闲等配套设施，对现有的闲置资产进行有效利用，既解决了大批失业人员就业的问题，又实现了现有固定资产的保值增值。在工业结构向纵深领域扩展的过程中，发展旅游业是一种必然的选择方向。另外，在东北地区实行"天保工程"之后，许多林区都面临转型的问题，发展生态旅游、森林旅游、特色旅游等是发展林业产业的必然趋势。黑龙江省在加快旅游发展的过程中，以江、湖、岛、街为核心，推出了巴木通森林小火车、依兰古城等 50 余条旅游线路和 300 多个旅游景点，其旅游产品包含城市文化游、冰雪风光游、森林湿地游、漂流探险游、生态环境游、农业观光游、商务博览游、界江口岸游、民俗风情游，辐射范围扩大至牡丹江、佳木斯、伊春、黑河等边境城市。除此之外，黑龙江省充分挖掘乌苏里江畔的边境优势，以边境江景、红色故事、自然人文景观为依托，开发了虎头旅游开发区、珍宝岛景区、乌苏里江国家森林公园，提高了边境景区质量，发展了边境旅游产业，扩大了边境旅游客源市场。

在推动资源型城市的转变中，东北边境城市将边境旅游产业的发展确定为可持续发展的替代性产业，并将其发展为一个新的经济增长点。发展边境旅游业的优势突出，主要表现在以下几点。一是对优化工业布局有利。位于边境的资源型城市工业构成比较单一，其主要支撑是以资源为主的工业。发展旅游业，是推动资源型城市实现经济转型、多样化发展的重要途径。二是对我国的就业起到了推动作用。旅游行业属于劳动密集型行业，发展旅游业对边境资源型城市扩大就业、再就业具有重要意义。三是维护生态环境。发展边境旅游不仅能使城市的生态效益和经济效益得到平衡，而且还能促进城市的可持续发展。四是对城市形象的提升起到了促进作用。发展边境旅游在吸引中外旅游者、拓展城市发展空间、吸引外来资本方面发挥了很大的作用。例如，辽宁省丹东市深度拓展"旅游+"战略，"旅游+农业"成为旅游增长热点；"旅游+工业"助推消费提升，通过实施旅游"后备箱"工程，评选出115种丹东好礼，实现产业共赢；"旅游+体育"增添新活力，形成了边境旅游新热点。又如，吉林省白山市深入实施乡村旅游精品工程，在边境地区的乡村发展旅游业，促进了一二三产业的相互融合，以旅游业的综合带动性刺激了边境地区的经济发展活力。再如，内蒙古自治区呼伦贝尔市以"草原体验+边境旅游""家庭农场+农事体验""农业景观+观光旅游""农业旅游+休闲度假""乡土风情+民宿旅游"等旅游产品为特色，着力发展乡村旅游，拉动了区内农牧民增收与就业。

四 推进跨境合作开发，成为东北各省区与毗邻国家交往的"沟通产业"

东北地区边境旅游是中国与毗邻国家睦邻友好关系的产物，而边境旅游促进了国家之间人员、物质的流动。随着边境旅游的发展，东北边境地区与各毗邻国家经济文化相互渗透，进一步促进了边境稳定。边境地区的合理开发，对于边境地区的政治、经济、文化、社会都有着十分重要的作用。

东北边境地区聚居着多个少数民族。如达斡尔族、赫哲族、鄂伦春族等作为中国人口最少的几个民族之一，其杀生鱼、独木船、桦树皮衣等原始社会生存方式还时有所见；朝鲜族、满族是区域内人口数量相对较多的少数民族，朝鲜族主要集中在吉林省延边朝鲜族自治州，而辽宁省的宽甸、桓仁、本溪等满族自治县则是满族人集居地，这些地区均保留着当地民族原有的生活方式和文化信仰。发展边境旅游，是促进民族融合、发扬民俗文化的不二选择。从更加广阔的视野来看，发展边境旅游，有助于促进东北地区和毗邻国家发展贸易，提高经济、文化互动水平。

《东北振兴"十二五"规划》出台后，国家发展战略中就明确提到了"统筹发展边疆景区"。《东北振兴"十三五"规划》指出，要立足创新驱动和开放合作促发展；进一步加强对森林、草原、湿地、黑土区的保护，修复自然生态；延伸农业产业链，加快推进农村一二三产业融合发展；推动农业与旅游休闲、教育文化、健康养生等深度融合，发展观光农业、体验农业和创意农业。以此为背景，2016年国家发改委等相关部门拟定了

《关于加快推动跨境旅游合作区工作的通知》和《跨境旅游合作区建设指南》。① 为进一步加强东北地区边境旅游业融合发展，吉林省以红色文化、人参文化、葡萄种植为着力点促进旅游业与农业融合发展；辽宁省将旅游业与商贸融合，形成了由 2 个旅游电商扶贫示范村、22 个乡镇电商扶贫服务站、204 个村级服务点组成的农村电商网格化服务体系。② 2020 年，国家发改委等部门联合印发了《关于建设吉林珲春海洋经济发展示范区的复函》，提出在图们江三角洲地区建立中、朝、俄跨境海洋旅游合作区，并将图们江三角洲地区的跨境旅游合作作为重点，吸引国内著名的旅游公司投资该区域的开发、经营；发展海洋旅游，打造集旅游、购物、休闲于一体的观光与休闲区。③

中国于 2005 年公布俄罗斯成为中国公民出游目的地国家，并与俄方签订了谅解备忘录，为中俄游客提供了一条可免签的绿色通道，这一措施使中俄跨境旅游合作取得了突破性进展。中朝俄于 2011 年联合开发横跨三个国家的边境观光线路，为开展东北区域的旅游合作奠定了良好的基础。2014 年珲春市圈河口岸出境游客达 146261 人次。④ 珲春市与滨海边疆区 2016 年签订了建立友好城市关系协议书，这是我国东北地区旅游发展逐步向"互惠互利"发展模式转变的重要信号。至此，东北地区边境旅游发展体现出旅游设施不断完善、旅游政策日趋健全、口岸开放程度不断提高、旅游合作日益密切、经贸往来日益频繁的特点。

第三节　东北地区边境旅游总体发展现状

一　边境旅游市场吸引力较强

东北地区地处东北亚地区核心地带，吸引着游客纷至沓来，边境旅游

---

① 李英花，吴雨晴，崔哲浩 . 中朝边境地区跨境旅游合作区建设现状及路径探析 ［J］. 延边大学学报（社会科学版），2022，55（05）：71-78+143.

② 《宽甸"百村脱贫致富"工程富民强村村集体年收入全部达到 3 万元，建档立卡贫困户年人均纯收入达 8536 元》［EB/OL］.（2020 - 10 - 28）. http：//www.ln. gov.cn/ywdt/jrln/wzxx2018/202010/t20201028_3995705.html.

③ 《民革企业家助力珲春海洋经济合作发展投资促进大会暨珲春海洋经济发展示范区揭牌仪式举行》［EB/OL］.（2020 - 09 - 10）. http：//www.jl.gov.cn/zw/yw/jlyw/202009/t20200910_7472650.html.

④ 孙学文，吕弼顺，梁荣 . 珲春市边境旅游的发展研究 ［J］. 山西农经，2020（21）：50-51.

发展态势迅猛，使得边境旅游所涉及的景区以及客源市场范围越来越广阔。来自东北地区及部分华北地区的游客距离边境地区较近，具有较为便利的旅游条件，交通成本和时间成本较低，边境旅游对于这一部分客源来说具有很大吸引力。对于东南沿海地区的游客而言，东南沿海大部分城市气候较为湿润，与东北边境地区的冰雪气候大不相同，季节气候的反差给他们带来了较好的旅游体验。沿海地区经济相对更为发达，决定了这一部分客源的相对购买力较强，同时这一地区客源中有一定比例的老东北迁徙人群，他们具有特殊的怀旧情结，也昭示着这一部分客源的重要性。对于我国其他地区而言，东北边境地区拥有更优质的冰雪旅游资源，保留着更原始的满族、朝鲜族等少数民族文化风俗，对于三级市场客源也有一定的竞争力。

对于国外市场而言，我国主要面向俄罗斯、朝鲜、蒙古国等东北亚国家。边境旅游作为一种边境友好互促手段，是维系国与国之间友好、和平的重要途径。日本、韩国等国家虽不是我国的毗邻国，但相对来说距离东北边境很近，且经济相对发达，对于服务业、旅游业消费倾向更高，也是东北地区边境旅游发展的重要客源。

二 边境旅游资源种类丰富

东北地区边境旅游主要以中蒙、中朝、中俄为主，多元的文化历史背景、复杂的地理环境、锦绣的自然环境，为东北地区的边境旅游提供了丰富的旅游资源。

东北地区地处北半球中温带、寒温带，四季分明、气候宜人，自然旅游资源极其丰富。中朝边境旅游方面：中朝隔江相望，鸡犬相闻，延边朝鲜族自治州、丹东市与朝鲜只隔着图们江、鸭绿江。中朝界山长白山自然类旅游资源丰富，夏季清凉适宜，是天然的避暑胜地；冬季白雪皑皑，适宜开发冰雪旅游，是全球公认的"天然氧吧""生态后花园"。位于中朝俄交界处的珲春市，融合了三国风情，是东北亚开发开放的重点城市。与珲春类似，地处中朝边境的吉林省集安市与朝鲜满浦市隔鸭绿江相望，吸引了众多游客到这里乘船游览鸭绿江，感受"一江之上，两国风光"。

中俄边境旅游方面：位于黑龙江省大兴安岭地区的北极村是中国最北端的地区，其凭借神奇天象、极地冰雪等独特的自然景观被誉为"神州北极""不夜城"。地处黑龙江和乌苏里江交汇处的黑瞎子岛是中国最东端的领土，三面环水自成体系，隔江与俄罗斯的哈巴罗夫斯克相望，主要的边境旅游资源有湿地公园、北大荒生态园、交接纪念碑、俄罗斯兵营旧址等。位于内蒙古自治区的呼和诺尔草原，绿草如茵，湖水清澈，水草丰美。

中蒙边境旅游方面：中蒙两国旅游界对当地的文化、历史事件进行了深入的发掘，形成了"万里茶道""和平之旅""三湖之旅"等旅游特色产品。蒙古国有着优美的自然景观和得天独厚的文化景观，广袤的土地、独特的自然环境，以及丰厚的文化底蕴是吸引中国人前往的最大魅力所在。[①]

东北边境地区以朝鲜族、满族、蒙古族为主的少数民族文化绚丽多彩，孕育了多姿多彩的人文旅游资源。各民族特有的生活方式、民风民俗、民族美食、民族节庆吸引着国内外的游客。[②] 朝鲜族能歌善舞，蒙古族热情好客，满族勤劳勇敢，赫哲族擅长制作兽皮衣与鱼皮器物、服饰。[③] 这些瑰丽的人文资源既是自然与人类长期共存下的深刻烙印，也是各民族文化的直观表达。朝鲜族的"秋夕节"、蒙古族的"那达慕盛会"、满族的驯鹰捕猎等，构成了边境地区极为丰富、极具魅力的民族风情，具有极高的历史文化价值。

三　边境旅游产品不断丰富

东北地区边境旅游的主要旅游产品包括以界碑、战争遗址为主的红色游；以自然景色、城市风光为主的观光游；以民族文化、民族风情为主的民俗游；以雾凇、冰雕、滑雪为主的冰雪游。东北地区边境旅游景区分布情况如表 2-1 所示。截至 2021 年，我国东北地区国家级旅游景区共有 439 个，其中 5A 级景区共有 10 个，4A 级景区共有 135 个，3A 级景区共有 193 个，2A 级景区共有 77 个，1A 级景区共有 24 个。从数量上来看，黑龙江省内的边境旅游景区数量最多，其次是内蒙古自治区；从空间分布来看，内蒙古自治区内的景区在数量上虽不占优势，但分布的范围广泛、均匀；从景区质量来看，吉林省内的景区质量较高、吸引力较强。

---

① 吴殿廷，崔丹，刘宏红. 中蒙旅游合作的现实意义和突破路径 ［J］. 东北亚经济研究，2022，6（05）：23-32.
② 王秋屿. 延边地区边境旅游质量评价研究 ［D］. 延边大学，2021.
③ 赵佳琪. 东北边疆地区非遗现状调研——以鄂温克、鄂伦春、赫哲族传统技艺为例 ［J］. 美术观察，2022（06）：8-14.

表 2-1　2021 年东北地区边境旅游景区分布情况

单位：个

省（区）	国家级旅游景区	5A 级景区	4A 级景区	3A 级景区	2A 级景区	1A 级景区
黑龙江省（黑河市、牡丹江市、佳木斯市、鸡西市、鹤岗市、双鸭山市、伊春市、大兴安岭地区）	226	5	54	120	25	22
内蒙古自治区（锡林郭勒盟、呼伦贝尔市、兴安盟）	97	2	32	25	37	1
吉林省（延边朝鲜族自治州、白山市、通化市）	87	3	31	38	15	0
辽宁省（丹东市）	29	0	18	10	0	1

数据来源：黑龙江省、辽宁省、吉林省、内蒙古自治区文化和旅游厅官网。

辽宁省虽边境城市较少，但其具备开发较早的优势，因此边境旅游发展态势十分可观。其结合自身条件和优势，依托丰富的森林资源，在边境地区打造了辽东绿色经济区，并着力于推动区域特色优势产业，打造了红色游、生态游、民宿体验游等旅游产品。

吉林省着力发挥地区口岸、资源、环境、生态等优势，打造美丽边境游。长白山山脉是吉林省重要的旅游资源，是鸭绿江、松花江、图们江的发源地，近年来吉林省健全生态保护建设，打造了生态观光游、生态研学游、冰雪游；此外，吉林省依托 10 个边境旅游口岸形成了赴俄、赴朝的边境旅游线路 14 条。

黑龙江省扎实推进边境旅游建设，省内边境旅游产品以森林游、湿地游、避暑游、"极地"游、红色游、乡村游、亲子研学游、美食游、夜游、自驾游为主；其边境地区民族众多，沿边境线以满族、朝鲜族、蒙古族、鄂伦春族、赫哲族等为代表的多种民族文化是民俗游的主要产品；绿水青山大兴安岭、波光粼粼鹤岗龙江小三峡是生态游的主要产品。除此之外，黑龙江省还推出了以黑河市—布拉戈维申斯克市—哈巴罗夫斯克市、同江市—下列宁斯阔耶—比罗比詹市、绥芬河市—波格拉尼奇内—符拉迪沃斯托克市为主的 16 条边境旅游线路。

内蒙古自治区立足于丰富独特的旅游资源，开发了独具特色的旅游产品，形成了与市场需求和发展阶段相适应的观光、休闲度假和专项旅游三大旅游产品。内蒙古依托中蒙、中俄边境城市开发多条跨境旅游线路，如二连浩特—扎门乌德、阿尔山—松贝尔、满洲里—克拉斯诺亚尔斯克、阿日哈沙特—乔巴山等。

四　边境旅游口岸类型多样

口岸是发展边境旅游的必要条件，也是边境旅游特有的游客集散中心。东北地区共有边境口岸36个（见表2-2）。

表 2-2　东北地区边境口岸分布情况

省（区）	边境地区	边境县市	接壤国家	口岸情况
内蒙古自治区	呼伦贝尔市	新巴尔虎左旗	俄、蒙	一类，公路口岸——额布都格口岸
		新巴尔虎右旗	俄、蒙	一类，公路口岸——阿日哈沙特口岸
		满洲里市	俄	一类，航空、铁路口岸——满洲里口岸 二类，公路口岸——二卡口岸
		陈巴尔虎旗	俄	二类，公路口岸——胡列也吐口岸
		额尔古纳市	俄	一类，公路口岸——黑山头口岸 一类，公路口岸——室韦口岸
	锡林郭勒盟	二连浩特市	蒙	一类，铁路、公路口岸——二连浩特口岸
		东乌珠穆沁旗	蒙	一类，公路口岸——珠恩嘎达布其口岸
	兴安盟	阿尔山市	蒙	一类，公路口岸——阿尔山口岸
辽宁省	丹东市	振兴区	朝	一类，铁路、水运口岸——丹东口岸
吉林省	通化市	集安市	朝	一类，铁路口岸——集安口岸
	白山市	长白朝鲜族自治县	朝	一类，公路口岸——长白口岸
		临江市	朝	一类，公路口岸——临江公路口岸
	延边朝鲜族自治州	图们市	朝	一类，铁路、公路口岸——图们口岸
		珲春市	朝、俄	一类，铁路、公路口岸——珲春口岸 一类，公路口岸——圈河口岸 一类，公路口岸——沙坨子口岸
		龙井市	朝	一类，铁路口岸——开山屯口岸 一类，公路口岸——三合口岸
		和龙市	朝	一类，公路口岸——南坪口岸 一类，公路口岸——古城里口岸
		安图县	朝	一类，公路口岸——双目峰口岸

续表

省（区）	边境地区	边境县市	接壤国家	口岸情况
黑龙江省	鸡西市	虎林市	俄	一类，公路口岸——虎林口岸
		密山市	俄	一类，公路口岸——密山口岸
	鹤岗市	萝北县	俄	一类，水运口岸——萝北口岸
	双鸭山市	饶河县	俄	一类，水运口岸——饶河口岸
	伊春市	嘉荫县	俄	一类，水运口岸——嘉荫口岸
	佳木斯市	抚远市	俄	一类，水运口岸——抚远口岸
		同江市	俄	一类，水运、铁路口岸——同江口岸
	牡丹江市	东宁市	俄	一类，公路口岸——东宁口岸
		绥芬河市	俄	一类，铁路、公路口岸——绥芬河口岸
	黑河市	爱辉区	俄	一类，水运、铁路口岸——黑河口岸
		逊克县	俄	一类，水运口岸——逊克口岸
	大兴安岭地区	呼玛县	俄	一类，水运口岸——呼玛口岸
		漠河市	俄	一类，水运口岸——漠河口岸

数据来源：黑龙江省、辽宁省、吉林省、内蒙古自治区政务官网。

东北边境地区口岸类型多样，包括水运口岸、铁路口岸、公路口岸、航空口岸。内蒙古自治区的中俄、中蒙边境旅游主要通过公路口岸进行；辽宁省的中朝边境旅游主要通过铁路、水运口岸进行；吉林省的中俄、中朝边境旅游主要通过公路口岸进行；黑龙江省的中俄边境旅游主要通过水运口岸进行。①

二连浩特口岸是中国和蒙古国最大的交通枢纽，同时也是中国与蒙古国唯一的铁路口岸。二连浩特市不仅是重要的游客集散中心，同时也是重要的商品进出口集散地。满洲里口岸是我国对俄罗斯最大的陆路边境口岸，同时也是全国唯一一个铁路、公路、航空"三位一体"的国际化口岸。黑龙江省绥芬河口岸是黑龙江对俄最大的口岸，是东北亚经济圈的中心地带，是中国通往日本海唯一的陆路口岸。吉林省延边朝鲜族自治州珲春市是吉林省唯一的对俄口岸。在中国与朝鲜的边境口岸中知名度最高的是辽宁省丹东市丹东口岸，其余对朝口岸均在我国吉林省。吉林省延边朝鲜族自治

① 李慧娟. 中国边境口岸城市发展模式研究 [D]. 中央民族大学，2010：7-9.

州是我国东北地区最大的边贸口岸，其下辖的珲春市地处中朝俄三国接壤的区域，是东北亚区域的重要地理枢纽。2010 年，国家批准在珲春市设立国际合作示范区，并在中国延吉市、俄罗斯符拉迪沃斯托克市、朝鲜清津市三个区域建立旅游合作区，为我国东北地区的旅游开发提供了良好的示范。

五　边境旅游政策持续开放

1987 年 11 月 4 日，国家旅游局和对外经济贸易部联合发布《关于拟同意辽宁省试办丹东至新义州自费旅游事》，打开了中国边境旅游的市场。在之后 15 年的时间内，我国东北、西北、西南地区的 9 个边境省份陆续开展边境旅游。自此，边境旅游已经不再仅仅是边境城市发展边境贸易促进当地经济发展的方式，还逐步上升为国家对外开放、实行兴边富民计划、促进国际交流、稳定边境、巩固国防的重要方式。1997 年，国家旅游局发布《边境旅游暂行管理办法》，不仅为我国的边境旅游行业制定了一个统一的法规，也使得我国的边境旅游从此走上了一条快速、规范化的发展之路。2003 年，中央正式提出了振兴东北老工业基地的战略，旨在加速东北地区经济的发展，其在一定程度上带动了边境园区的建设。

党的十七大报告确立了"走出去"的战略，既要把"引进来"和"走出去"有机地结合起来，也要把对外开放的范围扩大、结构优化、水平提高；推动中国优秀的企业和行业走向世界。2007 年，中俄两国加强边境区域合作，双方联合宣布，要在《关于实施东北地区等老工业基地振兴战略的若干意见》和《2013 年前远东和外贝加尔经济和社会发展联邦目标规划》的基础上，建立多个领域的合作机制。2008 年，国务院发布了《关于同意推进境外经济贸易合作区建设意见的批复》。2009 年，中俄签署了《中国东北地区与俄罗斯远东及东西伯利亚地区合作规划纲要（2009—2018 年）》，支持、鼓励中俄企业积极投身于俄罗斯远东地区的建设，同时也为中国在俄罗斯设立海外园区奠定了基础。

2009 年开始，国家陆续发布了相关政策，如《关于加快发展旅游业的意见》《中国图们江区域合作开发规划纲要——以长吉图为开发开放先导区》《关于支持沿边重点地区开发开放若干政策措施的意见》等，东北地区各省（区）积极贯彻落实；东北振兴、图们江区域国际合作开发、中蒙俄经济走廊建设等国家相关区域发展战略进一步实施，与东北亚地区双边、多边的旅游合作，促进了我国与周边国家政府、旅游协会、企业之间的多层次合作与协调。截至 2018 年，中国已建成 182 个海外园区，其中共建"一带一路"国家的海外园区累计纳税 24 亿美元，中国海外园区的建设对东道国的经济增长起到了促进作用。2022 年 9 月 16 日，文旅部会同外交部等部门起草了《边境旅游管理办法（修订征求意见稿）》，并组织相关领域的专家学者共商共策、征求意见。

六　边境区域合作日益加强

边境旅游作为边境贸易的外延，其发展程度与政治外交息息相关，因此区域合作的重要性不言而喻。东北地区是我国最早开展边境旅游的区域，但由于其区域合作起步较晚，该地区边境旅游发展较为缓慢。东北亚中、日、朝、韩等国家之间的外交关系错综复杂，使区域经济合作在很长一段时间内都受到限制。黑龙江、吉林、辽宁、内蒙古在边境旅游方面相对独立，没有建立起区域协作机制，导致旅游资源的开发水平不高，边境旅游线路也较少。随着中俄朝图们江区域合作，中俄蒙"一带一路"、欧亚经济联盟、草原之路等国际合作的进一步推进，东北地区旅游合作进一步加深并以此为转折点持续快速发展。

2014 年，黑龙江省在中俄贸易方面寻找亮点，将"哈洽会"升级为中俄博览会，发挥对俄贸易边境大省的优势，为共建"一带一路"找到黑龙江省新支点。同时，借助中蒙俄经济走廊建设的机遇，黑龙江省打造物流带、产业带、开放带"三带合一"的黑龙江"陆海丝绸之路经济带"，形成了大开放大贸易的新格局。为促进制度创新和产业结构升级，黑龙江省以制度创新为核心，着力调整产业结构，打造东北亚及俄罗斯合作的中心枢纽地区。2019 年，国家批准建设黑龙江省自由贸易试验区，包括三个片区：哈尔滨片区、黑河片区、绥芬河片区。黑龙江省自贸区的建设，打造了东北全面振兴、全方位振兴的增长极和示范区，打造了沿边口岸物流枢纽和中俄交流合作重要基地，打造了中俄战略合作及东北亚开放合作的重要平台。黑龙江省以黑河片区、绥芬河片区建设为主要平台，发挥政策优势、资源优势、区域优势，加强中俄跨境旅游合作，开发集物流、购物、民俗、体验于一体的特色边境旅游线路。

2009 年，《中国图们江区域合作开发规划纲要——以长吉图为开发开放先导区》被正式批复，该纲要提出在图们江区域发展中、俄、朝边境旅游业。2012 年，国务院发布了《中国东北地区面向东北亚区域开放规划纲要（2012—2020 年）》，旨在通过与东北亚国家双边、多边旅游合作，构建和健全东北地区与邻近国家政府、旅游协会、企业等多层面的合作。党的十八大以来，吉林省大力推进长吉图开发开放先导区建设，科学规划建设珲春海洋经济发展示范区等 9 个国家级开放合作平台；开通"长珲欧"等 3 条中欧班列，推进珲春陆上边境口岸型国家物流枢纽建设。2016 年，国家发改委等相关部门拟定了《关于加快推动跨境旅游合作区工作的通知》和《跨境旅游合作区建设指南》。2020 年，国家发改委等部门联合印发《关于建设吉林珲春海洋经济发展示范区的复函》，促进东北地区的全面振兴，有力推进区域协调发展，为东北地区边境旅游业提供更多的机遇。

2016 年 8 月，国务院决定设立辽宁自由贸易试验区，为东北老工业基地的发展和对外开放水平的提升提供了新引擎。2017 年 3 月 31 日，国务院印发《中国（辽宁）自由贸易试验区总体方案》，促进中、朝、日、韩等国家商品贸易流通、文化旅游交流。

1992 年国务院发布《关于同意建立中俄满洲里—后贝加尔边民互市贸易区的批复》（国函〔1992〕32 号）。满洲里中俄互市贸易区，是彼时中国唯一一个跨境经济开发区，初步形成了出口加工、商贸旅游、仓储物流三大产业集群。进入 21 世纪以来，内蒙古边境口岸在落实"一带一路"倡议与"中蒙俄经济走廊"建设过程中发挥着重要作用。2014 年 9 月 11 日，国家主席习近平在出席中俄蒙三国元首会晤时提出共建丝绸之路经济倡议，获得俄方和蒙方积极响应。2016 年 5 月，中国与蒙古国正式签订合作共建二连浩特—扎门乌德中蒙跨境经济合作区的协议。2017 年 9 月，二连浩特—扎门乌德中蒙跨境经济合作区开始建设。① 中蒙俄应抓住难得的合作机会，发挥合作优势、政策优势、资源优势，开发集物流、商贸、购物、旅游、草原、民俗于一体的跨境特色旅游线路，进一步加强中俄蒙国际合作。

---

① 朱洪璋. 尺度重组视角下内蒙古对蒙古国口岸城市跨境经济合作研究［D］. 内蒙古财经大学，2022：26-27.

第四节　东北地区边境旅游发展存在的问题

在国家相关政策的支持下，东北地区的边境旅游充分发挥其内在优势，发展势头良好，特别是在新一轮东北振兴战略、图们江区域国际合作开发、中蒙俄经济走廊开发等东北地区与东北亚各国合作的进一步落实下，东北地区边境旅游带动其他相关产业协同发展效果更加显著。但是东北地区边境旅游发展仍存在诸多问题。

一　边境城市发展缺乏统筹战略，辐射能力差

东北地区边境开发不能充分发挥口岸资源的优势，各口岸仅提供一条过境通道，并不能给其他区域带来更大的利益。边境地区的商贸条件比较恶劣，制约了当地企业的发展，与之相关的物流组织、交易流转、贸易结算等，不在边境城市所管辖的区域内进行，或只有部分产业链末端的产品在辖区内进行。总体而言，口岸进出口货物的增长与涉外经济贸易发展水平不相适应。

尽管国家出台了一系列的扶持政策措施，但多数政策具有很大的原则性和宏观性，边境城市的发展水平普遍较低，政府管理能力不强，这使得边境城市难以落实国家的宏观调控政策。为了改善商业环境，东北边境地区制定了一系列旨在引导各地降低税收的政策，从而降低了政府的财政收入，使边境基础设施的资金更加紧张。各地区在发展边境旅游时，缺少统筹全局的战略和总体规划，各港口之间的定位、业务分工不清，导致各边境城市的发展同质化，不能因地制宜，不能充分发挥各自的优势。各边境城市的资源禀赋差异很大，但在实际运作中各边境城市之间的作用大同小异。

在资金不够充沛的背景下，边境旅游城市的旅游基础设施配备不够完善，导致旅游者在边境城市的停留时间较短、消费支出较低。同时，边境城市发展同质化问题较为严重，旅游项目较少，大多数旅游者与旅游经营者把关注点更多地集中在出境旅游方面，导致旅游者实际上在国内边境城市停留的时间更短，无法给边境城市带来更多的旅游收益。

二　边境旅游市场不健全，市场波动较大

东北地区边境旅游业自 1987 年开展以来，取得了巨大的进步，但是从总体情况来看，边境旅游业的发展水平不高。首先，东北地区边境旅游开展初期没有相应的管理条例，导致旅游市场发展不充分、基础力量薄弱，直到 1997 年《边境旅游暂行管理办法》实施之后，情况才有所好转。其次，边境旅游虽增长速度较快，但相较于其他旅游类别，其仍处于相对落后的状态，并且东北地区虽有 30 余个边境口岸，但边境旅游发展较为乐观的口岸只有 10 余个，各个口岸间发展不平衡不充分。最后，东北地区边境旅游的发展受到国与国之间政治关系影响较大。如中朝边境旅游，1988 年中朝边境旅游开展不到半年，朝方停办赴朝旅游项目；1992 年在旅游线路延伸到平壤、板门店不久，朝方以当地举办比赛为由再次叫停。

三　旅游产品相对落后，限制旅游活动发展

东北地区漫长的边境线上高耸入云的长白山、奔腾不息的鸭绿江、一望无垠的大草原、万里飘雪的黑龙江是自然界的馈赠，这些独特俊美的资源却由于相应的产品开发较为滞后，缺乏影响力。深挖其原因有以下几点。第一，旅游产品结构单一。目前东北地区以开发观光旅游为主，忽略了游客的参与感，使得整个旅游过程游客参与度较低、停留时间短，旅游产品对青年游客吸引力不足，无法激发游客的重游意愿。2021 年起，东北地区大力发展冰雪旅游，虽大大提升了游客的参与度，但冰雪旅游受季节影响较大，无法全面解决上述问题。第二，旅游活动单一。这一点在中朝边境旅游上尤为明显，朝鲜观光旅游的活动范围十分有限，摄影只能在规定范围内进行。第三，产品销量差。边境旅游的发展不仅需要中方的努力，同时也需要口岸双方的共商共策。由于外联与接待方面都尚未形成一定的规范，旅游产品销售受阻严重。第四，东北边境地区交通的不便与宣传力度的不足极大地限制了边境旅游的客源市场，旅游资源对远距离游客的吸引力较低。

四　旅游基础设施较差，综合服务水平较低

当前，我国边防口岸存在基础设施、服务设施落后等问题。以黑龙江省为例，其部分公路口岸运力不足，尤其是绥芬河港口的铁路运输能力十

分有限已经成为黑龙江省边贸发展的瓶颈。同时,大部分边境地区存在经济水平落后、缺乏资金支持、相关人才匮乏、交通闭塞不便等问题。[①]

五 双边旅游为主导,多边旅游有待提升

目前边境旅游大部分仍以"点对点"的双边旅游为主导。图们江区域中俄朝跨境旅游合作的进一步实施,使中俄朝边境多边旅游业有了较快的发展,但东北亚经济合作的发展相对滞后、旅游发展的根基比较弱、边界军事设施比较多,图们江合作开发开放无法促进对东北旅游的整体整合和旅游产业的发展。东北亚错综复杂的格局使得国与国之间的信任有待加强,多边旅游时常受到政策影响叫停,导致多边边境旅游发展水平较差。

---

① 冯章献.边境少数民族地区乡村旅游扶贫的问题与出路——来自吉林省延边州的经验 [J].旅游导刊,2019,3 (01):86-90.

第三章 东北地区边境旅游资源禀赋与特征

第一节 东北地区边境旅游资源的类型与数量

通过东北地区边境旅游资源单体现状调查、部分重要边境旅游资源实地考察、相关文献资料整理与提取以及与边境地区相关政府机构座谈调查等途径和方法，笔者对东北地区边境旅游资源进行了调查，经过筛选与整理，共提取出 597 处具有代表性的旅游资源单体。依据国家标准《旅游资源分类、调查与评价（GB/T 18972—2017）》（以下简称《标准》）中的旅游资源体系，将旅游资源分为"主类"、"亚类"和"基本类型"三类，每个层次的旅游资源类型都有其对应的代号。①

东北地区边境旅游资源类型及数量统计如表 3-1 所示，共有 8 个主类 23 个亚类 108 个基本类型。

表 3-1 东北地区边境旅游资源类型及数量统计

单位：处

主类	亚类	基本类型	各类单体数量统计		
			基本类型	亚类	主类
A 地文景观	AA 自然景观综合体	AAA 山丘型景观	57	69	
		AAB 台地型景观	1		
		AAC 沟谷型景观	9		
		AAD 滩地型景观	2		

---

① 《国家旅游局关于对政协十二届全国委员会第五次会议第 2868 号（商贸旅游类 137 号）提案的答复》[EB/OL]. (2017 - 09 - 19). https：//zwgk. mct. gov. cn/zfxxgkml/zhgl/jytadf/202012/t20201204_906843. html.

续表

主类	亚类	基本类型	各类单体数量统计		
			基本类型	亚类	主类
A 地文景观	AB 地质与构造形迹	ABA 断层景观	1	2	173
		ABB 褶曲景观	0		
		ABC 地层剖面	0		
		ABD 生物化石点	1		
	AC 地表形态	ACA 台丘状地景	1	46	
		ACB 峰柱状地景	42		
		ACC 垄岗状地景	0		
		ACD 沟壑与洞穴	2		
		ACE 奇特与象形山石	1		
	AD 自然标记与自然现象	ADA 奇异自然现象	0	56	
		ADB 自然标志地	16		
		ADC 垂直自然地带	40		
B 水域景观	BA 河系	BAA 游憩河段	13	15	76
		BAB 瀑布	2		
		BAC 古河道段落	0		
	BB 湖沼	BBA 游憩湖区	24	46	
		BBB 潭池	1		
		BBC 湿地	21		
	BC 地下水	BCA 泉	5	6	
		BCB 埋藏水体	1		
	BD 冰雪地	BDA 积雪地	4	4	
		BDB 现代冰川	0		
	BE 海面	BEA 游憩海域	0	5	
		BEB 涌潮与击浪现象	0		
		BEC 小型岛礁	5		
C 生物景观	CA 植被景观	CAA 林地	18	27	27
		CAB 独树与丛树	2		
		CAC 草地	7		
		CAD 花卉地	0		
	CB 野生动物栖息地	CBA 水生动物栖息地	0	0	
		CBB 陆地动物栖息地	0		
		CBC 蝶类栖息地	0		

续表

主类	亚类	基本类型	各类单体数量统计		
			基本类型	亚类	主类
D 天象与气候景观	DA 天象景观	DAA 太空景象观赏地	1	1	10
		DAB 地表光现象	0		
	DB 天气与气候现象	DBA 云雾多发区	2	9	
		DBB 极端与特殊气候显示地	5		
		DBC 物候景象	2		
E 建筑与设施	EA 人文景观综合体	EAA 社会与商贸活动场所	10	135	196
		EAB 军事遗址与古战场	35		
		EAC 教学科研实验场所	5		
		EAD 建设工程与生产地	20		
		EAE 文化活动场所	10		
		EAF 康体游乐休闲度假地	22		
		EAG 宗教与祭祀活动场所	6		
		EAH 交通运输场站	2		
		EAI 纪念地与纪念活动场所	25		
	EB 实用建筑与核心设施	EBA 特色街区	2	46	
		EBB 特色屋舍	6		
		EBC 独立厅、室、馆	7		
		EBD 独立场、所	0		
		EBE 桥梁	2		
		EBF 渠道、运河段落	1		
		EBG 堤坝段落	0		
		EBH 港口、渡口与码头	2		
		EBI 洞窟	4		
		EBJ 陵墓	7		
		EBK 景观农田	3		
		EBL 景观牧场	4		
		EBM 景观林场	1		
		EBN 景观养殖场	1		
		EBO 特色店铺	1		
		EBP 特色市场	5		

主类	亚类	基本类型	各类单体数量统计		
			基本类型	亚类	主类
E 建筑与设施	EC 景观与小品建筑	ECA 形象标志物	1	15	196
		ECB 观景点	1		
		ECC 亭、台、楼、阁	2		
		ECD 书画作	1		
		ECE 雕塑	1		
		ECF 碑碣、碑林、经幡	6		
		ECG 牌坊牌楼、影壁	0		
		ECH 门廊、廊道	0		
		ECI 塔形建筑	2		
		ECJ 景观步道、甬路	0		
		ECK 花草坪	0		
		ECL 水井	1		
		ECM 喷泉	0		
		ECN 堆石	0		
F 历史遗迹	FA 物质类文化遗存	FAA 建筑遗迹	21	21	38
		FAB 可移动文物	0		
	FB 非物质类文化遗存	FBA 民间文学艺术	0	17	
		FBB 地方习俗	8		
		FBC 传统服饰装饰	3		
		FBD 传统演艺	3		
		FBE 传统医药	1		
		FBF 传统体育赛事	2		
G 旅游购物	GA 农业产品	GAA 种植业产品与制品	1	9	
		GAB 林业产品与制品	2		
		GAC 畜牧业产品与制品	5		
		GAD 水产品与制品	1		
		GAE 养殖业产品与制品	0		
	GB 工业产品	GBA 日用工业品	0	0	
		GBB 旅游装备产品	0		
	GC 手工艺品	GCA 文房用品	0	0	
		GCB 织品、染织	0		

续表

主类	亚类	基本类型	各类单体数量统计		
			基本类型	亚类	主类
G 旅游购物	GC 手工艺品	GCC 家具	0	0	9
		GCD 陶瓷	0		
		GCE 金石雕刻、雕塑制品	0		
		GCF 金石器	0		
		GCG 纸艺与灯艺	0		
		GCH 画作	0		
H 人文活动	HA 人事活动记录	HAA 地方人物	4	50	68
		HAB 地方事件	46		
	HB 岁时节令	HBA 宗教活动与庙会	6	18	
		HBB 农时节日	3		
		HBC 现代节庆	9		

资料来源：笔者整理。

旅游资源丰度是指一个地区拥有各类旅游资源的数量占旅游资源总数的比重，是反映旅游资源丰富程度的绝对量。为直观展示东北地区边境旅游资源概况，引入了各主类旅游资源丰度对比（见表3-2）。

表 3-2 东北地区边境旅游资源各主类丰度对比

单位:%

项目	地文景观	水域景观	生物景观	天象与气候景观	建筑与设施	历史遗迹	旅游购物	人文活动	总计
丰度	28.98	12.73	4.52	1.68	32.83	6.37	1.50	11.39	100

据表3-2分析可知，丰度总值为100%的情况下，建筑与设施这一主类的丰度最高，达32.83%；地文景观次之，达28.98%，旅游购物最少，仅为1.50%。这表明东北地区边境旅游资源中，观赏类型旅游资源较丰富，体验型旅游资源则较为缺乏。

为更细致地体现东北地区边境旅游资源各基本类型的数量对比，将108个基本类型分为4个数量档次（见表3-3），其中，山丘型景观数量最多，有57处，约占总数的9.55%；地方事件次之，有46处；峰柱状地景有42处，占比约为7.04%；缺乏褶曲景观，地层剖面，牌坊牌楼、影壁等景观。

表 3-3　东北地区边境旅游资源基本类型数量档次

单体数量（处）	基本类型（名称）	基本类型数量（个）
50（含）~59	山丘型景观	1
30（含）~49	峰柱状地景、垂直自然地带、军事遗址与古战场、地方事件	5
10（含）~29	自然标志地、游憩河段、林地、湿地、游憩湖区、社会与商贸活动场所、建设工程与生产地、文化活动场所、康体游乐休闲度假地、纪念地与纪念活动场所、建筑遗迹	12
10以下	台地型景观，沟谷型景观，滩地型景观，断层景观，褶曲景观，地层剖面，生物化石点，台丘状地景，垄岗状地景，沟壑与洞穴，奇特与象形山石，奇异自然现象，瀑布，古河道段落，潭地，泉，埋藏水体，积雪地，现代冰川，游憩海域，涌潮与击浪现象，小型岛礁，独树与丛树，草地，花卉地，水生动物栖息地，陆地动物栖息地，蝶类栖息地，太空景象观赏地，地表光现象，云雾多发区，极端与特殊气候显示地，物候景象，教学科研实验场所，宗教与祭祀活动场所，交通运输场站，特色街区，特色屋舍、独立厅、室、馆，独立场、所，渠道，运河段落，桥梁，堤坝段落，港口、渡口与码头，洞窟，陵墓，景观农田，景观林场，景观牧场，景观养殖场，特色市场，特色店铺，形象标志物，观景点，书画作，雕塑，亭、台、楼、阁，碑碣、碑林、经幡，牌坊牌楼，影壁，门廊、廊道，塔形建筑，景观步道、甬路，花草坪，喷泉，水井，堆石，民间文学艺术，可移动文物，地方习俗，传统服饰装饰，传统演艺，传统医药，传统体育赛事，种植业产品与制品，林业产品与制品，畜牧业产品与制品，水产品与制品，养殖业产品与制品，日用工业品，旅游装备产品，文房用品，织品、染织，金石雕刻、雕塑制品，家具，陶瓷，金石器，纸艺与灯艺，画作，地方人物，宗教活动与庙会，农时节日，现代节庆	90

结果表明，东北地区边境旅游资源中，数量在 50 处及以上的旅游资源基本类型仅有 1 个，为山丘型景观。最低档次为数量不足 10 处，该档次有 90 个基本类型。

为便于比较不同边境段的旅游资源状况，进行了进一步对比统计（见表 3-4）。

表 3-4　东北地区各边境段边境旅游资源丰度对比

单位：处,%

区域	地文景观	水域景观	生物景观	天象与气候景观	建筑与设施	历史遗迹	旅游购物	人文活动	总计
中朝边境	83	29	13	6	104	23	3	36	297
丰度	27.95	9.76	4.38	2.02	35.02	7.74	1.01	12.12	100

续表

区域	地文景观	水域景观	生物景观	天象与气候景观	建筑与设施	历史遗迹	旅游购物	人文活动	总计
中俄边境	77	36	10	4	69	11	3	19	229
丰度	33.62	15.72	4.37	1.75	30.13	4.80	1.31	8.30	100
中蒙边境	13	11	4	0	23	4	3	13	71
丰度	18.31	15.49	5.63	0	32.39	5.63	4.23	18.31	100

结果表明，中朝边境段的旅游资源丰度最高，资源数量约占整个东北地区边境旅游资源总量的49.75%，其旅游资源丰度由高到低依次是建筑与设施类、地文景观类、人文活动类、水域景观类、历史遗迹类、生物景观类、天象与气候景观类、旅游购物类。中俄边境段的旅游资源数量约占整个东北地区边境旅游资源总数的38.36%，其旅游资源丰度由高到低依次是地文景观类、建筑与设施类、水域景观类、人文活动类、历史遗迹类、生物景观类、天象与气候景观类、旅游购物类。中蒙边境段的旅游资源数量约占整个东北地区边境旅游资源总数的11.89%，其旅游资源丰度由高到低依次为建筑与设施类、地文景观类、人文活动类、水域景观类、历史遗迹类、生物景观类、旅游购物类、天象与气候景观类。

第二节　东北地区边境旅游资源质量等级

笔者依据《标准》中的"旅游资源共有因子综合评价系统"对东北地区边境旅游资源赋分并划分等级。该系统共设置了"资源要素价值"、"资源影响力"和"附加值"3个评价项目，包括"观赏游憩使用价值"（30分）、"历史文化科学艺术价值"（15分）、"珍稀奇特程度"（10分）、"规模、丰度与概率"（10分）、"完整性"（10分）、"知名度和影响力"（10分）、"适游期或适用范围"（5分）、"环境保护与环境安全"（10分）8个评价因子，总分计100分。① 根据对旅游资源单体的评价，得出该单体旅游资源共有因子综合评价赋分值。按照得分高低可将旅游资源分为五级、四

---

① 职晓晓.旅游资源共有因子评价系统的分析与评价——以焦作市历史文化旅游资源为例 [J].中国集体经济，2013（04）：121-122.

级、三级、二级、一级五个等级，其中五级、四级、三级旅游资源统称为优良级旅游资源，二级、一级旅游资源统称为普通旅游资源。东北地区各边境段优良级旅游资源单体如表 3-5 所示。

表 3-5 东北地区各边境段优良级旅游资源单体

边境段	五级旅游资源单体	四级旅游资源单体	三级旅游资源单体
中朝边境	长白山、图们江源头河段、防川三国边境景观区、东北虎豹国家公园、丹东鸭绿江国家风景名胜区、宽甸天桥沟国家级森林公园、高句丽文物古迹旅游景区	龙岗火山、雪山湖、临江温泉、仙峰森林公园、长白国家森林公园、丸都山城、仙景台风景名胜区、中朝图们口岸、八连城遗址、安图水库、丹东五龙山风景区、丹东白鹭自然保护区、集安将军坟、集安五女峰、白石子国家自然保护区、宽甸天华山风景名胜区、长白山鲁能胜地、长白山国际度假区滑雪场、望天鹅景区、大戏台河景区、峡谷浮石林、图们江国家森林公园	鸭园溶洞、防川沙丘地、防川莲花湖、头道白河药水泉群、锦江瀑布、花山森林公园、龙井天佛指山松茸保护地、间岛日本总领事馆、延边二十四块石群、集安国内城、西古城渤海中京遗址、八连城渤海遗址、集安官马山城、霸王朝山城、龙井公园、长白山自然博物馆、龙井朝鲜民俗博物馆、"土"字碑、中朝古城里口岸、中朝圈河口岸、中俄珲春长岭口岸、四保临江纪念馆、珲春龙虎阁和龙虎石刻、安图长白山文化广场、红旗民俗村、临江烈士陵园、集安五盔坟、龙头山贞孝公主古墓群、德新龙岩渤海古墓群、云峰电站水库、丹东大孤山风景名胜区、丹东大鹿岛、丹东太平湾风景名胜区、丹东黄椅山火山森林公园、桦木山遗址、大鹿岛毛文龙碑位、老石山风景区、小岛景区、图们江下游敬信湿地、前阳洞穴遗址、后洼遗址、铁甲水库、獐岛、鸭绿江口滨海湿地、大孤山古建筑群、丹东菩萨庙镇小岛、《创建大奠堡记》碑、小城子山城、柏林川石刻、白菜地边墙、赫甸城城址、虎山遗址、三道河朝鲜族民俗村、杨木川红铜沟风景区、响水寺风景名胜区、昌德河口度假村、安平河休闲度假区、城顶山风景区、集安老岭、安图福满生态沟、水丰湖风景区、峥嵘山、蒲石河景区、丹东九水峡漂流、抗美援朝下河口公路断桥遗址、花脖山风景名胜区、清泉寺、青山沟风景名胜、宽甸鸭绿江流域湿地自然保护区、黄椅山火山森林公园、太平湾发电厂、红铜沟白鹭自然保护区、虎山长城、朱家炉抗联司令部遗址、治安村"红军洞"遗址、榆林镇治安村烈士陵园、榆林镇烈士陵园、夜袭阳岔工事区战斗遗址、小荒沟战斗遗址、头道镇烈士陵园、台上镇革命烈士纪念碑、清河镇烈士塔、青石镇烈士陵园、孟家沟门抗联棋盘遗址、老岭会议遗址、东岔抗日英雄纪念碑、抗联军校遗址、家什房子伏击战遗址、集安市革命烈士陵园、集安市革命烈士纪念塔、花甸镇烈士塔、抚松大营子温泉、红石碴子临时战地医院遗址、二道崴子战斗遗址、东岔抗日根据地遗址、东北抗联第一路军总司令部成立大会遗址、城墙砬子突围战斗遗址、常家店伏击战遗址、长岗战斗遗址、良茂墓群、云峰库区墓群、下解放桥头堡旧

续表

边境段	五级旅游资源单体	四级旅游资源单体	三级旅游资源单体
中朝边境			地、东岔抗日根据地、霸王朝山城、集安市科技馆综合性科普教育基地、集安省级自然保护区、霸王潮国家湿地公园、集安博物馆、老虎哨旅游景区、神龟山、老虎哨电站、好太王碑、云峰湖旅游度假区、高句丽壁画墓、集安洞沟古墓群、长白山民俗博物馆、安乐墓群、十五道沟墓群、天桥沟集团部落遗址、十二道沟关隘、民主遗址、泥粒河国家湿地公园、十五道沟风景区、长白山野山参生态园景区、长白山国际天然滑雪公园、灵光塔、长白朝鲜族民俗村、王池、小天池、东北虎林园、长白山博物馆、绿渊潭、长白飞瀑、塔山公园、长白石林风景区、高山花园、十八道沟温泉、干沟子古墓群、长白山垂直自然景观、二十三道沟抗联二军六师二十三道沟战斗遗址、牛郎渡、幽谷森林、乘槎河、珲春市博物馆、石头河子古城、营城子古城、密江西岗子遗址、大荒山抗日根据地、温特赫部城址与裴优城址、萨其城址、甩湾子国境桥、灵宝寺、大荒沟党史教育基地、吊水壶瀑布、莲塘秀色、吴大澂、大栗子溥仪宣诏退位旧址、老岭石碑、陈云同志旧居、临江鸭绿江水利风景区、四保临江烈士陵园、宝山—六道沟冶钢遗址、花山森林公园、苇沙河库区、江心岛公园、北山公园、五道沟国家湿地公园、四道沟五河山庄、溪谷庄园、"四保临江"纪念馆、金银峡、伪满皇帝行宫、贾家营瀑布、图们市博物馆、下白龙遗址、白龙村朝鲜族民居、日光山森林公园、图们市数字展示馆、图们串街、延边龙家美苑、中国朝鲜族非物质文化遗产展览馆、百年朝鲜民居、东北解放纪念塔、凤梧水库、凉水镇有机生态农业园、华严寺、磨盘村山城、凉水断桥、安图县博物馆、五虎山山城、长白山神庙故址、奶头山抗联密营、宝马古城、长白山文化博览城、长白山自然博物馆、明月湖、和平滑雪场
中俄边境			街津山国家森林公园、洪河农场现代农业景观、八岔乡赫哲族风情园、胜山要塞国家森林公园、孙吴胜山侵华日军遗址群、圣·尼古拉教堂、桃花岛、大白楼、大光明寺、国门风景区、四排风情园、十文字森林公园、东北红豆杉国家级自然保护区、漠河观音山、黑龙江源头、北极光、漠河口岸、虎口湿地自然保护区、铁西森林公园、新开流遗址、北大荒开发建设纪念馆、满洲里国门、鹤岗太平沟、联营红松原始树林、龙江三峡国家森林公园、黄金小镇、黑龙江流域博物馆、保兴观音山、高升滩、太平岛、永安东湖、平阳河湿地、月牙湖草地类自然保护区、吉祥口岸、察哈彦冒烟山、龙头山、画山崖壁、吴八老岛、画山草甸区、江湾最北水稻种植遗址、八十里大湾观景塔、大黑河岛、女雅通岛、瑷珲国家森林公园、旅俄华侨纪念馆、瑷珲历史陈列馆、知青博物馆、金顶山龙掌岩石峰、

边境段	五级旅游资源单体	四级旅游资源单体	三级旅游资源单体
中俄边境	兴凯湖、龙骨山恐龙化石出土地、乌苏里江、黑瞎子岛、呼和诺尔草原、北极村、五大连池世界地质公园博物馆、山口湖风景区黑龙江龙江三峡段	额图山、洪河自然保护区、三江口、街津口赫哲族民族村、中俄旅游自驾车营地、贝加尔庄园、牡丹峰自然保护区、呼伦湖满洲里段、满洲里市口岸、名山岛、嘉荫茅兰沟国家森林公园、嘉荫神州恐龙博物馆、珍宝岛、虎头要塞、瑷珲卧牛湖、瑷珲清朝遗址群、黑河口岸、三江湿地、建三江农业景观、乌苏镇、莫尔道嘎森林、莫尔格勒河"九曲回肠"、大沽河国家森林公园、黑河旅俄华侨纪念馆、东宁要塞群	华夏东极、大力加湖、海清荷花湖、海清四合湿地、黑龙江日出、东方第一哨、抚远口岸、抓吉赫哲新村、额尔古纳界河段、额尔古纳古淘金遗址、黑山头古城遗址、月牙湾、金帐汗草原、海拉尔河白音哈达河段、呼和诺尔湖、黑河博物馆、庆华军事工业遗址、瑷珲新城遗址、葛苏昆山谋克故城、伊拉哈城址、河西古城、东山农场遗址、侵华日军七三一细菌部队孙吴支队罪证遗址、振边酒厂、黑河清真寺、五大连池市朝阳山抗联密营遗址、墨尔根至漠河古驿站驿道、坤河国家湿地公园、北安乌裕尔河国家湿地公园、大沽河湿地国家级自然保护区、公别拉河自然保护区、岔子省级保护区、胜山自然保护区、胜山要塞国家公园、哈鱼岛、东山森林公园、二门山水库水利风景区、发别拉水利风景区、尾山、北格拉球山、东焦得布山、药泉湖、卧牛湖水上乐园、鄂伦春神泉祭坛遗址、北安博物馆、焦得布山次生林植物园、石龙温泊奇观、泉湖浴场、格拉球山天池、翻花泉、龙门石寨、冬青园、五道豁洛影视基地、黑龙山庄、科洛火山景区、高峰森林公园、中央站黑嘴松鸡自然保护区、江畔公园、清代水师营遗址、逊克大平台雾凇风景区、库尔滨河、东山湖景区、布拉戈维申斯克、孙吴县四方城遗址、孙吴县日本侵华罪证陈列馆、北安市烈士陵园、中共黑龙江省委旧址、幸福林场、北安枪械展馆、北安市人民公园、五彩沙滩、锦河闯关东影视中心、地下冰河、瑷珲历史陈列馆、嫩江农场现代农业旅游区、胜山狩猎场、龙珠远东国际滑雪场、五道豁洛影视基地、新生鄂伦春民族乡、逊克沾河漂流、嫩江高峰森林公园、瑷珲古城、大黑河岛、绥芬河国家森林公园、人头楼、绥芬河建新村出土文物遗址、绥芬河俄领事馆旧址、绥芬河博物馆、绥芬河滑雪场、绥芬河国门、绥芬河边贸市场、红石砬子城址、东宁劳工坟、东宁绥芬河国家湿地公园、大城子古城、三岔口西山苏联红军烈士纪念碑、东宁苏联红军烈士纪念碑、东宁革命烈士陵园、老黑山革命烈士陵园、绥阳北山烈士纪念碑、绥阳五八暴乱烈士牺牲纪念地、七十二道顶子战斗遗址、杨木桥子战斗遗址、头道沟战斗遗址、三岔口地下交通站遗址、三岔口救国军兵工厂遗址、中兴月牙湖、东宁要塞博物馆、月牙湾景区、洞庭地质公园、五排山城遗址、黑龙江呼中国家森林公园、加格达奇国家森林公园、兴安落叶林、绰纳河自然保护区、漠尔根至漠河古驿站驿道、大兴安岭大乌苏鹿苑山庄、白银纳鄂伦春民族文化旅游区、桃源峰水库、呼玛县界江旅游度假区、鹿鼎山、宝顶山遗址群、饶河马架子遗址、小南山遗址、乌苏里江国家湿地公园、饶河抗日游击队纪念碑、那丹岭上奇秀探幽、喀尔喀玄武岩石林地质公园、饶河南湖公园、红旗岭湿地、白桦林里秋正浓、大鼎子山上观雾凇、四排赫哲族民俗风情园、乌苏里江国家森林公园

续表

边境段	五级旅游资源单体	四级旅游资源单体	三级旅游资源单体
中蒙边境	呼伦贝尔草原、呼和诺尔草原旅游区、满洲里中俄边境旅游区、扎赉诺尔猛犸旅游景区、二连盆地白垩纪恐龙国家地质公园、巴尔虎蒙古部落景区、金帐汗蒙古部落、格根塔拉草原旅游区	扎门乌德口岸、二连浩特恐龙博物馆、满洲里国门景区、二连国门、满洲里口岸、阿尔善宝力格巨石林、浑善达克绿洲沙漠、恩格尔河湿地公园度假区、二连浩特中蒙跨境旅游合作示范区、浑善达克沙地、巴尔虎蒙古部落景区、古勒斯台生态旅游区、黑山头口岸、世界名马（业）景区、满洲里大觉禅寺、满洲里中俄互市贸易区、满洲里二卡国家湿地公园、海神圣泉旅游度假区、万豪蒙古大营、科尔沁草原	通古尔恐龙墓地、二连盐池、"伊林"驿站、"生命之源"城市标志建筑、东山墓地、乌兰善都牧场、探马赤大宫、宝德尔朝鲁石林、苏尼特博物馆、查干葛根纪念馆、通古尔生物化石产地、查干敖包庙、玄石坡立马峰、边墙遗址、石头人、恩格尔河墓群、洪格尔岩画群、转生洞、汉贝庙广场、哈日乌素、成吉思汗栓马桩、突厥石人、响泉、杨都庙、塞外江南—乌里雅斯台、别力古台文化园、海日其格特山岩画、贡扎布敖包、哈登胡硕公主圣泉、呼尔查干淖尔、成吉思宝格都山、东乌珠穆沁旗野狼谷旅游区、金斯太洞穴遗址、白桦林度假村、贵乐斯太矿泉、乃林郭勒景区、珠恩嘎达布其镇、乌里雅斯太山景区、额仁淖尔苏木、查干敖包、毕鲁图庙、梦奸苏尼特德王府、赛汉塔拉旅游园、额尔古纳民族博物馆、额尔古纳市乌兰山景区、黑山头遗址、老鹰嘴、临江原生态景区、额尔古纳国家湿地公园、室韦魅力名镇景区、苍狼白鹿岛度假村、熊谷、室韦俄罗斯民族之家、弘吉剌部大营、西山生态湿地景区、蒙古之源·蒙兀室韦文化旅游景区、陈巴尔虎陶海国家湿地公园、陈旗民族博物馆、伊利呼伦贝尔现代牧业科技示范园区、一代天骄中电生态文化景区、辽浩特陶海城址、莫尔格勒河、边卡要塞遗迹、额尔古纳河、满洲里套娃景区、中俄互市贸易旅游区、二子湖景区、中俄界河与界碑景区、苏联红军总参谋部二卡地下交通站景区、满洲里市红色国际秘密交通线教育基地、满洲里市博物馆、霍勒金布拉格国家湿地公园、呼伦湖、扎赉诺尔墓群、旧石器蘑菇山北遗址、满洲里婚礼宫、灵泉景区、达永山滑雪village、东山植物园、查干湖景区、满洲里红色旅游展厅、苏联红军烈士公园、扎赉诺尔国家矿山公园、北湖公园、宝格德乌拉（山）景区、乌兰诺尔湿地、阿敦础鲁、达喜朋斯格庙、中俄蒙三国交界"0"号界碑、巴尔虎博物馆、达朗古特式固伯里历史纪念展馆、双山景区、道乐都景区、甘珠尔庙、诺门罕战役遗址、克鲁伦河、五岔沟日伪机场遗址、阿尔山白狼峰、侵华日军阿尔山要塞遗址、阿尔山火山温泉地质公园、阿尔山温泉建设纪念碑、哈拉哈河国家湿地公园、奥伦布坎国家湿地公园、白狼洮儿河国家湿地公园、阿尔山国家森林公园、科尔沁右翼前旗博物馆、兴安蒙古包旅游村、索伦河谷、飞机包、察尔森水库、巴格罗第一党支部、巴拉格罗努图克办公旧址、索伦惨案烈士墓、侵华日军飞机场遗址、科尔沁珍禽自然保护区、归流河、察尔森湖度假区、乌兰毛都努图克、杜尔伯特草原、奥特奇沟

数据来源：笔者整理。

在东北边境地区 597 处旅游资源单体中，五级旅游资源单体共 23 处，约占总数的 3.85%；四级旅游资源单体共 67 处，约占总数的 11.22%；三级旅游资源单体共 498 处，约占总数的 83.42%；五级、四级、三级旅游资源共有 588 处，约占总数的 98.49%。

第三节　东北地区边境旅游资源的总体特征

一　旅游资源类型多样

东北地区所跨自然区域广阔，民族众多，旅游资源种类丰富。自然方面，以长白山为代表的山地旅游资源、以兴凯湖为代表的湖泊旅游资源、以黑龙江为代表的河流旅游资源、以呼伦贝尔草原为代表的草原旅游资源、以黑瞎子岛湿地为代表的湿地旅游资源等丰富多样的地貌景观旅游资源，加上以东北虎豹国家公园为代表的生物栖息地等独特的旅游资源，使东北边境地区自然旅游资源内容充实，且极具特色与代表性。除了自然旅游资源，东北边境地区也不乏满洲里中俄边境旅游区、中朝边界上的世界文化遗产——高句丽遗址、中俄朝边界上的防川风景区等优秀的人文旅游资源。

二　各种旅游资源数量庞大

东北地区边境线绵长，沿边县域城市数量较多，不同级别、不同类型的旅游资源总量庞大，共同组建成丰富的边境旅游资源。

东北边境地区优良级旅游资源达 588 处，其中，中朝边境的县域优良级旅游资源主要有长白山、东北虎豹国家公园、丹东鸭绿江国家风景名胜区等，共 226 处，占东北边境地区优良级旅游资源的 38.44%；中俄边境的县域优良级旅游资源主要有乌苏里江、北极村等，共 214 处，约占东北边境地区优良级旅游资源的 36.39%；中蒙边境地区的县域优良级旅游资源主要有呼伦贝尔草原、二连盆地白垩纪恐龙国家地质公园等，共 148 处，约占东北边境地区优良级旅游资源的 25.17%。

三　少数民族村寨特色鲜明

东北边境地区多民族混合分布，民族风情多样，具有鲜明的人文旅游资源特点。

中朝边境线上的吉林省延边朝鲜族自治州是我国唯一一个朝鲜族自治州，地处中朝俄三国交界。根据第七次人口普查数据，截至 2020 年 11 月，延边朝鲜族自治州常住人口为 194.17 万人，朝鲜族人口 72.24 万人，朝鲜族人口主要分布在龙井市、图们市、和龙市、珲春市等边境城市。延边段边境线上分布着防川村、密江村、百年部落、明洞村、金达莱村等朝鲜族民俗村，保留着朝鲜族民俗、饮食、服装、节庆等独特的文化旅游资源。

中俄边境线上的黑河市逊克县奇克镇边疆村共有 313 户 1084 人，其中，俄罗斯族 114 户 327 人，是黑龙江南岸俄罗斯后裔最为密集的村落。边疆村全力打造具有浓郁俄罗斯风情的特色村寨，分布着俄罗斯特色的房屋，可爱的俄罗斯套娃、彩蛋，北方民族村的民俗文化、人文资源旅游优势突出，围绕边疆最北荷花湖、俄罗斯民族第一村、黎明坝上草原、沂洲草原湿地，打造沿江特色生态旅游示范带。如今的边疆村，面积 1200 亩的乔、灌、花、草搭配的园林式绿化遍布全村。到了巴斯克节，边疆村立刻成为欢乐的海洋，村民身着传统服饰、佩戴各种首饰，与来宾载歌载舞。席间，人们斟满香槟，碰杯庆祝，在俄罗斯民族节日中感受独特的逊克民族风情。

黑龙江省佳木斯市抚远市乌苏镇抓吉赫哲族民俗村共有 101 户 381 人，其中赫哲族居民 51 户 155 人。赫哲族传统的渔猎文化在这里得到了传承和发扬。民俗村建有民族文化博物馆，赫哲族鱼皮画、鱼皮衣制作技艺得以展示。目前民俗村建成 29 栋 58 户的民族特色住房，6 栋共 204 户的居民小区。村内开设家庭旅馆 20 余家，为游客休闲度假提供了独具特色的民俗居住环境。民俗村内的渔家乐、特色鱼馆是游客品尝乌苏里江鲜味的最佳选择。①

四　各类旅游资源融合度高

从人文旅游资源角度来看，东北边境地区各民族人民聚居生活历史悠久，文化交流频繁，融合性强，蒙古族、朝鲜族、满族、俄罗斯族等多个民族较为完整地传承了本民族传统文化，在民族融合发展的过程中形成了独具特色的民族文化，在旅游活动中能够使游客更易于融入其中，形成独

---

① 《佳木斯旅游景点——佳木斯旅游景点大全》[EB/OL].（2018 - 07 - 19）. https：//www.jms.gov.cn/html/index/content/2018/7/dc17278f8c434aa19be37a56e925f06a. html.

特的旅游吸引力。从自然旅游资源角度来看，东北边境地区旅游资源种类繁多，景观融合度高，草原、河湖、山脉等不同自然区域的美景衔接紧密，自然景色变化多端冬春冰雪、夏秋农种，一年四景，颜色多变，使东北边境地区的各类旅游资源均带有明显的季节色彩，融汇成一幅色彩和谐搭配的自然画卷。

五　红色旅游资源丰富

作为革命老区之一，东北地区具有丰富的抗联活动遗址、抗日战争遗址和诸多如杨靖宇等著名抗战人物组成的具有较强革命纪念意义的红色旅游资源。

中俄蒙边界线上的呼伦贝尔市满洲里市有著名的红色教育基地，即满洲里红色国际秘密交通线教育基地。基地为 20 世纪 20 年代中国共产党在满洲里设立的秘密交通站，开辟了由满洲里通往苏联的红色交通线。基地在 2005 年被评为全国 100 个红色旅游景点景区之一，集中再现了 20 世纪 20 年代中国共产党早期创始人和领导者为建党建国、抗击外来侵略以及与共产国际、苏联共产党保持密切联系的国际秘密交通线原貌。目前，满洲里红色国际秘密交通线教育基地暨国门景区成为国家 4A 级旅游景区，并于 2016 年成功入选《全国红色旅游景点景区名录》。①

吉林省中朝边界线上的通化市集安市榆林镇复兴村五道沟有东北抗联第一路军总司令部成立大会遗址。该遗址山坡坡度较小，山坡下为杨靖宇将军当年讲话的大石头，山上植被繁茂，石后三米处有一条小河，河水清澈。1938 年 5 月，抗联二军政委魏拯民率二军军部和伊俊山率领的抗联五军南满远征旅在集安老岭山区五道沟（现属集安市榆林镇）同杨靖宇带领的抗联一军队伍会师后，从 5 月 11 日开始，召开了南满省委和抗联一路军高级干部会议，即著名的老岭会议。会后，召开抗联第一路军总司令部成立大会，杨靖宇当选第一任总司令。中共南满省委书记、副司令兼政治部主任魏拯民主持大会，杨靖宇将军就站在路北的大石头上，向全体与会的千余名将士庄严宣布：东北抗日联军第一路军总司令部成立！在这个会上，杨靖宇向将士们报告了国际、国内形势和会议的情况。该遗址是重要党史

---

① 《国门》[EB/OL]．(2022-05-20)．http://manzhouli.gov.cn/News/show/539987.html．

事件和会议遗址。①

六　边境城市旅游业发展独具特色

（一）中朝边境旅游城市

中朝边境县域包括延边朝鲜族自治州珲春市、图们市、龙井市、和龙市、安图县，白山市临江市、长白朝鲜族自治县，通化市集安市，丹东市振安区、元宝区、振兴区、东港市和宽甸满族自治县。人文景观方面，中朝边境旅游资源中人文景观要比自然景观的数量多一些。由于历史上的中朝两国联系非常紧密，如今的边境区域早在隋唐时期就留下了诸多遗址遗迹，如和龙市的西古城渤海中京遗址、珲春市的八连城渤海遗址、图们市的城山子山城以及通化市集安市的世界文化遗产——高句丽遗址遗迹等。在近代历史上中朝两国更是相互依存，共同抵御侵略，这一时期也留下了许多战争和军事遗迹。自然景观方面，如长白山、集安五女峰、图们江源头河段、鸭绿江国家风景名胜区、宽甸天桥沟国家级森林公园等都具有极高的品质。

（二）中俄边境旅游城市

东段中俄边境县域包括：内蒙古自治区呼伦贝尔市满洲里市、额尔古纳市、陈巴尔虎旗，黑龙江省萝北县、绥县、饶河县、密山市、虎林市、鸡东县、嘉荫县、穆棱市、绥芬河市、东宁市、同江市、抚远市、爱辉区、逊克县、孙吴县、呼玛县、塔河县、漠河市，吉林省珲春市等。自然景观方面，黑龙江水系形成的流域风光构成了数量丰富、体量较大的自然景观，包括大界江、大湖泊、大湿地、大森林以及峡谷、岛礁、野生动植物等，极具视觉冲击力。而且中国陆疆的最北端和最东端都在此区域，如漠河是观看北极光的最佳地，2008年回归的黑瞎子岛位于我国领土的最东端。此外，独特的冰雪环境为开展冰雪运动项目提供了得天独厚的条件。人文景观方面，中俄边境建筑与设施类旅游资源单体所占比例较大，

---

① 《集安老岭抗日游击根据地获评吉林省首批东北抗联红色教育基地》［EB/OL］.（2018-07-05）. http：//www.jilinja.gov.cn/zwdt/201807/t20180705_233364.html.

约占旅游总数的 1/3；遗址遗迹类旅游资源单体也较为突出。历史上中俄两国的渊源深厚，两国边境线自清朝《中俄尼布楚条约》首次划定之后发生了多次变更，最终 2005 年中俄两国经过协商划定了目前的边境范围。自近代以来，中俄边境一直是我国工业发展和对外交流的前沿，中俄两国的文化交流密切，尤其在黑龙江省，边境区域的建筑和文化景观受俄罗斯的影响非常大，如乌苏镇、俄罗斯民族村等。这些颇具异域风情的建筑与设施，说明了中俄两国文化中的差异性，正是这种文化的差异性满足了游客对旅游的需求。同时边境区域留下了诸多历史遗迹，这些遗址遗迹多具有教育意义，游客在游玩的同时也能激发爱国热情、学习历史的积极性。①

（三）中蒙边境旅游城市

中蒙边境县域城市众多，其中东北地区的中蒙边境县域包括新巴尔虎右旗、新巴尔虎左旗、科尔沁右翼前旗、东乌珠穆沁旗、苏尼特左旗、二连浩特、苏尼特右旗、阿尔山市等。自然景观方面，中蒙边境段突出的特点是草原风光优美。中蒙边境大草原、大森林交替出现的景观格局带给人强烈的视觉享受。其中颇为著名的科尔沁大草原、巴日图森林都分布在这一段边境县域内。人文景观方面，由于中蒙两国历史渊源颇深，在中蒙边界上留下了许多遗址遗迹，对游客的吸引力较大。

第四节　东北地区不同边境段旅游资源开发概况

一　中朝边境旅游

中朝边境旅游发展最突出的两个地区是辽宁省丹东市和吉林省延边朝鲜族自治州（以下简称"延边州"）。丹东市位于辽宁省的东南部，在地理位置上与朝鲜一江之隔，与韩国一水之隔，得天独厚的资源优势使丹东市成为全国最早开展边境旅游的城市，边境旅游也成为丹东市的支柱性产业。1987 年 11 月，丹东市开辟了第一条边境旅游线路：丹东市至朝鲜新义州一

---

① 葛全胜，钟林生，等．中国边境旅游发展报告［M］．北京：科学出版社，2014：44-52.

日游，打开了中朝交流的大门。从一日游到三日游，从单一目的地到多个地点选择，丹东市边境旅游产品丰富，其中围绕鸭绿江的隔江观朝鲜等旅游项目备受欢迎。近年来丹东市大力打造边境旅游与自然观光、红色教育、历史遗迹等旅游产品的融合发展，成了中朝边境游的名片。[①]

　　延边州地处东北亚黄金地带，1991 年 6 月，延吉、珲春到朝鲜塞贝尔郡、稳城郡一日游线路正式开通，7 月，增设了珲春到罗津港、清津市等旅游线路，从此延边州边境旅游开始迅速发展。2004 年 4 月，珲春圈河口岸的正式通关标志着延边州与朝鲜的联系更加密切，出境手续更加简单，休闲观光等特色线路使选择更加多样化，口岸的开通对于发展边境旅游互通互助具有重要意义。[②] 延边州围绕旅游六大要素，将边境文化体现在旅游产品的方方面面，并打造出了珲春市防川民俗村、防川景区、图们口岸等边境旅游景区，快速发展的中朝边境旅游逐渐成为延边州旅游业的名片之一，有效带动了地区经济发展，成为东北地区边境旅游新的经济增长点。

二　中俄边境旅游

　　黑龙江省在地理位置上与俄罗斯接壤，且边境线较长。1998 年，黑龙江省人民政府出台政策纲要全力支持边境旅游发展，奠定了其边境旅游稳定发展的态势。其中，黑河市、绥芬河市、抚远市的对俄边境旅游发展最具有代表性。黑河市位于黑龙江北部的边境地区，与俄罗斯远东第三大城市阿穆尔州首府布拉戈维申斯克市隔黑龙江相望。1982 年被批准为第一批口岸，是距离中俄边境线最近、规格最高的口岸。1988 年，黑河市开始发展对俄边境旅游，率先开通了中苏一日游、二日游，增设集休闲、观光于一体的旅游线路。随着黑河旅游产业的发展，游客人数激增，旅游业成为黑河市经济发展的中坚力量。在发展过程中，黑河市边境旅游线路多样化，现已开通黑河—中俄边界—布拉戈维申斯克边境游线路，市内一日游也开通了含中俄民族风情园、瑷珲古城、五大连池风景区等景点的多条线路，形成了较为完善的边境旅游产品体系。绥芬河市地处黑龙江省南部，西距哈尔滨市 460 千米，东距俄罗斯符拉迪沃斯托克市 190 千米，1992 年被国

① 葛全胜，钟林生，等 . 中国边境旅游发展报告 [M]. 北京：科学出版社，2014：44-52.
② 葛全胜，钟林生，等 . 中国边境旅游发展报告 [M]. 北京：科学出版社，2014：38-39.

务院列为沿海开放城市，从此绥芬河的旅游网络不断扩大，注重产业性、功能性的旅游系统格局基本形成。2014 年，绥芬河市人民政府制定"俄罗斯入境游客区域免签"特殊政策，以及"导游制证权""旅游邀请函免费使用"等政策，释放地区旅游经济活力，进一步推动边境旅游经济发展。绥芬河市通过创新赴俄符拉迪沃斯托克的海岛游、垂钓游、军事体验游、边境狩猎游等边境旅游形式，推出俄罗斯风情观光等多条精品线路，并打造了天长山景区、国家森林公园、白桦林湿地、红花岭东北抗联主题小镇等特色边境旅游项目，吸引了众多游客前来体验边境魅力。2018 年《黑龙江省旅游业"十三五"发展规划》中，绥芬河市被列为夏季旅游线路五线之一。抚远市位于黑龙江省东北部，是黑龙江省五大对俄口岸之一，距离俄罗斯哈巴罗夫斯克航道仅 65 千米。抚远港距离出海口仅 960 千米，是通往俄罗斯最便捷的通道之一，在东北亚旅游市场的竞争中承担窗口和桥梁的作用。1993 年，抚远市成为对外开放一类口岸后，水上连接通道的开发使得抚远市的边境旅游逐渐得以发展。1999 年，国务院批准开通了乌苏镇到卡扎科维茨沃的客运通道，抚远市实现了"一个口岸、两条通道"。2008 年，黑瞎子岛的回归使得抚远市的旅游经济真正迎来发展。在边境旅游路线方面，抚远市推出黑瞎子岛一日游精品线路和哈巴罗夫斯克、符拉迪沃斯托克二日游及多日游旅游线路。另外，抚远市围绕其特色资源，加快建设重点景区，深入挖掘开发赫哲文化、鱼文化、湿地文化，发展独具特色的生态游、跨江游、湿地游。①

三 中蒙边境旅游

二连浩特市、满洲里市在地理位置上与蒙古国接壤，是最具有代表性的中蒙边境旅游城市。

二连浩特市位于内蒙古自治区东北部，对内连接重要经济特区，对外连接欧亚大陆桥，海内外市场广阔。2011 年 6 月，国家明确提出建立中蒙跨境合作示范区，该政策的出台使得两国互访人员不断增多，旅游人数快速增长，两国交流联系日益密切。2015 年，二连浩特市政府积极推进中蒙跨境合作示范区建设，解决签证免签和车辆通行问题。在旅游产品方面，二连浩特市的恐龙地质公园、陆桥公园、国门界碑等边境旅游景区以及二

---

① 葛全胜，钟林生，等 . 中国边境旅游发展报告［M］. 北京：科学出版社，2014：38-39.

连浩特—乌兰巴托—特日勒基度假村—二连浩特三日游，二连浩特—乌兰巴托—特日勒基度假村—达尔汗—乌兰巴托—二连浩特六日游等边境旅游线路非常丰富。二连浩特市紧紧围绕文化资源，打造了"茶叶之路"文化旅游节，吸引了众多国内外游客。①

满洲里市位于内蒙古自治区东北部，是中国最大的陆运口岸城市，有"亚洲之窗"之称。1992 年，满洲里市成为中国首批沿边开放城市，2016 年，满洲里市进入第二批"国家全域旅游示范区"创建城市名单，这标志着满洲里的旅游进入发展的快车道。满洲里市自然旅游资源、人文旅游资源丰富，有着发展旅游的先天优势。满洲里市围绕资源特色，创新推出了城市观光游、商务会展游、草原民俗游、异域风情游等多种旅游产品，开通了围绕俄罗斯后贝加尔、红石、赤塔、乌兰乌德、伊尔库茨克、莫斯科和圣彼得堡等多个城市的多日游线路，并围绕"贸易入市"战略，打造休闲旅游度假基地。

第五节 东北边境地区毗邻国旅游业发展与旅游资源概况

一 朝鲜旅游业发展与旅游资源概况

朝鲜民主主义人民共和国简称朝鲜，位于亚洲东部，朝鲜半岛北半部，首都平壤。北隔鸭绿江与豆满江濒临中国、俄罗斯，东隔朝鲜东海与日本相望。朝鲜国土面积约 12.3 万平方千米，陆地平均海拔 440 米，地势北高南低、东高西低，河川多，河谷发达，坡地多，国土面积不大，但山地、高原、平原、盆地、河谷、海岸地形、喀斯特地形、风成沉积地形等各种类型的地形均发达，享有"三千里锦绣河山"的美誉。气候属温带季风气候，四季变化明显，降水丰富，年平均气温 9.7℃，气候宜人。人口约为2500 万人，单一民族，通用朝鲜语。②

---

① 《二连浩特市》［EB/OL］.（2018-09-01）. https：//www.nmg.gov.cn/asnmg/msfc/202012/t20201207_279843.html.

② 数据来源：外交部网站，数据截至 2023 年 12 月。

(一) 朝鲜旅游业发展概况

自然风光、名胜古迹和城市风光都是吸引游客前往朝鲜观光游览的重要因素。朝鲜自古以来就以"锦绣江山"誉满海外，四季风光独具风韵。白头山、金刚山、妙香山、九月山、七宝山等是游客最为向往的旅游胜地。朝鲜古迹众多，单平壤地区就有练光亭、崇灵殿、崇仁殿、大成山城墙、大城山城南门、广法寺、檀君陵、东明王陵、万寿台大纪念碑、主体思想塔等多处游览胜地。朝鲜平壤、新义州市、罗先市、元山市等地的城市风光也吸引了许许多多的国外游客。还有以政治或意识形态为基础的旅游吸引物众多。主体思想塔、金日成诞生地锦绣山太阳宫、革命烈士纪念馆、解放战争纪念馆、金日成塑像、朝鲜缴获的美国普韦布洛号间谍船、国际友谊展览馆、板门店等都是吸引赴朝游客前往参观的重要景点。各地还有许多纪念地、纪念碑、博物馆，陈列着朝鲜人民在金日成同志和朝鲜劳动党领导下进行革命斗争的生动历史资料和遗物。总之，近现代的抗日活动和朝鲜战争中所形成的故址以及现存的军事分界线等构成了朝鲜独特的政治方面的旅游吸引力。[①]

为便利国际旅游业务的发展，朝鲜开通了平壤—北京—平壤、平壤—莫斯科—平壤及平壤—丹东—平壤 3 条国际列车，朝鲜入境旅游项目主要有三夜四日游、四夜五日游、七夜八日游和十三夜十四日游，主要旅游目的地为平壤、金刚山、元山、妙香山、开城、七宝山等。[②] 还兴建了为外宾提供专门医疗服务的平壤友好医院，也设置了专门的银行、饭店和商店提供外币兑换服务。

当前，朝鲜主要的餐饮住宿设施有平壤的高丽饭店、羊角岛国际饭店、西江饭店、西山饭店、青年饭店等；妙香山地区的香山饭店、清川旅馆；金刚山地区的金刚山饭店、外金刚饭店；开城地区的开城民俗旅馆、子男山饭店；咸兴地区的麻田饭店等饭店。各饭店提供朝鲜传统菜、世界名菜、冷饮等特色饮食。

---

① 崔哲浩. 大图们江区域旅游发展转型与旅游合作模式研究 [M]. 北京：社会科学文献出版社，2016：144-156.
② 韩庆一. 朝鲜旅游 [M]. 朝鲜宣传社，2014：4-15.

朝鲜接待国际游客的旅行社主要有平壤的朝鲜国际旅行社、国际火炬旅行社、国际体育旅行社；地方的妙香山国际旅行社（平安北道）、白头山国际旅行社（两江道）、七宝山国际旅行社（咸镜北道）等。①

朝鲜适宜旅游的季节是 4 月至 10 月，产品分为一般旅游和主题旅游，一般旅游以参观各种类型的旅游景点为主，主要访问的旅游地有平壤、开城、白头山、妙香山、新义州、元山市、金刚山、马息岭地区、罗先市等城市及名山；主题旅游有马拉松旅游、蒸汽火车旅游、自行车旅游和学朝鲜语旅游等。

在朝鲜国家政策的大力支持下，元山—金刚山地区、七宝山地区、妙香山地区、白头山地区等正在向现代化的旅游区转变，各道也正在加紧建设符合实情的经济开发区，以提供有利的投资环境和条件。但总体上朝鲜旅游业处于发展初期，可以概括为"入境旅游开始起步，国内旅游稍有萌芽，出境旅游基本空缺"。

（二）朝鲜旅游资源概况

1. 全国旅游资源概况

（1）自然旅游资源

朝鲜独特的地形地貌、气候条件造就了其丰富多彩的自然景观和多样化的旅游资源。在自然旅游资源中最具有特色的是景观资源。山岳和谷地、平原和台地、海面和岛屿协调融合，构成了一幅幅独特而美丽的画卷。白头山、金刚山、七宝山、妙香山、九月山被称为"朝鲜五岳"，这些名山是朝鲜闻名的旅游胜地。

白头山位于朝鲜北部两江道三池渊郡与中国接壤处，是朝鲜第一高山，也是朝鲜革命的圣山，中国称为长白山。白头山最高峰为白头峰，海拔 2750 米，朝鲜一侧还有向导峰、光芒峰、双虹峰、团结峰等海拔 2500 米的山峰，白头山天池周长 14.4 千米，面积 9.17 平方千米，最深 384 米，是世界上海拔最高的活火山湖泊。白头山地区还有白头山瀑布群、三池渊、正日峰、鲤明水瀑布、白头山密营、三池渊大纪念碑、大红丹革命战迹地等著名自然和人文景点。

---

① 吴海燕，张明植，韩奉赞．朝鲜概观［M］．北京：外文出版社，2019：172-183．

金刚山覆盖着朝鲜东海岸中部的江原道高城郡、金刚郡和通川郡的广阔地区（南北 60 千米，东西 40 千米，总面积 530 平方千米）。金刚山集山岳美、峡谷美、树林美、瀑布美、海岸美、造化美和传说美等于一体，一万二千峰顶各呈奇状，连山绵谷，万石如林，奇怪迭出。金刚山四季景色各异。金刚山的第一高峰为毗卢峰（海拔 1639 米）。金刚山分为外金刚、内金刚和海金刚，到处都是绝景，保存着许多历史遗迹、遗物，流传着诸多美丽的传说，给人们留下深刻印象。金刚山动植物资源也十分丰富，有 2250 多种植物，其中金刚绣线菊、金刚吊钟花、金刚点地梅等金刚山特产植物有 100 多种。此外，金刚山栖息着兽类 38 种、鸟类 130 种、爬虫类 9 种、两栖类 10 种、鱼类 30 种，生物资源非常丰富。

妙香山位于朝鲜西北部，最高峰海拔 1909 米，圆满峰、千塔峰、香炉峰、引虎台、白云台形成雄伟的山岳景观，悬崖峭壁和奇岩怪石引人入胜。妙香山还有上元洞、万瀑洞、千泰洞、七星洞等大小峡谷，还有飞仙瀑布、金刚瀑布、台下瀑布、散珠瀑布等景色宜人的瀑布。妙香山有普贤寺（11 世纪初朝鲜民族建筑技术的代表作）、佛影台、佛经《八万大藏经》保存库等许多古迹。在妙香山建有国际友谊展览馆，馆内展出世界各国人民敬赠金日成、金正日和金正恩等朝鲜领导人的礼品。

七宝山自古以来就有"咸北金刚"之美誉，因蕴藏着金、银、铜等宝藏而得名。七宝山占地面积 250 多平方千米，集山川美、峡谷美和大海美于一体，特殊的自然环境使其具有丰富的动植物资源。七宝山分为内七宝、外七宝和海七宝三大区域。七宝山周边有黄津温泉、明川温泉、曼湖温泉、沙里温泉和宝村温泉等。此外，七宝山内还保存有始建于渤海国（698～926年）时期的开心寺等历史悠久的名胜古迹。

九月山位于朝鲜中西部，因其金秋九月、漫山红遍、极富秋意而得名。除了山区风景，九月山还有九月山城、三圣祠、月精寺、安岳 3 号古墓等诸多历史古迹。此外，因其距平壤市仅 100 余千米，每年来九月山进行登山、游览或海滨浴等旅游活动的游客数量较为庞大。①

朝鲜除了五岳名山，还有赴战高原、石潭九曲、绫罗岛、三日浦、丛石亭、梦金浦，丰富的矿泉、温泉、稀泥等自然旅游资源。

---

① 吴海燕，张明植，韩奉赞. 朝鲜概观［M］. 北京：外文出版社，2019：14～21.

（2）人文旅游资源

朝鲜历史悠久，留下了诸多历史遗迹，如力浦区大贤洞的"力浦人遗址"，平壤的"龙谷人"和"万达人"化石，高句丽时期的德洪里坟、江西世坟、古国原王坟、东明王坟，高丽时期的公闵王壁画坟和封建王公贵族的坟墓，大成山城、平壤城、太白山城、正方山城、大兴山城、垂杨山城等古城墙，大成山城南门、大东门、普通门、开城南门、大兴山城北门等古城门，乙未台白相楼、通军亭、万岁楼等古楼亭，广法寺、宝贤寺、观音寺等古刹，都展现了朝鲜悠久的历史和优秀的建筑艺术。在平壤，朝鲜中央历史博物馆、朝鲜民俗博物馆和朝鲜美术博物馆陈列着世界上最早的金属活字及其印刷物、朝鲜李朝500余年的政府日志《李朝实录》和佛教传书《八万大藏经》、享誉世界的高丽青瓷和金刚山金佛像等许多历史遗物。其他各地也都有历史博物馆，开城有高丽博物馆。朝鲜当代建有许多专门的纪念地、纪念碑、博物馆等，陈列着朝鲜人民在争取民族独立和经济发展过程中进行革命斗争的生动历史资料和遗物。此外，朝鲜著名的民族舞蹈"阿里郎"也是一大亮丽的人文景观，吸引了无数游客前来观赏。[①]

近年来，朝鲜也积极开发新型旅游资源，兴建了纹绣戏水场、琵琶海滨浴场、松江园国际少年团夏令营等一大批充满现代气息的旅游场所，开设"大同江"号餐船、"彩虹"号综合服务船等邮轮旅游项目等，为旅游业增添了生机与活力。

2. 中朝边境旅游资源概况

朝鲜一侧的中朝边境省有罗先市、咸镜北道、两江道、慈江道、平安北道新义州市。朝鲜一侧中朝边境地区拥有丰富的自然旅游资源、滨海旅游资源和人文旅游资源。主要旅游目的地为滨海城市、名山和革命遗迹，主要的名山有白头山、七宝山等；主要的革命遗址有白头山密营、大红丹革命战迹地、普天堡战迹地、义州革命史迹馆等；主要的滨海城市有罗先市罗津市、咸镜北道首府清津市、平安北道新义州市等。

罗先市被誉为"金三角"的自由经济贸易区，位于朝鲜半岛东北端罗津湾、造山湾岸，隔图们江与中国相望。罗先市目前具有两条出入境旅游路线，一条通过元汀桥和豆满江友谊桥出入境，另一条通过罗津港和先锋港出入境。

① 葛全胜，钟林生，等. 中国边境旅游发展报告［M］. 北京：科学出版社，2014：44-52.

罗先市的主要旅游资源有形状酷似琵琶的琵琶岛（又因形似漂浮在海面上的鲸鱼而被称作"鲸鱼岛"）、对发展地区贸易起到重要作用的罗津港、洁净惬意的琵琶海滨浴场等。

咸镜北道拥有稳城郡和会宁两大出入境地点，还拥有望洋渡口、会宁故居、咸镜北道革命史迹馆等具有历史纪念意义的人文旅游资源及被誉为"咸北金刚"的集山岳美、峡谷美和大海美于一体的朝鲜六大名山之一的七宝山，富含氢碳酸离子、硫酸离子和钠离子的强碱性温泉——温浦温泉等自然旅游资源。

慈江道拥有满铺市、中江郡等多个出入境地点，拥有"关西八景"之一的洗剑亭、挺立于鸭绿江畔绝壁上的望美亭等诸多精美亭台，还拥有高山镇革命史迹地、中江革命史迹地、洞口药房等众多渗透着不屈不挠革命精神、极富教育意义的红色旅游景点。

两江道以朝鲜第一高峰——白头峰为分水岭，位于分别流向东、西两侧的鸭绿江和豆满江之间，因此而得名。白头山地区是包括以白头山为中心的两江道一带革命战迹地、革命史迹地和景点的旅游区，在中国叫作长白山。此外，两江道其他旅游资源主要有风光秀丽的综合性旅游目的地三池渊、与茂林相映成趣的鲤明水瀑布、白头山密营故居、普天堡革命战迹地、大红丹革命战迹地等。

平安北道新义州市是朝鲜的旅游出入境地点之一，拥有平安北道美术创作社、新义州历史博物馆、平安北道革命史迹馆、普贤寺、龙门大窟、修建于高丽王朝末期的释迦塔以及与中国辽宁丹东市通过友谊桥遥遥相望的新义州鸭绿江岸旅游地等人文旅游资源，还有东林瀑布、引虎台和妙香山等自然旅游资源。[①]

二 俄罗斯旅游业发展与旅游资源概况

俄罗斯联邦，亦称俄罗斯，横跨欧亚大陆，东西最长 9000 千米，南北最宽 4000 千米，首都莫斯科。国土面积 1709.82 万平方千米。大部分地区处于北温带，以大陆性气候为主。主要宗教为东正教、其次为伊斯兰教。全国人口 1.46 亿人，有民族 194 个，其中俄罗斯族占 77.7%，主要少数民

---

① 金道俊，黄凤赫，等. 朝鲜旅游［M］.朝鲜国家旅游局，1997：67-121.

族有鞑靼、乌克兰、楚瓦什、巴什基尔、摩尔多瓦、哈萨克、白俄罗斯等族，俄语是俄罗斯联邦全境内的官方语言。①

（一）俄罗斯旅游业发展概况

俄罗斯原 8 个联邦区按旅游地理可划分为西南、中央、南部和北部四大旅游地带，囊括 13 个旅游区。以乌拉尔为界，西南和中央旅游带地处俄罗斯的欧洲部分，南部和北部旅游带大部分位于俄罗斯的亚洲地区，也就是俄罗斯东部的西伯利亚与远东地区。黑海南部和北部的波罗的海是海滩娱乐、医疗保健的海上度假胜地；遥远的北方则是观赏北极光、体验北方民族文化和狩猎的理想宝地，黑山可徒步，白水可漂流。俄罗斯中部原始森林质朴与野生的生态环境，高加索山脉、西伯利亚的针叶林和远东动植物及鸟类等珍稀资源为开发自然生态之旅奠定了良好的基础。在 13 个旅游区中面积最大的是俄罗斯北部旅游区，人口最多的是中央旅游区和伏尔加河沿岸旅游区，最具地域特色的是西部旅游区、北部旅游区、高加索旅游区和乌拉尔旅游区，最著名的是中央旅游区的莫斯科和西北旅游区的圣彼得堡，而开发最早的则是亚速海—黑海旅游区的索契。②

（二）俄罗斯旅游资源概况

1. 全国旅游资源概况

（1）自然旅游资源

俄罗斯的自然旅游资源，按形态类型来分，主要有平原、山地、海滨、河流和湖泊等。俄罗斯的东欧平原、西西伯利亚平原面积辽阔，原野坦荡，给人以平远敞阔之感，是田园风光游览佳地。东欧平原是俄罗斯民族的发祥地，是俄罗斯经济最发达、人口最稠密的地区，优美的自然风光与现代城市建设、历史文物相结合，具有旅游发展潜力。南部的图兰平原气候干燥、沙漠广布，是开展具有神秘色彩的沙漠旅游的良好资源。俄罗斯山地面积虽然不是很大，但南部的高加索山脉却是世界著名的旅游胜地，既可以开展登山、滑雪等体育运动旅游，又可以利用高山森林、气候等开展健

① 数据来源：外交部网站，数据截至 2023 年 11 月。
② 孙晓谦，李莹. 俄罗斯旅游概论 [M]. 哈尔滨：黑龙江人民出版社，2015：2-4.

身疗养旅游，还有著名的避暑消夏胜地苏呼米和索契。俄罗斯海岸线绵长，可以发展多种旅游活动。黑海、波罗的海海滨、太平洋沿岸可以开展以海滨疗养、度假为主的旅游活动。贝加尔湖是世界最深的湖，湖水清澈透明，纯净度接近蒸馏水，四周群山环抱、风景优美，被誉为"西伯利亚的明珠"，是著名的旅游和疗养胜地。① 主要的自然旅游资源有西高加索山保护区、阿斯特拉罕、北极圈内的弗兰格尔岛、堪察加克罗诺茨基自然保护区、秋明州南部的尤甘自然保护区等地域特色资源。

（2）人文旅游资源

俄罗斯人文旅游资源主要包括名胜古迹、纪念博物馆、现代科技及民族风情等几种类型。俄罗斯历史悠久，在沙皇俄国的扩张过程中，形成了许多古战场。圣彼得堡是十月革命策源地，冬宫、斯莫尔尼宫、阿芙乐尔号巡洋舰是这一历史的见证。莫斯科保卫战 30 周年时建造的保卫者纪念碑、露天圆厅以及喀琅施塔得炮台等名胜古迹，都是游客思古习史的珍贵实物。俄罗斯有许多名人故乡、科学文化中心、纪念地博物馆，旅游资源丰富。位于伏尔加河中游的乌里扬诺夫斯克市是列宁的故乡，有列宁故居、列宁博物馆；此外，图拉的列夫·托尔斯泰故居博物馆、萨拉托夫的车尔尼雪夫斯基故居博物馆、索契的奥斯特洛夫斯基博物馆及圣彼得堡的海军博物馆等，吸引着来自世界各地的游客。

在俄罗斯联邦，居住着 194 个民族，各民族有自己独特的文化传统和生活习俗，构成了重要的人文旅游资源，每年举行别具民族特色的文化节、艺术节，如"莫斯科之星""俄罗斯之冬"等，吸引了大量外国游客。②

2. 中俄边境旅游资源概况

俄罗斯一侧中俄边境行政区划主要有滨海边疆区、哈巴罗夫斯克边疆区、阿穆尔州、犹太自治州、外贝加尔边疆区等边境地区。

滨海边疆区位于俄罗斯的远东地区。滨海边疆区拥有大量可供选择的生态旅游产品，具有发展生态休闲旅游得天独厚的优势，是这一旅游区中极具发展生态旅游前景的地区。茂密的森林、起伏的大海与连绵的山丘是这里的魅力所在。这里的山地和高原占边疆区总面积的 80%，山岭被众多

---

① 葛全胜，钟林生，等. 中国边境旅游发展报告［M］.北京：科学出版社，2014，10：46-50.
② 葛全胜，钟林生，等. 中国边境旅游发展报告［M］.北京：科学出版社，2014，10：46-50.

的河流分割，形成风景优美的河谷。边疆区境内最长的河流为乌苏里江
（中俄界江），最大的湖泊是兴凯湖（中俄界湖），最高的山脉是奥勃拉奇纳
亚山。在边疆区西部和西南部伸展着广袤的兴凯湖平原，还有著名的乌苏
里泰加林。边疆区的锡霍特山脉自然保护区、远东海洋自然保护区、克德
罗瓦亚帕季自然保护区以及兴凯湖生物圈保护区已被纳入世界生物圈大自
然保护体系，而锡霍特山脉自然保护区同时还是联合国教科文组织的世界
自然遗产。符拉迪沃斯托克是滨海边疆区的首府，也是俄罗斯在太平洋沿
岸最重要的港口和太平洋舰队司令部所在地。①

　　哈巴罗夫斯克边疆区位于远东地区的中心部分，是远东经济区中部的
行政区之一，东南部与中国黑龙江省接壤，其首府哈巴罗夫斯克市距中国
边境只有 30 千米。哈巴罗夫斯克边疆区是俄罗斯最大和最独特的一个旅
游区。丰富的自然生态资源和多样化的动植物种群是其旅游资源的特点。
这一旅游区山多（占边疆区总面积 70% 以上）、海岸线长（2500 千米），
是个多港湾区。境内最大的岛屿是尚塔尔群岛，境内最长的河流为阿穆尔
河，最大的平原沿阿穆尔河两岸伸展。边疆区境内有大赫赫齐尔、共青城
和博奇河（阿穆尔虎最北部的栖息地，也是远东南部 16 个阿穆尔虎研究
基地之一）等自然保护区。边疆区还在维亚泽姆斯基和共青城的林区建立
了"维亚泽姆斯基"和"霍索"自然公园以保护和恢复该边疆区的自然
风貌及生物和自然景观的多样性，加强对有经济价值、稀有的濒危动植物
种类的保护，保护它们的栖息环境，发展旅游业，以及为人们提供休闲娱
乐的场所。② 阿穆尔河流域天然形成的古迹吸引着来自国内外的游客，这些
古迹包括波利宾斯基峭壁、卡里诺夫斯克峭壁、德尔斯克峭壁、阿乌里山
岩和萨拉普里斯科山口。

　　阿穆尔州位于俄罗斯联邦的东南部，其南部、西南部与中国相邻，西
部与外贝加尔边疆区接壤，北部与萨哈共和国相邻，东北部和东部与哈巴
罗夫斯克边疆区相邻，东南部与犹太自治州相邻。阿穆尔州辖 9 个城市，20
个区，面积为 363700 平方千米，民族主要是俄罗斯人，有少数乌克兰、白

---

①　孙晓谦. 俄滨海边疆区旅游业发展前景广阔 [J]. 西伯利亚研究，2007（03）：22–25.
②　崔哲浩. 大图们江区域旅游发展转型与旅游合作模式研究 [M].北京：社会科学文献出版
社，2016：171–175.

俄罗斯人等。阿穆尔州的各个自然保护区（如结雅自然保护区、诺尔斯克自然保护区和兴安岭自然保护区）可以为游客提供与大自然对话的体验。阿穆尔州还有一个奇异的地方是蚂蚁公园，这是俄罗斯第一个可持续使用环境资源的地方，那里有 6~7 种生活在俄罗斯的蚂蚁。在阿穆尔河沿岸能找到完好保存至今的恐龙遗骸，发掘了著名的"恐龙墓地"，在那里可以观赏完整的扇冠大天鹅龙（鸭嘴龙类）的骨架。① 阿穆尔州首府城市为布拉戈维申斯克市，隔黑龙江与黑龙江省黑河市相望，是备受我国游客喜爱的著名旅游目的地。

犹太自治州位于俄罗斯远东地区的阿穆尔河沿岸地区，属于远东联邦管区，与哈巴罗夫斯克边疆区、阿穆尔州和中国黑龙江省接壤。犹太自治州给中俄双方居民提供了良好的休息、旅游、度假场所，而且良好的海域及疗养条件也是吸引旅游者的优势。中国游客赴犹太自治州的首府比罗比詹市，进而延伸到俄罗斯中亚区域的大中城市。2015 年 1 月 1 日，俄罗斯犹太自治州已有 6 个具有办理中国政府合作框架下团体无签证出游资质的旅行社。②

外贝加尔边疆区位于俄罗斯西伯利亚的最东南部，外贝加尔边疆区有驼鹿、香獐、灰貉、狐狸、熊、松鼠、兔子、貉子等动物资源，设立了两个自然资源保护区（索浩恩多区、达乌离亚区），禁止采伐、打猎，自然古迹旅游资源较为丰富。

三 蒙古国旅游业发展与旅游资源概况

蒙古国是位于亚洲中部的内陆国，首都为乌兰巴托。面积 156.65 万平方千米，属典型的大陆性气候。人口约 348 万人（2023 年 7 月），喀尔喀蒙古族约占全国人口的 80%，此外还有哈萨克族等少数民族。主要语言为喀尔喀蒙古语。居民主要信奉喇嘛教。③

---

① 崔哲浩．大图们江区域旅游发展转型与旅游合作模式研究［M］．北京：社会科学文献出版社，2016：171-175.
② 葛全胜，钟林生，等．中国边境旅游发展报告［M］．北京：科学出版社，2014：44-52.
③ 数据来源：外交部网站，数据截至 2023 年 12 月。

（一）蒙古国旅游业发展概况

蒙古国的大部分地区位于中亚的北部，多以草原、森林草原、山地为主。蒙古国境内各地区的海拔高度参差不齐，四周群山围绕。蒙古国境内除了草原最多的地形就是山地，全国的高山平均海拔达到 1580 米。阿尔泰山脉的友谊峰是蒙古国最高的山，海拔 4374 米。20 世纪 80 年代，蒙古国政府开始重视国内旅游产业对本国经济的积极影响。之后在国家政策的大力支持和国际旅游产业蓬勃发展的双重环境促进下，蒙古国旅游业不断探索发展，并在蒙古国的国民经济发展中起着越来越重要的作用。

（二）蒙古国旅游资源概况

1. 全国旅游资源概况

蒙古国主要旅游资源有位于西北部的阿尔泰湖、盐湖、喷泉旅游区、乌布斯河、特斯河、金沙、库布斯古尔湖、库布斯四季雪山；位于东北部的门纳恩平原和贝尔湖；位于中部的嘎鲁特河、鄂尔浑河；位于西部的乌里亚斯台和特勒门湖；位于东部的冈嘎湖和锡林博格多平原洞穴；位于南部的达兰扎德盖沙丘、阿尔泰山脉及珍稀动物自然保护区等。

蒙古国有着悠久灿烂的文化，在这片土地上先后有匈奴、鲜卑、突厥、蒙古等民族互融发展，留下了 800 余处文化遗产，最负盛名的当属成吉思汗故乡和哈拉和林古都，匈奴、突厥墓葬群落也是吸引游客的著名旅游资源。

蒙古国的原始宗教文化氛围浓厚，境内宗教以喇嘛教为主。这与元代时期封萨迦派佛教为国教有较大的关联。现在境内最著名的佛教建筑当属甘登寺和博格多汗宫，甘登寺是蒙古国境内最大的喇嘛寺院，而博格多汗宫则是蒙古国宗教领袖博格多汗哲布尊丹巴的夏宫。蒙古国境内有 600 多个历代寺庙的遗址，其中庆宁寺和额尔登召庙颇负盛名。蒙古国传统的体育项目那达慕大会的角力、赛马、射箭三项比赛更是秉承了 13 世纪的传统。[①]

2. 中蒙边境旅游资源概况

蒙古国有东方省、南戈壁省等省份与我国新疆维吾尔自治区、内蒙古自治区和黑龙江省接壤。

---

① 葛全胜，钟林生，等. 中国边境旅游发展报告 [M].北京：科学出版社，2014：44-52.

　　东方省是蒙古国最东部的省份，东面和东南面与我国内蒙古自治区的呼伦贝尔市接壤，面积为 12.36 万平方千米，人口为 8.26 万人，省会城市为乔巴山市。东方省有辽阔无垠的大草原，全省面积的 70% 都是平坦的草原地带。还有景色迷人的河流湖泊，与我国内蒙古自治区呼伦贝尔市交界处的贝尔湖面积 615 平方千米，贝尔湖里有鲤鱼、鲇鱼等 20 多种鱼类。东方省面积的 30% 是森林地带，森林里生长着原始的落叶松、桦树。这片森林成了马鹿、熊、野猪、貂、猞猁、狼等野生动物的栖息地。境内有肯特山脉的鄂嫩、克鲁伦、乌勒兹等山，哈拉哈河、诺门嫩河、贝尔湖、霍赫湖等江河和湖泊，查干浑迪、额仁、查干楚鲁特等泉水，这些都是主要的旅游景点。

　　苏赫巴托尔省位于蒙古国东南部，面积为 8.29 平方千米，南面与我国内蒙古自治区锡林郭勒盟接壤，边境线长 470 余千米，与内蒙古自治区珠恩嘎达布其口岸相连。该省牧草和药材较多，有狼、狐狸、短尾黄羊等野生动物，矿物资源有铁、铜、锌等，还有水晶石、玛瑙、绿松石等宝石及砂石。考古发现该省有石器时代、青铜器时代的文明印记。

　　东戈壁省位于蒙古国南部，面积为 10.95 万平方千米，南面与我国内蒙古自治区锡林郭勒盟接壤，边境线长 580 千米，省会城市为赛音山达市。省内有 200 多个湖泊，哈拉泰、哈姆尔莫德、布拉格泰阿尔嘎山等附近有 40 多处温泉。该省沙树、榆树茂密，泉水丰富。生存珍稀动物的哈拉嘎德、巴彦布拉格、希日朝鲁等地区具有独特的戈壁景观，这些地方非常适合建立旅游景点，是探险爱好者喜欢去的地方。

第四章　东北地区边境旅游客源市场分析

第一节　中国边境旅游客源市场总体情况

20 世纪 90 年代，我国开始实行全方位外交政策，沿海、沿江、内陆中心城市成为示范点，陆地边境地区的开放是推动我国对外开放的重要一部分。同时期，国家通过政策加大对边境地区的经济扶持力度，边境地区的经济迎来了繁荣期。

我国边境地区有 140 个边境县，国土面积达 197 万平方千米，人口约 2300 万人，其中少数民族人口近一半。[①] 边境地区不仅是展现国家形象的重要窗口，也是维护国家安全的重要屏障。随着"一带一路"倡议及多项国家政策的推行，边境地区市场发挥着守疆固边的重要作用。研究边境地区经济发展势头，有利于深化与周边国家和地区合作，实现从边缘到中心的时空转换。

一　全国旅游客源市场基本情况

随着经济发展水平的提高，我国旅游业进入了快速发展的阶段。全国交通线路布局越来越完善，可达的目的地选择日趋多样化，大众旅游的出现加强了旅游对消费经济的推动作用，国民出行休闲意识更加强烈，居民可支配收入逐年增长，消费升级加快，旅游消费成为一种刚需，旅游业已成为国民经济中最为重要的产业。[②]

进入 21 世纪后，国家重视发展旅游产业对经济的带动作用，对经济发

---

① 李国政. 新时代边境地区高质量发展的综合机制与实施路径分析 [J]. 乐山师范学院学报，2022，37（04）：76-83.

② 孙杨. 基于中俄战略协作伙伴关系的两国边境地区旅游发展研究 [D]. 黑龙江大学，2014：15-16.

展战略进行了初期调整，进一步推动了以旅游业为代表的第三产业的发展，中国开始从 "旅游大国" 向 "旅游强国" 转型。2019 年，中国的旅游业已经步入国际市场和国内市场蓬勃发展的阶段，国际著名企业也不断涌入中国市场，中国的旅游企业实现了 "走出去"，部分有实力的旅游企业开始走出国门，走向世界。[①]

2015～2019 年，旅游经济保持较快增长，国内旅游市场和出境旅游市场稳步发展。国内旅游市场是全国旅游市场的主力军，国内旅游人数由 2015 年的 39.90 亿人次增长至 2019 年的 60.06 亿人次，每年平均增速达 10.11%，国内旅游收入由 2015 年的 34195 亿元增加至 2019 年的 57251 亿元，每年平均增速达 13.43%；入境旅游人数由 2015 年的 13382 万人次增加至 2019 年的 14531 万人次，入境旅游收入由 2015 年的 1136.50 亿美元增加至 2019 年的 1313.00 亿美元；旅游总人数由 2015 年的 412382 万人次增加至 2019 年的 615131 万人次，旅游总收入由 2015 年的 4.13 万亿元增加至 2019 年的 6.63 万亿元（见表 4-1）。

表 4-1　2015～2019 年我国旅游客源市场基本情况

年份	旅游总人数（万人次）	国内旅游人数（亿人次）	入境旅游人数（万人次）	旅游总收入（万亿元）	国内旅游收入（亿元）	入境旅游收入（亿美元）
2015	412382	39.90	13382	4.13	34195	1136.50
2016	457344	44.35	13844	4.69	39390	1200.00
2017	514048	50.01	13948	5.40	45661	1234.17
2018	568020	55.39	14120	5.97	51278	1271.03
2019	615131	60.06	14531	6.63	57251	1313.00

数据来源：文化和旅游部。

二　中国边境地区旅游客源市场基本情况

中国边境省（区）从东北地区的辽宁省至西南地区的广西壮族自治区，共有 9 个，一般分为 3 个区域，即东北地区、西北地区和西南地区，本章从这 3 个地区的角度分析各省（区）旅游客源市场基本情况。

---

① 孙杨. 基于中俄战略协作伙伴关系的两国边境地区旅游发展研究 [D]. 黑龙江大学，2014：33-34.

东北地区包括黑龙江、吉林、辽宁、内蒙古东部地区，该地区主要的毗邻国家为俄罗斯、蒙古国、朝鲜。西北地区包括新疆、甘肃、内蒙古中西部地区，面向的主要为中亚地区的国家。西南地区包括云南、广西、西藏，面向东南亚的缅甸、越南、老挝等国家。

本章所采用的数据主要来源于各省（区）的统计年鉴、《中国旅游统计年鉴》以及各个边境地级市旅游主管部门官方网站等。

（一）东北地区边境旅游客源市场基本情况

东北地区边境旅游市场蓬勃发展，并逐步融入东北亚旅游合作中，形成以俄罗斯、韩国、朝鲜、日本、蒙古国为主体的东北亚入境客源市场，且互为目的地互为客源地的格局基本形成。

东北地区是中国融入东北亚旅游一体化的核心，本章主要分析黑龙江、辽宁、吉林及内蒙古东部地区（呼伦贝尔市、兴安盟和锡林郭勒盟）的旅游客源市场。目前东北地区旅游市场总体上以国内客源市场为主，入境市场所占份额较小。2019 年东北地区各省（区）旅游客源市场总体情况如表4-2 所示。2019 年东北地区各省（区）国内旅游人数达 11.50 亿人次，国内旅游收入达 14819.34 亿元，入境旅游人数达 697.40 万人次，入境旅游收入达 276.88 亿元（见表 4-2）。

表 4-2　2019 年东北地区各省（区）旅游客源市场总体情况

省份	国内旅游人数 （万人次）	国内旅游收入 （亿元）	入境旅游人数 （万人次）	入境旅游收入 （亿美元）
黑龙江	21555.00	2640.00	110.70	44.38
吉林	24696.00	4877.89	137.00	43.19
辽宁	63876.00	6102.70	294.10	122.16
内蒙古（东部）	4847.15	1198.75	155.60	67.15
总计	114974.15	14819.34	697.40	276.88

数据来源：黑龙江、吉林、辽宁、内蒙古 2020 年统计年鉴。

2019 年各省（区）旅游市场情况分析如下。黑龙江省国内外旅游总人数为 21665.7 万人次，占地区总旅游接待量的 18.73%，其中国内旅游人数为 21555.00 万人次，入境旅游人数为 110.70 万人次；国内旅游收入为

2640.00 亿元，入境旅游收入为 44.38 亿美元。吉林省国内外旅游总人数为 24833.00 万人次，占地区总旅游接待量的 21.47%，其中国内旅游人数为 24696.00 万人次，入境旅游人数为 137.00 万人次；国内旅游收入为 4877.89 亿元，入境旅游收入为 43.19 亿美元。辽宁省国内外旅游总人数为 64170.10 万人次，占地区总旅游接待量的 55.48%，其中国内旅游人数为 63876.00 万人次，入境旅游人数为 294.10 万人次；国内旅游收入为 6102.70 亿元，入境旅游收入为 122.16 亿美元。内蒙古自治区东部地区国内外旅游总人数为 5002.75 万人次，占地区总旅游接待量的 4.32%，其中国内旅游人数为 4847.15 万人次，入境旅游人数为 155.60 万人次；国内旅游收入为 1198.75 亿元，入境旅游收入为 67.15 亿美元。

辽宁省入境旅游所占市场份额最大，入境旅游接待量优势显著，入境旅游人数和入境旅游收入分别占全区的 42.17% 和 44.12%；其次是黑龙江省，入境旅游人数和入境旅游收入所占比例分别为 15.87% 和 16.03%；排在第 3 的是吉林省，入境旅游人数和入境旅游收入分别占全区的 19.64% 和 15.60%。

东北亚地区主要由中国东北地区、蒙古国、日本、韩国、朝鲜、俄罗斯远东地区构成。进入 21 世纪以来，随着各国经济合作越来越密切，国家之间的旅游产业交流越来越频繁，东北亚地区各个国家实现旅游资源共享、优势互补。随着区域一体化进程不断加快，东北亚地区跨境旅游已成为推动区域合作升级的新的突破点。随着合作的升级，大批的旅游合作项目在东北亚经济中占得一席之位，旅游产业成为东北亚经济合作的重头戏。中国提出的"一带一路"倡议前景广阔，极大地促进了东北亚各国之间的交流合作。各国旅游资源的差异化使得整体的旅游市场发展潜力巨大，同时国家政策的扶持和倾斜使得合作成为可能。

（二）西北地区边境旅游客源市场基本情况

西北地区地处中国内陆，毗邻哈萨克斯坦、吉尔吉斯斯坦、塔吉克斯坦、阿富汗、巴基斯坦等中亚国家。显著的区位交通优势、相近的社会文化、有利的政治经济环境、旅游资源的互补性及差异性为西北边境地区与中亚国家的边境旅游合作奠定了良好基础。

本章主要分析新疆、甘肃和内蒙古中西部地区（包头市、巴彦淖尔市、阿拉善盟和乌兰察布市）的旅游客源市场构成。2019 年西北地区各省（区）旅游客源市场总体情况如表 4-3 所示。目前西北地区旅游市场以国内旅游客源市场为主，入境旅游市场所占份额较小。2019 年西北地区国内旅游人数达 63715.76 万人次，国内旅游收入为 7337.96 亿元，入境旅游人数达 213.92 万人次，入境旅游收入为 76572.66 万美元。国内旅游人数方面，甘肃国内旅游人数最多，达 37422.70 万人次，占西北地区总旅游接待量的 58.54%；其次是新疆，国内旅游人数约为 21151.00 万人次，占 33.08%；内蒙古（中西部）最少，国内旅游人数为 5142.06 万人次，占 8.04%。入境旅游人数方面，新疆入境旅游人数最多，达 178.80 万人次，占西北地区的 83.58%；其次是甘肃，入境旅游人数为 19.82 万人次，占 9.27%；内蒙古（中西部）最少，入境旅游人数为 15.30 万人次，占 7.15%。

表 4-3　2019 年西北地区各省（区）旅游客源市场总体情况

省（区）	国内旅游人数（万人次）	国内旅游收入（亿元）	入境旅游人数（万人次）	入境旅游收入（万美元）
新疆	21151.00	3593.50	178.80	58600.00
甘肃	37422.70	2676.00	19.82	5904.66
内蒙古（中西部）	5142.06	1068.46	15.30	12068.00
总计	63715.76	7337.96	213.92	76572.66

数据来源：新疆、甘肃、内蒙古 2020 年统计年鉴。

2019 年西北地区入境旅游人数达 213.92 万人次，入境旅游收入共计 76572.66 万美元。2015 年国家发展改革委、外交部、商务部联合发布了《推动共建丝绸之路经济带和 21 世纪海上丝绸之路的愿景与行动》，中国将在旅游领域加强与沿线各国合作，扩大旅游规模，互办旅游推广周、宣传月等活动，共同打造具有丝绸之路特色的国际精品旅游线路和旅游产品。2018 年，中国同哈萨克斯坦、吉尔吉斯斯坦三国成功联合申报了世界文化遗产"丝绸之路：长安—天山廊道的路网"，该项目是我国第一个跨国遗产申报项目，也是第一段被列入世界文化遗产名录的丝绸之路遗产。[1]

① 王若雨. 中国与中亚国家旅游服务贸易基础与合作路径分析 [J]. 对外经贸实务，2020（10）：81-84.

（三）西南地区边境旅游客源市场基本情况

随着新时期泛北部湾区域合作、大湄公河次区域经济合作、中国—东盟自由贸易区合作等我国与东南亚各国合作的不断加强，西南地区与印度、尼泊尔、缅甸、越南、老挝等南亚、东南亚国家的边境旅游合作逐渐升温。

西南地区主要由西藏、云南和广西三省（区）构成。2019 年西南地区各省（区）旅游市场总体情况如表 4-4 所示。2019 年西南地区国内外旅游接待量总计 172347.89 万人次，其中入境旅游人数 1417.16 万人次，国内旅游人数 170930.73 万人次，分别占地区旅游总接待量的 0.82% 和 99.18%。

表 4-4　2019 年西南地区各省（区）旅游市场总体情况

省（区）	国内旅游人数（万人次）	国内旅游收入（亿元）	入境旅游人数（万人次）	入境旅游收入（亿美元）
云南	79977.77	10679.51	739.02	51.47
广西	86995.00	9998.80	623.95	35.11
西藏	3957.96	540.44	54.19	2.79
总计	170930.73	21218.75	1417.16	89.37

数据来源：西藏、云南、广西 2020 年统计年鉴。

西南地区国内旅游收入为 21218.75 亿元，入境旅游收入为 89.37 亿美元，说明西南地区三省（区）目前旅游市场仍以国内旅游市场为主体，入境旅游市场所占份额相对较小。从三省（区）旅游市场情况对比来看，最多的是广西，接待国内外旅游人数为 87618.95 万人次，占区域旅游接待总人数的 50.84%；其次是云南省，接待国内外旅游人数达 80716.79 万人次，占区域旅游接待总人数的 46.83%；西藏最少，接待国内外旅游人数为 4012.15 万人次，占区域旅游接待总人数的 2.33%。旅游收入方面，云南的国内旅游收入和入境旅游收入均居于最高，云南国内旅游收入达 10679.51 亿元，占区域国内旅游收入的 50.33%，云南入境旅游收入达 51.47 亿美元，占区域入境旅游收入的 57.59%。其次是广西，国内旅游收入为 9998.80 亿元，占区域国内旅游收入的 47.12%，入境旅游收入为 35.11 亿美元，占区域入境旅游收入的 39.29%。最后是西藏，西藏国内旅游收入为 540.44 亿元，占区域国内旅游收入的 2.55%，入境旅游收入为 2.79 亿美元，占区域入境旅游收入的 3.12%。

第二节　辽宁省边境旅游客源市场情况

一　辽宁省旅游客源市场总体情况

辽宁全省辖 14 个地级市，全省总面积 14.8 万平方千米，人口数为 4203 万人；汉族占 84%，满族、锡伯族等 52 个少数民族占全省总人口的 16%。截至 2019 年，全省共有 5A 级景区 5 个，4A 级景区 37 个，3A 级景区 5 个，2A 级景区 9 个，1A 级景区 29 个；旅行社 988 个，其中国际旅行社 73 个；五星级酒店 12 个，四星级酒店 60 个，三星级酒店 241 个。

（一）国内旅游市场

辽宁省旅游对社会经济发展起着重要作用。辽宁省是我国的旅游大省，丰富的旅游资源及其深厚的文化底蕴让辽宁省的旅游业发展潜力较大。2015~2019 年辽宁省国内旅游产业基本情况如表 4-5 所示。2015 年辽宁省国内人数为 39711 万人次，国内旅游收入为 3620.1 亿元；2019 年国内旅游人数达 63876 万人次，是 2015 年的 1.6 倍，年均增长 12.62%，国内旅游收入达 6102.7 亿元，是 2015 年的 1.7 倍，年均增长 13.95%。

表 4-5　2015~2019 年辽宁省国内旅游产业基本情况

年份	国内旅游人数（万人次）	增长率（%）	国内旅游收入（亿元）	增长率（%）
2015	39711	—	3620.1	—
2016	44873	13.00	4122.2	13.87
2017	50318	12.13	4620.7	12.09
2018	56211	11.71	5254.8	13.72
2019	63876	13.64	6102.7	16.14

数据来源：辽宁省 2016~2020 年统计年鉴。

（二）入境旅游市场

辽宁省对入境旅游客源市场十分重视，也取得了好的成绩。2019 年辽宁接待入境旅游人数为 294.10 万人次，同比增长 2.22%；入境旅游收入为 173903 万美元，同比下降 0.03%（见表 4-6）。

表 4-6　2015~2019 年辽宁省入境旅游客源市场情况

年份	入境旅游人数（万人次）	增长率（%）	入境旅游收入（万美元）	增长率（%）
2015	264.01	—	168272	—
2016	273.67	3.66	174141	3.49
2017	278.85	1.89	177806	2.10
2018	287.70	3.17	173958	-2.16
2019	294.10	2.22	173903	-0.03

数据来源：辽宁省 2016~2020 年统计年鉴。

辽宁省入境过夜游客人均每天消费 213.04 美元，从消费构成来看，长途交通占 26.2%、游览占 6.0%、住宿占 17.1%、餐饮占 12.5%、购物占 20.2%、娱乐占 3.1%、邮电通信占 0.9%、市内交通占 3.0%、其他服务占 10.9%。其中购物、交通方面的消费较多，占 49.4%，邮电通信所占比例较小，占 0.9%（见表 4-7）。

表 4-7　2019 年辽宁省入境过夜游客人均消费及消费构成

单位：美元,%

地区	人均天消费	人均天消费构成								
		长途交通	游览	住宿	餐饮	购物	娱乐	邮电通信	市内交通	其他服务
辽宁	213.04	26.2	6.0	17.1	12.5	20.2	3.1	0.9	3.0	10.9

数据来源：辽宁省 2020 年统计年鉴。

二　辽宁省边境旅游客源市场基本情况

辽宁省边境地级市只有丹东市，所以对辽宁省边境旅游客源市场的分析主要围绕丹东市展开。

（一）丹东市国内旅游市场

丹东是最早组织边境旅游的城市，从 1987 年至今一直在开展边境旅游项目。2018 年 3 月，《丹东市全域旅游三年行动计划》提出以全新的视角发展全域旅游，丹东市成为辽宁省旅游发展最快的城市之一。丹东市位于辽宁省的东南部，临近朝鲜，是中国海岸线的北端起点，同时也是东北亚、环渤海、环黄海三大经济圈的交汇点。丹东市是中国重点开发的试验区域、中国与朝鲜互市贸易区域，也是我国最大的对朝贸易口岸。① 随着丹东市沿边开放试验区的推进，丹东市对内对外的作用更加突出，边境旅游已成为丹东市竞争力、影响力最强的旅游产品。目前丹东市共设 13 个口岸，一类口岸 5 个，分别为大东港口岸、浪头港口岸、鸭绿江铁路口岸、鸭绿江陆路口岸、中朝输油管道口岸；二类口岸 8 个。

2015～2019 年丹东市国内旅游市场基本情况如表 4-8 所示。丹东市国内旅游人数和旅游收入增长较快，国内旅游人数由 2015 年的 3527.8 万人次增加至 2019 年的 5593.9 万人次，增长了 1.6 倍，年均增长 12.22%；国内旅游收入由 2015 年的 307.7 亿元增长至 2019 年的 521.1 亿元，增长了 1.7 倍，年均增长 14.08%。

表 4-8　2015～2019 年丹东市国内旅游市场基本情况

年份	国内旅游人数（万人次）	增长率（%）	国内旅游收入（亿元）	增长率（%）
2015	3527.8	—	307.7	—
2016	4014.7	13.80	356.3	15.79
2017	4533.5	12.92	402.1	12.85
2018	4986.9	10.00	451.2	12.21
2019	5593.9	12.17	521.1	15.49

数据来源：辽宁省 2020 年统计年鉴。

（二）丹东市入境旅游市场

2015～2019 年丹东市入境旅游市场基本情况如表 4-9 所示。丹东市入境旅游人数和入境旅游收入均有所增长，总体趋向稳定发展，2019 年入境旅游人数为 14.22 万人次，同比增长 2.01%；入境旅游收入为 8618 万美元，同比减少 3.58%。

① 刘丹诺. 丹东边境旅游的发展与研究［J］. 现代经济信息，2018（03）：486-487.

表 4-9   2015~2019 年丹东市入境旅游市场基本情况

年份	入境旅游人数（万人次）	增长率（%）	入境旅游收入（万美元）	增长率（%）
2015	12.09	—	8252	—
2016	13.40	10.84	8500	3.01
2017	13.72	2.39	8684	2.16
2018	13.94	1.60	8938	2.92
2019	14.22	2.01	8618	-3.58

数据来源：辽宁省 2020 年统计年鉴。

（三）丹东市对朝旅游情况

1987 年 11 月，丹东市—朝鲜新义州一日游正式开通。1998 年，由于市场无序化竞争现象层出，对朝旅游暂停。2009 年 1 月，国家有关部门正式批准丹东市开展边境旅游异地办证服务。2016 年，跨境旅游合作项目——丹东赴朝登岸游正式开通，填补了中朝旅游线路的空白。丹东港口岸分为大东港区和浪头港区，与日本、朝鲜、韩国、俄罗斯等 70 多个国家有业务往来，我国每年 70% 的对朝货物运输经丹东公路口岸进出，丹东铁路口岸是全国最大的铁路口岸之一。2018 年，丹东市对朝口岸总出入境人数为 1914.47 万人次，其中海运出入境人数 1841.89 万人次，公路、铁路口岸出入境人数共 72.58 万人次（见表 4-10）。

表 4-10   2018 年辽宁省丹东对朝口岸出入境情况

单位：万人次

类型	口岸名称	出入境人数
海运	丹东	1841.89
公路、铁路	丹东	72.58

数据来源：2019 年中国口岸年鉴。

第三节   吉林省边境旅游客源市场情况

一   吉林省旅游客源市场总体情况

吉林省位于中国东北地区中部，位置居中，是通往东北地区的必经之地，区位优势显著，使得其旅游产业发展迅速。吉林省形成了以铁路为主、以航空和客运为辅的交通体系。吉林省共有国家级旅游度假区 1 家、省级旅游度假区 5 家。截至 2019 年，省 A 级旅游景区共 231 家。其中，5A 级 7 家，4A 级 63 家，3A 级 111 家，2A 级 43 家，1A 级 7 家。旅行社 696 家，四星级旅游饭店 31 家。①

（一）国内旅游市场

2015~2019 年吉林省国内旅游市场发展较快，国内旅游人数从 2015 年的 13983 万人次增加到 2019 年的 24696 万人次，增长了 1.8 倍，年均增长 15.28%；国内旅游收入从 2015 年的 2220.73 亿元增长到 4877.89 亿元，增长了 2.2 倍，年均增长 21.74%（见表 4-11）。

表 4-11　2015~2019 年吉林省国内旅游市场基本情况

年份	国内旅游人数 （万人次）	增长率（%）	国内旅游收入 （亿元）	增长率（%）
2015	13983	—	2220.73	—
2016	16417	17.41	2845.94	28.15
2017	19093	16.30	3456.50	21.45
2018	22013	15.29	4165.60	20.51
2019	24696	12.19	4877.89	17.10

数据来源：吉林省 2020 年统计年鉴。

（二）入境旅游市场

2015~2019 年吉林省入境旅游人数和入境旅游收入总体上呈下降趋势。入境旅游人数从 2015 年的 148.1 万人次下降至 2019 年的 137 万人次。入境旅游收入由 2015 年的 72414 万美元下降至 2019 年的 61496 万美元。

---

① 吉林省文化和旅游厅《文化场馆和旅游资源》［EB/OL］.（2020-10-29）. http：//whhlyt. jl. gov. cn/ggfw/whcg/jng/202010/t20201029_7682937. html.

表 4-12   2015~2019 年吉林省入境旅游市场情况

年份	入境旅游人数（万人次）	增长率（%）	入境旅游收入（万美元）	增长率（%）
2015	148.1	—	72414	—
2016	162.0	9.39	79121	9.26
2017	148.4	-8.40	76579	-3.21
2018	143.8	-3.10	68585	-10.44
2019	137.0	-4.73	61496	-10.34

数据来源：吉林省 2020 年统计年鉴。

2019 年吉林省入境过夜游客人均天消费 194.46 美元，其中长途交通占 23.9%、游览占 6.6%、住宿占 6.3%、餐饮占 6.6%、购物占 38.9%、娱乐占 3.1%、邮电通信占 1.9%、市内交通占 4.0%、其他服务占 8.7%。购物、交通方面的消费较多，占 66.8%，娱乐、邮电通信所占比例较小，占 5.0%（见表 4-13）。

表 4-13   2019 年吉林省入境过夜游客人均消费情况

单位：美元,%

地区	人均天消费	人均天消费构成								
		长途交通	游览	住宿	餐饮	购物	娱乐	邮电通信	市内交通	其他服务
吉林	194.46	23.9	6.6	6.3	6.6	38.9	3.1	1.9	4.0	8.7

数据来源：吉林省 2020 年统计年鉴。

二 吉林省边境旅游客源市场基本情况

吉林省共有延边朝鲜族自治州（以下简称"延边州"）、通化市和白山市 3 个边境地级市（州），2019 年 3 个地区国内旅游人数为 5663.9 万人次，占全省的 22.93%；国内旅游收入为 1042.99 亿元，占全省的 21.38%；入境旅游人数达 79.13 万人次，占全省的 57.76%；入境旅游收入为 32581.71 万美元，占全省的 52.98%（见表 4-14）。可见，这 3 个地区入境旅游人数及收入占全省的一半以上，入境旅游市场优势明显，延边州的入境旅游人数最多。

表 4-14 2019 年吉林省 3 个边境市（州）旅游客源市场基本情况

边境城市	国内旅游人数（万人次）	国内旅游收入（亿元）	入境旅游人数（万人次）	入境旅游收入（万美元）
延边	2694.8	537.47	56.58	26534.71
通化	1727.5	308.15	17.02	3787.00
白山	1241.6	197.37	5.53	2260.00
总计	5663.9	1042.99	79.13	32581.71

数据来源：吉林省 2020 年统计年鉴。

（一）延边州边境旅游市场情况

1. 国内旅游市场

2015 年延边州高铁的开通极大地刺激了其国内旅游市场，使得国内旅游人数激增，来感受延边州独具特色的朝鲜族文化。2019 年，国内旅游人数为 2694.8 万人次，同比增长 13.35%；国内旅游收入为 537.47 亿元，同比增长 17.77%（见表 4-15）。

表 4-15 2015~2019 年延边州国内旅游市场基本情况

年份	国内旅游人数（万人次）	增长率（%）	国内旅游收入（亿元）	增长率（%）
2015	1530.29	—	246.28	—
2016	1789.04	16.91	314.84	27.84
2017	2084.60	16.52	387.10	22.95
2018	2377.40	14.05	456.39	17.90
2019	2694.80	13.35	537.47	17.77

数据来源：2021 年延边州文化旅游产业发展报告。

2. 入境旅游市场

延边州对朝边境游开始于 1992 年，对俄边境游开始于 1998 年。珲春市是延边州的边境旅游城市，位于中朝俄三国交界地带。对俄罗斯的一类口岸有珲春公路口岸、珲春铁路口岸，对朝鲜的口岸有圈河一类口岸和沙坨子二类口岸。珲春公路口岸和铁路口岸距离市区较近，年过客量都高于 50 万人次。[1]

---

[1] 孙学文，吕弼顺，梁荣. 珲春市边境旅游的发展研究 [J]. 山西农经，2020（21）：50-51.

对朝口岸中圈河口岸与朝鲜罗先市相接。1995 年 9 月,珲春圈河口岸边境公务通道正式对朝开放,开发珲春—罗先的跨境游线路。2014 年,延边州图们市与朝鲜南阳市开通自行车边境游;2019 年,珲春市与罗先市开通跨江一日游项目。此外,延吉—平壤—金刚山航空线路,图们—南阳徒步线路等多条特色旅游路线陆续开展。2020 年 4 月国家发改委印发《珲春海洋经济发展示范区建设总体方案》,提出建设中朝俄跨境海洋旅游合作区。[①]

2019 年延边州入境旅游人数达 56.58 万人,占全省的 41.3%;入境旅游收入为 26534.71 万美元,占全省的 43.15%(见表 4-16)。延边州成了吉林省入境游客的第一选择,是省内最大的入境客源地,竞争优势明显。

表 4-16   2015~2019 年延边州入境旅游市场基本情况

年份	入境旅游人数(万人次)	增长率(%)	入境旅游收入(万美元)	增长率(%)
2015	65.38	—	28078.99	—
2016	71.50	9.36	30945.85	10.21
2017	59.26	-17.12	27100.47	-12.43
2018	55.18	-6.88	25212.12	-6.97
2019	56.58	2.54	26534.71	5.25

数据来源:2021 年延边州文化旅游产业发展报告。

3. 口岸出入境情况

珲春口岸是吉林省唯一对俄开放的陆地口岸,为国家一类口岸,2018 年出入境人数为 407605 人次。圈河口岸现为中朝国际客货公路运输口岸,接壤朝、俄,2018 年出入境人数为 358768 人次。三合口岸为双边客货公路运输口岸,2018 年出入境人数为 22380 人次。南坪口岸为国家客货双边口岸,2018 年出入境人数为 12854 人次。沙坨子口岸是吉林省通往朝鲜的重要陆路口岸,2018 年出入境人数为 6121 人次。开山屯口岸是中朝双方边民探亲和进行边贸的口岸,2018 年出入境人数为 4562 人次。古城里口岸现为中朝双边客货公路运输口岸,与朝鲜三长口岸以永久性国境公路大桥相接,是延边州对朝两江道的唯一通道,2018 年出入境人数为 3462 人次。图们口

---

① 李英花,吴雨晴,崔哲浩.中朝边境地区跨境旅游合作区建设现状及路径探析 [J].延边大学学报(社会科学版),2022,55(05):71-78+143.

岸包括公路口岸和铁路口岸两个部分，是我国对朝鲜的第二大陆路口岸，2018 年出入境人数为 38118 人次（见表 4-17）。

表 4-17　2018 年延边州口岸出入境情况

单位：人次

类型	口岸名称	接壤国家	出入境人数
公路	珲春	朝、俄	407605
	圈河	朝、俄	358768
	三合	朝	22380
	南坪	朝	12854
	沙坨子	朝、俄	6121
	开山屯	朝	4562
	古城里	朝	3462
铁路	图们	朝	38118

数据来源：2019 年中国口岸年鉴。

（二）通化市边境旅游市场情况

1. 国内旅游市场

通化市 2019 年国内旅游人数为 1727.50 万人次，同比增长 19.07%，占全省国内旅游人数的 7.00%；国内旅游收入为 308.15 亿元，同比增长 24.04%，占全省国内旅游收入的 6.32%（见表 4-18）。

表 4-18　2015~2019 年通化市国内旅游市场总体情况

年份	国内旅游人数（万人次）	增长率（%）	国内旅游收入（亿元）	增长率（%）
2015	862.90	—	117.49	—
2016	1009.85	17.03	150.88	28.42
2017	1213.10	20.13	191.10	26.66
2018	1450.80	19.59	248.43	30.00
2019	1727.50	19.07	308.15	24.04

数据来源：吉林省通化市 2020 年统计年鉴。

2. 入境旅游市场

通化市位于吉林省东南部，是三大对朝地区之一，地处中朝边境的集安市拥有两个国家级一级口岸。集安市地处吉林省东南端，与朝鲜仅一江之隔，但是集安市旅游产业发展起步较晚，还有较大的旅游市场有待开发，交通设施、旅游线路处于亟待完善的阶段。中朝铁路桥和中朝公路桥都位于集安市内，2012年，满浦至集安的跨境公路桥首次建成，这也是中朝两国建交的信号。2011~2030年集安市总体规划将城市的旅游贸易也纳入讨论议题。① 2019年通化市入境旅游人数为17.02万人次，占全省入境旅游人数的12.42%；入境旅游收入达3787.00万美元，占全省入境旅游收入的6.16%（见表4-19）。

表4-19　2015~2019年通化市入境旅游市场总体情况

年份	入境旅游人数（万人次）	增长率（%）	入境旅游收入（万美元）	增长率（%）
2015	19.90	—	4356.47	—
2016	24.08	21.01	5275.33	21.09
2017	20.45	-15.07	5070.12	-3.89
2018	19.56	-4.35	4110.00	-18.94
2019	17.02	-12.99	3787.00	-7.86

数据来源：吉林省通化市2020年统计年鉴。

集安市旅游产业发展迅速，旅游总人数由2015年的44.2万人次增加至2019年的300.0万人次，年均增长率达23.44%；旅游总收入由2015年的28.0亿元增加到2019年的65.0亿元，年均增长率达23.44%（见表4-20）。总体来说，集安市旅游产业步入高速发展期。

表4-20　2015~2019年集安市旅游市场情况

年份	旅游总收入（亿元）	增长率（%）	游客总人数（万人次）	增长率（%）
2015	28.0	—	44.2	—
2016	36.4	30.0	143.0	223.5
2017	47.3	29.9	195.0	36.4
2018	56.8	20.1	244.0	25.1
2019	65.0	14.4	300.0	23.0

数据来源：集安市2020年统计年鉴。

① 李梅，郭哲敏. 集安市口岸建设的城市规划对策研究 [J]. 才智，2013（33）：349-350.

3. 口岸出入境情况

集安口岸是我国对外开放的一类口岸。近几年，随着朝鲜国内经济的恢复和对外开放的深入，集安口岸对朝贸易不断增长。2018 年集安口岸出入境人数达 8704 人次（见表 4-21）。

表 4-21　2018 年通化市口岸出入境情况

单位：人次

类型	口岸名称	出入境人数
铁路	集安	8704

数据来源：2019 年口岸统计年鉴。

（三）白山市边境旅游市场情况

1. 国内旅游市场

白山市位于吉林省东南部，与朝鲜隔鸭绿江相望，距离长白山西坡景点仅 160 千米，是距离长白山最近的地级市。白山市旅游资源普查结果显示，白山市旅游资源分属 8 个主类 29 个亚类 110 个基本类型。一直以来，白山市依托国家政策优势，构建跨国旅游产业框架，培育鸭绿江、松花江、长白山三大板块旅游产业链。①

白山市 2019 年国内旅游人数为 1191.70 万人次，同比增长 12.01%，占全省国内旅游人数的 4.83%；国内旅游收入为 189.31 亿元，同比增长 20.58%，占全省国内旅游收入的 3.89%（见表 4-22）。

表 4-22　2015~2019 年白山市国内旅游市场总体情况

年份	国内旅游人数 （万人次）	增长率（%）	国内旅游收入 （亿元）	增长率（%）
2015	658.59	—	77.27	—
2016	769.17	16.79	97.56	26.26
2017	898.75	16.85	124.77	27.89
2018	1063.90	18.38	157.00	25.83
2019	1191.70	12.01	189.31	20.58

数据来源：吉林省白山市 2016~2020 年统计年鉴。

---

①　齐建坤．优化白山市旅游管理的对策研究［D］．吉林大学，2010：31-32.

2. 入境旅游市场

白山市 2019 年入境旅游人数为 5.52 万人次，同比增长 5.34%，占全省入境旅游人数的 4.03%；入境旅游收入为 2500.00 万美元，同比增长 6.20%，占全省入境旅游收入的 4.07%（见表 4-23）。

表 4-23 2015~2019 年白山市入境旅游市场总体情况

年份	入境旅游人数（万人次）	增长率（%）	入境旅游收入（万美元）	增长率（%）
2015	4.50	—	1985.19	—
2016	4.80	6.67	2122.37	6.91
2017	5.03	4.79	2228.06	4.98
2018	5.24	4.17	2353.94	5.65
2019	5.52	5.34	2500.00	6.20

数据来源：吉林省白山市 2016~2020 年统计年鉴。

长白朝鲜族自治县（以下简称"长白县"）是对朝城市，位于吉林省东南部，长白山主峰南麓，鸭绿江源头，素有"长白山下第一县、鸭绿江源第一城"之美誉。① 截至 2018 年 7 月 16 日，长白县开通的赴朝边境一日、二日、三日游线路，受到了很多游客欢迎。长白口岸经营对朝边境旅游业务，推出朝鲜三池渊、大纪念碑、白头山密营、正日峰、鲤明水瀑布、普天堡战迹地、普天堡战斗胜利纪念塔、两江道事迹馆等精品旅游线路。2019 年长白县旅游总人数为 81.4 万人次，同比增长 12.4%；旅游总收入为 7.24 亿元，同比增长 17.2%（见表 4-24）。接待赴朝旅游人数由 2016 年的 2518 人增长至 2018 年的 5242 人。

表 4-24 长白县旅游市场基本情况

年份	旅游总人数（万人次）	增长率（%）	旅游总收入（亿元）	增长率（%）	赴朝旅游人数（人）
2016	45.0	—	4.17	—	2518
2017	64.0	42.2	5.12	22.8	2304

---

① 《长白朝鲜族自治县人民政府》［EB/OL］（2022-09-05）. http://wza.changbai.gov.cn/esd/cbgk/cbxq/201801/t20180108_257116.html.

年份	旅游总人数（万人次）	增长率（%）	旅游总收入（亿元）	增长率（%）	赴朝旅游人数（人）
2018	72.4	13.1	6.18	20.7	5242
2019	81.4	12.4	7.24	17.2	—

数据来源：长白朝鲜族自治县 2016~2019 年国民经济发展公报。

3. 口岸出入境情况

长白口岸是国家一类口岸，位于吉林省白山市长白县，与朝鲜惠山口岸以全长 148 米的长惠国际大桥相连，2018 年长白口岸出入境人数为 85985 人次。临江市是吉林省白山市下辖的县级市，位于吉林省东南部，长白山腹地，鸭绿江畔。临江有边境口岸及一座桥梁通往朝鲜，2018 年临江口岸出入境人数为 13844 人次（见表 4-25）。

表 4-25　2018 年白山市口岸出入境情况

单位：人次

类型	口岸名称	接壤国家	出入境人数
公路	长白	朝	85985
	临江	朝	13844

数据来源：2019 年口岸统计年鉴。

第四节　黑龙江省边境旅游客源市场情况

一　黑龙江省旅游客源市场总体情况

黑龙江省位于中国的东北部，是中国最为重要的沿边开放地区，中俄发展经贸与旅游的桥头堡。黑龙江省对俄边境旅游开始于 1988 年，此后一直保持着较快的发展速度，是中国对俄旅游市场最为重要的构成部分，也是每年接待入境俄罗斯游客最主要的地区。[1] 截至 2019 年，黑龙江共有 411 个 A 级景区，其中包括 6 个 5A 级景区、104 个 4A 级景区、175 个 3A 级景区、105 个 2A 级景区、21 个 1A 级景区。

---

[1]　刘颖. 黑龙江省边境旅游发展研究 [D]. 哈尔滨工业大学，2008：13-14.

（一）国内旅游市场

2015~2019 年，黑龙江省国内旅游人数和国内旅游收入持续稳定增长。国内旅游人数由 2015 年的 12926 万人次增加至 2019 年的 21555 万人次，年均增长 13.64%；国内旅游收入由 2015 年的 1337 亿元增长至 2019 年的 2640 亿元，年均增长 18.54%，表明其国内旅游消费市场广阔，有较大的提升空间（见表 4-26）。

表 4-26　2015~2019 年黑龙江省国内旅游市场基本情况

年份	国内旅游人数（万人次）	增长率（%）	国内旅游收入（亿元）	增长率（%）
2015	12926	—	1337	—
2016	14380	11.25	1573	17.65
2017	16304	13.38	1877	19.33
2018	18100	11.02	2208	17.63
2019	21555	19.09	2640	19.57

数据来源：黑龙江省 2016~2020 年统计年鉴。

（二）入境旅游市场

黑龙江省整合市场资源，推出探亲游、观光游等旅游线路，入境旅游人数和入境旅游收入实现双增长。此外，"一带一路"倡议和新一轮东北振兴战略的顺利实施，使国际游客来华更加便利。2019 年，黑龙江省入境旅游人数为 110.69 万人次，同比增长 1.40%；2019 年入境旅游收入为 63181 万美元，同比增长 17.64%（见表 4-27）。

表 4-27　2015~2019 年黑龙江省入境旅游市场基本情况

年份	入境旅游人数（万人次）	增长率（%）	入境旅游收入（万美元）	增长率（%）
2015	83.47	—	39533	—
2016	95.70	14.65	45805	15.87
2017	103.88	8.55	47958	4.70
2018	109.16	5.08	53706	11.99
2019	110.69	1.40	63181	17.64

数据来源：黑龙江省 2016~2020 年统计年鉴。

黑龙江省入境过夜游客人均每天消费 193.47 美元，其中长途交通占 25.9%、游览占 2.5%、住宿占 16.8%、餐饮占 9.0%、购物占 31.1%、娱乐占 2.1%、邮电通信占 0.2%、市内交通占 1.6%、其他服务占 10.6%。其中购物、长途交通方面的消费多，占 57.0%，邮电通信所占比例较小，占 0.2%（见表 4-28）。

表 4-28　2019 年黑龙江省入境过夜游客人均消费及消费构成

单位：美元,%

地区	人均天消费	人均消费构成								
		长途交通	游览	住宿	餐饮	购物	娱乐	邮电通信	市内交通	其他服务
黑龙江	193.47	25.9	2.5	16.8	9.0	31.1	2.1	0.2	1.6	10.6

数据来源：黑龙江省 2020 年统计年鉴。

二　黑龙江省边境地区边境旅游市场基本情况

2019 年牡丹江市旅游人数最多，达 1106 万人次，旅游总收入为 79.9 亿元；佳木斯市旅游总人数为 995 万人次，旅游总收入为 59.7 亿元；鸡西市旅游总人数为 936 万人次，旅游总收入为 55.7 亿元；伊春市旅游总人数为 906 万人次，旅游总收入为 54.4 亿元；黑河市旅游总人数为 642 万人次，旅游总收入为 38.4 亿元；鹤岗市旅游总人数为 160 万人次，旅游总收入为 14.2 亿元（见表 4-29）。

表 4-29　2019 年黑龙江省边境地区旅游客源市场基本情况

单位：万人次，亿元

边境城市	旅游总人数	旅游总收入
牡丹江市	1106	79.9
佳木斯市	995	59.7
鸡西市	936	55.7
伊春市	906	54.4
黑河市	642	38.4
鹤岗市	160	14.2
双鸭山市	—	—
大兴安岭地区	—	—

注：双鸭山市和大兴安岭地区公报中没有旅游数据。

数据来源：牡丹江市、鸡西市、佳木斯市、鹤岗市、伊春市、黑河市 2019 年国民经济发展公报。

鉴于黑龙江省边境地区的国内旅游市场和入境旅游市场数据不完整，以下只分析牡丹江市、佳木斯市、黑河市3个边境城市的旅游市场情况。

（一）牡丹江市旅游市场情况

1. 国内旅游市场

牡丹江市是黑龙江省第二大旅游城市，位于黑龙江省东南部，地处中俄交界地带，位于东北亚经济圈的核心区域，与俄罗斯符拉迪沃斯托克毗邻，两者距离不到200千米。2003年3月，牡丹江市成为第一批边境旅游试点城市。中俄互市贸易区的建立使得两国旅游产品互换更加密切。牡丹江市国内旅游人数从2015年的1413.3万人次增加至2019年的2581.9万人次，年均增长16.26%；国内旅游收入由2015年的68.1亿元增长至2019年的182.5亿元，实现年均增长27.95%，旅游业已成为牡丹江市重要产业之一（见表4-30）。

表4-30　2015~2019年牡丹江市国内旅游市场基本情况

年份	国内旅游人数（万人次）	增长率（%）	国内旅游收入（亿元）	增长率（%）
2015	1413.3	—	68.1	—
2016	1786.6	26.41	92.1	35.24
2017	2206.3	23.49	121.4	31.81
2018	2316.6	5.00	161.2	32.78
2019	2581.9	11.45	182.5	13.21

数据来源：2015~2019年牡丹江市国民经济和社会发展统计公报。

2. 入境旅游市场

2015~2019年牡丹江市入境旅游人数有小幅度增长，入境旅游收入由2015年的4.1亿美元降低到2019年的3.5亿美元（见表4-31）。

表4-31　2015~2019年牡丹江市入境旅游市场基本情况

年份	入境旅游人数（万人次）	增长率（%）	入境旅游收入（亿美元）	增长率（%）
2015	70.0	—	4.1	—
2016	73.8	5.43	4.8	17.07

年份	入境旅游人数（万人次）	增长率（%）	入境旅游收入（亿美元）	增长率（%）
2017	74.6	1.08	4.8	—
2018	73.4	-1.61	3.5	-27.08
2019	73.9	0.68	3.5	—

数据来源：2015~2019 年牡丹江市国民经济和社会发展统计公报。

2009 年公安部等三部门联合开展边境旅游异地办证试点工作，广西崇左市、辽宁丹东市、黑龙江黑河市和牡丹江市成为边境旅游重启的第一批试点城市，由此绥芬河市开展赴俄边境旅游异地办证工作。[①] 绥芬河口岸是黑龙江最大的对俄口岸，距离俄罗斯口岸站格罗捷科沃仅 21.5 千米。依托丰富的人文背景和地缘环境，绥芬河市边境旅游业已成为当地的显著特点之一，完善的基础设施及服务为边境旅游的发展奠定了基础。2011 年来绥芬河市依托政策扶持大力发展边境旅游，2018 年《黑龙江省旅游业"十三五"发展规划》将绥芬河纳入夏季旅游线路。2011~2015 年绥芬河出境旅游人数大幅增加（见表 4-32）。

表 4-32　2011~2015 年绥芬河出入境客源市场分析

单位：万人次，万美元

年份	出境旅游人数	入境旅游人数	入境旅游收入
2011	1.0	48.8	8602
2012	13.3	52.8	9306
2013	21.5	59.0	10406
2014	26.3	56.9	10037
2015	26.5	49.0	9797

数据来源：绥芬河市人民政府网站。

3. 各口岸出入境市场情况

东宁口岸位于黑龙江省东南部，与俄罗斯接壤，是东北亚国际大通道上重要的交通枢纽，国家一类陆路口岸。绥芬河公路口岸位于 301 国道东端中俄边境线上，与俄罗斯滨海边疆区波格拉尼奇内区陆路接壤，是国家一类口岸，绥芬河铁路口岸位于滨绥线终点，与俄罗斯符拉迪沃斯托克分局格罗捷科沃站

_____

① 田里．边境旅游面临的国家安全问题研究［J］．湖湘论坛，2022（02）.

接轨，是牡丹江分局管辖内唯———个铁路口岸站，是中国对俄贸易的重要陆路口岸。绥芬河作为公路、铁路口岸，2018 年出入境人数达 1114129 人次；东宁作为公路口岸，2018 年出入境人数达 278080 人次（见表 4-33）。

表 4-33 2018 年牡丹江市口岸出入境情况

单位：人次

类型	口岸名称	接壤国家	出入境人数
公路 & 铁路	绥芬河	俄	1114129
公路	东宁	俄	278080

数据来源：2019 年口岸统计年鉴。

（二）佳木斯市旅游市场情况

1. 国内旅游市场

佳木斯市位于黑龙江省东北部，地处黑龙江、乌苏里江、松花江交汇冲击而成的三江平原，距俄罗斯哈巴罗夫斯克仅 29 千米，边境线长 449 千米，是中国拥有开放口岸最多的城市。[①] 赫哲文化、黑瞎子岛成为其标志性旅游名片。佳木斯市国内旅游人数由 2015 年的 454.0 万人次发展至 2019 年的 979.4 万人次，国内旅游收入由 2015 年的 18.8 亿元增加至 2019 年的 58.76 亿元（见表 4-34）。佳木斯市市场主体活力不断增强，国内游、出境游蓬勃发展，旅游产业成为拉动经济增长的重要力量。

表 4-34 2015~2019 年佳木斯市国内旅游市场基本情况

年份	国内旅游人数（万人次）	增长率（%）	国内旅游收入（亿元）	增长率（%）
2015	454.0	—	18.80	—
2016	502.0	10.57	20.70	10.11
2017	550.0	9.56	22.60	9.18
2018	728.0	32.36	30.00	32.74
2019	979.4	34.53	58.76	95.87

数据来源：佳木斯市 2015~2019 年国民经济统计年报。

---

① 祝招玲，谢维光. 佳木斯市边境旅游发展模式研究 [J]. 赤峰学院学报（自然科学版），2010, 26 (01)：154-155.

2. 入境旅游市场

佳木斯市的同江、抚远和富锦 3 个口岸对俄交流往来频繁。2008 年，黑瞎子岛重新划定国界。2011 年，抚远口岸正式开放，抚远口岸—哈巴罗夫斯克、黑瞎子岛一日游等跨境旅游线路得到开发。"2019 中国·瞎子岛中俄水上户外嘉年华"暨徒步中国·全国徒步大会举办，中俄两国合作更加深入、密切。佳木斯市入境旅游人数由 2015 年的 5.2 万人次增加至 2019 年的 12.6 万人次，入境旅游收入由 2015 年的 936.0 万美元增长至 2019 年的 2268.0 万美元（见表 4-35）。

表 4-35 2015~2019 年佳木斯市入境旅游市场基本情况

年份	入境旅游人数（万人次）	增长率（%）	入境旅游收入（万美元）	增长率（%）
2015	5.2	—	936.0	—
2016	5.3	1.92	950.4	1.54
2017	5.5	3.77	990.0	4.17
2018	12.5	127.27	2250.0	127.27
2019	12.6	0.80	2268.0	0.80

数据来源：佳木斯市 2015~2019 年国民经济统计年报。

抚远市旅游总人数由 2016 年的 60.0 万人次增加至 2019 年的 112.5 万人次，年均增长 23.31%，旅游总收入由 2016 年的 3.00 亿元增长至 2019 年的 8.78 亿元，年均增长 43.04%（见表 4-36）。

表 4-36 2016~2019 年抚远市旅游市场情况

年份	旅游总人数（万人次）	增长率（%）	旅游总收入（亿元）	增长率（%）
2016	60.0	—	3.00	—
2017	75.6	26.0	5.14	71.3
2018	93.5	23.7	7.16	39.3
2019	112.5	20.3	8.78	22.6

数据来源：抚远市 2016~2019 年国民经济统计年报。

3. 佳木斯市口岸出入境情况

抚远口岸是经国务院批准的对外开放的一类口岸及国际客货河运口岸，

2018 年抚远口岸出入境人数为 197920 人次。同江口岸历史悠久,1988 年黑龙江省政府批准同江为通贸兴边试验区,2018 年同江口岸出入境人数为 184889 人次。富锦口岸是 1989 年 7 月经国务院批准对外开放,并经中苏两国确认开通使用的一类口岸,2018 年富锦口岸出入境人数为 1952 人次(见表 4-37)。

表 4-37　2018 年佳木斯市口岸出入境情况

单位:人次

类型	口岸名称	接壤国家	出入境人数
河运	抚远	俄	197920
	同江	俄	184889
	富锦	俄	1952

数据来源:2019 年口岸统计年鉴。

(三) 黑河市旅游市场基本情况

1. 国内旅游市场

黑河市位于黑龙江省北部,与俄罗斯阿穆尔州首府布拉戈维申斯克市隔江相望,因此也被称为"中俄双子城"。黑河市是 1992 年国务院批准的全国首批沿海开放城市之一,随着"一带一路"倡议的提出以及 2019 年国家新一批自贸区的划定,黑河市对外合作交流机会增多,与俄罗斯对外贸易日益密切。[①] 黑河依托国家给予的异地办证政策,开发跨境"两日游""一日游"等多项边境旅游项目。黑河市的国内旅游市场蓬勃发展,国内旅游人数由 2015 年的 579.10 万人次增加至 2019 年的 1211.20 万人次,年均增长 20.26%。国内旅游收入保持高速增长,由 2015 年的 55.70 亿元增长至 2019 年的 96.90 亿元,年均增长 14.85%(见表 4-38)。

表 4-38　2015~2019 年黑河市国内旅游市场情况

年份	国内旅游人数(万人次)	增长率(%)	国内旅游收入(亿元)	增长率(%)
2015	579.10	—	55.70	—

---

① 李胜男. 区位条件与边境城市发展研究——以黑河市为例 [C] //. 面向高质量发展的空间治理——2020 中国城市规划年会论文集 (18 小城镇规划),2021:264-271.

年份	国内旅游人数（万人次）	增长率（%）	国内旅游收入（亿元）	增长率（%）
2016	743.50	28.39	55.70	—
2017	893.30	20.15	68.80	23.52
2018	1064.60	19.18	85.20	23.84
2019	1211.20	13.77	96.90	13.73

数据来源：黑河市 2015~2019 年国民经济发展统计公报。

2. 入境旅游市场

2015~2019 年，黑河市边境旅游势头迅猛，口岸优势明显，入境旅游人数从 35.0 万人次增加至 50.9 万人次，年均增长 9.63%，入境旅游收入从 12.3 亿美元增长至 17.8 亿美元，年均增长 9.02%（见表4-39）。

表 4-39　2015~2019 年黑河市入境旅游市场情况

年份	入境旅游人数（万人次）	增长率（%）	入境旅游收入（亿美元）	增长率（%）
2015	35.0	—	12.3	—
2016	35.9	2.57	12.6	2.44
2017	38.2	6.41	13.3	5.56
2018	43.9	14.92	15.4	15.79
2019	50.9	15.95	17.8	15.58

数据来源：黑河市 2015~2019 年国民经济发展统计公报。

2016 年，俄罗斯卢布贬值，激发了黑河市游客的购物热情，周末出境赴布市购物已成为众多黑河市民的生活常态，出境游客逐年大幅增加。2019 年黑河市出境旅游人数达 51.1 万人次，入境旅游人数为 50.9 万人次（见表4-40）。

表 4-40　2015~2019 年黑河市边境旅游基本情况

年份	出境人数（万人次）	增长率（%）	入境人数（万人次）	增长率（%）
2015	35.6	—	35.0	—
2016	36.0	1.1	35.9	2.6
2017	37.6	4.4	38.2	6.4

续表

年份	出境人数（万人次）	增长率（%）	入境人数（万人次）	增长率（%）
2018	44.1	17.3	43.9	14.9
2019	51.1	15.9	50.9	15.9

数据来源：黑河市 2015~2019 年国民经济发展统计公报。

3. 口岸出入境情况

逊克口岸是集国贸、地贸、民贸多功能于一体的国家一类口岸，位于黑龙江省北部边陲。2018 年逊克口岸出入境人数为 89 人次（见表 4-41）。

表 4-41　2018 年黑河市口岸出入境情况

单位：人次

类型	口岸名称	接壤国家	出入境人数
河运	逊克	俄	89

数据来源：2019 年口岸统计年鉴。

第五节　内蒙古自治区边境旅游客源市场情况

一　内蒙古自治区旅游客源市场总体情况

内蒙古自治区地处中国北部，北部与俄罗斯、蒙古国接壤，横跨东北、华北、西北地区。内蒙古自治区旅游业在改革开放后逐渐发展起来，其东西跨度较大，旅游资源种类多样，包括草原、古迹、沙漠、湖泊、森林、民俗。内蒙古自治区旅游产业体系逐渐完善，截至 2019 年，全区有旅行社 1143 家，星级饭店 225 家，A 级景区 118 个。

（一）国内旅游市场

2019 年，全区旅游业发展势头良好，全年接待国内外旅游人数 19512 万人次，同比增长 10.05%；实现旅游业总收入 4651.49 亿元，同比增长 12.01%。其中，全区接待国内游客人数 19316.65 万人次，同比增长 50.25%；实现国内旅游收入 4558.52 亿元，同比增长 16.17%（见表 4-42）。

表 4-42　2015~2019 年内蒙古自治区国内旅游市场情况

年份	国内旅游人数 （万人次）	增长率（%）	国内旅游收入 （亿元）	增长率（%）
2015	8351.83	—	2193.77	—
2016	9627.41	15.27	2635.56	20.14
2017	11461.19	19.05	3358.59	27.43
2018	12856.07	12.17	3924.01	16.84
2019	19316.65	50.25	4558.52	16.17

数据来源：内蒙古自治区 2016~2020 年统计年鉴。

内蒙古自治区以其风格独特的旅游资源引起国内游客一探究竟的热潮。旅行社总数由 2010 年的 716 家增加至 2019 年的 1143 家，国内旅游人数由 2011 年的 5177.95 万人次增加至 2019 年的 19316.65 万人次，国内旅游收入由 2010 年的 847.28 亿元增加至 2019 年的 4558.52 亿元。

内蒙古入境过夜游客人均每天消费 200.4 美元，其中长途交通占 19.9%、游览占 4.4%、住宿占 16.8%、餐饮占 10.8%、购物占 31.2%、娱乐占 4.4%、邮电通信占 0.7%、市内交通占 0.5%、其他服务占 11.3%。其中，购物、长途交通所占比例最高，占 51.1%，邮电通信、市内交通所占比例最小，占 1.2%（见表 4-43）。

表 4-43　内蒙古自治区 2019 年入境过夜游客人均消费及消费构成

单位：美元,%

地区	人均天 消费	人均天消费构成								
		长途交通	游览	住宿	餐饮	购物	娱乐	邮电通信	市内交通	其他服务
内蒙古	200.4	19.9	4.4	16.8	10.8	31.2	4.4	0.7	0.5	11.3

数据来源：内蒙古自治区 2020 年统计年鉴。

（二）入境旅游市场

内蒙古自治区入境旅游人数和入境旅游收入处于稳定上升的态势。入境旅游人数由 2015 年的 160.8 万人次增加到 2019 年的 195.8 万人次，年均增长 5.05%；入境旅游收入由 2015 年的 9.6 亿美元增长到 2019 年的 13.4 亿美元，年均增长 8.69%（见表 4-44）。

表 4-44 2015~2019 年内蒙古自治区入境旅游市场情况

年份	入境旅游人数（万人次）	增长率（%）	入境旅游收入（亿美元）	增长率（%）
2015	160.8	—	9.6	—
2016	177.9	10.63	11.4	18.75
2017	184.8	3.88	12.5	9.65
2018	188.1	1.79	12.7	1.60
2019	195.8	4.09	13.4	5.51

数据来源：内蒙古自治区 2016~2020 年统计年鉴。

二 内蒙古自治区东北边境地区旅游市场基本情况

内蒙古有 16 个国家级对外开放口岸，其中陆路口岸 13 个（对俄 4 个、对蒙 9 个），国际航空口岸 3 个。8 个口岸开通了边境旅游业务（对俄 3 个、对蒙 5 个）；有边境旅游线路 21 条（对俄 6 条、对蒙 15 条）；有边境游旅行社 43 家（对俄 20 家、对蒙 23 家）。[①]

本节分析了内蒙古自治区东北边境地区的旅游市场基本情况，包括呼伦贝尔市、兴安盟、锡林郭勒盟 3 个边境地市（盟）。

从国内旅游人数和收入上来看，3 个地区中呼伦贝尔市居于首位，锡林郭勒盟紧随其后，兴安盟居于第三位。2019 年 3 个地区国内旅游总人数为 4847.15 万人次，国内旅游总收入为 1198.75 亿元。从入境旅游人数上来看，锡林郭勒盟居于首位，呼伦贝尔市次之，兴安盟居第三位，3 个地区入境旅游总人数为 155.61 万人次，入境旅游总收入为 95607 万美元。呼伦贝尔市 2019 年国内旅游人数为 2152.78 万人次，国内旅游收入为 677.02 亿元，入境旅游人数为 75.61 万人次，入境旅游收入为 56442 万美元。锡林郭勒盟 2019 年国内旅游人数为 1857.06 万人次，国内旅游收入为 397.47 亿元，入境旅游人数为 79.77 万人次，入境旅游收入为 38898 万美元。兴安盟 2019 年国内旅游人数为 837.31 万人次，国内旅游收入为 124.26 亿元，入境旅游人数为 0.23 万人次，入境旅游收入为 267 万美元（见表 4-45）。

---

① 张燕茹. 内蒙古关于边境旅游试验区和跨境旅游合作区建设的思考［J］. 北方经济，2016（08）：24-26.

表 4-45　2019 年内蒙古东北边境地区旅游客源市场基本情况

边境城市	国内旅游人数 （万人次）	国内旅游收入 （亿元）	入境旅游人数 （万人次）	入境旅游收入 （万美元）
呼伦贝尔市	2152.78	677.02	75.61	56442
锡林郭勒盟	1857.06	397.47	79.77	38898
兴安盟	837.31	124.26	0.23	267
总计	4847.15	1198.75	155.61	95607

数据来源：内蒙古自治区 2020 年统计年鉴。

（一）呼伦贝尔市旅游市场基本情况

呼伦贝尔市位于内蒙古自治区东北部，总面积达 25.3 平方千米。[1] 呼伦贝尔作为面积最大的地级市，拥有草原、森林、湿地等丰富的自然资源，旅游业发展迅速。地处中蒙俄三国交汇处，异域风情、地域文化成了呼伦贝尔市的主打品牌，独特的区位优势使得该地旅游经济具有不可复制性。在"一带一路"倡议下，呼伦贝尔市形成多姿多彩的异域文化。额尔古纳市的俄罗斯风情游，成为不可多得的亮丽风景线路。2014 年 6 月，国家旅游局正式批准开通新右旗阿日哈沙特口岸至蒙古国东方省克尔伦苏木一日游、至乔巴山市二日游、至孙布尔苏木二日游 3 条中蒙边境旅游线路。[2]

1. 国内旅游市场

呼伦贝尔市国内旅游人数从 2015 年的 1361.53 万人次增加至 2019 年的 2152.78 万人次，年均增长 12.14%；国内旅游收入由 2015 年的 425.31 亿元增长至 2019 年的 677.02 亿元，年均增长 12.32%（见表 4-46）。

表 4-46　2015～2019 年呼伦贝尔市国内旅游市场基本情况

年份	国内旅游人数 （万人次）	增长率（%）	国内旅游收入 （亿元）	增长率（%）
2015	1361.53	—	425.31	—

---

[1] 涂文涛. 呼伦贝尔市发展区域旅游业对策研究 [D]. 黑龙江大学，2019：52-53.

[2] 杨蕾. 呼伦贝尔市旅游业发展中存在的问题及对策研究 [D]. 哈尔滨工业大学，2015：36-37.

续表

年份	国内旅游人数 （万人次）	增长率（%）	国内旅游收入 （亿元）	增长率（%）
2016	1486.32	9.17	478.99	12.62
2017	1649.54	10.98	574.13	19.86
2018	1792.94	8.69	650.03	13.22
2019	2152.78	20.07	677.02	4.15

数据来源：内蒙古自治区呼伦贝尔市 2016~2020 年统计年鉴。

2. 入境旅游市场

呼伦贝尔市入境旅游人数从 2015 年的 55.59 万人次增加至 2019 年的 75.61 万人次，年均增长 7.99%；入境旅游收入由 2015 年的 35025 万美元增长至 2019 年的 56442 万美元，年均增长 12.67%（见表5-47）。

表 4-47　2015~2019 年呼伦贝尔市入境旅游市场基本情况

年份	入境旅游人数 （万人次）	增长率（%）	入境旅游收入 （万美元）	增长率（%）
2015	55.59	—	35025	—
2016	67.30	21.06	45117	28.81
2017	71.56	6.33	50830	12.66
2018	72.03	0.66	51131	0.59
2019	75.61	4.97	56442	10.39

数据来源：内蒙古自治区呼伦贝尔市 2016~2020 年统计年鉴。

满洲里作为最大的对俄口岸，来满洲里的俄罗斯入境旅游者占到全区的 90%以上。[①] 2015~2019 年，满洲里入境旅游人数呈现递增趋势，由 2015 年的 43.20 万人次增加至 2019 年的 74.22 万人次，年均增长 14.49%；入境旅游收入由 2015 年的 96249 万美元增长至 2019 年的 134009 万美元，年均增长 8.63%（见表 4-48）。

---

① 古燕，张海云．"一带一路"背景下边境口岸文化旅游发展与国家形象构建关系研究——以满洲里为例［J］．青藏高原论坛，2021，9（01）：42-47．

表 4-48　2015~2019 年满洲里入境旅游市场基本情况

年份	入境旅游人数 （万人次）	增长率（%）	入境旅游收入 （万美元）	增长率（%）
2015	43.20	—	96249	—
2016	52.48	21.48	113903	18.34
2017	56.67	7.98	124556	9.35
2018	71.29	25.80	127210	2.13
2019	74.22	4.11	134009	5.34

数据来源：内蒙古自治区满洲里市 2016~2020 年统计年鉴。

（二）兴安盟旅游市场基本情况

兴安盟位于内蒙古自治区东北部，在"一带一路"倡议的扶持下，其口岸经济得到了发展，成为国家向北开放的示范区。在中蒙双方就修建努木尔根界河大桥达成协议后，两国的经济交流越来越频繁。2004~2006 年，双方为跨境旅游进行多次友好访问，为跨境旅游合作奠定了基础。2007 年，阿尔山—松贝尔口岸开通。2011 年，兴安盟参加"中蒙俄"旅游节。2013 年，《关于同意开通阿尔山市至蒙古国 3 条边境旅游线路的复函》正式获批，由此阿尔山市对接蒙古国旅游线路正式开通。2019 年 8 月，正逢中蒙建交 70 周年，阿尔山市—哈拉哈河跨境自驾游由此开启。①

1. 国内旅游市场

兴安盟国内旅游人数从 2015 年的 241.79 万人次增加至 2019 年的 837.31 万人次，年均增长 36.41%，2019 年国内旅游人数增长迅猛，主要原因是交通方式的便利性显著提升。国内旅游收入由 2015 年的 39.43 亿元增长至 2019 年的 124.26 亿元，年均增长 33.24%（见表 4-49）。

表 4-49　2015~2019 年兴安盟国内旅游市场基本情况

年份	国内旅游人数 （万人次）	增长率（%）	国内旅游收入 （亿元）	增长率（%）
2015	241.79	—	39.43	—
2016	290.15	20.00	45.91	16.43

① 佟景洋. 改革开放后兴安盟与蒙古国经贸文化旅游合作研究 ［J］. 东北亚经济研究，2021，5（06）：112-119.

续表

年份	国内旅游人数 （万人次）	增长率（%）	国内旅游收入 （亿元）	增长率（%）
2017	323.13	11.37	57.22	24.64
2018	382.21	18.28	70.86	23.84
2019	837.31	119.07	124.26	75.36

数据来源：内蒙古自治区兴安盟 2016～2020 年统计年鉴。

2. 入境旅游市场

兴安盟入境旅游人数从 2015 年的 1423 人次增加至 2019 年的 2330 人次，年均增长 13.12%；入境旅游收入由 2015 年的 105 万美元增长至 2019 年的 267 万美元，年均增长 26.28%。2019 年兴安盟入境旅游市场发展迅猛，入境旅游人数同比增长 52.79%，入境旅游收入同比增长 138.39%（见表 4-50）。

表 4-50 2015～2019 年兴安盟入境旅游市场基本情况

年份	入境旅游人数 （人次）	增长率（%）	入境旅游收入 （万美元）	增长率（%）
2015	1423	—	105	—
2016	1539	8.15	124	18.10
2017	1542	0.19	126	1.61
2018	1525	-1.10	112	-11.11
2019	2330	52.79	267	138.39

数据来源：内蒙古自治区兴安盟 2016～2020 年统计年鉴。

阿尔山市地处内蒙古东部，生态环境保持良好，且拥有林海、火山、天池等自然风光，是一座新型的边境旅游城市。1996 年，国务院批准设立阿尔山市，由于生态资源丰富，起初城市的主要发展方式是林业与加工业。2012 年，为响应国家禁伐政策，该市政府及时调整产业结构，实施"旅游兴市"策略。[①] 经过几年的发展，旅游景点日益多元化，旅游产业规模不断扩大，旅游产业体系基本形成。2019 年全年游客接待量 498.60 万人次，是 2015 年的 1.98 倍；2019 年实现旅游总收入 60.80 亿元，是 2015 年的 1.84 倍（见表 4-51）。

---

① 王瑛琦. 内蒙古阿尔山市旅游扶贫经验及成果巩固对策研究 [D]. 广西师范大学，2022.

表 4-51　2015~2019 年阿尔山市旅游市场基本情况

年份	旅游总人数（万人次）	增长率（%）	旅游总收入（亿元）	增长率（%）
2015	252.20	—	32.99	—
2016	300.15	19.0	38.52	16.8
2017	359.65	19.8	45.43	17.9
2018	431.90	20.1	52.70	16.0
2019	498.60	15.4	60.80	15.4

数据来源：阿尔山市人民政府-政府文件 http：//www.aes.gov.cn/。

（三）锡林郭勒盟旅游市场基本情况

锡林郭勒盟位于内蒙古自治区中部，接壤蒙古国，其文化主要突出表现在元朝历史文化、马背民族风情、独特的生产生活方式上。① 锡林郭勒盟极其重视发展草原旅游业，骑马、射箭、祭敖包、蒙古族歌舞等民族项目层出不穷。

1. 国内旅游市场

锡林郭勒盟国内旅游人数从 2015 年的 1273.45 万人次增加至 2019 年的 1857.06 万人次，年均增长 9.89%；国内旅游收入由 2015 年的 264.01 亿元增加至 2019 年的 397.47 亿元，年均增长 10.77%（见表 4-52）。

表 4-52　2015~2019 年锡林郭勒盟国内旅游市场基本情况

年份	国内旅游人数（万人次）	增长率（%）	国内旅游收入（亿元）	增长率（%）
2015	1273.45	—	264.01	—
2016	1381.70	8.50	313.53	18.76
2017	1477.01	6.90	348.47	11.14
2018	1500.12	1.56	366.50	5.17
2019	1857.06	23.79	397.47	8.45

数据来源：内蒙古自治区锡林郭勒盟 2016~2020 年统计年鉴。

2. 入境旅游市场

锡林郭勒盟入境旅游人数从 2015 年的 66.68 万人次增加至 2019 年的

---

① 王桂芳. 锡林郭勒盟草原旅游发展模式研究 [D]. 内蒙古师范大学，2012.

79.77 万人次，年均增长 4.58%；入境旅游收入由 2015 年的 27541 万美元增长至 2019 年的 38898 万美元，年均增长 9.02%（见表 4-53）。

表 4-53　2015~2019 年锡林郭勒盟入境旅游市场基本情况

年份	入境旅游人数（万人次）	增长率（%）	入境旅游收入（万美元）	增长率（%）
2015	66.68	—	27541	—
2016	68.78	3.15	28538	3.62
2017	70.93	3.13	32865	15.16
2018	73.78	4.02	34988	6.46
2019	79.77	8.12	38898	11.18

数据来源：内蒙古自治区锡林郭勒盟 2016~2020 年统计年鉴。

二连浩特市位于内蒙古自治区正北部，与蒙古国扎门乌德市隔界相望，两市相距 4.5 千米。内蒙古自治区对蒙开放的边境口岸有多个，在这些口岸当中，二连浩特口岸是我国对蒙最大的铁路、公路口岸。2019 年二连浩特市入境旅游人数为 74.75 万人次，同比增长 4.40%；入境旅游收入为 35013 万美元，同比增长 9.21%（见表 4-54）。

表 4-54　2015~2019 年二连浩特市入境旅游市场基本情况

年份	入境旅游总人数（万人次）	增长率（%）	入境旅游收入（万美元）	增长率（%）
2015	62.53	—	24518	—
2016	64.51	3.17	25093	2.35
2017	66.62	3.27	29353	16.98
2018	71.60	7.48	32059	9.22
2019	74.75	4.40	35013	9.21

数据来源：二连浩特市 2016~2020 年统计年鉴。

3. 口岸出入境情况

2017 年二连浩特口岸出入境旅游人数 223.40 万人次，其中出境 111.60 万人次，入境 111.80 万人次（见表 4-55）。

表 4-55 2017 年二连浩特口岸出入境旅游人数

单位：万人次, %

	人数	增长率
全年出入境人数	223.40	6.0
入境	111.80	6.10
出境	111.60	5.90

数据来源：二连浩特市 2018 年统计年鉴。

第五章 东北地区边境城市旅游竞争力评价

第一节 东北地区边境城市旅游竞争力的目标与意义

旅游业作为典型的综合性服务产业，涉及面广、带动性强、开放度高，具有一业兴、百业旺的乘数效应，是促进经济社会发展的重要引擎，在新发展格局中扮演着重要角色。[①] 旅游竞争力作为旅游业发展和生存的主要动力，已成为学者研究的热点。

国内外学者对旅游竞争力有不同的界定。Crouch 和 Ritchie（1999）认为旅游竞争力是指为当地居民提供高标准生活的能力，旅游发展必须在经济、生态、社会文化、政治上是可持续的，最具有竞争力的目的地是那些能最有效地为居民提供可持续福利的目的地；屈海林（1996）认为，拥有良好的旅游形象和有效的营销策略是持续保持城市旅游竞争力的关键；郭舒和曹宁（2003）运用区域竞争的有关理论考察了旅游竞争力与目的地发展之间的关系，并对核心吸引物、基础资源、支持因素、发展因素、资格因素和管理创新等影响因素进行了分析；史春云等（2006）从旅游目的地竞争力的主要评价模型、变量选择、模型应用等方面对旅游目的地竞争力定量评价进行了综述与展望；臧德霞和黄洁（2006）指出，旅游竞争力包括为游客提供满意的旅游经历的能力、持续满足游客需求的能力以及不断提高旅游目的地居民生活质量以及其他利益相关者福利的能力。也有不少研究者针对影响旅游竞争力的因素进行了分析。Kozal（2001）在研究旅游者满意度、旅游目的地访问经历和重游意愿之间的关系过程中发现，旅游

---

① 黄细花．"双循环"新发展格局下——新业态为文旅发展再添动能［N］．中国文化报，2021-03-09．

经历和满意度是影响旅游目的地竞争力的主要因素；Dwyer 和 Kim（2003）以资源禀赋、支持性因素和资源、目的地管理、环境条件和需求条件等影响旅游目的地的因素为指标构建了旅游目的地竞争力评价模型；Nishaal 和 Guntur（2005）提出旅游竞争力的重要评价指标为旅游费用、旅游地开放度、旅游相关技术、旅游地旅游系统、旅游资源、社会发展水平、人文与环境资源等因素；丁蕾等（2006）从硬竞争力和软竞争力两个角度出发，构建了由经济、环境、设施、人才、业绩、制度和开放 7 个方面因素构成的城市旅游竞争力评价指标体系。

综上所述，旅游竞争力是保障旅游目的地能够持续占据旅游市场并获取利润的能力；是建立在"可持续"基础上的竞争力，包括"社会、经济、生态、环境"等方面的意义，除了旅游经济带来的利润，还需考虑生态环境保护、资源可持续利用等方面的内容，从而为游客提供满意的旅游经历、保障旅游目的地居民和其他利益相关者的长远利益。边境地区城市因远离国家的政治、经济和文化中心，其旅游特征在理论和时间上表现出一定的特殊性，本章以我国东北地区边境城市为基本单元对边境城市旅游竞争力进行评价研究。

边境城市旅游竞争力的特征不同于一般城市旅游竞争力，本章从东北地区边境城市旅游竞争力构成要素的分析出发，从旅游发展基础条件、旅游发展现状和旅游发展潜力三个方面构建边境城市旅游竞争力评价指标体系，并对东北地区边境城市进行旅游竞争力评价。根据葛全胜等（2014）的指标体系构建方法，本章把旅游竞争力评价等级分为很强、较强、一般、较弱四个级别，进而分析我国东北地区边境城市旅游竞争力的特征，为提升边境地区旅游竞争力提供依据。构建边境城市旅游竞争力评价指标体系具有以下两点意义。

一是为边境城市旅游竞争力提升提供实践指导。区域旅游是旅游业的重要组成部分，对一个国家和地区来说，区域旅游的竞争力在一定程度上反映该国家和地区在旅游市场的生存和发展能力。我国边境地区在旅游资源、旅游市场、旅游环境等方面发展状况差异巨大。因此，通过测度与分析我国边境地区城市旅游竞争力水平，可以了解边境旅游发展现实情况，促进边境旅游地系统的构建和优化，避免边境地区各区域无序竞争，促使其正确认识自身的优势与劣势，对优化资源配置、防止重复建设、制定切合实际的旅游业发展战略，提升边境城市旅游竞争力等方面具有重要的意义。

二是丰富边境城市旅游竞争力评价研究。国内外边境旅游研究覆盖的范围比较广泛，多集中在边境旅游的类型、特点、影响因素、驱动机制等方面，对旅游竞争力的研究也集中在旅游竞争力的影响因素、提升策略、量化评价等方面，虽不断成熟，也逐步从定性方法向定量方法过渡，但并没有形成一个较统一的评价旅游竞争力的指标体系，仍需进一步完善。同时，研究区域方面，缺乏对区域与区域之间的比较研究，对边境地区城市旅游竞争力的市政评价研究仍较少。本章将对东北地区边境城市旅游竞争力进行较为系统全面的研究，以丰富边境城市旅游竞争力方面研究的不足。

第二节　东北地区边境城市旅游竞争力评价指标体系构建

一　基本思路

边境城市旅游的发展是众多因素共同作用的结果，其竞争力的表现也应该是多方面的，除了自身旅游资源、旅游基础设施、旅游地环境等基础条件的内部"支撑力"，还包括旅游市场、政府支持等外部"卓越"的能力。旅游市场的规模和旅游业带动的整体社会经济发展的效益是旅游竞争力最直观的体现。

边境地区城市旅游竞争力体系如图 5-1 所示，边境旅游的发展带动边境地区居民收入的增加、就业机会的增加，进而推动整个区域社会经济的发展，日益改善的外部环境又会进一步推动边境旅游业的发展，从而形成一个互利互赢的良性循环。① 鉴于此，本章从边境城市旅游发展基础条件、边境城市旅游发展现状、边境城市旅游发展潜力三个方面构建竞争力评价指标体系。

二　概念模型及指标框架

对边境城市旅游竞争力进行评价分析，指标的选取与指标体系的构建非常重要，直接关系到研究结果的科学性、客观性、准确性与可靠性。为了

---

① 葛全胜，钟林生，等. 中国边境旅游发展报告 [M]. 北京：科学出版社，2014.

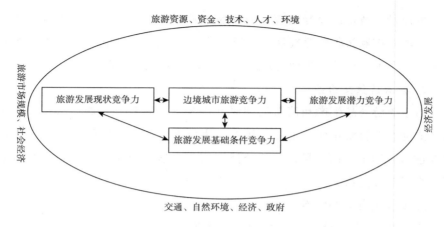

旅游资源、资金、技术、人才、环境

旅游市场规模、社会经济

经济发展

交通、自然环境、经济、政府

图 5-1　边境地区城市旅游竞争力体系

科学、客观、公正、全面地表达边境城市旅游竞争力，在选取和构建评价指标系统时，应遵循科学性、系统性、针对性、主体性和可操作性原则。科学性是指指标体系应建立在科学的基础上，指标的选择、权重的确定、数据和计算方法的选取必须以科学理论为依据，以较少的指标，规范准确地反映东北地区边境城市旅游竞争力；系统性是指评价指标设置应尽可能全面地反映东北地区边境城市旅游竞争力的特征，各指标之间要相互联系、相互配合、各有侧重，形成一个有机整体，从不同角度和侧面反映边境旅游发展的实际情况；针对性是指以城市为基本评价单元，因地制宜地进行评价，且评价结果可为边境地区城市旅游的发展提供依据；主体性是指选择最能反映城市旅游竞争力的指标，如旅游产业规模、旅游基础设施、旅游市场体系、旅游环境等，并不是无所不包地将所有指标囊括在内，应按照"旅游"的针对性进行指标的取舍；可操作性是指指标体系应具有较强的可操作性，所选取的指标能够量化，能够易于收集和计算，以减少主观臆断造成的误差。

（一）边境城市旅游发展基础条件竞争力指标

边境城市旅游发展基础条件主要是指影响边境城市旅游发展的资源、区位、社会发展水平等因素，是边境旅游发展的内部"支撑力"，包括以下几个方面。

1. 旅游资源条件

旅游资源是吸引游客的主要因素，是旅游活动开展的前提条件，旅游资源的质量、数量以及吸引程度直接影响旅游市场的规模、需求和收入的高低。本章选取旅游资源数量（星级旅游景区数量）、旅游资源丰度（拥有旅游资源类型占全国基本种类的比重）来衡量旅游资源条件。

2. 旅游区位交通条件

由于旅游产品生产和消费的同时性以及不可转移性，旅游区位及可进入性成为影响旅游竞争力的重要因素，决定着旅游业发展的前景和水平。① 本章选取人均年客运总量、等级公路网密度、边境口岸数量作为衡量旅游区位交通条件的指标。

3. 旅游自然环境条件

边境地区气候、植被、水文、地貌景观等是游客所能直接感受与体验到的，是边境城市旅游竞争力的重要组成部分。优美的自然环境是边境旅游持续发展的基础。本章选取大气质量二级以上天数、建成区绿化覆盖率、生态重要性（2015 年中国 1000 米生物丰度指数）作为衡量自然环境条件的评价指标。

4. 社会经济条件

充足的社会经济条件不仅是各地区基础旅游和旅游服务设施建设的财力保障，也是当地旅游消费的主要驱动力。边境城市的经济发展程度、居民生活水平决定着旅游消费的规模与层次。本章选取第三产业增加值占 GDP 的比例、城市居民人均可支配收入作为衡量社会经济条件的评价指标。

5. 旅游服务设施条件

边境地区城市旅游服务设施如住宿餐饮设施、娱乐场所等是旅游发展必不可少的物质基础。其中，旅行社不仅是旅游服务的主要提供者，而且是旅游产品的销售者；旅游饭店是向游客提供食宿、娱乐的服务基地，其规模与档次在一定程度上影响着边境旅游竞争力。本章选取旅行社数量、旅游星级宾馆数量作为衡量旅游服务设施条件的评价指标。

6. 边境地区开放度

旅游业作为外向型服务产业，其发展水平受到地区对外开放程度的影响，边境地区城市对外经济联系越强就越能吸引游客。本章选取外贸依存度、外汇收入占 GDP 的比例作为衡量边境地区开放度的评价指标。

---

① 时雨晴，钟林生，陈田. 中国陆地边境县域旅游竞争力评价 [J]. 资源科学，2014, 36（06）：1133-1141.

7. 政府作用

边境地区政治环境比较复杂，政府作为宏观管理和调控的主体，其对旅游业的支持力度及管理协调水平直接影响边境旅游业的发展。本章选取政策开放程度（2011~2015 年各城市政府官网旅游相关政策在所有政策中的比重）、旅游政策法规建设完备度（2011~2015 年各城市政府官网旅游相关政策法规出台数量）作为衡量政府作用的评价指标。

（二）边境城市旅游发展现状竞争力指标

1. 旅游市场竞争力

旅游市场竞争力反映了一个地区旅游市场的地位与竞争状况，是对边境地区旅游业整体实力的全面评价，主要选取国内游客人数、入境游客人数、旅游业总收入、旅游业总收入占 GDP 的比重、市场知名度（百度指数中"某某市旅游"的日平均搜索数）作为衡量旅游市场竞争力的评价指标。

2. 旅游经济影响

边境旅游对推动边境地区社会经济发展、缓解就业压力等方面产生了积极影响。本章选取旅游业全员劳动生产率作为衡量旅游经济影响的评价指标。

（三）边境城市旅游发展潜力竞争力指标

边境城市旅游竞争力不仅包括边境城市旅游的发展状况，还应包括边境城市旅游发展的未来趋势及发展潜力。本章选取了经济发展潜力、潜在旅游资源、旅游业发展速度三个指标来体现边境城市旅游发展潜力。

第三节　东北地区边境城市旅游竞争力评价模型与测算方法

根据上节构建的指标体系，本节采用熵技术支持下的层次分析法计算各项指标对东北地区边境城市旅游竞争力的重要性权重，采用 Min-Max 标准化的方法处理计算各项指标规范后的数值，根据权重系数和规范化后的数值，采用加权平均法计算边境城市旅游竞争力评价得分，并根据竞争力大小将边境地区分为竞争力很强、较强、一般、较弱四个级别，以此作为东北边境地区旅游发展的依据。具体方法如下。

一 采用熵技术支持下的层次分析法计算各项指标的权重

熵技术支持下的层次分析法具有较强的逻辑性、实用性和系统性，能够对复杂系统进行评价。其基本原理是将要识别的复杂问题分解成若干层次，由专家和决策者对所列的指标依据其重要程度进行两两比较，构造判断矩阵，通过求解判断矩阵的最大特征值和它们所对应的特征向量，得到每一层次的指标相对于上一层指标的权重值，而一旦确定了低层指标对较高层次指标的权重后，可以根据递阶赋权定律确定最低层指标相对于最高层指标的权重。[①]本章采用熵技术对层次分析法确定的权重系数进行修正，其计算公式如下。

$$a_j = \frac{v_j p_j}{\sum_{j=1}^{n} v_j p_j}$$

$$v_j = \frac{d_j}{\sum_{j=1}^{n} d_j}$$

$$d_j = 1 - \lambda_j$$

$$\lambda_j = -(\ln n)^{-1} \sum_{i=1}^{n} r_{ij} \ln r_{ij}$$

式中，a_j 为采用熵技术支持下的层次分析法求出的指标权重；p_j 为采用层次分析法求出的指标权重；v_j 为 j 指标的信息权重；λ_j 为指标输出的熵值；r_{ij} 为采用层次分析法构造的判断矩阵归一化处理后的标准矩阵值。按照上述公式计算的各指标赋权结果信息量最大、可信度最高。

二 各指标的 Min-Max 标准化处理

在多指标评价体系中，由于各评价指标的性质不同，通常具有不同的量纲和数量级。各指标间的水平相差较大时，直接使用原始指标，将会突出较高指标在整个分析过程中的作用，相对削弱较低指标的作用。本章通过 Min-Max 标准化的方法，进行了各指标的规范化处理，基本公式如下。

---

① 方创琳，吴丰林，李茂勋. 汶川地震灾区人口与居民点配置适宜性研究 [J]. 城市与区域规划研究，2010，3 (01)：63-78.

$$Y_i = \frac{x_i - \min_{1 \leqslant j \leqslant n}\{x_j\}}{\max_{1 \leqslant j \leqslant n}\{x_j\} - \min_{1 \leqslant j \leqslant n}\{x_j\}}$$

新序列 Y_1，Y_2，$\cdots$，$Y_n \in [0,1]$ 且无量纲，考虑先进行规范化处理。式中，$\min_{1 \leqslant j \leqslant n}\{x_j\}$ 为当前指标的最低值，$\max_{1 \leqslant j \leqslant n}\{x_j\}$ 为当前指标的最高值，x_i 为当前指标的原始值，Y_i 为标准化处理后的值。

三　边境城市旅游竞争力评价指数计算

利用各指标的熵化权系数和隶属度值，采用加权平均法分别计算边境各城市旅游竞争力评价指数，其基本公式如下。

$$F_i = \sum_{j=1}^{m} \lambda_j \times Y_i$$

式中，F_i 为 i 边境城市旅游竞争力评价指数；λ_j 为 j 指标输出的熵值；Y_i 为 i 边境城市 j 指标标准化后的指标值；m 为指标体系里具体指标的个数。

基于上述计算，邀请地理学、旅游学、经济学等相关专家，科学评价各指标权重，通常使用 Santy 的 1-9 标度方法（见表 5-1）。

表 5-1　因子相对重要性标度系列

标度	含义
1	表示两个元素相比，具有同样的重要性
3	表示两个元素相比，前者比后者稍重要
5	表示两个元素相比，前者比后者明显重要
7	表示两个元素相比，前者比后者极其重要
9	表示两个元素相比，前者比后者强烈重要
2，4，6，8	表示上述相邻判断的中间值
1~9 的倒数	表示相应两个因素交换次序比较的重要性

根据上述计算及专家征询，东北地区边境城市旅游竞争力评价指标及权重如表 5-2 所示。

表 5-2　东北地区边境城市旅游竞争力评价指标及权重

目标	一级指标	二级指标	三级指标
边境旅游竞争力（100）	边境旅游发展基础条件竞争力（44.53）	旅游资源条件（21.22）	旅游资源数量（19.41）
			旅游资源丰度（1.81）
		旅游区位交通条件（5.10）	人均年客运总量（1.50）
			等级公路网密度（1.75）
			边境口岸数量（1.85）
		旅游自然环境条件（4.98）	大气质量二级以上天数（1.91）
			生态重要性（1.88）
			建成区绿化覆盖率（1.19）
		边境地区开放度（2.18）	外贸依存度（1.13）
			外汇收入占 GDP 的比例（1.05）
		政府作用（5.68）	政策开放程度（3.22）
			旅游政策法规建设完备度（2.46）
		社会经济条件（2.78）	第三产业增加值占 GDP 的比例（0.81）
			城市居民人均可支配收入（1.97）
		旅游服务设施条件（2.59）	旅行社数量（1.09）
			旅游星级宾馆数量（1.50）
	边境旅游发展现状竞争力（30.27）	旅游市场竞争力（17.19）	国内游客人数（1.81）
			入境游客人数（1.82）
			旅游业总收入（5.21）
			旅游业总收入占 GDP 的比重（6.11）
			市场知名度（2.24）
		旅游经济影响（13.08）	旅游业全员劳动生产率（13.08）
	边境旅游发展潜力竞争力（25.20）	经济发展潜力（5.17）	财政收入增长率（1.12）
			人均收入增长率（2.39）
			近 5 年城市 GDP 增长率（1.66）
		潜在旅游资源（4.20）	待改善的旅游资源（4.20）
		旅游业发展速度（15.83）	旅游总人次年均增长率（5.57）
			旅游总收入年均增长率（7.13）
			旅行社数量年均增长率（1.15）
			饭店数量年均增长率（1.98）

各指标的数据主要源于 2015 年、2019 年各边境城市的相关统计数据，

无统计数据的由相关专家进行评判。采用模糊隶属度计算各项指标的隶属度函数值，采用加权平均法计算边境旅游竞争力评价指数，并根据竞争力评价得分将竞争力划分为 4 个等级，得分在 5.0 以上为很强，得分在（4.0，5.0]为较强，得分在（3.0，4.0]为一般，得分在 3.0 及以下为较弱。

第四节　评价结果及分析

一　东北地区边境城市旅游评价分析

经过计算，得出 2015 年和 2019 年东北地区边境城市旅游竞争力评价得分和竞争力等级排名情况（见表 5-3）。

表 5-3　2015 年和 2019 年东北地区边境城市旅游竞争力评价得分与竞争力等级

省区	地级市（州、盟、地区行署）	2015 年			2019 年		
		得分	排名	等级	得分	排名	等级
黑龙江省	大兴安岭地区	3.51	9	一般	3.89	10	一般
	黑河市	3.97	7	一般	3.88	11	一般
	伊春市	3.19	11	一般	4.39	6	较强
	鹤岗市	2.38	15	较弱	2.31	14	较弱
	佳木斯市	2.74	14	较弱	3.27	12	一般
	双鸭山市	2.85	12	较弱	2.06	15	较弱
	鸡西市	2.83	13	较弱	2.41	13	较弱
	牡丹江市	4.28	6	较强	4.97	3	较强
吉林省	延边州	6.28	2	很强	5.50	2	很强
	白山市	4.38	5	较强	3.93	9	一般
	通化市	4.74	4	较强	4.40	5	较强
辽宁省	丹东市	5.32	3	很强	4.96	4	较强
内蒙古自治区	呼伦贝尔市	6.43	1	很强	6.50	1	很强
	锡林郭勒盟	3.96	8	一般	4.11	8	较强
	兴安盟	3.36	10	一般	4.37	7	较强

从分析结果来看，我国东北地区边境城市旅游竞争力水平差异显著，2015 年，东北地区旅游竞争力很强的边境城市共有 3 个，占边境城市总数的 20%；旅游竞争力较强的边境城市共有 3 个，占边境城市总数的 20%；旅游竞争力一般的边境城市共有 5 个，占边境城市总数的 33.33%；旅游竞

争力较弱的边境城市共有 4 个，占边境城市总数的 26.67%。2019 年，东北地区旅游竞争力很强的城市共有 2 个，占边境城市总数的 13.33%，相对于 2015 年有所减少；旅游竞争力较强的城市共有 6 个，占边境城市总数的 40%，相比 2015 年提升幅度较大；旅游竞争力一般的边境城市共有 4 个，占边境城市总数的 26.67%；旅游竞争力较弱的边境城市共有 3 个，占边境城市总数的 20%。相比 2015 年，东北地区边境城市整体旅游水平提高，社会经济、旅游基础、旅游资源等均有所提高。旅游竞争力较强的边境城市有较优越的旅游基础、经济、社会、资源等条件。

从边境城市竞争力得分情况分布来看，2015 年，中朝边境地区城市旅游竞争力得分最高，平均得分为 5.18 分；其次为中蒙边境地区，城市旅游竞争力平均得分为 4.58 分；最后为中俄边境地区城市，旅游竞争力平均得分为 3.22 分。2019 年，中蒙边境地区城市旅游竞争力得分最高，平均得分为 4.99 分；其次为中朝边境地区，城市旅游竞争力平均得分为 4.69 分；最后为中俄边境地区城市，旅游竞争力平均得分为 3.39 分。中蒙和中俄边境地区旅游竞争力有所提升，中朝边境地区旅游竞争力有所下降。但中朝边境贸易与边境政策开放度较高，公路铁路设施相对完善，极大地促进了边境旅游的发展，是目前东北地区边境旅游的主要开展地区。

二　不同竞争力类型的边境城市旅游竞争力分析

2015 年和 2019 年基于基础条件的东北地区边境城市旅游竞争力评价得分情况如表 5-4 所示。

表 5-4　2015 年和 2019 年基于基础条件的东北地区边境城市旅游竞争力评价得分情况

省区	地级市（州、盟、地区行署）	2015 年		2019 年	
		得分	排名	得分	排名
黑龙江省	大兴安岭地区	2.10	6	1.66	8
	黑河市	1.93	8	1.69	7
	伊春市	1.63	11	1.64	9
	鹤岗市	0.85	14	0.69	15
	佳木斯市	1.88	9	1.48	10
	双鸭山市	1.67	10	1.41	11

续表

省区	地级市（州、盟、地区行署）	2015 年		2019 年	
		得分	排名	得分	排名
黑龙江省	鸡西市	1.16	13	0.95	14
	牡丹江市	2.96	2	3.03	3
吉林省	延边州	3.34	1	3.21	2
	白山市	2.07	7	1.99	5
	通化市	2.54	4	2.30	4
辽宁省	丹东市	2.29	5	1.97	6
内蒙古自治区	呼伦贝尔市	2.88	3	3.53	1
	锡林郭勒盟	0.74	15	1.05	13
	兴安盟	1.36	12	1.19	12

　　从旅游基础条件来看，中朝边境地区旅游基础条件竞争力高于中蒙与中俄边境地区。我国东北地区边境城市基础条件良好，旅游资源数量、政策开放程度、旅游相关政策法规等是影响旅游基础条件竞争力的主要因素。呼伦贝尔市旅游资源丰富，2015 年末全市旅游资源数量占整个东北地区边境城市旅游资源的 8.91%，2011~2015 年旅游相关政策法规占整个东北地区边境城市旅游相关政策法规发布的 10.54%。从分布来看，中朝边境地区的城市旅游基础设施与旅游资源条件良好，中蒙边境地区应先从旅游基础设施出发提升旅游竞争力。

　　2015 年和 2019 年基于发展现状的东北地区边境城市旅游竞争力评价得分情况如表 5-5 所示。

表 5-5　2015 年和 2019 年基于发展现状的东北地区边境城市旅游竞争力评价得分情况

省区	地级市（州、盟、地区行署）	2015 年		2019 年	
		得分	排名	得分	排名
黑龙江省	大兴安岭地区	0.58	10	0.80	9
	黑河市	0.62	9	0.75	10
	伊春市	0.76	6	1.23	5
	鹤岗市	0.42	12	0.43	12
	佳木斯市	0.21	14	0.25	14

省区	地级市（州、盟、地区行署）	2015 年		2019 年	
		得分	排名	得分	排名
黑龙江省	双鸭山市	0.17	15	0.01	15
	鸡西市	0.53	11	0.34	13
	牡丹江市	0.75	7	0.86	8
吉林省	延边州	1.47	4	1.04	6
	白山市	0.70	8	0.70	11
	通化市	0.90	5	0.90	7
辽宁省	丹东市	2.68	1	2.21	2
内蒙古自治区	呼伦贝尔市	2.32	2	1.85	3
	锡林郭勒盟	1.64	3	2.25	1
	兴安盟	0.30	13	1.28	4

从旅游发展现状来看，中蒙边境地区旅游发展现状竞争力得分高于中朝与中俄边境地区。我国东北地区边境城市旅游发展现状一般，地区差异较为明显，旅游业全员劳动生产率、旅游业总收入占 GDP 的比重等是影响旅游发展现状的主要因素。丹东市旅游业全员劳动生产率、旅游业总收入占 GDP 的比重高，旅游产业发展水平较高，2015 年末全市旅游业全员劳动生产率为 0.17 亿元/人，占整个东北地区边境城市旅游业全员劳动生产率的 19.36%，旅游业总收入占 GDP 的比重为 37.05%。呼伦贝尔市游客与旅游总收入分别占整个东北地区边境城市的 8.02% 与 17.33%。从分布来看，区域差异较为显著，中朝边境地区，特别是丹东市的旅游业发展水平较高，中蒙边境地区城市的旅游发展现状良好，中俄边境地区较弱，应提高旅游业全员劳动生产率等，从影响发展现状的因素出发优化旅游竞争力。

2015 年和 2019 年基于发展潜力的东北地区边境城市旅游竞争力得分情况如表 5-6 所示。

表 5-6　2015 年和 2019 年基于发展潜力的东北地区边境城市旅游竞争力评价得分情况

省区	地级市（州、盟、地区行署）	2015 年		2019 年	
		得分	排名	得分	排名
黑龙江省	大兴安岭地区	0.83	11	1.42	5
	黑河市	1.42	5	1.44	4
	伊春市	0.81	12	1.52	3
	鹤岗市	1.10	9	1.20	9
	佳木斯市	0.65	13	1.55	2
	双鸭山市	1.00	10	0.65	15
	鸡西市	1.14	8	1.12	10
	牡丹江市	0.57	14	1.09	12
吉林省	延边州	1.46	4	1.25	6
	白山市	1.61	2	1.24	7
	通化市	1.30	6	1.20	8
辽宁省	丹东市	0.35	15	0.78	14
内蒙古自治区	呼伦贝尔市	1.23	7	1.12	11
	锡林郭勒盟	1.57	3	0.81	13
	兴安盟	1.71	1	1.89	1

从旅游业发展潜力来看，2015 年，中蒙边境地区明显高于中朝和中俄地区，而 2019 年中俄边境地区旅游业财政支出、城市居民人均可支配收入等的增加提高了中俄边境地区的旅游发展潜力竞争力。我国东北地区边境城市旅游业发展潜力薄弱，待改善和待挖掘的旅游资源较多，且区域差异明显，部分地区 GDP 呈下降趋势，影响旅游业的发展。旅游总收入和旅游总人次的年均增长率、待改善的旅游资源等是主要的影响因素。而丹东市作为整个东北地区旅游业发展较为成功的典型城市，在旅游总人次与旅游总收入的年均增长率均低于平均值，仅达到了 8.85% 与 6.89%，需进一步挖掘和创新旅游产品与资源从而吸引更多的游客，进而优化旅游业发展潜力竞争力。从分布来看，东北地区发展潜力竞争力得分分布较为均匀。

三　不同边境段落旅游竞争力分析

从不同边境段落的角度研究边境城市旅游的竞争力，有助于挖掘造成城市旅游竞争力区域差异的因素，并有助于因地制宜地提出相应的改善策略与协调发展战略。

（一）中国与朝鲜边境旅游竞争力分析

2015 年，中国与朝鲜边境旅游竞争力平均得分为 5.18，处于各边境段落的第 1 位。2019 年，中朝边境地区旅游竞争力有所下降，排第 2 位。

具体来看，中朝边境城市旅游发展基础条件竞争力虽然保持第 1 位，但除政府作用有所上升以外，旅游自然环境条件、旅游区位交通条件、旅游资源条件、边境地区开放度等均有所下降。旅游发展现状和旅游发展潜力与 2015 年相比均有所下降，其中代表旅游经济影响的旅游业全员劳动生产率得分下降幅度较大。2019 年，在各二级指标中，旅游自然环境条件、旅游区位交通条件、政府作用、经济发展潜力排在首位；边境地区开放度、潜在旅游资源排名靠后，处于下游水平（见表 5-7）。

表 5-7　2015 年和 2019 年中国与朝鲜边境旅游竞争力各指标评价平均得分与排名

目标	一级指标	二级指标	2015 年		2019 年	
			得分	排名	得分	排名
边境旅游竞争力（100）	边境旅游发展基础条件竞争力（44.53）	旅游自然环境条件（4.98）	1.41	1	1.18	1
		旅游区位交通条件（5.10）	0.31	1	0.29	1
		旅游资源条件（21.22）	0.28	2	0.24	2
		边境地区开放度（2.18）	0.07	1	0.02	3
		政府作用（5.68）	0.20	2	0.40	1
		社会经济条件（2.78）	0.17	1	0.12	2
		旅游服务设施条件（2.59）	0.12	2	0.12	2
	边境旅游发展基础条件竞争力（44.53）		2.56	1	2.37	1
	边境旅游发展现状竞争力（30.27）	旅游市场竞争力（17.19）	0.89	2	0.83	2
		旅游经济影响（13.08）	0.55	1	0.38	2
	边境旅游发展现状竞争力（30.27）		1.44	1	1.21	2
	边境旅游发展潜力竞争力（25.20）	经济发展潜力（5.17）	0.19	3	0.24	1
		潜在旅游资源（4.20）	0.08	3	0.07	3
		旅游业发展速度（15.83）	0.91	2	0.81	2
	边境旅游发展潜力竞争力（25.20）		1.18	2	1.12	3
	边境旅游竞争力总分（100）		5.18	1	4.70	2

（二）中国与俄罗斯边境旅游竞争力分析

2015 年，中国与俄罗斯边境旅游竞争力平均得分为 3.12，处于各边境段落的第 3 位，仍需加大投入提高竞争力。

具体来看，中俄边境旅游发展基础条件竞争力有所下降，除旅游区位交通条件、政府作用、旅游服务设施条件有所上升外，其他指标与 2015 年相比均有所下降。2019 年，二级指标中旅游资源条件和旅游业发展速度排在首位；旅游自然环境条件、社会经济条件、旅游市场竞争力、旅游经济影响等排名靠后，处于下游水平（见表 5-8）。

表 5-8　2015 年和 2019 年中国与俄罗斯边境旅游竞争力各指标评价平均得分与排名

目标	一级指标	二级指标	2015		2019	
			得分	排名	得分	排名
边境旅游竞争力（100）	边境旅游发展基础条件竞争力（44.53）	旅游自然环境条件（4.98）	0.84	3	0.69	3
		旅游区位交通条件（5.10）	0.11	2	0.13	2
		旅游资源条件（21.22）	0.31	1	0.28	1
		边境地区开放度（2.18）	0.07	1	0.06	2
		政府作用（5.68）	0.26	1	0.31	1
		社会经济条件（2.78）	0.14	2	0.06	3
		旅游服务设施条件（2.59）	0.03	3	0.04	3
	边境旅游发展基础条件竞争力（44.53）		1.76	2	1.57	3
	边境旅游发展现状竞争力（30.27）	旅游市场竞争力（17.19）	0.39	3	0.42	3
		旅游经济影响（13.08）	0.12	3	0.16	3
	边境旅游发展现状竞争力（30.27）		0.41	3	0.58	3
	边境旅游发展潜力竞争力（25.20）	经济发展潜力（5.17）	0.20	2	0.19	2
		潜在旅游资源（4.20）	0.15	2	0.15	2
		旅游业发展速度（15.83）	0.60	3	0.91	1
	边境旅游发展潜力竞争力（25.20）		0.95	3	1.25	2
	边境旅游竞争力总分（100）		3.12	3	3.40	3

（三）中国与蒙古国边境旅游竞争力分析

2015年，中国与蒙古国边境旅游竞争力平均得分为4.51，高于中国与俄罗斯边境旅游竞争力平均得分（3.12），处于各边境段落的第2位。2019年，中蒙边境地区旅游业发力，从第2位上升到第1位。发展基础条件、发展现状竞争力均有所提高，发展现状与发展潜力竞争力居第1位，发展基础条件竞争力排在第2位。

具体来看，中蒙边境地区旅游竞争力整体上升。在各二级指标中边境地区开放度、社会经济条件、旅游服务设施条件、旅游市场竞争力、旅游经济影响、潜在旅游资源均居第1位；旅游自然环境条件稍弱；旅游区位交通条件、旅游资源条件、政府作用、经济发展潜力和旅游业发展速度排名靠后，处于下游水平（见表5-9）。

表5-9 2015年和2019年中国与蒙古国边境旅游竞争力各指标评价平均得分与排名

目标	一级指标	二级指标	2015		2019	
			得分	排名	得分	排名
边境旅游竞争力（100）	边境旅游发展基础条件竞争力（44.53）	旅游自然环境条件（4.98）	0.89	2	1.09	2
		旅游区位交通条件（5.10）	0.10	3	0.08	3
		旅游资源条件（21.22）	0.25	3	0.23	3
		边境地区开放度（2.18）	0.04	3	0.09	1
		政府作用（5.68）	0.11	3	0.16	3
		社会经济条件（2.78）	0.13	3	0.15	1
		旅游服务设施条件（2.59）	0.16	1	0.13	1
	边境旅游发展基础条件竞争力（44.53）		1.58	3	1.93	2
	边境旅游发展现状竞争力（30.27）	旅游市场竞争力（17.19）	0.91	1	0.87	1
		旅游经济影响（13.08）	0.51	2	0.93	1
	边境旅游发展现状竞争力（30.27）		1.42	2	1.80	1
	边境旅游发展潜力竞争力（25.20）	经济发展潜力（5.17）	0.22	1	0.17	3
		潜在旅游资源（4.20）	0.34	1	0.31	1
		旅游业发展速度（15.83）	0.95	1	0.80	3
	边境旅游发展潜力竞争力（25.20）		1.51	1	1.28	1
	边境旅游竞争力总分（100）		4.51	2	5.01	1

四　基本结论

从整个东北地区边境城市来看，旅游竞争力水平仍有差距，得分最高的为内蒙古自治区呼伦贝尔市，旅游竞争力得分由 2015 年的 6.34 提升到 2019 年的 6.50；2015 年整体竞争力水平最低的是黑龙江省鹤岗市，虽 2019 年有所提升，但整体竞争力仍处于下游水平。旅游竞争力很强的边境城市从 2015 年的 3 个减少到 2019 年的 2 个；旅游竞争力较强的城市从 2015 年的 3 个增加到 2019 年的 6 个；旅游竞争力一般的城市从 2015 年的 5 个减少到 2019 年的 4 个；旅游竞争力较弱的城市从 2015 年的 4 个减少到 2019 年的 3 个，东北地区边境城市旅游竞争力得分整体呈增长趋势。

从不同类型竞争力的分析来看，基于旅游基础条件的竞争力分析表明，2015 年，中朝边境地区的边境城市整体竞争力水平较高，平均得分为 2.65，高于整个东北地区边境城市基础条件竞争力平均得分（1.96），中朝边境城市旅游发展基础条件具有明显优势；中俄边境城市旅游发展基础条件较弱，中蒙边境城市旅游发展基础条件排在末位。2019 年中蒙边境城市旅游发展基础条件有所改善，排第 2 位。基于旅游发展现状的竞争力情况与基础条件相同，2015 年中朝边境地区的发展现状竞争力最高，平均得分达到 1.43，高于整个东北地区边境城市发展现状竞争力平均得分（0.94）。2019 年中蒙边境城市发展现状有所改善，游客人数、旅游收入、市场知名度都有明显的提升，发展现状旅游竞争力居首位。基于发展潜力竞争力的分析表明，2015 年，中蒙边境地区边境旅游发展潜力平均得分为 1.50，高于整个东北地区边境城市旅游发展潜力竞争力平均得分（1.12），其次为中朝边境地区，中俄边境地区排末位。2019 年，大兴安岭地区、伊春市、佳木斯市等均在旅游发展潜力竞争力方面有较高的提升，从而使整个中俄边境地区旅游发展潜力竞争力提升，从 2015 年的第 3 位上升到 2019 年的第 2 位。

从不同段落的角度看，中朝边境地区 2019 年边境地区开放度、社会经济条件、经济旅游影响等方面有所下降，边境旅游整体竞争力由 2015 年的第 1 位下降到 2019 年的第 2 位。中蒙边境地区在边境地区开放度、社会经济条件、旅游经济影响等方面有所提升，使其整体旅游竞争力从 2015 年的第 2 位上升到 2019 年的第 1 位。中俄边境地区虽在旅游业发展速度、旅游资源条件方面排在首位，但旅游竞争力仍排在末位。

　　总体来说，旅游竞争力很强的边境城市是"十三五"时期边境旅游的主要开展地区，旅游竞争力较强的边境城市是未来边境旅游的重点发展区域，旅游竞争力一般的边境城市是边境旅游发展须尽力提升和改善的地区，旅游竞争力较弱的边境城市暂不具备发展边境旅游的条件。

第六章 东北地区边境旅游政策解析

第一节 边境旅游政策的界定与影响因素

一 边境旅游政策的界定

(一) 旅游政策

对于旅游政策的概念，目前国内外学术界并没有统一的概念，学者从不同的角度对旅游政策的概念进行了界定，但总体来说学术界多基于促进旅游产业发展的目标对旅游政策的概念加以阐述。综观国内外学术界对于旅游政策概念的界定，多围绕旅游产业发展的目标以及为实现发展目标而需要遵守的政策法规、规章制度等。国外学者关于旅游政策的概念界定更关注通过系列措施助推经济利益的实现。Glücksmann（1935）认为旅游政策是各旅游产业相关组织为促进地区旅游业发展而推行的旅游措施的总和，加以分类整合主要包括政治政策、文化政策、社会政策、经营政策、商业政策和交通政策六个方面。Charles 等（2014）则认为旅游政策是与旅游产业发展相关的规章制度、指导方针、促销目标和发展战略的集合。它为旅游业长期有序发展以及旅游目的地日常经营的集体或个人的决策都能得以实施提供了外部框架支撑。国内学者关于旅游政策的概念界定更加关注政府部门在旅游产业发展政策制定中的主体作用。张辉等（2005）将旅游政策定义为政府为实现国家发展的总体目标而在特定时期制定的各种与旅游相关的政策法规、规章制度等的总和。罗明义（2008）认为旅游政策是指国家或地方各级政府为促进旅游业发展所制定和实施的有关方针政策、法律法规、规章制度和办法措施的总和。邵琪伟（2013）认为旅游政策指的是政府部门根据特定时期旅游业发展的需要，为实现相应的旅游发展目标，而制定的一系列行动准则，既包括宏观的指导，也包括对某一问题的明确意见。

（二）边境旅游政策

边境旅游政策是旅游政策的组成部分之一，主要负责指导边境地区旅游业发展的全过程，为边境地区旅游业发展提供宏观性指导以及各项微观层面的发展准则，是衡量边境旅游业发展的重要尺度与标准。本书主要采用葛全胜等（2014）在《中国边境旅游发展报告》中给出的定义：边境旅游政策是指国家和地方旅游行政管理部门为实现一定时期内的边境旅游发展目标，基于旅游政策的基本理论，依据国家有关政策、法规，结合边境地区经济发展水平及当地旅游业发展现状，在充分研究和掌握边境地区对旅游业产生影响的各种经济、政治、社会因素以及这些因素产生、变化和发展的特点和规律的基础上，制定出的相应的行动准则。

二 边境旅游政策的影响因素

（一）政治因素

一方面，边境旅游政策的出台离不开国家稳定的内外部政治环境，两方面相辅相成。在中华人民共和国成立初期，旅游是促进中华人民共和国走上世界舞台的有效手段，可以帮助我国外交事业进一步拓展。进入改革开放时期，经济、文化等各方面逐步改革发展创新，旅游业的经济属性进一步凸显，并得到了国家进一步的重视，由此旅游产业化、市场化开始逐步形成。改革开放初期，入境旅游业最先发展，之后国家相继出台了包括边境旅游政策在内的旅游业发展的各项政策方针，国内旅游和出境旅游业也开始逐步发展。新时期，随着旅游业的深入发展，国家逐步注意到旅游市场的负外部性。旅游业本身具有公共价值属性，因此不能仅仅依靠市场机制运营，需要在市场机制与政府宏观调控的共同作用下发展，政府层面需要通过政策手段来进行必要的限制和协调，因此其发展必须在政府的各项政策方针下逐步推行。

另一方面，外交因素在制定边境旅游政策中起着非常重要的作用，也是引领边境旅游合理有序开展的基础。对于边境旅游发展来说，我国必须与毗邻国家建立稳定良好的外交关系，若没有稳定的外交关系，边境旅游及跨境旅游必然无法正常开展。

（二）经济因素

经济因素在边境旅游政策制定中起着决定性作用。边境旅游是我国旅游业发展的重要组成部分，对于经济发展的带动作用非常显著。我国边境地区经济发展水平较为落后，市场经济起步晚，竞争能力比较弱，尽管旅游资源及发展前景优势明显，但总体上仍无法与内陆地区相比，因此边境地区对经济发展的需求更显著。边境旅游政策需要根据边境地区经济发展水平、资源现状、市场前景、特殊的地理位置、民俗文化等多方面来综合制定，其目标在于促进边境地区旅游业繁荣稳定发展。对边境旅游政策进行分析，也可以看出其明确的经济目的。例如由原国家旅游局、外交部、公安部、海关总署联合发布实施的《边境旅游暂行管理办法》第一条就明确规定了边境旅游的目的，即"为进一步扩大我国旅游业的对外开放，促进边境地区的经济繁荣和社会稳定，增进同毗邻国家人民的交往和友谊，完善边境旅游管理，制定本办法"；《中俄边境旅游暂行管理实施细则》第二条明确规定了"制定和实施本细则，旨在促进中俄边境旅游健康有序发展，促进中俄两国人民的友好交往和中俄边境地区的繁荣稳定"；《吉林省边境旅游暂行管理办法》第一条明确指出"边境旅游旨在满足人民文化生活的需要，增进毗邻国家人民之间的了解和友谊，发展边境地区的旅游事业，促进边境地区的经济繁荣与发展"。因此，边境旅游政策的制定离不开促进地区经济繁荣发展的目标，其有助于边境地区旅游市场的扩大，以边境地区旅游事业的繁荣稳定来带动边境地区的发展与进步。

（三）社会因素

边境旅游在发展过程中，促进了地区经济发展，但与此同时赌博、贩毒、走私等违法行为也利用边境地区旅游管理的漏洞开始滋生。党的十九大报告提出要"加快边疆发展，确保边疆巩固、边境安全"。边境安全是国家安全中的重要组成部分，边境地区作为国家开放前沿，其安全性直接影响到国家安全。对于边境地区来说，政策决定了边境旅游安全。我国与陆地邻国具有不同的法律背景及社会管理政策及机制，导致边境旅游很难进行系统的管理。加之边境地区人员流动大，社会情况较为复杂，增加了边境旅游安全的不确定性。① 因此，对边境安全及国家安全产生影响的社会因素对边境旅游政策的制定有非常大的影响。

第二节　我国边境贸易政策沿革

一　边境贸易的启动和探索阶段（1978~1991 年）

我国边境贸易是随着改革开放的深入不断发展起来的。改革开放初期，东部沿海城市先开始进行全方位改革，此时的中西部边境地区更多的是为东部沿海城市的发展而服务，边疆开放开发只是一种 "参与式" 的对外开放，对外开放处于谨慎探索阶段。② 1984 年《边境小额贸易暂行管理办法》以及 1985 年《国务院关于口岸开放的若干规定》开始逐步加强边境口岸审批相关工作，对边境的小额贸易和边境地区对外经济技术合作进行规范化管理，之后黑龙江、新疆等地逐步恢复同苏联的边境贸易，由此奠定了我国边境地区对外开放的基础。③ 为了进一步促进对外贸易事业的发展，对外贸易承包经营责任制开始全面推行，进一步促进了我国对外贸易体制改革的进展。1988 年国务院出台了《关于加快和深化对外贸易体制改革若干问题的规定》，这也意味着北疆五省区的贸易转变为我国对外出口的一种特殊贸易形式。④ 之后边境地区继续加大开放程度，1988 年出台的《关于黑龙江省对苏联边境易货贸易和经济技术合作问题的批复》给予了 8 条用以发展边境贸易的优惠政策，由此黑龙江省边境贸易发展进入了新的阶段。在对黑龙江、广西、新疆和云南四省（区）的边贸情况进行调查的基础上，1991 年对外经济贸易部出台了《关于积极发展边境贸易和经济合作促进边疆繁荣稳定的意见》，对边境贸易的形式及管理办法、国家对边境贸易

---

① 崔哲浩，吴雨晴，张俊杰. 国家安全视域下东北地区边境旅游发展研究 [J]. 中国生态旅游，2022，12（03）：429-441.
② 冯建勇. 边疆的 "地方" 格局与 "世界" 意义——四十年来中国边疆对外开放的理路与目标 [J]. 学术月刊，2018，50（12）：166-175.
③ 孙久文，蒋治. 沿边地区对外开放 70 年的回顾与展望 [J]. 经济地理，2019，39（11）：1-8.
④ 左新锋，陈新建. 中国边疆地区开放开发的政策变迁与治理创新 [J]. 广西经济，2021，39（Z6）：46-51+78.

实行税收优惠政策、边境贸易的原则、简化出国手续等方面进行了规定，这对中国边境贸易的进一步发展起到了极大的推动作用（见表6-1）。①

在此发展阶段，我国边境贸易政策主要围绕北部边疆地区展开，根本目的还是服务于全国今后全面的对外开放。这一阶段，我国开始逐步恢复对外贸易，并开始注重加强法律的规范作用，为今后我国边境贸易的发展奠定了基础。

表 6-1　1978～1991 年我国边境贸易主要政策

时间	制定单位	政策名称	政策内容
1984 年 12 月 15 日	对外经济 贸易部	《边境小额贸易暂行管理办法》	加强对我国边境小额贸易和边境地区对外经济技术合作的规范管理
1985 年 9 月 18 日	国务院	《关于口岸开放的若干规定》	加强口岸开放的审批工作
1988 年 2 月 26 日	国务院	《关于加快和深化对外贸易体制改革若干问题的规定》	为了适应我国进一步对外开放和加速发展对外贸易事业的需要
1988 年 4 月 19 日	国务院	《关于黑龙江省对苏联边境易货贸易和经济技术合作问题的批复》	给予黑龙江省一系列政策支持和优惠待遇
1991 年 4 月 19 日	对外经济 贸易部	《关于积极发展边境贸易和经济合作促进边疆繁荣稳定的意见》	简化边境贸易和劳务人员的出国手续、加强对边境贸易和经济合作的统一指导和协调管理

数据来源：笔者整理。

二　边境贸易的调整改进阶段（1992～1998 年）

邓小平南方谈话后，我国正式确立了"沿边开放"的重大战略方针，改革开放步伐进一步加快。1992 年国务院发布《关于进一步对外开放黑河等四个边境城市的通知》，决定进一步对外开放黑龙江黑河、绥芬河，吉林珲春，内蒙古自治区满洲里四个边境城市，并提出四个边境城市可以兴办边境经济合作区以及发展第三产业。之后，黑河边境经济合作区、绥芬河边境经济合作区、珲春边境经济合作区、满洲里边境经济合作区相继成立。1993 年商检局和国务院分别出台《边境贸易进出口商品检验管理办法》《关

---

① 李天华. 改革开放以来中国边境贸易政策演变的历史考察 [J]. 当代中国史研究，2013，20（04）：28-35+125.

于整顿边地贸易经营秩序制止假冒伪劣商品出境的通知》，加强进出口商品检验、鉴定和监督管理，注重维护贸易各方的合法权益。之后为促进社会主义市场经济的健康发展，1994 年《中华人民共和国对外贸易法》正式出台，随后《关于边境贸易有关问题的通知》《边民互市贸易管理办法》相继出台，这些政策通过对边境贸易的方式、范围予以界定，对边境贸易的管理方式和优惠政策做出重大调整。1998 年对外贸易经济合作部、海关总署联合出台了《关于进一步发展边境贸易的补充规定的通知》，就边境地区出现的走私、开放混乱等现象采取了限制、规范措施，并取得了一定成效（见表 6-2）。

在此发展阶段，我国边境贸易政策多是为了调整边境贸易发展过程中存在的问题，对规范边境贸易市场起到了积极的引领作用。这一阶段，我国开始注重对边境贸易的管理，但也暴露了我国边境地区市场机制发育仍然比较滞后，需要进一步整改。

表 6-2　1992~1998 年我国边境贸易主要政策

时间	制定单位	政策名称	政策内容
1992 年 3 月 9 日	国务院	《关于进一步对外开放黑河等四个边境城市的通知》	要积极扩大与其他国家的边境贸易和地方贸易，发展多种经济合作
1993 年 4 月 22 日	商检局	《边境贸易进出口商品检验管理办法》	加强进出口商品检验、鉴定和监督管理，维护贸易各方的合法权益
1993 年 11 月 13 日	国务院	《关于整顿边地贸易经营秩序制止假冒伪劣商品出境的通知》	加强了对商品的质量监督检查
1994 年 7 月 1 日	全国人大	《中华人民共和国对外贸易法》	明确管理主体、促进社会主义市场经济的健康发展
1996 年 1 月 3 日	国务院	《关于边境贸易有关问题的通知》	对边境贸易的方式、范围予以界定
1996 年 3 月 29 日	海关总署	《边民互市贸易管理办法》	对互市贸易条件、征税等进行说明
1998 年 11 月 19 日	对外贸易经济合作部、海关总署	《关于进一步发展边境贸易的补充规定的通知》	商品征税优惠，明确边境贸易企业的经营权利

数据来源：笔者整理。

三　边境贸易的完善发展阶段（1999~2012 年）

经过改革开放 20 多年的政策实践，加快边境开放开发对于改善边境地区落后局面的意义越来越大。1999 年国家民委发布《关于进一步推动"兴边富民行动"的意见》，进一步将边境地区开发开放提高到了战略高度。2001 年国务院西部开发办推出《关于西部大开发若干政策措施的实施意见》，针对降低税收、商品限制，减少相关审批程序等方面内容做出了一系列规定。2000~2002 年，相关部门颁布了《关于实施西部大开发若干政策措施的通知》《"十五"西部开发总体规划》等一系列西部大开发相关政策措施，并重点提出发展边境地区。进入 21 世纪，我国边境贸易发展逐步扩大，2001 年，我国加入 WTO，2002 年与东盟签署了《中国与东盟全面经济合作框架协议》，这也是我国和东盟关于货物贸易、服务贸易、投资和经济合作的全面合作，也标志着我国西南边境地区的对外开放进程开始加速。2007 年《兴边富民行动"十一五"规划》正式发布，强化了对边境地区民生、文化、教育、基础设施等领域的政策倾斜，提出推动边境贸易发展，促进边境经济发展。之后国务院推出了《关于促进边境地区经济贸易发展问题的批复》，在加大财政支持力度、提高免税额度、扩大以人民币结算办理出口退税的试点、促进边境特殊经济区健康发展、清理涉及边境贸易企业的收费、支持边境口岸建设等方面对边境贸易加以政策支持和规定，推动了边境地区开发开放深入发展（见表 6-3）。

在此发展阶段，政府推行的一系列优惠政策和扶持措施推动了边境贸易持续健康发展。此时的相关政策规范更具有层次性，并不断与国际接轨。此阶段的边境贸易政策不断完善，开始向更高层次发展。

表 6-3　1999~2012 年我国边境贸易主要政策

时间	制定单位	政策名称	政策内容
1999 年 12 月	国家民委	《关于进一步推动"兴边富民行动"的意见》	将边境地区开发开放提高到了战略高度
2001 年 9 月 29 日	国务院西部开发办	《关于西部大开发若干政策措施的实施意见》	降低税收、商品限制，减少相关审批程序

续表

时间	制定单位	政策名称	政策内容
2002 年 11 月 4 日	国务院	《中国与东盟全面经济合作框架协议》	关于货物贸易、服务贸易、投资和经济合作的全面合作
2002 年 9 月 16 日	国家外汇管理局	《关于我国与俄罗斯等独联体国家边境小额贸易外汇管理有关问题的通知》	引导和规范我国与俄罗斯等独联体国家边境贸易，完善外汇管理
2003 年 9 月 22 日	国家外汇管理局	《边境贸易外汇管理办法》	对边境贸易账户管理、外汇收支管理、收付款核销管理、结算及货币兑换管理等进行规范
2007 年 6 月 9 日	国务院	《兴边富民行动"十一五"规划》	强化了对边境地区的政策倾斜，推动边境贸易发展
2008 年 10 月 18 日	国务院	《关于促进边境地区经济贸易发展问题的批复》	加大对边境贸易发展的财政支持力度、提高边境地区边民互市进口免税额度、扩大以人民币结算办理出口退税的试点、促进边境特殊经济区健康发展、清理涉及边境贸易企业的收费、支持边境口岸建设
2009 年 10 月 10 日	国务院办公厅	《关于应对国际金融危机保持西部地区经济平稳较快发展的意见》	加强基础设施建设，加强东中西部地区互动和对外经济交流与合作
2010 年 3 月 10 日	财政部、国家税务总局	《关于边境地区一般贸易和边境小额贸易出口货物以人民币结算准予退（免）税试点的通知》	基于云南边境小额贸易出口货物以人民币结算准予退（免）税政策，批准边境省份（自治区）与接壤毗邻国家的一般贸易，并进行试点
2010 年 6 月 29 日	国务院	《关于深入实施西部大开发战略的若干意见》	对互市贸易条件、征税等进行说明
2012 年 8 月	国务院	《满洲里重点开发开放试验区建设实施方案》	以满洲里为试验区探索欧亚陆路大通道辐射带动区域经济发展的路径

数据来源：笔者整理。

四 边境贸易高质量发展阶段 (2013~2019 年)

党的十八大以来，我国边境贸易发展进入了新时代。2013 年，习近平总书记提出了"一带一路"倡议的伟大构想。在此背景下，2015 年国家发展改革委、外交部、商务部联合发布了《推动共建丝绸之路经济带和 21 世纪海上丝绸之路的愿景与行动》，并在文件中指出边境地区投资贸易合作是"一带一路"建设的重点内容，应重点针对投资贸易便利化问题，消除投资和贸易壁垒，构建良好的营商环境，积极同共建国家和地区共同商建自由贸易区。同年，国家民委发布了《关于支持沿边重点地区开发开放若干政策措施的意见》，内容主要包括深入推进兴边富民行动、改革体制机制、调整贸易结构、实施差异化扶持政策、提升旅游开放水平、加强基础设施建设、加大财税等支持力度、鼓励金融创新与开放等。2017 年《兴边富民行动"十三五"规划》指出边境贸易政策要兼顾各地区的均衡发展。同年国务院西部开发办发布《关于加大边民支持力度促进守边固边的指导意见》，提出设立黑龙江黑河、新疆塔城、广西百色等重点开发开放试验区，进一步促进了新时代我国边境贸易的发展。2019 年中共中央、国务院发布《关于推进贸易高质量发展的指导意见》，指出"加快边境贸易创新发展和转型升级，探索发展新型贸易方式"，进一步推动了边境贸易高质量发展（见表 6-4）。

在此发展阶段，国家出台的政策文件主要围绕如何将边境贸易发展融入"一带一路"建设展开，新时代的边境地区已经成为我国对外开放的重要门户以及"一带一路"的前沿。[①]

表 6-4　2013~2019 年我国边境贸易主要政策

时间	制定单位	政策名称	政策内容
2015 年 3 月 28 日	国家发展改革委、外交部、商务部	《推动共建丝绸之路经济带和 21 世纪海上丝绸之路的愿景与行动》	共建原则、合作重点、合作机制、开放态势等
2015 年 12 月 24 日	国家民委	《关于支持沿边重点地区开发开放若干政策措施的意见》	深入推进兴边富民行动、改革体制机制、调整贸易结构、实施差异化扶持政策、提升旅游开放水平、加强基础设施建设、加大财税等支持力度、鼓励金融创新与开放
2017 年 5 月 28 日	国务院	《兴边富民行动"十三五"规划》	提出注重均衡发展
2017 年 9 月 16 日	国务院西部开发办	《关于加大边民支持力度促进守边固边的指导意见》	设立黑龙江黑河、新疆塔城、广西百色等重点开发开放试验区
2019 年 11 月 19 日	中共中央、国务院	《关于推进贸易高质量发展的指导意见》	通过创新发展和转型升级提高边境贸易发展质量

数据来源：笔者整理。

[①]　罗静，冯建勇. 新时代中国边疆治理的新思路新实践［J］. 北京工业大学学报（社会科学版），2018，18（3）：79-88.

五 边境贸易发展内在提升阶段（2020年至今）

2020年以来我国边境贸易处于内在提升阶段。2020年11月，国务院办公厅发布了《关于推进对外贸易创新发展的实施意见》，指出加快推进国际市场布局、国内区域布局、经营主体、商品结构、贸易方式"五个优化"和外贸转型升级基地、贸易促进平台、国际营销体系"三项建设"，培育新形势下参与国际合作和竞争新优势，实现外贸创新发展。2021年4月商务部办公厅发布《关于围绕构建新发展格局做好边境经济合作区、跨境经济合作区工作的通知》，8月海关总署等部门发布《关于进一步深化跨境贸易便利化改革优化口岸营商环境的通知》，提出了提升边（跨）境经济合作区发展水平，优化口岸营商环境，提升跨境贸易便利化水平。2023年商务部等17部门提出《关于服务构建新发展格局推动边（跨）境经济合作区高质量发展若干措施的通知》，再次为边（跨）境经济合作区的高质量发展指明了方向（见表6-5）。

2020年至今，处于内在提升阶段的边境贸易，围绕着国内国际双循环格局，聚焦市场主体的关切，致力于推动边（跨）境合作区的高质量发展。

表6-5　2020年至今我国边境贸易主要政策

时间	制定单位	政策名称	政策内容
2020年11月10日	国务院办公厅	《关于推进对外贸易创新发展的实施意见》	围绕构建以国内大循环为主体、国内国际双循环相互促进的新发展格局进行创新发展
2021年4月30日	商务部办公厅	《关于围绕构建新发展格局做好边境经济合作区、跨境经济合作区工作的通知》	推动边（跨）境合作区提升发展水平，打造沿边地区对外开放的重要节点和平台
2021年8月20日	海关总署等	《关于进一步深化跨境贸易便利化改革优化口岸营商环境的通知》	深化"放管服"改革，聚焦市场主体关切，进一步深化跨境贸易便利化改革，优化口岸营商环境，提升跨境贸易便利化水平
2023年2月9日	商务部等17部门	《关于服务构建新发展格局推动边（跨）境经济合作区高质量发展若干措施的通知》	推动边（跨）境经济合作区高质量发展

数据来源：笔者整理。

第三节 我国边境旅游政策沿革

一 边境旅游逐步开放阶段 (1978~1991 年)

改革开放后，全国各省（区、市）都在大力发展国民经济。边境地区经济基础薄弱，发展水平相对来说更为落后，但胜在自然资源丰富，且拥有得天独厚的地理位置。国家也注意到这一优越条件，推出一系列边境旅游政策，由此边境旅游开始发展。

此阶段，国家推出了一系列试运行的边境旅游政策和活动。1987 年国家旅游局和对外经济贸易部出台了《关于拟同意辽宁省试办丹东至新义州自费旅游事》，并对此项旅游活动的参游人数、对象、参游费用、结算方式等进行了明确规定。1988 年，吉林省旅游局推出延吉至朝鲜稳城的自费旅游活动，此项活动与 1987 年的新义州边境旅游活动类似，对至朝鲜稳城旅游人数、对象、结算方式等进行了规定，对于其他地区发展边境旅游具有积极的探索意义。[1] 1991 年 6 月和 12 月吉林省旅游局分别推出与朝鲜稳城、赛别尔郡开展中朝边境一日游和与朝鲜满蒲市开展中朝边境三日游两项边境旅游活动，但此时的旅游活动大多处于试办阶段，对于活动的接待人数以及结算费用的方式进行了严格规定。[2] 1991 年 9 月，内蒙古自治区旅游局推出与蒙古人民共和国扎门乌德市开展中蒙边境对等交换一日游的旅游活动，此活动处于试办阶段，且全年不得超过 3000 人。1989 年和 1991 年出台的《关于中苏边境地区开展自费旅游业务的暂行管理办法》《辽宁省中朝边境自费旅游业务暂行管理办法》均基于边境旅游开展的具体地区，提出了相应的政策规定。《辽宁省中朝边境自费旅游业务暂行管理办法》仅限于辽宁省境内居民自费旅游，《关于中苏边境地区开展自费旅游业务的暂行管理办法》对相关事项的审批申报、费用结算均有着严格的规定，为其他省（区、市）开展边境旅游提供了一定的借鉴意义（见表6-6）。[3]

这个时期的边境旅游政策主要呈现出以下几个特点。首先，与边境贸

① 罗俊彪．新中国成立以来我国的边境旅游政策研究［J］．中国地名，2020（04）：43-45.
② 白江波．新中国成立以来我国边疆治理政策概述［J］．兵团党校学报，2019（04）：16-21.
③ 张广瑞．中国边境旅游发展的战略与政策选择［J］．财贸经济，1997（03）：55-58.

易发展沿革一样，此时的边境旅游多是在吉林省、辽宁省、黑龙江省、内蒙古自治区等我国北部边境地区展开。其次，这一时期试运营的边境旅游活动较为丰富，为边境旅游的政策制定奠定了基础。最后，这一时期的边境旅游政策（活动）对人数、费用、审批申报程序等都有着严格的规定。

表 6-6 1978～1991 年边境旅游主要政策

时间	制定单位	政策（活动）名称	主要政策（活动）内容
1987 年 11 月 4 日	国家旅游局和对外经济贸易部	《关于拟同意辽宁省试办丹东至新义州自费旅游事》	对旅游人数、对象、费用、结算方式进行了规定
1988 年 8 月	吉林省旅游局	延吉至朝鲜稳城的自费旅游活动	对旅游人数、对象、结算方式等严格规定，但有积极探索意义
1989 年 9 月 23 日	国家旅游局	《关于中苏边境地区开展自费旅游业务的暂行管理办法》	对审批申报程序、结算方法等进行了规定
1991 年 5 月 11 日	辽宁省旅游局	《辽宁省中朝边境自费旅游业务暂行管理办法》	此政策仅限于辽宁省境内居民自费旅游
1991 年 6 月 14 日	吉林省旅游局	与朝鲜稳城、赛别尔郡开展中朝边境一日游	试办，全年不得超过 3000 人
1991 年 9 月 18 日	内蒙古自治区旅游局	与蒙古人民共和国扎门乌德市开展中蒙边境对等交换一日游	试办两年，全年交换不得超过 3000 人
1991 年 12 月 14 日	吉林省旅游局	与朝鲜满蒲市开展中朝边境三日游	对费用结算方式进行了规定

数据来源：笔者整理。

二　边境旅游较快发展阶段（1992～1998 年）

这一时期，改革开放已经有了初步的成效，旅游业也借此机遇迅速发展。在此阶段国家围绕星级酒店评定、旅行社成立、旅游景区规划开发等出台了一系列旅游政策，为我国旅游业未来的发展奠定了政策基础。在此过程中，边境旅游经过一段时间的试探性发展，已经有了一定的经验，发展较为迅速。

此阶段国家出台了一系列边境旅游政策，1992 年国务院出台了《关于进一步对外开放黑河等四个边境城市的通知》，对于四个边境城市所要遵循的各项政策进行了详细的说明，并指出四个边境城市要积极开展与邻国在第三产业服务业方面的合作。同年 4 月，内蒙古自治区外事办公室、旅游局、公安厅出台了《中蒙多日游暂行管理办法》《中俄边境旅游暂行管理办法》，两个文件都主要针对中蒙边境旅游和中俄边境旅游涉及费用相关的事项进行了规定，如中蒙旅游只能向个人收费，绝对禁止公款旅游。中俄旅游规定发票必须印有"自费旅游、不做报销"的字样。同年9月，吉林省旅游局出台了《吉林省边境旅游暂行管理办法》，办法规定旅游团队要严格按照规定的旅游线路、旅游时间、出入境口岸开展旅游活动。广西壮族自治区公安厅、旅游局出台了《关于开展中越边境旅游业务的暂行管理办法》，对参游人员、组团办法、旅行社的管理均进行了说明和规定。同年，国家旅游局针对我国边境地区政府申请的边境旅游事项进行了回复和批准，为边境旅游的进一步发展提供了支持，如《关于广西壮族自治区开展中越旅游业务的复函》《关于同意新疆维吾尔自治区与哈萨克斯坦共和国等周边国家开展两日游和七日游活动的函》《关于同意黑龙江省开展对俄罗斯三日游、五日游活动的复函》等。1992年国家旅游局出台了《关于扩大边境旅游促进边疆繁荣的意见》，该意见对于边境旅游取得的成就以及适宜开展的边境旅游线路进行了说明。同年，国家旅游局出台了《关于重申加强边境旅游工作管理的通知》，加强边境市场管控。1993年，云南省旅游局、公安厅出台了《关于云南省中越、中老、中缅边境旅游管理有关问题的通知》，统一了边境旅游所需证件，开辟了新的签证办理渠道。1996年《边境旅游暂行管理办法》对边境地区申请开办边境旅游业务的必备条件、协议内容、结算方式等方面进行了规定，是我国第一部全国范围的边境旅游管理办法，影响深远（见表6-7）。

这个时期的边境旅游政策主要呈现以下几个特点。首先，边境旅游相关政策异常丰富，且由北部边境扩展到了南部和西部边境。其次，这一时期的边境旅游政策已相对较为完善，为此后我国边境旅游的政策制定奠定了基础。最后，这一时期的边境旅游政策相对较宽松，给予了更多自由发展的空间。

表 6-7　1992~1998 年边境旅游主要政策

时间	制定单位	政策名称	主要政策内容
1992 年 3 月 9 日	国务院	《关于进一步对外开放黑河等四个边境城市的通知》	对外开放黑龙江省黑河市、绥芬河市，吉林省珲春市和内蒙古自治区满洲里市四个边境城市

续表

时间	制定单位	政策名称	主要政策内容
1992 年 4 月 8 日	内蒙古自治区外事办公室、旅游局、公安厅	《中蒙多日游暂行管理办法》《中俄边境旅游暂行管理办法》	对于费用进行了规定
1992 年 5 月 29 日	国家旅游局	《关于广西壮族自治区开展中越旅游业务的复函》	允许开展中越一日或多日边境旅游
1992 年 6 月 16 日	国家旅游局	《关于同意新疆维吾尔自治区与哈萨克斯坦共和国等周边国家开展两日游和七日游活动的函》	同意与哈萨克斯坦共和国等周边国家开展两日游和七日游活动
1992 年 7 月 16 日	国家旅游局	《关于扩大边境旅游促进边疆繁荣的意见》	对于边境旅游取得的成就以及适宜开展的边境旅游线路进行了说明
1992 年 7 月 31 日	国家旅游局	《关于同意黑龙江省开展对俄罗斯三日游、五日游活动的复函》	同意与俄罗斯开展绥芬河至符拉迪沃斯托克市三日游和牡丹江市至纳霍德卡市五日游两项边境旅游业务
1992 年 9 月 5 日	吉林省旅游局	《吉林省边境旅游暂行管理办法》	对于旅游团的时间、线路等进行了规定
1992 年 9 月 16 日	广西壮族自治区公安厅、旅游局	《关于开展中越边境旅游业务的暂行管理办法》	中国公民赴中越边境旅游的一些细则
1992 年 12 月 2 日	国家旅游局	《关于内蒙古自治区与蒙古、俄罗斯开展团体旅游活动的复函》	允许申请与俄罗斯、蒙古国的边境旅游线路
1992 年 12 月 7 日	国家旅游局	《关于重申加强边境旅游工作管理的通知》	加强边境旅游管理
1993 年 2 月 25 日	云南省旅游局、公安厅	《关于云南省中越、中老、中缅边境旅游管理有关问题的通知》	统一了边境旅游所需证件，开辟了新的签证办理渠道
1996 年 3 月 8 日	国家旅游局	《边境旅游暂行管理办法》	申请开办边境旅游业务的必备条件、协议内容、结算方式
1998 年 6 月 3 日	国家旅游局、外交部、公安部、海关总署	《中俄边境旅游暂行管理实施细则》	促进中俄旅游有序发展

数据来源：笔者整理。

三　边境旅游全面发展阶段（1999~2012 年）

1999 年，我国开始实行兴边富民政策，该政策注重边境地区整体发展的提升，并从资金、基础设施建设等多个方面给予了边境地区政策支持，因此边境旅游得到了全面发展。

2001年，国家民委出台《全国兴边富民行动规划纲要（2001—2010）》，重点从发展的线路、资源保护和开发、基础设施等方面为边境旅游提供了发展纲要。2005年开始，内蒙古自治区旅游局与合作国家共同建立了边境旅游协调会议制度，意在通过年度沟通，针对边境旅游发展中的新发展、新成就以及问题和未来的发展进行及时的沟通交流。边境旅游在繁荣发展的过程中，慢慢也出现了一些不稳定因素。为整治边境旅游乱象，在多年积极尝试与探索的基础上，国家旅游局于2005年出台了《关于禁止出境旅游团队参与境外赌博活动的规定》，并于2006年发布《关于出境游组团社及时报告游客在境外发生滞留不归问题的通知》，明确禁止出境游客参与境外赌博以及对出境旅游业务加强监管。2007年国务院办公厅出台了《兴边富民行动"十一五"规划》，其中提到要"大力发展边境贸易，促进区域经济合作"，"大力发展口岸经济，促进出入境旅游健康发展"，并指出要扩大边民与相邻国家边民的经济技术合作，大力发展口岸经济，促进边境贸易和出入境旅游发展，带动边民致富和地方增收。2010年，广西东兴、云南瑞丽、内蒙古满洲里重点开发开放试验区和喀什、霍尔果斯经济开发区等一批边境特区批准设立，国家在政策制定、资金投入、项目安排等多方面给予支持。随后，2011年国务院办公厅出台了《兴边富民行动规划（2011—2015年）》，提出继续推动边境旅游的发展，对边境旅游发展的具体方式方法进行了说明，并在政策上给予一定的支持（见表6-8）。

这个时期的边境旅游政策主要呈现以下几个特点。首先，边境旅游相关政策与国家兴边富民工程相衔接，在兴边富民工程的指导下取得了较快的发展。其次，这一时期国家针对边境旅游市场出现的秩序紊乱等现象，对游客出境的不当行为加以明确禁止，对旅行过程中游客的人身安全权益加以保障。最后，这一时期国家进一步加大了开放力度，也更加重视双边合作。

表6-8　1999~2012年边境旅游主要政策

时间	制定单位	政策名称	主要政策内容
2001年	国家民委	《全国兴边富民行动规划纲要（2001—2010）》	全方位发展边境旅游

续表

时间	制定单位	政策名称	主要政策内容
2005 年	内蒙古自治区旅游局	边境旅游协调会议制度	通过年度沟通，加强合作
2005 年 6 月 1 日	国家旅游局	《关于禁止出境旅游团队参与境外赌博活动的规定》	明确禁止出境游客参与境外赌博
2006 年 1 月	国家旅游局	《关于出境游组团社及时报告游客在境外发生滞留不归问题的通知》	督促建立健全出境业务规章制度，督促组团社严格执行《中国公民出国旅游管理办法》
2007 年 6 月 9 日	国务院办公厅	《兴边富民行动"十一五"规划》	提升沿边开放水平
2008 年 3 月 13 日	中共中央办公厅、国务院办公厅	《中共中央办公厅、国务院办公厅关于进一步加强因公出国（境）管理的若干规定》	强调不可公款旅游
2011 年 6 月 5 日	国务院办公厅	《兴边富民行动规划（2011—2015 年）》	深入实施兴边富民行动的战略部署

数据来源：笔者整理。

四　边境旅游稳定发展阶段（2013～2019 年）

这一阶段，边境旅游始终保持稳定发展状态。同时，旅游扶贫、乡村振兴等开始逐渐成为引领社会发展的重要政策，此时的边境旅游及时与主流政策相衔接，发展较为稳定。

2013 年，公安部、国家旅游局等部门出台了《关于规范边境地区边境旅游异地办证工作的意见》，要求获批省区通过申报验收，才可恢复边境旅游异地办证工作，使边境旅游审批工作进一步规范化。2014 年国务院发布《关于促进旅游业改革发展的若干意见》，提出推动区域旅游一体化，加强旅游双边合作，办好与相关国家的旅游年活动。2015 年，国务院发布《关于支持沿边重点地区开发开放若干政策措施的意见》，围绕推进兴边富民行动、改革体制机制、调整贸易结构、提升旅游开放水平等对边境旅游加以规范和调整。针对跨境旅游合作区和边境旅游试验区相关工作，2016 年国家旅游局出台了《关于调查摸底跨境旅游合作区和边境旅游试验区工作进展情况的函》，要求对跨境旅游合作区和边境旅游试验区工作进展及现状进行调查。在国家的严格监管与政策支持下，2018 年文化和旅游部出台了《关于印发内蒙古满洲里、广西防城港边境旅游试验区建设实施方案的通知》，这标志着国务院同意设立内蒙古满洲里、广西防城港边境旅游试验区。在这一阶段的发展过程中，边境旅游政策紧紧和国家大政方针相结合，这些政策也都对边境旅游的发展给予了支持。2016 年 11 月，国务院发布《"十三五"脱贫攻坚规划》，提出加快边境贫困地区开发开放。同年 12 月，国家发改委、国家旅游局发布《关于实施旅游休闲重大工程的通知》，支持跨境旅游合作区、边境旅游试验区、智慧旅游景区等项目的设立和发展。2017 年 5 月，国务院办公厅下发的《兴边富民行动"十三五"规划》再次强调发展边境特色旅游，推进边境地区基础设施建设，鼓励加快推进建设边境旅游试验区、跨境旅游合作区和全域旅游示范区等（见表 6-9）。

　　这个时期的边境旅游政策主要呈现以下几个特点。首先，边境旅游政策与国家兴边富民、旅游扶贫、乡村振兴政策相衔接，在国家重大政策的指导下取得了较快的发展。其次，这一时期的边境旅游政策紧紧围绕跨境旅游合作区和边境旅游试验区工作展开。最后，这一时期的边境旅游政策已经相对成熟，向着制度化、体系化发展。

表 6-9　2013～2019 年边境旅游主要政策

时间	制定单位	政策名称	主要政策内容
2013 年	公安部、国家旅游局等	《关于规范边境地区边境旅游异地办证工作的意见》	要求获批省区申报验收
2014 年 8 月 9 日	国务院	《关于促进旅游业改革发展的若干意见》	推动区域旅游一体化，加强旅游双边合作
2015 年 12 月 24 日	国务院	《关于支持沿边重点地区开发开放若干政策措施的意见》	推进兴边富民行动，提升旅游开放水平等
2016 年 3 月	国家旅游局	《关于调查摸底跨境旅游合作区和边境旅游试验区工作进展情况的函》	对跨境旅游合作区和边境旅游试验区工作进展进行调查
2016 年 11 月 23 日	国务院	《"十三五"脱贫攻坚规划》	加快边境贫困地区开发开放
2016 年 12 月 5 日	国家发改委、国家旅游局	《关于实施旅游休闲重大工程的通知》	支持跨境旅游合作区、边境旅游试验区、智慧旅游景区等项目设立
2017 年 5 月 28 日	国务院办公厅	《兴边富民行动"十三五"规划》	对"十三五"期间的兴边富民工作进行部署

时间	制定单位	政策名称	主要政策内容
2018 年 4 月 17 日	文化和旅游部	《关于印发内蒙古满洲里、广西防城港边境旅游试验区建设实施方案的通知》	国务院同意设立内蒙古满洲里、广西防城港边境旅游试验区，以及此后发展规划

数据来源：笔者整理。

五　边境旅游内在提升阶段（2020 年至今）

2021 年 2 月，中共中央、国务院出台的《关于全面推进乡村振兴加快农业农村现代化的意见》提到加强口岸检疫，这也对边境旅游的进一步恢复提供了保障。同年 4 月，文化和旅游部发布《"十四五"文化和旅游发展规划》，提出要在"十四五"期间建设一批边境旅游试验区、跨境旅游合作区。同年 5 月，交通运输部出台《关于巩固拓展交通运输脱贫攻坚成果全面推进乡村振兴的实施意见》，也重点提到重视边境民族地区基础设施建设（见表 6-10）。

这一阶段，边境旅游注重内在提升，边境旅游试验区、跨境旅游合作区也是未来我国边境旅游着力发展的方向。

表 6-10　2020 年至今边境旅游主要政策

时间	制定单位	政策（活动）名称	主要政策（活动）内容
2021 年 1 月 4 日	中共中央、国务院	《关于全面推进乡村振兴加快农业农村现代化的意见》	加强口岸检疫
2021 年 4 月 29 日	文化和旅游部	《"十四五"文化和旅游发展规划》	建设一批边境旅游试验区、跨境旅游合作区
2021 年 5 月 28 日	交通运输部	《关于巩固拓展交通运输脱贫攻坚成果全面推进乡村振兴的实施意见》	重视边境民族地区基础设施建设

数据来源：笔者整理。

第四节　东北地区边境旅游政策沿革、现状与问题

一　东北地区边境旅游政策沿革

（一）萌芽阶段（1978～1991 年）边境旅游从属于边境贸易

从 1978 年改革开放开始，全国进入了全面深化改革的浪潮中，东北地

区作为老工业基地，也紧跟时代步伐，基于地域特色，立足东北边境地区，大力发展边境旅游。

这个时期东北地区的边境旅游处于萌芽阶段。1987 年 11 月 4 日，国家旅游局和对外经济贸易部联合发布《关于拟同意辽宁省试办丹东至新义州自费旅游事》，对组织领导、出国自费旅游的人数与对象、费用、商品出口结算、出入境通行证件等内容进行了阐释，标志着中朝边境旅游正式开始，为今后边境旅游政策的制定奠定了基础。1989 年 9 月 23 日，国家旅游局颁发《关于中苏边境地区开展自费旅游业务的暂行管理办法》，此管理办法对中苏两国之间开展边境旅游涉及的业务范围做了明确的规定，并对中苏之间自费旅游、审批权限、申报程序、结算方法等内容进行了规定，为此后中俄两国之间开展边境旅游合作奠定了良好的基础。1991 年 5 月 11 日，辽宁省旅游局制定了《辽宁省中朝边境自费旅游业务暂行管理办法》，政策规定在支付朝方旅游费用时，不以货币方式结算，且不予报销。该办法仅适用于辽宁省境内居民自费到朝鲜平安北道的旅游业务。1991 年 9 月 18 日，二连浩特市被批准与蒙古国扎门乌德市开展中蒙边境对等交换一日游活动。同年国家旅游局签订了《中华人民共和国政府和蒙古人民共和国政府关于边境口岸及其管理制度的协定》，对中蒙边境口岸的建设及管理进行了一定的规定。1988～1990 年国务院接连批准黑龙江省、辽宁省、吉林省和内蒙古自治区的部分边境城市进行边境旅游活动。1991 年，中朝俄三方政府共同建设了"罗津—先锋自由经济贸易区"，这也是唯一一个第三国人入境免签的贸易区（见表 6-11）。

这一时期，东北地区的边境旅游处于初步发展阶段，参与边境旅游的人数较少，无法形成规模，不同地区边境旅游政策均不同，没有统一的标准。此时边境地区以发展边境贸易为主，边境旅游只是边境贸易的从属物。①

---

① 王丽丽，明庆忠. 中国东北边境旅游发展及其地域空间模式研究［J］. 四川旅游学院学报，2018（03）：83-87.

表 6-11　1978~1991 年东北地区边境旅游主要政策

时间	制定单位	政策（活动）名称	主要政策（活动）内容
1987 年 11 月 4 日	国家旅游局、对外经济贸易部	《关于拟同意辽宁省试办丹东至新义州自费旅游事》	扩展赴朝一日游、三日游旅游线路
1989 年 9 月 23 日	国家旅游局	《关于中苏边境地区开展自费旅游业务的暂行管理办法》	明确规定中苏两国之间开展边境旅游涉及的业务范围
1991 年 5 月 11 日	辽宁省旅游局	《辽宁省中朝边境自费旅游业务暂行管理办法》	费用结算方式等
1991 年	国家旅游局	《中华人民共和国政府和蒙古人民共和国政府关于边境口岸及其管理制度的协定》	对中蒙边境口岸的建设及管理进行了一定的规定
1988~1990 年	国务院	黑龙江省、辽宁省、吉林省和内蒙古自治区等部分边境城市进行边境旅游活动	批准黑龙江省、辽宁省、吉林省和内蒙古自治区等部分边境城市开展边境旅游
1991 年 12 月	中朝俄三方政府	建设"罗津—先锋自由经济贸易区"	第三国人入境免签贸易区

数据来源：笔者整理。

（二）起步阶段（1992~1998 年）边境旅游发展与问题并存

进入 20 世纪 90 年代，改革开放已取得一定的成效，东北地区边境旅游在这一时期得到了较大发展，此时的东北边境贸易与边境旅游均发展迅速并呈现相互促进、共同发展的良好态势。

1992 年国务院公布《关于进一步对外开放黑河等四个边境城市的通知》，边境贸易与边境旅游开始快速发展。① 同年 4 月，内蒙古自治区外事办公室、旅游局、公安厅联合发布了《中蒙多日游暂行管理办法》，规定了 4 条中蒙三日至七日的旅游线路。1992 年依照《中俄边境旅游暂行管理办法》，黑龙江省旅游局制定了《绥芬河—符拉迪沃斯托克"三日游"管理暂行办法》，内蒙古自治区旅游局和公安厅发布《内蒙古自治区关于加强边境旅游管理的通知》，吉林省旅游局制定了《吉林省边境旅游暂行管理办法》，上述政策对内蒙古自治区、黑龙江省、吉林省边境地区开展边境旅游涉及的参游审批、出入境管理、价格费用等方面进行了规定。1994 年 1 月，内

① 陈才，丁四保. 东北地区边境口岸经济发展现状的调查与分析 [J]. 东北亚论坛，1999（02）：52-56.

蒙古自治区实施了《内蒙古自治区中俄边境旅游暂行管理办法》，明确了中国公民参加中俄边境旅游需履行的手续、承办旅行社需履行的手续、陪同导游的职责纪律等内容。之后的一段时间国家对边境旅游发展进行了整顿，并于 1997 年推出了《边境旅游暂行管理办法》。国家旅游局以及外交部、公安部、海关总署等部门在对中俄边境地区旅游进行实际考察的基础上，于 1998 年 6 月 3 日颁布实施《中俄边境旅游暂行管理实施细则》，实施细则对中俄边境旅游项目设立的条件、审批程序、中俄边境旅游业务的经营、出入境证件和边防检查管理、罚则加以规定和明确。其作为第一部边境旅游领域的实施细则，为我国各省（区）边境旅游规范化管理提供了借鉴（见表 6-12）。

　　这一时期东北地区的边境贸易以及边境旅游得到快速发展，然而由于边境旅游本身的特殊性以及发展仍处于起步阶段，政府缺乏积极有效的管理，边境市场秩序较为混乱。在这一阶段因产品质量差、边境走私以及黄赌毒等一系列社会问题出现，边境旅游曾一度被叫停整改，国家层面开始着手调整规范。

表 6-12　1992~1998 年东北地区边境旅游主要政策

时间	制定单位	政策名称	主要政策内容
1992 年 3 月 9 日	国务院	《关于进一步对外开放黑河等四个边境城市的通知》	边境贸易与边境旅游开始快速发展
1992 年 4 月 8 日	内蒙古自治区外事办公室、旅游局、公安厅	《中蒙多日游暂行管理办法》	规定 4 条中蒙三日至七日的旅游线路
1992 年 8 月 3 日	黑龙江省旅游局	《绥芬河—符拉迪沃斯托克"三日游"管理暂行办法》	对参游审批、出入境管理、价格费用等方面进行了规定
1992 年 9 月 5 日	吉林省旅游局	《吉林省边境旅游暂行管理办法》	对线路、时间等方面进行了规定
1992 年 9 月 29 日	内蒙古自治区旅游局和公安厅	《内蒙古自治区关于加强边境旅游管理的通知》	对线路、政审、境外管理等方面进行了规定
1994 年 1 月 25 日	内蒙古自治区旅游局	《内蒙古自治区中俄边境旅游暂行管理办法》	明确了中国公民参加中俄边境旅游需履行的手续、承办旅行社需履行的手续、陪同导游的职责纪律等内容
1998 年 6 月 3 日	国家旅游局以及外交部、公安部、海关总署等部门	《中俄边境旅游暂行管理实施细则》	对设立的条件、审批程序、业务的经营、出入境证件和边防检查管理、罚则加以规定和明确

数据来源：笔者整理。

(三) 发展阶段 (1999~2012 年) 边境旅游体系化发展

1999 年,国家旅游局、公安部联合下发了《关于辽宁省丹东市对朝旅游有关问题处理意见的通知》,取消了原来对人数的限制,并将旅游时间延长到 6 日内,东北地区边境旅游进一步加快发展。进入 21 世纪,东北振兴战略和兴边富民政策的支持给东北地区边境旅游的发展带来了契机。2001年国家民委下发的《全国兴边富民行动规划纲要 (2001—2010 年)》提出要以丹东、珲春、黑河、绥芬河、满洲里等沿边城市为中心,充分利用区位优势,重点对俄、蒙、朝等东北亚国家发展边境贸易。东北各省区层面,2003 年《吉林省旅游条例》指出要基于吉林省资源特色,大力发展边境旅游;2008 年《吉林省旅游业发展"十一五"规划》和 2011 年《吉林省旅游业发展"十二五"规划》重点指出围绕延边州边境旅游资源大力开展边境旅游和跨境旅游,强化东北亚"小三角""大三角"边境旅游线路,打造民俗文化、边境旅游区。2008 年《辽宁省旅游业发展"十一五"规划》以及 2011 年《辽宁省旅游业发展"十二五"规划》都指出充分发挥辽东半岛沿边的地缘优势,深入实施兴边富民工程,带动边境地区发展,以丹东市为重点城市,发展中朝边境风光游。2008 年《黑龙江省旅游业"十一五"规划》和 2012 年《黑龙江省旅游业"十二五"规划》都指出围绕黑河、绥芬河、抚远大力发展中俄边境旅游,依托边境特色文化旅游带以及中俄文化交流圈建设边境旅游品牌,不断提升中俄边境旅游的影响力和品牌吸引力。2008年《内蒙古自治区"十一五"旅游业发展规划》以及 2012 年《内蒙古自治区"十二五"旅游业发展规划》也强调了大力建设边境口岸,依托特色资源及边境 (跨境) 旅游线路发展对俄、对蒙边境旅游,并塑造边境 (跨境) 旅游品牌。国家合作方面,2011 年,中朝俄三国合力集中开辟了三国边境 (跨境) 环形旅游路线,为东北地区的边境 (跨境) 旅游合作打下坚实基础。2009 年《中国图们江区域合作开发规划纲要——以长吉图为开发开放先导区》和 2012年的《关于支持中国图们江区域 (珲春) 国际合作示范区建设的若干意见》都重点针对图们江区域的开发开放进行了战略部署,意在通过区域的辐射带动作用,促进边境地区发展,进一步深化东北振兴。

这一时期的东北地区边境旅游紧紧与国家的兴边富民政策以及各省区旅游发展整体规划相结合,边境旅游政策更注重包括旅游基础设施、旅游产品等在内的旅游体系的全面发展。这一阶段政策的根本目的在于服务边境发展，利用旅游业的带动效应提升东北边境地区经济发展水平（见表6-13）。

表 6-13　1999～2012 年东北地区边境旅游主要政策

时间	制定单位	政策名称	主要政策内容
1999 年	国家旅游局、公安部	《关于辽宁省丹东市对朝旅游有关问题处理意见的通知》	取消了原来旅游人数的限制，将旅游时间延长到 6 日内
2001 年	国家民委	《全国兴边富民行动规划纲要（2001—2010 年）》	以丹东、珲春、黑河、绥芬河、满洲里等沿边城市为中心，利用区位优势，重点对俄、蒙、朝等东北亚国家发展边境贸易
2003 年11 月 29 日	吉林省人大	《吉林省旅游条例》	基于延边州资源特色，发展边境旅游
2008 年	黑龙江省旅游局	《黑龙江省旅游业"十一五"规划》	依托口岸大力发展中俄边境旅游，不断提升品牌吸引力
2008 年	内蒙古自治区旅游局	《内蒙古自治区"十一五"旅游业发展规划》	大力发展中蒙边境旅游，并塑造中蒙旅游品牌
2008 年3 月	辽宁省旅游局	《辽宁省旅游业发展"十一五"规划》	充分发挥辽东半岛沿边的地缘优势，以丹东市为重点城市，发展中朝边境风光游
2008 年3 月	吉林省旅游局	《吉林省旅游业发展"十一五"规划》	围绕延边州边境旅游资源大力开展边境旅游
2009 年8 月	国务院新闻办公室	《中国图们江区域合作开发规划纲要——以长吉图为开发开放先导区》	加强图们江区域的经济合作与发展，拉动东北振兴，加大对外开放
2011 年3 月	吉林省旅游局	《吉林省旅游业发展"十二五"规划》	促进入境旅游，打造边境、跨境旅游产品
2011 年5 月	辽宁省旅游局	《辽宁省旅游业发展"十二五"规划》	同朝鲜发展边境旅游，深入实施兴边富民工程，带动边境地区发展
2012 年	黑龙江省旅游局	《黑龙江省旅游业"十二五"规划》	依托边境特色文化旅游带以及中俄文化交流圈建设边境旅游品牌
2012 年 4 月	国务院	《关于支持中国图们江区域（珲春）国际合作示范区建设的若干意见》	加强图们江区域的边境跨境旅游合作开发
2012 年6 月 18 日	内蒙古自治区旅游局	《内蒙古自治区"十二五"旅游业发展规划》	加强边境旅游资源和边境口岸建设，增加对俄对蒙跨境旅游线路

数据来源：笔者整理。

（四）深化发展阶段（2013~2019 年）边境旅游纵深化发展

国家层面，2014 年 8 月国务院下发《关于近期支持东北振兴若干重大政策举措的意见》，该意见指出研究设立绥芬河（东宁）、延吉（长白）、丹东重点开发开放试验区，支持满洲里、二连浩特重点开发开放试验区和中国图们江区域（珲春）国际合作示范区建设。东北地区各省区层面，相关政策也陆续出台。2015 年 6 月，《吉林省人民政府办公厅关于促进旅游业改革发展的实施意见》指出，打造 "一带一路" 吉林旅游版，推进图们江三角洲国际旅游合作区建设，加快协调推进边境旅游国际项目合作开发，推动将延吉市以及珲春市、图们市、和龙市等地边境城镇纳入境外游客购物离境退税区，探索新增入境口岸免税店的可行性。《吉林省旅游业发展 "十三五" 规划》围绕 "一带一路" 和长吉图开发开放战略，大力推进图们江三角洲国际旅游合作区建设，致力于特色边境旅游产品的发展。《辽宁省旅游业发展 "十三五" 规划》通过积极申报创建中朝旅游合作试验区，依托丹东鸭绿江中朝精品旅游带，致力于打造中国最美边境旅游带、中国自驾旅游精品示范线路。《黑龙江省旅游业 "十三五" 发展规划》致力于促进边境旅游深层次发展，将边境文化融入边境旅游发展中，依赖特色资源发展综合性边境旅游产品。《内蒙古自治区 "十三五" 旅游业发展规划》强调建设口岸边境旅游特色城镇，推进 "万里茶道" 的申遗以及国际旅游合作。2018 年 11 月，文化和旅游部等部门联合出台了《关于促进乡村旅游可持续发展的指导意见》，指出鼓励东北地区依托区域特色资源，将乡村旅游与边境旅游融合发展，促进乡村旅游的跨国发展。2019 年 11 月，吉林、黑龙江两省文旅厅共同签署《吉林省黑龙江省联合整治赴俄边境旅游市场秩序合作协议》，提出深化 "白山黑水旅游共同体" 合作，推动两省中俄边境旅游合作及旅游市场的规范（见表 6-14）。

这一时期的东北地区边境旅游政策在国家对于东北地区发展的重大战略的指引下，与当下的乡村振兴等政策紧密结合，推动旅游业态的融合共生发展。除此之外也更加注重自身的特色发展，与各地区的旅游规划紧密结合，做到因地制宜，规范化发展。

表 6-14　2013~2019 年东北地区边境旅游主要政策

时间	制定单位	政策名称	主要政策内容
2014 年 8 月 8 日	国务院	《关于近期支持东北振兴若干重大政策举措的意见》	扩大向东北亚区域开放合作，打造一批重大开放合作平台，完善对外开放政策，加强区域经济合作
2015 年 6 月 18 日	吉林省人民政府办公厅	《吉林省人民政府办公厅关于促进旅游业改革发展的实施意见》	推进图们江三角洲国际旅游合作区建设，推动边境旅游国际化发展
2017 年 4 月 19 日	吉林省人民政府办公厅	《吉林省旅游业发展"十三五"规划》	围绕"一带一路"和长吉图开发开放战略，致力于特色边境旅游产品的发展
2016 年 6 月 11 日	辽宁省人民政府办公厅	《辽宁省旅游业发展"十三五"规划》	通过积极申报创建中朝旅游合作试验区，依托丹东鸭绿江中朝精品旅游带，致力于发展边境旅游
2018 年 4 月 3 日	黑龙江省旅游发展委员会	《黑龙江省旅游业"十三五"发展规划》	致力于做深边境旅游产品，形成边境旅游和边境经济贸易一体化发展格局
2017 年 2 月 10 日	内蒙古自治区人民政府	《内蒙古自治区"十三五"旅游业发展规划》	编制中俄蒙三国黄金旅游带规划，推进"万里茶道"申遗工作，加强"万里茶道"品牌国际旅游合作
2018 年 11 月	文化和旅游部等部门	《关于促进乡村旅游可持续发展的指导意见》	鼓励东北地区探索开展乡村旅游边境跨境交流
2019 年 11 月	吉林、黑龙江两省文旅厅	《吉林省黑龙江省联合整治赴俄边境旅游市场秩序合作协议》	推动两省中俄边境旅游合作及旅游市场的规范

数据来源：笔者整理。

（五）内在提升阶段（2020 年至今）边境旅游高质量发展

2020 年后，东北边境旅游主要注重内在质量提升，为经济发展提供内生动力。2020 年 4 月，国家发改委等部门联合印发了《珲春海洋经济发展示范区建设总体方案》，提出建设图们江三角洲中朝俄跨境海洋旅游合作区，东北地区对朝边境旅游进一步深入发展。① 东北地区各省区旅游规划层

① 李英花，吴雨晴，崔哲浩. 中朝边境地区跨境旅游合作区建设现状及路径探析［J］. 延边大学学报（社会科学版），2022，55（05）：71-78+143.

面，相关政策也相继发布。2021 年 6 月，《黑龙江省"十四五"文化和旅游发展规划》以黑河、同江、东宁、绥芬河和抚远等区域为重点，把沿边城市对俄文化和旅游交流纳入中俄文化大集总体框架，推动沿边城市与俄毗邻州区开展边境旅游等领域的全方位合作，扩大活动规模，创新交流形式，丰富合作内容，提升沿边城市对俄文化和旅游交流的层次和水平，不断扩大对俄人文交流、旅游合作及经贸往来成效。2021 年 9 月，《辽宁省"十四五"文化和旅游发展规划》指出，积极推动丹东创建国家边境旅游试验区，发挥丹东边境旅游集散地辐射作用。2021 年 11 月，《吉林省文化和旅游发展"十四五"规划》指出，振兴入境旅游，推动边境旅游，做强国内旅游，积极融入国内国际双循环，并串联边境口岸，以边境游和跨境游为传统旅游升级卖点，为吸引入境游注入新动力。2022 年 1 月，《内蒙古自治区"十四五"文化和旅游融合发展规划》致力于打造我国北疆文旅交流的典范，通过参与"一带一路"以及中蒙俄经济走廊建设，推动满洲里边境旅游试验区、二连浩特跨境旅游合作区建设，持续打造"万里茶道"国际旅游品牌，推进中蒙俄跨境旅游发展。东北地区各省区也逐渐加强旅游联动。2021年 9 月，丹东市分别与吉林省通化市、白山市签署《鸭绿江旅游联盟红色旅游合作协议》，协议中提出以包括三个市拥有的边境资源在内的旅游资源为基础，打造综合性旅游产品。2021 年 12 月，《黑龙江省促进旅游业发展条例》提出大力扶持跨境合作区域旅游的发展，组织开展与邻近国家旅游方面的合作与交流。2022 年 2 月，吉林省人民政府推出《长通白延吉长避暑休闲冰雪旅游大环线发展规划》，提出重点打造和开发东部国家风景道、图们江与鸭绿江边境风情道及东北亚跨境旅游精品线路（见表 6-15）。

这一时期国家及地方层面出台了一系列促进东北地区边境旅游的政策文件。此阶段的东北地区边境旅游处于内在提升阶段，不断寻找发展新动能。

表 6-15　2020 年至今东北地区边境旅游主要政策

时间	制定单位	政策名称	主要政策内容
2020 年 4 月 29 日	国家发改委等	《珲春海洋经济发展示范区建设总体方案》	建设图们江三角洲中朝俄跨境海洋旅游合作区
2021 年 6 月 15 日	黑龙江省文化和旅游厅	《黑龙江省"十四五"文化和旅游发展规划》	以黑河、同江、东宁、绥芬河和抚远等区域为重点发展边境旅游

续表

时间	制定单位	政策名称	主要政策内容
2021年9月8日	吉林省通化市、白山市文广旅局，辽宁省丹东市文旅局	《鸭绿江旅游联盟红色旅游合作协议》	融合打造边境旅游产品与其他相关旅游产品
2021年9月13日	辽宁省文化和旅游厅	《辽宁省"十四五"文化和旅游发展规划》	积极推动丹东创建国家边境旅游试验区，发挥丹东边境旅游集散地辐射作用
2021年11月1日	吉林省文化和旅游厅	《吉林省文化和旅游发展"十四五"规划》	振兴入境旅游，推动边境旅游，做强国内旅游
2021年12月24日	黑龙江省人大	《黑龙江省促进旅游业发展条例》	提出大力发展跨境旅游合作区
2022年1月11日	内蒙古自治区文化和旅游厅	《内蒙古自治区"十四五"文化和旅游融合发展规划》	积极融入共建"一带一路"，推进中蒙俄跨境旅游发展
2022年2月26日	吉林省人民政府	《长通白延吉长避暑休闲冰雪旅游大环线发展规划》	打造边境风情道和跨境旅游路线

数据来源：笔者整理。

二　东北地区边境旅游政策沿革现状

（一）重视发展边境旅游，紧跟国家政策导向

在国家各类政策的大力扶持下，我国的边境旅游发展迅速，东北地区紧紧依靠国家政策大力开发东北地区及毗邻国家边境旅游市场，并在国家整体政策指导下基于自身发展经验及优势，立足实际出台众多有利于东北地区边境旅游蓬勃发展的政策。从整体来看，在国家东北振兴战略以及全国各时期兴边富民行动规划的指引下，东北地区的各类边境旅游政策致力于边境旅游以及边境贸易的共生发展。如边境旅游层面，《中俄边境旅游暂行管理实施细则》《吉林省边境旅游暂行管理办法》《内蒙古自治区中俄边境旅游暂行管理办法》《与俄罗斯哈巴罗夫斯克开展中俄边境五日游》等政策致力于增强与毗邻国家经济文化交流，促进东北地区对俄、对朝、对蒙边境旅游的发展。边境贸易层面，中国（辽宁）自由贸易试验区、中国（黑龙江）自由贸易试验区、《关于支持中国图们江区域（珲春）国际合作示范区建设的若干意见》、《中国图们江区域合作开发规划纲要——以长吉

图为开发开放先导区》等相关政策推动贸易转型升级，推进国际贸易交流
合作，进而加强东北亚区域开放合作。东北地区的边境旅游与边境贸易相
关政策在发展过程中又彼此相连，实现了以贸易促旅游、以旅游带贸易，
相关政策均以不断提升我国东北地区沿边开放水平、促进边疆繁荣稳定为
目标。

（二）推动口岸建设，加快沿边地区开发开放

综观涉及边境旅游的相关政策，东北地区在发展边境旅游过程中注重
边境口岸的引领带动作用。首先，边境口岸政策制定的历史较为悠久，中
俄、中蒙、中朝之间互贸相关政策早在中华人民共和国成立之前就已存在，
为东北地区边境旅游发展奠定了一定的基础。其次，1992 年国家实施沿边
开放战略，批准了 14 个国家级边境经济合作区建设，并给予相应的政策优
惠，进一步带动了边境口岸的建设发展。最后，边境口岸政策的实施也为
东北边境地区跨境旅游合作区和边境旅游试验区的形成奠定了基础，中朝
互市贸易区、长吉图开发开放先导区、满洲里边境旅游试验区、二连浩
特—扎门乌德跨境旅游合作区、黑河—布拉戈维申斯克跨境旅游合作区、
中国图们—朝鲜南阳跨境旅游合作区等重点地区的建设都集中在边境口岸
地区，并借助边境口岸政策进一步形成发展，从而吸引更多的政策支持，
进一步加快东北沿边地区开发开放。

（三）确定重点地区，大力扶持边境旅游的发展

与推动口岸建设一致，通过对东北地区边境旅游发展相关政策的研究
可以看出，东北地区在发展边境旅游过程中，注重重点地区的引领带动作
用，通过设立中朝、中俄、中蒙边境地区的跨境旅游合作区和边境旅游试
验区，并加以政策的特殊支持，使这些地区逐渐发展成为对国内外有吸引
力的旅游中心区。在东北地区边境旅游试验区与跨境旅游合作区建设之前，
我国针对与毗邻的蒙古国、俄罗斯、朝鲜的边境旅游合作出台了一系列政
策。政策涉及跨境旅游合作、通关政策、贸易往来等方方面面，为重点地
区的确立和发展奠定了良好的基础。2015 年在国务院《关于支持沿边重点
地区开发开放若干政策措施的意见》的指导下，东北地区相继设立满洲里
边境旅游试验区以及图们江三角洲中朝俄跨境旅游合作区、黑河—布拉戈

维申斯克跨境旅游合作区等 13 个跨境旅游合作区，从此重点地区带动东北地区边境旅游发展的模式开始正式形成。近年来，为进一步巩固跨境旅游合作区和边境旅游试验区政策实施成效，东北地区又陆续设立中国（辽宁）自由贸易试验区、中国（黑龙江）自由贸易试验区，对重点地区的发展出台系列支持政策，与毗邻国家签署各类合作发展规划，为东北地区重点地区带动发展提供了明确的政策导向，奠定了坚实的政治基础。

（四）合作区面状发展，对接东北亚地区重要战略支点

东北地区边境旅游政策围绕黑龙江绥芬河、黑河、抚远，辽宁丹东，吉林延边，内蒙古满洲里、二连浩特等边境城市支持构建中俄、中朝、中蒙三大跨境旅游市场合作圈。中朝跨境旅游市场合作圈以丹东和延边为核心，政策围绕中朝跨境旅游合作区的建设发展展开，我国政府和朝鲜政府共同努力围绕简化通关手续、统筹区域旅游资源、开发极具特色的中朝边境旅游产品等方面强化政策支持。中俄跨境旅游市场合作圈以绥芬河、黑河、抚远为核心，由沿边城市逐渐向东北地区内陆拓展。近年来"丝绸之路经济带"同俄罗斯"跨欧亚大铁路"倡议不断对接，跨境旅游成为"东北—远东"地区旅游合作的新方向，中俄边境旅游产品日趋多样化，旅游基础设施日趋完善。中蒙东北部跨境旅游市场合作圈以满洲里、二连浩特为核心，1992 年实施沿边开放战略以来，中蒙边境旅游政策围绕跨境旅游线路开发、酒店建设、旅游人才队伍培训、旅游规划等方面全方位展开。近年来"一带一路"倡议与蒙古国"草原之路"发展战略对接，中蒙旅游合作全面深化。

第五节　东北地区与毗邻国家边境旅游政策分析

一　东北地区与朝鲜边境旅游政策分析

1987 年 11 月《关于拟同意辽宁省试办丹东至新义州自费旅游事》以及 1991 年 5 月《辽宁省中朝边境自费旅游业务暂行管理办法》发布，开启了中朝边境旅游，且对此时的边境旅游人数、范围等进行了严格规范。从 1991 年开始，中朝跨境旅游逐步发展。1999 年，国家旅游局、公安部联合

下发了《关于辽宁省丹东市对朝旅游有关问题处理意见的通知》，赴朝边境旅游恢复开通。

2009 年，在中朝两国建交 60 周年之际，中朝签订了经贸、教育、旅游等方面的合作文件，极大地推动了旅游和贸易的发展，这对于发展中朝边境旅游合作是一个难得的机遇。10 月，中朝双方签署了《关于中国旅游团队赴朝鲜民主主义人民共和国旅游实施方案的谅解备忘录》，确定了朝鲜成为中国的旅游目的地国家之一。2010 年 2 月 25 日，中国外交部和朝鲜外务省签署了《中华人民共和国和朝鲜民主主义人民共和国政府关于共同建设、管理和维护鸭绿江界河公路大桥的协定》，进一步打开了对朝鲜和东北亚地区开放的重要窗口。同年 4 月 12 日，中国公民团体赴朝旅游业务正式启动。当日，来自 10 个省（区、市）的 395 名游客组成的旅游团从沈阳航空口岸和丹东陆路口岸出发，前往朝鲜的新义州、妙香山、平壤、开城、板门店等地区开展旅游活动，这标志着中朝旅游合作又进入了新的发展阶段。2012 年 10 月 12 日至 16 日，中国商务部、外交部等部门及朝鲜贸易省、外务省等部门在辽宁丹东举办了首届中朝经贸文化旅游博览会，主要内容为 "鸭绿江边境之旅" 赴朝游精品线路考察、中朝国际旅游资源展暨旅游商品展和 "鸭绿江之秋" 旅游启动仪式等。2014 年，中朝俄三国一致提出图们江三角洲国际旅游合作区构想，在吉林省发布的 "十三五" 规划中被列为重点发展项目，在国家层面也被纳入重点项目。

东北地方层面，2012 年吉林省旅游局和吉林省长白山管委会分别与朝鲜罗先市观光管理局和朝鲜国家观光总局签署了《关于跨境自驾车旅游项目的补充协议》以及《合作开发长白山旅游项目合作意向书》，推动了长白山区域的边境旅游开发以及自驾旅游项目的拓展。2013 年丹东中国国际旅行社有限公司与朝鲜平安北道观光局合作推出了《共同开发新义州东林景区二日游项目》，围绕共同开发建设新义州东林景区，进一步扩大了中朝边境旅游合作线路及项目。同年，延边州图们市与朝鲜南阳市开通了自行车边境游。从 2014 年开始，辽宁省丹东市和吉林省延吉市等城市恢复了对朝边境旅游异地办证业务。2016 年，丹东市开通了朝鲜新义州登岸游免护照和签证的业务，促使赴朝跨境旅游人数大幅度增加。同年《关于开通中华人民共和国吉林省珲春市与朝鲜民主主义人民共和国罗先市之间豆满江旅游跨江通道协议书》进一步推动了豆满江区域中朝边境旅游合作。2019 年，延边州珲春市与朝鲜罗先市豆满江区之间开通了跨江一日游项目，吸引了大量游客，扩大了边境旅游市场（见表6-16）。

表 6-16　东北地区与朝鲜边境旅游主要政策

时间	制定单位	政策（活动）名称	主要政策（活动）内容
2008 年 4 月 29 日	中朝两国地方政府	《图们至朝鲜南阳步行游协议》	开辟步行旅游线路
2009 年 10 月 13 日	中朝两国政府	《关于中国旅游团队赴朝鲜民主主义人民共和国旅游实施方案的谅解备忘录》	朝鲜成为中国旅游目的地国家之一
2010 年 2 月 25 日	中朝两国政府	《中华人民共和国和朝鲜民主主义人民共和国政府关于共同建设、管理和维护鸭绿江界河公路大桥的协定》	关于出入封闭建设区生产、生活及设备、物资管理，打开了对朝鲜和东北亚开放的重要窗口
2011 年 7 月	吉林省与罗先市	《关于中朝罗先经贸区（2011—2020 年）规划框架的协议》	建成朝鲜先进制造业基地、东北亚地区国际物流中心和区域性旅游中心
2012 年	吉林省旅游局和朝鲜罗先市观光管理局	《关于跨境自驾车旅游项目的补充协议》	在吉林可办"赴朝自驾游"的旅行社也由 7 家增加到 13 家
2012 年 9 月 25 日	吉林省长白山管委会与朝鲜国家观光总局	《合作开发长白山旅游项目合作意向书》	合作推进长白山（白头山）朝方地区旅游项目建设
2012 年 10 月 12 日至 16 日	中国商务部等与朝鲜贸易省等	首届中朝经贸文化旅游博览会	赴朝游精品线路考察、旅游商品展等
2013 年	丹东中国国际旅行社有限公司与朝鲜平安北道观光局	《共同开发新义州东林景区二日游项目》	合作推进新义州东林景区二日游旅游项目建设
2016 年 7 月	珲春市与朝鲜罗先市	《关于开通中华人民共和国吉林省珲春市与朝鲜民主主义人民共和国罗先市之间豆满江旅游跨江通道协议书》	推动豆满江区域中朝边境旅游合作

数据来源：笔者整理。

二　东北地区与俄罗斯边境旅游政策分析

中俄边境旅游合作发展较早，1989 年 9 月，国家旅游局颁发的《关于中苏边境地区开展自费旅游业务的暂行管理办法》对中俄两国之间开展边境旅游合作奠定了良好的基础。1992 年依照《中俄边境旅游暂行管理办法》,《绥芬河—符拉迪沃斯托克"三日游"管理暂行办法》《内蒙古自治区关于加强边境旅游管理的通知》《吉林省边境旅游暂行管理办法》相继发布。1993 年 11 月,《中华人民共和国政府和俄罗斯联邦政府旅游合作协定》正式签订,这也为今后中俄两国包括跨境旅游在内的边境旅游合作起到了里程碑式的作用,由此中俄边境旅游开始蓬勃发展。

国家旅游局以及外交部、公安部、海关总署等部门在对中俄边境地区旅游进行实际考察的基础上,于 1998 年 6 月 3 日颁布实施《中俄边境旅游暂行管理实施细则》。2000 年 2 月,中俄旅游合作分委会会议召开,双方签署了《关于互免团体旅游签证的协定》,促进了中俄两国旅游合作开始迈入新发展阶段。① 2006 年,中俄两国签署《中华人民共和国和俄罗斯联邦政府关于修改和补充〈中华人民共和国政府和俄罗斯联邦政府关于互免团体旅游签证的协定〉的议定书》,进一步规范了两国边境旅游活动,标志着中俄旅游合作进入全面开放的新阶段。同年 6 月,俄罗斯伊尔库茨克州与吉林省签署了开展旅游合作的联合声明。2008 年 4 月,俄罗斯阿穆尔州和中国黑河政府达成发展合作协议,进一步促进了中俄边境旅游范围的扩大与发展。2009 年 9 月,中俄两国签署《中国东北地区与俄罗斯远东及东西伯利亚地区合作规划纲要(2009~2018 年)》,进一步扩展了合作空间。

2010 年 9 月 27 日,中俄双方签订了《中华人民共和国和俄罗斯联邦关于全面深化战略协作伙伴关系的联合声明》,指出两国互办旅游年。2014 年 9 月,中俄计划把"丝绸之路经济带"同俄罗斯"跨欧亚大铁路"相对接,意在促进两国旅游合作向深层次发展。2015 年,随着"中俄蒙经济走廊"建设和"一带一路"倡议的逐步推进,《中俄蒙"茶叶之路"旅游线路开发合作意向书》《中俄蒙旅游企业区域合作协议书》《中俄蒙旅游企业"茶叶之路"自驾车线路开发合作协议书》《中国内蒙古旅游协会与俄罗斯旅游产业协会合作协议》等旅游合作相继签署,意在与俄罗斯加强旅游设施、旅游接待、旅游宣传营销等工作的互动,从而共同推进中俄跨境旅游的发展。同年 7 月,俄罗斯国家层面推动"友好中国"计划,国家旅游局随后与俄罗斯"世界无

① 牛育育,吴殿廷,周李. 中俄旅游合作的回顾及前瞻 [J]. 东北亚经济研究,2020,4(5): 78-93.

国界"旅游协会合作，开始在两国国内推出对方的产品。2015 年"万里茶道"国际旅游联盟正式成立，中俄蒙三国通过合作开发"万里茶道"系列旅游产品，旨在推动中俄蒙跨国旅游国家品牌及线路建设（见表 6-17）。

表 6-17　东北地区与俄罗斯边境旅游主要政策

时间	制定单位	政策名称	主要政策内容
1993 年 11 月 3 日	中俄两国政府	《中华人民共和国政府和俄罗斯联邦政府旅游合作协定》	促进和鼓励两国在旅游方面，在互利的基础上，依照两国现行法律和规范开展合作
2000 年 2 月	中俄两国政府	《关于互免团体旅游签证的协定》	互免团体旅游签证
2006 年 11 月 17 日	中俄两国政府	《中华人民共和国和俄罗斯联邦政府关于修改和补充〈中华人民共和国政府和俄罗斯联邦政府关于互免团体旅游签证的协定〉的议定书》	进一步完善互免团体旅游签证机制
2009 年 9 月 23 日	中俄两国地方政府	《中国东北地区与俄罗斯远东及东西伯利亚地区合作规划纲要（2009—2018 年）》	口岸及边境基础设施建设和改造，协调实施中俄地区发展战略
2010 年 9 月 27 日	中俄两国政府	《中华人民共和国和俄罗斯联邦关于全面深化战略协作伙伴关系的联合声明》	两国互办旅游年
2015 年	中、俄、蒙三国政府	《中俄蒙"茶叶之路"旅游线路开发合作意向书》	建立旅游伙伴关系，在"茶叶之路"合作项目等方面达成合作意向
2015 年	中、俄、蒙三国政府	《中俄蒙旅游企业区域合作协议书》	旅游企业的区域性跨国合作
2015 年	中、俄、蒙三国政府	《中俄蒙旅游企业"茶叶之路"自驾车线路开发合作协议书》	自驾车线路开发合作
2015 年 7 月 13 日	中、俄、蒙三国政府	《"茶叶之路"旅游合作协议》	成立了"万里茶道"国际旅游联盟
2015 年	中、俄、蒙三国政府	《中国内蒙古旅游协会与俄罗斯旅游产业协会合作协议》	两国加强旅游产业化合作
2016 年 6 月 23 日	中、俄、蒙三国政府	《关于编制建设中俄蒙经济走廊规划纲要》	推动三国间交通、经贸、人文、生态环保等领域的合作

数据来源：笔者整理。

三　东北地区与蒙古国边境旅游政策分析

1990 年 3 月，蒙古国与我国内蒙古自治区人民政府相互访问，并对两国的旅游资源进行考察，之后开始商讨旅游合作事宜。1991 年 9 月 18 日，二连浩特市被批准与蒙古国扎门乌德市开展中蒙边境对等交换一日游活动。同年签订的《中华人民共和国政府和蒙古人民共和国政府关于边境口岸及其管理制度的协定》，对中蒙边境口岸的建设及管理进行了规定。2003 年在内蒙古举办了中蒙两国旅游推介交流会，对两国边境旅游的合作交流起到了一定的促进作用。2005 年 5 月，中蒙签署《关于中国旅游团队赴蒙古国旅游实施方案的谅解备忘录》，标志着中蒙两国在旅游领域的合作进入了一个新阶段。从 2005 年开始，中蒙两国建立了边境旅游协调会议制度，并于每年固定召开一次会议，会议内容主要针对两国边境旅游合作过程中存在的问题以及新发展、下一步的发展方向进行深入交流。2009 年 4 月，国务院批准建立满都拉口岸，进一步促进了中蒙边境旅游的发展。

2014 年，蒙古国的"草原之路"倡议与我国的"丝绸之路经济带"开始对接合作，中蒙合作进一步深化。2015 年在内蒙古召开了中蒙旅游合作洽谈会，双方针对跨境旅游线路开发、酒店建设、旅游人才队伍培训、旅游规划等 9 个项目领域进行了沟通洽谈。随着"中蒙俄经济走廊"建设和"一带一路"建设的逐步推进，《中蒙俄"茶叶之路"旅游线路开发合作意向书》《中蒙俄旅游企业区域合作协议书》《中蒙俄旅游企业"茶叶之路"自驾车线路开发合作协议书》等相继签署，促进中蒙对"快旅慢游""旅游+互联网""全域旅游""厕所革命""境外人身安全"等理念进行了深入交流沟通并形成共识。2016 年《中蒙旅游合作协议》正式签署，促进了两国旅游企业在旅游市场开拓、旅游产品开发等方面的合作。同年"万里茶道"国际旅游联盟正式成立，中俄蒙三国通过合作开发"万里茶道"系列旅游产品，旨在推动中俄蒙跨国旅游国家品牌及线路建设。[①] 同年，中蒙俄三方签署了《关于编制建设中蒙俄经济走廊规划纲要》，使三国经济走廊建设进入实质性发展阶段。2019 年 6 月 4 日，中蒙两国正式签署《中华人民共和国政

---

① 王珊，斯琴，吴海珍等．基于"点—轴"系统理论的内蒙古与蒙古国旅游合作空间结构研究［J］．内蒙古财经大学学报，2021，19（1）：80-84.

府和蒙古国政府关于建设中国蒙古二连浩特—扎门乌德经济合作区的协议》，对中国"一带一路"倡议与蒙古国"发展之路"战略对接以及两国边境地区的贸易、旅游合作、人员交流等有重要意义。2020 年 7 月，中蒙双方发布《中蒙边境口岸"绿色通道"实施办法》，对经中蒙边境口岸"绿色通道"往来的人员和货物等做出明确和详细规定（见表6-18）。

表 6-18　东北地区与蒙古国边境旅游主要政策

时间	制定单位	政策名称	主要政策内容
1991 年 9 月 18 日	中蒙两国政府	《中华人民共和国政府和蒙古人民共和国政府关于边境口岸及其管理制度的协定》	对于中蒙边境口岸的建设及管理进行了一定的规定
2005 年 5 月	国家旅游局与蒙古国交通、运输和旅游部	《关于中国旅游团队赴蒙古国旅游实施方案的谅解备忘录》	促进蒙古国成为我国公民旅游目的地之一
2015 年	中、蒙、俄三国政府	《中蒙俄"茶叶之路"旅游线路开发合作意向书》	建立旅游伙伴关系，在"茶叶之路"合作项目等方面达成合作意向
2015 年	中、蒙、俄三国政府	《中蒙俄旅游企业区域合作协议书》	旅游企业的区域性跨国合作
2015 年	中、蒙、俄三国政府	《中蒙俄旅游企业"茶叶之路"自驾车线路开发合作协议书》	自驾车线路开发合作
2015 年 7 月 13 日	中、蒙、俄三国政府	《"茶叶之路"旅游合作协议》	成立了"万里茶道"国际旅游联盟
2016 年 2 月	中蒙两国政府	《中蒙旅游合作协议》	鼓励支持旅游企业合作、旅游市场和新型旅游产品开发等
2016 年 6 月 23 日	中、蒙、俄三国政府	《关于编制建设中蒙俄经济走廊规划纲要》	推动三国间交通、经贸、人文、生态环保等领域的合作
2019 年 6 月 4 日	中蒙两国政府	《中华人民共和国政府和蒙古国政府关于建设中国蒙古二连浩特—扎门乌德经济合作区的协议》	加强中国"一带一路"倡议与蒙古国"发展之路"战略对接
2020 年 7 月 8 日	中蒙两国政府	《中蒙边境口岸"绿色通道"实施办法》	对边境口岸往来的人员和货物做出规定

数据来源：笔者整理。

第七章 东北边境地区旅游业助推乡村振兴发展分析

第一节 边境地区旅游业助推乡村振兴

一 边境地区旅游业助推乡村振兴的背景

2017 年 10 月 18 日，党的十九大报告第一次将乡村振兴战略作为党和国家的重大战略，① 这充分显示了党中央对于农业、农村、农民问题的重视，也为农村经济、政治、生态文明等方面建设提供了理论指导。国家随后出台了多项相关政策文件进行落实和部署，指明了乡村振兴的工作重点和关注领域，统筹推进经济、政治、文化、社会和生态文明"五位一体"建设全面提升，真正实现农业发展强盛、乡村生态优美、农民生活富裕的目标，满足人民对美好生活向往的需求。2018 年中央一号文件基于党的十九大报告提出的乡村振兴战略对其进行了理论与战略部署。为进一步推进战略贯彻落实、政策执行落地，《国家乡村振兴战略规划（2018—2022年）》等有关乡村振兴的一系列文件颁布，不断谱写新时代乡村全面振兴新篇章。

乡村振兴作为国家战略，是全局性、长远性、前瞻性的国家总体布局，中共中央、国务院先后出台了多项文件（见表 7-1），从乡村土地使用、农业产业发展、中央财政投入、人居环境保障以及基层组织建设等方面积极推进乡村振兴战略的实施。

---

① 《习近平：决胜全面建成小康社会夺取新时代中国特色社会主义伟大胜利——在中国共产党第十九次全国代表大会上的报告》[EB/OL].（2017-10-18）. http://www.gov.cn/xinwen/2017-10/27/content_5234876.htm.

表 7-1　中央出台的推进乡村振兴相关文件

内涵	文件名称	成文时间
治理	中共中央办公厅 国务院办公厅印发《关于建立健全村务监督委员会的指导意见》	2017 年 12 月 4 日
资金	《国务院关于探索建立涉农资金统筹整合长效机制的意见》（国发〔2017〕54 号）	2017 年 12 月 8 日
治理	中共中央办公厅 国务院办公厅印发《关于加强贫困村驻村工作队选派管理工作的指导意见》	2017 年 12 月 24 日
纲领	《中共中央 国务院关于实施乡村振兴战略的意见》	2018 年 1 月 2 日
用地	《国务院办公厅关于印发〈省级政府耕地保护责任目标考核办法〉的通知》（国办发〔2018〕2 号）	2018 年 1 月 3 日
产业	《国务院办公厅关于推进农业高新技术产业示范区建设发展的指导意见》（国办发〔2018〕4 号）	2018 年 1 月 16 日
民生	中共中央办公厅 国务院办公厅印发《农村人居环境整治三年行动方案》	2018 年 2 月 5 日
用地	《国务院办公厅关于印发跨省域补充耕地国家统筹管理办法和城乡建设用地增减挂钩节余指标跨省域调剂管理办法的通知》（国办发〔2018〕16 号）	2018 年 3 月 10 日
民生	《国务院办公厅关于全面加强乡村小规模学校和乡镇寄宿制学校建设的指导意见》（国办发〔2018〕27 号）	2018 年 4 月 25 日
纲领	《中共中央 国务院关于坚持农业农村优先发展做好"三农"工作的若干意见》	2019 年 1 月 3 日
民生	《关于统筹推进村庄规划工作的意见》	2019 年 1 月 4 日
产业	《关于金融服务乡村振兴的指导意见》	2019 年 1 月 29 日
纲领	《关于促进乡村产业振兴的指导意见》	2019 年 6 月 17 日
纲领	《关于抓好"三农"领域重点工作 确保如期实现全面小康的意见》	2020 年 1 月 2 日
产业	《关于以生态振兴巩固脱贫攻坚成果 进一步推进乡村振兴的指导意见（2020—2022 年）》	2020 年 6 月 4 日
产业	《农业农村部关于印发〈全国乡村产业发展规划（2020—2025 年）〉的通知》	2020 年 7 月 9 日
产业	《中共中央 国务院关于全面推进乡村振兴加快农业现代化的意见》	2021 年 1 月 4 日
纲领	习近平主持召开中央全面深化改革委员会第十八次会议并发表重要讲话	2021 年 2 月 19 日
产业	《交通运输部关于巩固拓展交通运输脱贫攻坚成果全面推进乡村振兴的实施意见》	2021 年 5 月 28 日
民生	《国家发展改革委等部门关于印发〈"十四五"支持革命老区巩固拓展脱贫攻坚成果衔接推进乡村振兴实施方案〉的通知》	2021 年 11 月 22 日

续表

内涵	文件名称	成文时间
民生	《教育部 国家乡村振兴局 国家语委关于印发〈国家通用语言文字普及提升工程和推普助力乡村振兴计划实施方案〉的通知》	2021 年 12 月 23 日
治理	《关于印发〈加快农村能源转型发展助力乡村振兴的实施意见〉的通知》	2021 年 12 月 29 日
纲领	《中共中央 国务院关于做好 2022 年全面推进乡村振兴重点工作的意见》	2022 年 1 月 4 日
产业	《关于推动文化产业赋能乡村振兴的意见》	2022 年 3 月 21 日

数据来源：根据中国政府网数据。

我国疆域广阔，边境线狭长，这也意味着我国拥有广阔的边境区域和沿边发展空间。边境地区不仅地处我国开发开放的前沿，也是确保国土安全和生态安全的重要屏障，在全国改革发展稳定大局中具有重要的战略地位。我国陆地与 14 个国家接壤，在 2013 年"一带一路"倡议的推进与带动下，边境区域成为我国与周边伙伴国家开展经济合作最频繁的领域。其中，边境地区的旅游发展既是次区域合作的重要内容之一，也是带动边境地区发展的重要产业支撑，近年来逐渐成为学术界研究的热点议题。[①] 2017 年，国务院办公厅印发《兴边富民行动"十三五"规划》，明确指出要在项目、资金和政策上对边境地区旅游业予以倾斜支持，加强重点旅游城市和景点的建设，大力发展"多彩边境"旅游和跨境特色旅游，推动建设边境旅游试验区、跨境旅游合作区和全域旅游示范区，[②] 边境地区旅游业的发展已经成为政府着重关注的发展领域。

基于我国的发展实情而言，边境地区的经济发展水平和其他地区相比整体滞后。但同时，边境地区拥有类型多样且独特的旅游资源，在其他产业基础较薄弱的情况下，旅游业成为提振地方经济、促进社会全面可持续发展的新生力量，边境旅游发展不仅事关中国旅游事业发展的全局，更关

---

① 王新歌，孙钦钦，席建超．边境旅游研究进展及其启示［J］．资源科学，2014，36（6）：1107-1116.

② 《兴边富民行动"十三五"规划》［EB/OL］．（2017-06-06）．http：//www.gov.cn/xinwen/2017-06/06/content_ 5200309.htm.

系到国土安全和社会发展的大局。① 本书研究地区为东北边境地区，其中包含 15 个地级市（州、盟、地区行署），共有 45 个县级行政单位（见表 7-2）。

表 7-2　东北边境地区县级行政单位分布情况

地区	地级行政单位个数	地级市（州、盟、地区行署）	县（旗、市、区）
内蒙古自治区	1 市 2 盟	锡林郭勒盟	二连浩特市、阿巴嘎旗、东乌珠穆沁旗、苏尼特左旗、苏尼特右旗
		呼伦贝尔市	满洲里市、额尔古纳市、陈巴尔虎旗、新巴尔虎左旗、新巴尔虎右旗
		兴安盟	阿尔山市、科尔沁右翼前旗
辽宁省	1 市	丹东市	东港市、振安区、元宝区、振兴区、宽甸满族自治县
吉林省	2 市 1 州	通化市	集安市
		白山市	临江市、八道江区、抚松县、长白朝鲜族自治县
		延边朝鲜族自治州	图们市、龙井市、珲春市、和龙市、安图县
黑龙江省	7 市 1 地区	鹤岗市	萝北县、绥滨县
		双鸭山市	饶河县
		鸡西市	密山市、虎林市、鸡东县
		伊春市	嘉荫县
		牡丹江市	穆棱市、绥芬河市、东宁市
		佳木斯市	同江市、抚远市
		黑河市	爱辉区、逊克县、孙吴县
		大兴安岭地区	呼玛县、塔河县、漠河市

数据来源：中国政府网。

　　基于历史、地理等多种因素，边境地区多与民族聚居区域重合，经济社会发展一直相对落后。但正因如此，其长久以来形成的良好生态环境、人文民俗以及相应的农业基础，使旅游业在边境地区的发展出现契机。边境地区的旅游发展为其带来新的产业支撑，推动资源要素重新整合与发展，推动乡村实现产业兴旺、生态宜居、乡风文明、治理有效、生活富裕，成

---

① 于婷婷，左冰，阿荣，高俊.中国边境地区旅游发展的空间格局及驱动机制［J］.经济地理，2021，41（02）：203-213.

为全方位实现乡村振兴的重要媒介。

二 边境地区旅游业助推乡村振兴的作用机理

边境地区是中国与邻国之间沟通与发展的重要纽带，同时也是我国多民族共生共存聚集区域，边境地区的特殊性与复杂性使其经济发展落后，这不仅直接引发贫困问题，还致使大量劳动力外流，社会发展十分缓慢。党的十九大报告明确指出要加大力度发展现代服务业，旅游业作为现代服务业中的典型产业之一，在边境地区的经济和社会发展中发挥着不可小觑的作用。

（一）地方性要素在旅游业中的整合与活化

随着大众旅游需求的日益增加，边境地区因其独特的地理区位及人文景观、自然景观受到旅游者的广泛关注。为了适应旅游市场的需求以及谋求自身的发展，边境地区在发展旅游业的过程中，整合与活化地方性要素，将地方性要素转换为旅游要素，以旅游为媒介实现了其经济价值的提升和生产功能的强化。边境口岸、生态环境、人文民俗以及因地制宜的农业基础，构成边境地区旅游发展的四大要素，成为开展边境旅游、生态旅游、民俗旅游以及农事观光体验的资源基础。

边境地区大多经济基础薄弱，而日益增长的发展需求与现实中的发展困境，使其在发展中面临难以调和的不平衡与不充分的矛盾，而旅游业则将边境地区的地方性要素盘活，使之成为创造旅游经济的资本要素，并随着旅游业的发展不断得以整合和重塑。就其资源基础来看，过去无人问津的边境乡村，现今一跃成为热门旅游目的地，旅游者在追求跨境旅游独特体验的同时，也注重对边境乡村民事、民俗的体验。同时，就旅游市场来看，在旅游营销的作用下，边境、民俗、乡村的三重属性转换为边境地区旅游发展的综合要素，并伴随资源要素的整合增加对游客的吸引力，在吸引大量游客观光体验的同时，也推动了对生态环境、民族文化、乡土风情、农事活动等地方性要素的保护和传承，诸多地区的非物质文化遗产、特色村寨等保护力度明显提升。旅游业的发展促进了边境地区地方性要素的功能转换与活化，并使地方性要素在旅游发展中得以延续，推动边境地区的经济与社会发展需求相匹配。

（二）产业融合带动边境地区经济转型

旅游业作为第三产业，附加值较高，经济增收效果明显。以地方性要素为资源基础发展旅游业，能够促进边境地区的经济增收与转型。首先，就实现机理来看，旅游业的发展，成为边境地区经济发展的新生力量，也由此成为实现振兴的基石。产业的发展带动当地居民的旅游就业与创业，使农民的单一身份得以转换，并因此在诸多边境贫困地区的脱贫攻坚中作用显著。其次，旅游业拉动了游客的异地消费行为，尤其吸引那些距离旅游目的地较远而消费能力较强的省份和地区的旅游者赴边境旅游，在一定程度上使区域经济渐趋平衡，实现自身旅游增收的同时，又以其综合性带动了当地农业、工业等产业的融合，以新产业带动旧产业的发展，经济提振效应显著。最后，"旅游+"产业的发展既推进了当地产业的融合，也推进了旅游业态的不断创新，以新型旅游产品的开发与推广进一步扩大了旅游业对当地经济发展的影响，将"绿水青山"转化为"金山银山"，第三产业的经济驱动作用显著提升。

近年来，在我国乡村振兴战略的推动下，第三产业在边境地区经济发展中的积极作用得以凸显，至 2020 年，黑、吉、辽三省第三产业增加值占地区生产总值的比重均超过 50%，内蒙古自治区第三产业增加值占比也达到 49.56%，区域经济转型趋势显著。

（三）旅游基建促进边境地区城镇优质发展

为了提升边境地区的旅游吸引力，在旅游市场需求的刺激下，边境地区旅游相关基础设施建设日益完善，人居环境整治效果显著，公共设施和公共服务逐步完善，社会保障水平显著提升，由此提升了边境地区居民生活质量，对当地的社会发展带动作用显著。首先，为畅通旅游线路而进行的交通服务体系建设，完善了公路、铁路、民航等交通网络，提升了边境地区的可达性，为边境地区带来源源不断的客流，同时也为当地发展打通通路。其次，环境治理与景区化建设加速了边境乡村地区的社会发展进程。边境地区旅游业发展在满足游客需求的同时，也促进了当地居民生活环境的改善，使边境农村的居民生活难题得以解决，饮用水设施、通信网络、电力网络、邮政、垃圾处理设施、污水处理设施、公共交通等相关公共设施和公共服务水平明显提升。同时，旅游基础设施的建设完善使边境地区社会保障和服务水平均得以提升。社会保障是乡村振兴战略的重点，能够稳固边境地区农村发展的根基。在旅游业的推动下，边境地区的基础设施建设带动了边境地区的社会发展，不仅推动了边境地区的乡村振兴，还推动了城乡的均衡发展。

（四）旅游发展促进边境地区人员集聚

旅游活动以旅游者的流动为显著特征，而边境地区旅游业的发展在国家政策的引导下，不仅吸引了旅游者前来观光体验，同时也吸引了来自中央与地方多个层级的扶持人才以及诸多本地及外地务工者，促进了边境地区的人员流动，在一定程度上改善了边境地区人口流失的发展局面。人力资源是乡村振兴的关键，为了从根本上激发边境地区乡村的内驱发展动力，从中央到地方相继出台了各项人力资源扶持政策，一大批省、市领导干部下沉到基层，选调生等青年发展力量涌入边境乡村，在人力与智力下沉的同时，也将社会资源注入乡村的发展实践中，实现政府权能与乡村发展的有效衔接。此外，旅游业的发展吸引了当地居民参与旅游就业、创业，在旅游发展中成为多重身份的兼业者，有效遏制了边境地区劳动力外流，并产生了较强的人口反虹吸效应[①]，吸引外出务工劳动力返乡就业、创业，吸引外来人员务工与经商。旅游业发展带动了第一、第二产业的发展，以文旅、农旅等相关产业的融合，增加就业机会和对人员吸引力。人口在边境地区的逆城市化流动，不仅有利于边境地区的经济发展，亦有利于边境地区文化与社会多重要素的传承和更新，旅游业与人口集聚交融发展，为边境地区输入源源不断的发展动力。此外，旅游者作为旅游活动的主要参与群体，以旅游活动为导向向边境地区大量集聚，促进边境人口流动的同时，也实现了边境地区人口与文化的多元构成，拉近城乡距离，以人在旅游中的流动，促进了边境地区的现代化发展。

第二节　辽宁省边境地区旅游业助推乡村振兴发展实践

辽宁省东南部的丹东市是中国海岸线的北段起点，位于东北亚的中心

---

① 李涛，陶卓民，刘家明，陶慧，陆敏，荣慧芳．山岳景区依托型乡村旅游就业吸附的空间特征［J］．中国人口·资源与环境，2021（03）：153-161.

地带，是东北亚经济圈与环渤海、黄海经济圈的重要交会点，其与朝鲜的新义州市隔鸭绿江相望，是中国的沿海开放城市之一。丹东市是亚洲唯一一个同时拥有机场、高速铁路、高速公路、河港港口、铁路及陆路口岸的边境城市。丹东凭借域内丰富的自然资源被称为"东北苏杭""北方江南"，又因其曾为抗美援朝的出发地，被称为"红色东方之城"。但受区位限制，丹东市面临人口大量流失、经济发展缓慢的困境。边境地区的贫困问题在乡村尤为突出，近年来在国家脱贫攻坚、乡村振兴战略的引导下，乡村旅游在边境乡村的扶贫与产业发展中作用显著，成为推动边境乡村经济、文化、生态发展与保护的重要途径。本节重点分析丹东市边境地区旅游业助推乡村振兴的情况。

一　辽宁省边境地区旅游业发展概况

丹东市是辽宁省唯一一个边境市，是中朝边境线上的主要地区之一。作为东北地区边境旅游重要目的地的丹东市，近年来旅游业发展较为迅速，对外以旅游为媒积极与朝鲜开展合作，赴朝旅游线路和产品不断丰富，赴朝旅游手续不断简化，目前开通了丹东—新义州登岸游、丹东—平壤—开城三日游、丹东—新义州—妙香山—平壤四日游等多条出境旅游线路，可赴朝鲜首都平壤、朝鲜四大名山之一的妙香山以及朝鲜停战协定签订处板门店等地进行观光，边境旅游人数明显增加。同时，域内加强景区建设，截至 2023 年 12 月，丹东市境内共有国家 A 级及以上景区 29 处，其中 4A 级 9 处（见表 7-3）、3A 级 19 处、A 级 1 处。全市共有国家级风景名胜区 3 处，国家级自然保护区 2 处，省级自然保护区 1 处，国家级森林公园 1 处，省级森林公园 5 处，市内共有旅行社 119 家。①

表 7-3　丹东市 4A 级景区

序号	名称	景区级别
1	丹东鸭绿江国家风景名胜区	4A
2	丹东抗美援朝纪念馆	4A

---

① 《2019 年丹东市国民经济和社会发展统计公报》[EB/OL]．(2022-04-02/2022-10-31)．https：//www.dandong.gov.cn/html/DDSZF/202004/0164015092703429.html.

续表

序号	名称	景区级别
3	丹东天桥沟森林公园	4A
4	宽甸天华山风景名胜区	4A
5	丹东凤凰山国家风景名胜区	4A
6	凤城市大梨树生态农业观光旅游区	4A
7	丹东大鹿岛	4A
8	丹东獐岛	4A
9	蒲石河森林公园	4A

数据来源:《辽宁省 4A 级及以上旅游景区名录》。

与此同时,为积极推进旅游业的发展,推进产业融合,加速旅游业的转型与乡村旅游体制的升级,促进旅游消费,丹东市还依据市场需求推出旅游节庆活动,如"中国丹东鸭绿江国际旅游节""丹东河口桃花节""青山沟满族风情月""天桥沟枫叶节""鸭绿江口国际湿地观鸟节"等,集中展示丹东市在边境、民族文化、自然风光、生态环境等方面的优势,并以此进行旅游项目推介与旅游线路考察。

二 辽宁省边境地区旅游业推进乡村振兴实施成效及问题

(一) 实施成效

丹东市游客年接待量与旅游总收入持续保持高速增长,"十三五"时期平均增速达 12.2%,远高于 GDP 增长水平,服务业增加值占 GDP 比重过半[1],旅游业综合带动作用明显,文化与旅游产业融合效益不断提升,已经成为拉动丹东市经济发展的重要引擎。旅游景区、星级饭店、旅行社、乡村旅游点、休闲娱乐企业等旅游要素配套不断健全,基本建成了较为完善的旅游产业发展体系;文化旅游领域成为各类资本投资的热点,产业投资主体呈现多元化格局;文化演艺企业、旅游投资企业不断壮大,文化旅游市场主体蓬勃发展。

丹东市深入贯彻全域旅游战略,积极推进旅游产业转型升级,形成了

---

[1] 《丹东市"十四五"旅游业发展规划》[EB/OL]. (2021-13-31/2022-10-30). https://wlg. dandong. gov. cn/html/WLGDJ/202201/0164152629288352. html.

边境、红色、生态、温泉、江海五大精品旅游集群，产业规模居于辽宁省前列。优质景区不断涌现，大鹿岛、獐岛和蒲石河森林公园成功晋升为国家4A级旅游景区，天沐君澜景区、凤城老窖酒厂、赛马天锅古洞景区、爱河生态公园被评为国家3A级旅游景区，全市国家A级及以上旅游景区达到29处。乡村旅游持续升级，大梨树村、獐岛村、大鹿岛村进入全国旅游重点村名录，东汤村被纳入省级乡村旅游重点村名录，全市33家精品民宿被纳入省级精品民宿库。①"旅游+"战略深度拓展，"旅游+农业"成为旅游增长热点，河口桃花节、大梨树葡萄节、大孤山杏梅节、东港海鲜节等休闲农业节庆持续火爆；"旅游+工业"助推消费提升，实施旅游"后备箱"工程，评选出115种丹东好礼，实现产业共赢；"旅游+商贸"创造主客共享旅游新空间，培育形成安东老街、万达金街、华美新天地等9个商业聚集区、13条特色商业街；"旅游+体育"增添新活力，鸭绿江马拉松大赛受到持续关注，大梨树村定向越野、沙里寨镇沙滩足球等新兴体育赛事活动形成新的旅游热点。休闲度假繁荣发展，天桥沟度假区发展案例被国家度假休闲旅游发展案例课题组收录到《中国度假休闲旅游发展示范案例精编》，成为辽宁省唯一一个被收入该案例精编的典型案例。

同时，丹东市借助旅游发展所带来的广泛客源与市场，以旅游助推乡村扶贫，引导贫困人口发展庭院经济，积极探索村集体经济带动下的产业扶贫新模式，采取"党支部+合作社+贫困户""企业+基地+贫困户""村集体+帮扶单位+基地+贫困户"等"N+1"模式推动产业扶贫发展。全面推广凤城市"1+N"、东港市"飞地经济"和宽甸满族自治县"村集体+贫困户"发展模式，鼓励有劳动能力的贫困户发展自种自养、庭院经济，实施产业叠加扶持，带动全市52921名建档立卡贫困人口实现稳定脱贫。在2020年7月27日召开的全国产业扶贫工作推进会上，凤城市的"产业叠加稳收入"、宽甸满族自治县的"中药材产业促脱贫"同被列入"全国产业扶贫典型案例"。②同时，以"满乡印象""品味宽甸"等电商企业为牵引，将扶贫产品与电商平台和各大旅游节庆活动相对接，加强宣传促品牌营销，线上线

---

① 《丹东市"十四五"旅游业发展规划》［EB/OL］.（2021－13－31/2022－10－30）. https：//wlg. dandong. gov. cn/html/WLGDJ/202201/0164152629288352. html.

② 《2020丹东日记｜高质量答好脱贫攻坚"收官卷"》［EB/OL］.（2021－01－05）. https：//new. qq. com/rain/a/20210105A0F3RC00.

下互动运作,涌现出"宽甸石柱参""河口艳红桃"等一批农特产品电商品牌,带动中华蜂蜜、食用菌等农产品走出大山,销往全国各地。宽甸满族自治县还吸纳"第一书记"和党支部书记及社会精英近300人,形成了2个旅游电商扶贫示范村、22个乡镇电商扶贫服务站、204个村级服务点的农村电商网格化服务体系,"满乡印象""品味宽甸"等电商企业与23家农村合作社达成合作,覆盖贫困户2230户,年销售收入达1300万元,工业产品下行年销售额达1000余万元,直接带动2000多户贫困户人均增收2000多元。① 积极引导民宿旅游的发展,鼓励景区及周边乡村、特色旅游小镇和乡村旅游区,发展集装箱酒店、帐篷酒店、木屋酒店等,建立起以大梨树村乡村旅游区为代表的特色旅游区。2017~2020年,大梨树村乡村旅游区平均接待人数约43万人次,综合收入平均保持在4000万元以上。企业直接从事旅游服务业的员工人数因季节不同,在300人左右浮动;带动周边私营农家乐、饭旅店和商铺60多家,从业人员400余人。② 2017年,大梨树村乡村旅游区成功进入国家首批运动休闲特色小镇试点名单,同时,依托现代农业展示馆等设施,大梨树村也成为农业部全国农村实用人才教育培训基地。

(二)存在问题

1. 基础设施建设不完善,支撑性不足

辽宁省边境乡村旅游发展时间较短,在长期城乡二元体系发展的背景下,辽宁省的边境乡村整体存在基础设施建设不完善的问题,这也成为辽宁省边境乡村实现振兴的重要阻碍。如丹东市宽甸满族自治县曾是省级贫困县,县内的河口村是鸭绿江国家级重点风景名胜区的核心景区。党的十八大以后,全县大力发展旅游业,石柱子村、青山沟等地成为旅游带动乡村振兴的示范点,以"乡村旅游+"推动边境地区社会与经济发展。但其快速发展的背后,仍旧存在交通不畅、公共卫生环境亟须提升、景区建设尚不完善等问题,尤其随着大众旅游时代的发展,停车场、路标指示、景区

---

① 《辽宁省丹东市宽甸县:"电商+扶贫"模式推动精准扶贫取得实效》[EB/OL]. (2020-01-12). http://www.canet.com.cn/liaoning/657322.html.

② 《魅力大梨树 美丽乡村游——辽宁省丹东市大梨树村乡村旅游区》[EB/OL]. (2020-11-25). https://www.ndrc.gov.cn/xwdt/ztzl/qgxclydxal/mswhytx/202011/t20201125_1251235.html?code=&state=123.

信息化建设等基础设施尚未能满足旅游市场的需求。在此背景下，边境乡村发展中也同样暴露出缺乏完善的开发体系，参与开发的各个主体与政府各部门之间缺乏对市场需求的把控以及彼此间的协作等问题，导致边境乡村在旅游发展基础设施建设中缺乏协调与统筹。

2. 服务质量有待提升，景点示范区建设不足

相较辽宁省其他地区的乡村旅游经营点，丹东市的边境乡村由于临近鸭绿江，具有一定的旅游业发展基础和经营经验，其旅游经营大多以村委会统筹、村民自发参与的模式进行。在旅游市场快速发展的背景下，旅游者对旅游产品和旅游服务质量的要求逐渐提高，而辽宁省边境地区旅游业发展中却暴露出服务质量亟须提升的问题。由于其从业者大多为农民，缺乏对市场需求的把控和服务标准化、规范化意识，旅游服务质量难以把控，专业素养有待提升。此外，在乡村旅游快速发展的背景下，辽宁省内乡村旅游示范区的建设尚未完成，目前边境乡村旅游产业的发展仍依附于鸭绿江的景区建设，产品多为"农家乐"形式，类型单一，经营点内部建设不够完善，未能凸显边境特色，未能对其他地区的乡村旅游发展起到示范和带动作用。

三　辽宁省边境地区旅游业推进乡村振兴发展路径与对策

（一）发展路径

1. 统筹旅游规划，融入乡村振兴大格局

2017 年党的十九大报告中提出乡村振兴发展战略，《中共中央 国务院关于实施乡村振兴战略的意见》提出到 2020 年乡村振兴取得重要进展，制度框架和政策体系基本形成的目标任务。辽宁省积极将乡村旅游扶贫融入国家乡村振兴发展战略中，并将具备良好旅游发展基础的边境城市丹东市作为重要的突破口。在全省出台《辽宁省"十四五"旅游业发展规划》，从全省统筹发展的角度进行规划，进一步重视旅游业在全省发展中的重要作用，并将旅游业作为全省各地区尤其是边境地区实现经济增收、环境改善、文化振兴、产业兴旺的重要突破口。

2. 文旅融合发展，释放产业动能

为了突出旅游业在地方发展中的重要作用，在"十三五"期间，辽宁省将旅游业列为经济社会发展的重要支柱产业，并出台了一系列政策及保

障措施，旅游业在边境地区发展迅速。丹东市全域旅游发展成效显著，凤城市和宽甸满族自治县入选首批"国家全域旅游示范区"创建名单，并有序开展省级全域旅游示范区创建工作。与此同时，为了进一步提升旅游业的发展效能，辽宁省推进旅游机构改革，2018 年丹东市文化旅游和广播电视局挂牌成立，为文旅融合创造了发展环境，使文化旅游业新动能得到有效释放。丹东市文旅融合发展刺激了消费市场活力，文旅融合路径模式不断拓展。丹东市利用红色文化、长城文化、民族（俗）文化等丰富多彩的文化资源，通过文化提升旅游内涵，通过旅游激发文化价值，从产品项目供给、文旅公共服务、产业优化发展、文旅品牌创建等方面，推动文化和旅游工作多方位深度融合，构建文化旅游融合发展大格局，推动文化旅游消费成为新热点。

3. 加强平台建设，优化发展环境

丹东市成立政府旅游平台公司，统筹引领全市旅游发力突破。成立丹东市文旅集团，完成虎山景区分公司、断桥景区分公司、文化旅游投资公司、文化传媒公司、水上旅游服务公司、酒店管理公司、景区管理公司及丹东文旅国际旅行社的注册。2019 年，丹东市文旅集团与丹东城建集团合并为丹东城建文旅集团。组建辽宁凤凰山旅游集团有限责任公司，承担凤凰山旅游产业发展、旅游资源保护与开发职能。成立宽甸满族自治县景区资源管理局，组建鸭绿江山水旅游实业有限公司，将黄椅山、天华山、花脖山景区的经营权、部分资产、全部债务纳入公司统一管理，改革后景区营业收入逐年增长。

4. 创新营销手段，深化区域合作

丹东市通过品牌建设提升知名度，营销手段持续推陈出新，"引客入丹"渠道不断拓宽，积极构建完善"线上+线下"立体化宣传网络。线上推广方面，丹东市先后与中国铁路 12306 客户端、百度、网易、今日头条等新媒体运营商开展营销合作，推出一系列丹东市文化旅游资源线上展示推介活动。线下宣传活动方面，丹东市积极践行"走出去，请进来"工作方针，组织重点旅游企业赴北京、广州、南京、长春、扬州、重庆等重点客源市场开展旅游宣传推介，搭建旅游宣传前沿阵地，依托推介会、报纸杂志、户外广告、旅游宣传册等媒介，形成对丹东市文化、旅游、美食等方面的全方位宣传，营销半径扩展到日本、韩国等东北亚国家，极大地促进了丹东市城市旅游吸引力的提升。

丹东市在立足自身、做强做优的基础上，积极引领、参与区域旅游合作和跨区域旅游合作。依托"白通丹"鸭绿江旅游联盟，丹东市与通化市、白山市互动频繁，在红色旅游、文艺交流、客源互送等方面加强务实合作，持续推进"大鸭绿江"旅游品牌建设，共同打造鸭绿江旅游黄金带。丹东市与大连市旅游局、金石滩国家旅游度假区、庄河市人民政府签署合作框架协议，共同打造"北黄海旅游新干线"。2018年丹东市与扬州市签署《对口合作框架协议》，两地文旅部门签署了旅游合作协议，文化旅游合作交往不断深化，"云端"合作与线下推介并进，积极开展旅游推介与投资洽谈。

（二）发展对策

1. 畅通开发渠道，创新乡村旅游发展模式

首先，要从乡村内部畅通旅游发展的渠道，不仅仅是完善乡村内部的基础设施建设渠道，还应畅通乡村外部渠道，如销售旅游商品和吸引游客的渠道等，建立物流通道、人流通道以及及时有效的信息发布渠道。同时，加强对乡村供水、供电、通信、垃圾和污水处理等设施设备的升级和完善。其次，优化政策环境，为乡村旅游进一步推动乡村振兴提供政策支持。在边境地区乡村振兴的进程中，政府的政策支持具有至关重要的作用。最后，营造旅游氛围，加强市场培育，将新培育的乡村旅游点融合到已有的客流量高的旅游线路中，保证客源，对于知名度小的景点，积极开展旅游节庆、启动跨国旅游项目，提升其整体知名度，并邀请知名企业参观、考察、举办民俗节庆、民俗赛事等吸引游客。

2. 突出边境特色，提升景区建设等级

边境乡村旅游发展是其实现振兴的重要途径，而旅游服务质量则是其可持续发展的重中之重。因此，在省内乡村旅游快速发展的背景下，应制定相关旅游服务规范，有序引导乡村旅游者参与其中，并在安全、卫生、服务等方面形成标准化、具体化的要求。此外，在推动边境地区乡村旅游示范区建设中，边境风光及独特的区位优势为其周边开展乡村旅游提供了得天独厚的有利条件，因此应充分利用这一资源优势，在政府的统筹和科学规划下，进行特色旅游产品开发和品牌建设。同时在全省范围内建立乡村旅游行业协会，通过民间力量推动乡村旅游标准化发展，提升行业发展的自律性。

第三节　吉林省边境地区旅游业助推乡村振兴发展实践

吉林省东南部边境地区与俄罗斯、朝鲜交界，域内以图们江、鸭绿江、长白山为界，延边朝鲜族自治州（以下简称"延边州"）与朝鲜的咸镜北道、两江道隔江相望，与罗先市相邻，并与俄罗斯的克拉斯基诺相接壤，域内白山市、通化市分别与朝鲜的惠山市与慈江道相望。除拥有丰富的边境资源外，吉林省一直是我国的工业与农业大省，2016～2020 年，第一产业增加值在全省地区生产总值中的比重均超过 10%，第二产业增加值占比均超过 30%。[①] 在乡村振兴战略的积极引导下，吉林省依据自身优势，将旅游业与当地特色相结合，以边境地区为主要着力点，以乡村旅游、边境旅游、冰雪旅游、红色旅游、生态旅游等多种形式实现边境地区的振兴与发展。本节重点分析吉林省延边州、白山市和通化市旅游业助推乡村振兴的情况。

一　吉林省边境地区旅游业发展概况

自全域旅游、美丽乡村、乡村振兴等一系列国家政策和战略实施以来，吉林省旅游业发展迅速，2016 年全省全年接待国内旅游人数 14130.90 万人次，旅游收入 2315.17 亿元，至 2019 年接待游客达 24833.01 万人次，相较 2016 年增长 75.74%，旅游收入 4920.38 亿元，相较 2016 年增长 112.53%。[②] 其中，2019 年延边州国内外旅游总人数达 2751.38 万人次，同比增长 13.10%。其中，国内旅游人数 2694.80 万人次，入境旅游人数 56.58 万人次；全年旅游收入为 555.34 亿元，同比增长 17.40%，其中国内旅游收入 537.47 亿元，入境旅游收入 2.65 亿美元。[③] 白山市旅游人数为 1247.13 万人次，旅游收入近 200 亿元。[④] 通化市旅游人数为 1744.52 万人

---

① 依据 2016～2020 吉林省政府工作报告数据整理。
② 《吉林省国民经济和社会发展统计公报（2016、2019）》［EB/OL］.（2022-11-05）. http：//www.jl.gov.cn/sj/sjcx/.
③ 《延边朝鲜族自治州 2019 年国民经济和社会发展统计公报》［EB/OL］.（2020-06-08）. http：//www.jl.gov.cn/sj/sjcx/ndbg/gdzs/202006/t20200608_7257722.html.
④ 《白山市 2019 年国民经济和社会发展统计公报》［EB/OL］.（2020-05-12）. http：// www.cbs.gov.cn/sj/tjgb/202005/t20200512_608048.html.

次，旅游收入为 320.73 亿元。① 省内三处边境地区的旅游人数占全省旅游总人数的 23.54%，旅游收入占全省旅游总收入的 21.87%，边境地区旅游业的发展成为全省旅游格局的重要组成部分。

近年来，在国家政策和战略引导下，吉林省将自身旅游资源予以整合，积极融入国家旅游发展的格局之中，突出夏季避暑与冬季冰雪两翼齐飞的发展方式，将吉林省的"凉"资源"火"起来、"冷"资源"热"起来，全面展示旅游产业的发展成果，并将边境地区作为对外展示吉林省的窗口，将吉林省旅游推向全国、推向世界。在全省统一部署下，边境地区作为吉林省旅游发展的前沿及特色区域，相继展开旅游发展的探索与实践，成果显著。

吉林省以延边州、通化市及白山市为代表的边境地区，形成了以旅游业为新型特色产业的发展格局。至 2019 年，延边州推出"美丽中国，鲜到延边"旅游品牌，有 A 级以上景区 43 家，其中 5A 级 1 家、4A 级 12 家，州内设立 A 级乡村旅游经营单位 52 家。② 白山市 A 级以上景区 25 家，其中4A 级 3 家。通化市 A 级以上景区 40 家，其中 5A 级 1 家、4A 级 7 家。③

为了突出吉林省旅游发展的特色，带动旅游人口流动，各地通过开展特色节庆活动增加旅游吸引力，并树立自身旅游品牌（见表 7-4）。延边州主打民俗特色，推出如"金达莱国际文化旅游节""中朝俄迎新祈福节"等民俗节庆活动；白山市则以长白山为特色，推出"长白山"消夏、冰雪、文化系列节庆活动；通化市则以文化、自然风光、冰雪为主题，推出"通化消夏旅游文化节""通化冰雪旅游节"等节庆活动，以节庆活动的举办提升知名度，增强旅游吸引力，并以此营造良好的旅游发展氛围。

表 7-4　吉林省边境地区主要乡村旅游节庆活动

序号	节庆名称	举办时间	举办地点
1	金达莱国际文化旅游节	4 月	延边州和龙市金达莱村
2	朝鲜族端午民俗文化旅游节	6 月	延边州延吉市中国朝鲜族民俗园
3	图们江文化旅游节	8 月	延边州图们市图们江广场

① 《通化市 2019 年国民经济和社会发展统计公报》［EB/OL］.（2020-06-18）. http://tjj. jl. gov. cn/tjsj/sjjd/202006/t20200618_7277394. html.
② 延边州文化旅游产业发展报告［R］. 延吉：延边大学出版社，2019.
③ 吉林省文化和旅游厅网站.

序号	节庆名称	举办时间	举办地点
4	长白山矿泉水文化旅游节	9 月	延边州安图市长白山文化博览城
5	龙井苹果梨采摘节	9 月	延边州龙井市苹果梨果园
6	朝鲜族生态·大酱文化节	9~10 月	延边州延吉市莲花村
7	朝鲜族农夫节	10 月	延边州龙井市琵岩山
8	珲春孟岭富硒苹果采摘节	10 月	延边州珲春孟岭村
9	中朝俄迎新祈福节	1 月	延边州珲春市防川村
10	老白山雪村国际文化旅游节	12 月	延边州敦化市黄泥河林场
11	和龙门湖冰钓嘉年华	12 月至次年 1 月	延边州和龙市龙门村
12	长白山乡村旅游节	7 月	白山市江源区
13	"长白山之冬"冰雪旅游节	1 月	白山市抚松县
14	"长白山之夏"文化旅游季	8 月	白山市靖宇县
15	通化消夏旅游文化节	8 月	通化市东昌区
16	吉林通化松花砚（石）文化旅游节	8 月	通化市
17	通化龙湾野生杜鹃花卉旅游节	5 月	通化龙湾国家级自然保护区
18	通化冰雪旅游节	12 月	通化市

数据来源：笔者根据白山、通化和延边州文化广播电视和旅游局网站内容整理。

二 吉林省边境地区旅游业推进乡村振兴实施成效及问题

（一）实施成效

1. 旅游发展带动产业兴旺及经济增收

吉林省内的边境地区，是省内经济发展水平较为落后的地区，从 2019 年 GDP 排名来看，通化市、延边州以及白山市在全省 9 个地级市中分别排在第 5、第 6、第 7 位，与位居前列的长春、吉林二市差距悬殊，尤其是延边州下辖的汪清、安图、龙井、和龙 4 个县市及白山市的靖宇县曾被列入国家级贫困县，长白县更是被列入高寒连片特困地区。结合省内边境地区工业基础薄弱的发展现状，全省自上而下通过旅游发展实现扶贫与产业发展，通过省级乡村旅游重点村（镇）评选，积极引导旅游业的发展。延边州共有 151 个村被列入全国乡村旅游扶贫重点村，并评选出 7 个有代表性的州级旅游示范村，分别为"最美休闲乡村"敦化市雁鸣湖镇小山村、"东方第一村"珲春市防川村、"海兰江畔稻香村"和龙市光东村、"最具运动活力村"龙井市东明村、"朝鲜族传统古村落"延吉市春兴村、"研学教育第一村"图们市水南村、"乡风淳朴礼仪村"安图县松花村。由此可见，延边州依托特色旅游风景区，发展以红色旅游、研学旅游、康养旅游、文化旅游为主要形式的乡村旅游，并打造民宿、自驾营地、民俗体验、休闲运动、美食、采摘等乡村旅游产品。白山市深入实施乡村旅游精品工程，长白县八道沟镇九道沟村、靖宇县花园口镇松江村、抚松县兴隆乡青年村、江源区太阳岔镇后葫芦村等村入选省级乡村旅游重点村镇名录。通化市通化县石湖镇、柳河县安口镇被评为省级乡村旅游重点镇，辉南县金川镇永丰村、辉南县金川镇龙湾村和辉南县庆阳镇向荣朝鲜族村被评为省级乡村旅游重点村。边境地区乡村旅游业的发展，促进了第一、第二、第三产业的相互融合，刺激了边境地区的经济发展活力。截至 2020 年，延边州 2.9 万户 4.3 万人脱贫，5 个贫困县全部摘帽，304 个贫困村退出贫困序列；[①] 白山市 1.02 万户 1.8 万人脱贫；[②] 通化市 2.8 万贫困人口脱贫，73 个贫困村退出贫困序列。[③]

2. 生态及人居环境得以改善

边境地区位置偏远，交通不畅、基础设施落后、公共服务不足等都困扰着当地居民的生活，基础设施建设与乡村环境整治成为边境地区发展旅游业的重要工作内容。

延边州自"旅游兴州"战略推行以来，持续开展农村人居环境整治工作。截至 2022 年 8 月，全州围绕农村生活垃圾治理、污水治理、厕所改造等工作累计投入资金 46.6 亿元，设立"厕所革命"奖补资金 3513 万元、农村人居环境整体提升行动奖补资金 4700 万元，在全州完成重点建制镇污水处理设施建设 12 个，累计铺设管网 47.56 千米，已有 102 个村屯配备污水处理设施，并有 65 个村屯与城市合并管网。州内按照"五美、五净"累

① 《延边州五年脱贫攻坚工作回眸》［EB/OL］. （2022 - 01 - 07）. http：//www.jl.gov.cn/zw/sydtp/202101/t20210107_7888124.html.
② 《吹响总攻冲锋号——白山市决战脱贫攻坚纪实》［EB/OL］. （2021 - 03 - 15）. http：//www.jl.gov.cn/zw/yw/zwlb/sx/sz/202003/t20200324_6922640.html.
③ 《斩穷根 逐小康——通化市脱贫攻坚工作纪实》［EB/OL］. （2021 - 03 - 15）. http：//www.jl.gov.cn/zw/yw/zwlb/sx/sz/202103/t20210315_7966418.htmlb.

计创建美丽庭院、干净人家 7.4 万户，累计完成无害化卫生厕所 7.2 万户，拆除危旧房屋等 1.8 万处，同时推进"四好农村路"，实现自然屯通硬化路 97.9%，绿化农村公路 254.3 千米，美化行政村 1005 个，公共照明覆盖 1047 个行政村，供水全部覆盖，建设村内小广场 895 个、健身运动器材 4539 个、村史馆（民俗馆）57 个。全州共有 88 个村获评省级以上"美丽乡村"称号，10 个村获评"中国美丽休闲乡村"称号，打造国家级特色村寨 24 个，创建"九有六无"示范村 126 个。图们市成功入选"2019 年度全国农村人居环境整治成效明显激励县"名单。①

白山市以创建全国文明城市为契机，创新开展"农村垃圾分类""乡村夜话""孝善敬老饺子宴""新时代文明实践银行"四项品牌工作，深度挖掘红色资源，培养基层乡土文化能人、文艺骨干 1000 多人，推出《天地长白》《灵秀长白》等特色曲目。② 白山市通过"农业+旅游"的组合方式，优化空间格局，在全市实施"乡村休闲旅游示范村创建工程"，确定 55 个具备良好基础设施条件、地理区位以及具备一定市场潜力的乡村旅游重点村。在提档建设下，长白县果园朝鲜族民俗村、长白县望天鹅新村、抚松县黄家崴子村以及临江市松岭雪村被认定为"国家级休闲美丽乡村"。截至 2022 年，白山市共有 4A 级乡村旅游经营单位 1 处，3A 级乡村旅游经营单位 7 处，国家级"一村一品"示范村镇 11 个、省级 28 个；省级休闲农业和乡村旅游星级示范企业 64 家、市级 74 家，休闲旅游经营主体达到 721 家。③

通化市积极打造"红色之城 康养通化"的城市品牌，有效利用红色文化，充分整合东北抗联红色资源，整合杨靖宇烈士陵园、东北抗联纪念馆、白鸡峰抗联文化园、兴林抗联文化园、龙湾抗联体验馆、榆林抗联军校遗址等遗址遗迹，初步形成"一核两翼八区十线二十四点"的红色布局，推出"重走抗联路"红色教育项目，杨靖宇烈士陵园、鸭绿江国门大桥等红

---

① 《构建长效机制 建设美丽乡村 延边州全面提升农村人居环境质量》[EB/OL].（2022-08-25）. http：//www. moa. gov. cn/xw/qg/202208/t20220825_6407830. htm.
② 《文化赋能乡村振兴》[EB/OL].（2022-09-13）. https：//baijiahao. baidu. com/s? id = 1743812419593377036&wfr = spider&for = pc.
③ 《白山市大力发展乡村休闲旅游产业 助力乡村振兴》[EB/OL].（2022-11-11）. https：// mp. weixin. qq. com/s? _ _ biz = MzI1NzkzOTkxMw = = &mid = 2247528001&idx = 1&sn = 65db036da9abac393fff64b7158c7f50&chksm = ea0deee7dd7a67f14434befe40b3ddedabc1a8bde8e1-d4790730f2e53edaf10ac4a3f17a6c86&scene = 27.

色旅游景区成为热门旅游目的地。2017 年 9 月，通化市入选国家首批中医药健康旅游示范区创建单位。[①]

（二）存在问题

1. 参与主体可持续发展受限

在乡村振兴的发展实践中，人才振兴是乡村振兴的关键因素，如果没有人才的支撑，乡村振兴只能是一句空话，人才数量、结构以及质量都对乡村振兴人才体系的形成产生了重要影响。[②] 当地居民既是当地旅游经营的参与主体和主力军，同时也是实现乡村振兴推动乡村地区人员发展的重要扶持对象，但吉林省旅游业在发展中仍存在居民这一参与主体自身发展能力不足的问题，尤其在边境地区"老、弱"问题突出，可参与旅游经营的基数少，且从业人员自身的文化水平与经营素质较低，难以满足旅游市场快速发展的需求，参与的居民缺乏系统培训和技能教育，服务水平较低，技能较差。即便少数乡村中出现了较为典型的"乡贤""发展能人"等旅游发展带头人，但其作用范围大多局限于本村，作用范围较小，未能出现如袁家村等地的乡村旅游带头人，影响旅游发展的规模和管理水平。

2. 旅游发展中人才及资金注入不足

边境地区乡村旅游开发是一项系统性工程，不仅需要配套人才保障其实施，更需要充足的资金支持相关旅游项目进行维护和持续开发。首先，从吉林省边境地区乡村旅游推进乡村振兴的人才注入来看，在国家政策的下沉过程中，省、市下派的扶贫干部等积极对接当地发展需求，在边境地区旅游业的发展中发挥着重要的带动与桥梁作用，但由于各岗位均有明确的服务期限，相关扶持工作易出现频繁交接从而影响乡村旅游发展速度。因此，着重培养当地与外来人才对推动边境地区乡村旅游发展、实现乡村振兴至关重要。其次，由于边境地区乡村旅游开发在交通、基础设施、经营管理、产品开发等环节存在先天不足，在项目建设完成后仍需要投入大量的资金予以管理和维持。而在吉林省的发展实践中，一小部分地区在一

---

① 《长白县多措并举促进乡村旅游业态融合发展》［EB/OL］.（2022 - 09 - 13）. http：//www. xincainet. com/static/news/363398. html.

② 辛宝英，安娜，庞嘉萍. 人才振兴：构建满足乡村振兴需要的人才体系［M］. 郑州：中原农民出版社，2019.

定程度上出现追求发展速度而忽视发展质量的问题，导致具有潜力的经营点后续投入资金不足，难以维持前期开发的良好成果，影响其可持续发展。

三 吉林省边境地区旅游发展推进乡村振兴发展路径及对策

(一) 发展路径

1. 全面布局，以科学规划引领发展

全面布局、科学规划是边境地区旅游业得以可持续发展的重要前提，科学有效的顶层设计与规划对于边境地区旅游发展体系构建及布局具有引领和指导作用。从各地的发展实践来看，2018 年，延边州率先实施"旅游兴州"的发展战略，并明确提出要加大旅游与文化、体育、农业、林业、交通以及城市建设融合发展力度的思路，开通生态旅游、冰雪旅游、乡村旅游、边境旅游等特色旅游线路。通化市深耕红色热土，打造"红色之城康养通化"的城市品牌，建立"一核两翼八区十线二十四点"的红色教育布局，将中草药、葡萄种植等要素融入旅游产业之中，打造长白山南麓葡萄酒文化旅游带、鸭绿江河谷百里葡萄生态长廊带，并融入全省冰雪经济发展大局，2021～2022 年冰雪季，通化市冰雪旅游游客达 645.99 万人次，实现旅游收入 36.85 亿元。[①] 同时，通化市依据"十大行动、百项工程"的总体部署，全面提升乡村旅游的发展质量和服务水平，围绕"一核、两翼、三带"的旅游产业布局，成立乡村振兴产业学院。[②] 白山市推出"一主六双"高质量发展战略，践行"两山"理念，大力实施"一山两江"品牌战略，发挥生态、乡村旅游资源优势，推出"春赏、夏爽、秋韵、冬享"精品旅游线路，推动旅游业与农业、民俗、边境等特色相融合。通过全市乡村旅游经营点的科学布局以及提档建设，白山市推选出一批高品质的乡村旅游经营点，其中长白朝鲜族自治县马鹿沟果园村的"朝鲜族特色村寨"建设项目依托民俗优势，每年接待游客近 2 万人次，以"村级组织+民宿旅

---

① 《通化市冰雪旅游焕发经济发展新活力》［EB/OL］. (2022-04-29/2022-10-18). http://www.jl.gov.cn/zw/yw/zwlb/sx/sz/202204/t20220428_8440710.html.

② 《通化市旅游项目多姿多彩》［EB/OL］. (2022-09-11/2022-10-18). https://sdxw.iqilu.com/w/article/YS0yMS0xMzM3OTE5OQ.html.

游"的形式实现户均增收 5000 元以上。① 在旅游项目的科学规划下，果园村形成了朝鲜族文化、长白山文化、鸭绿江文化与乡村环境、田园风光和城镇生活相结合的产业兴旺发展方式，为乡村旅游产业的发展带来不竭动力。

2. 挖掘地方特色，深化产业融合

为了进一步迎合市场需求，各地深入挖掘自身特色，强化旅游业在边境地区乡村振兴中的积极作用。各地发挥"旅游+"功能，融合旅游业与地方特色产业，如延边州突出民俗文化与边境等特色元素；白山市突出红色文化、人参文化、葡萄种植以及冰雪等地方特色；通化市以民俗与自然风光相结合的形式，实现了旅游业与农业、种植业、民俗文化、红色文化、林业等多种元素的融合发展。在此过程中，延边州相继建立传统的朝鲜族民俗工艺艺术、传统饮食、特色婚俗、特色人生礼仪等民俗旅游文化体验区，设立分区并由乡村村民以表演的形式加以展示，集聚乡村的手艺传承人设计民俗旅游商品，有效带动乡村旅游经济增长。白山市形成"赏森林美景、采生态果蔬、住丛林人家、享天然氧吧"的林业旅游新业态，以森林休闲游憩、乡村研学、乡村康养等特色旅游产品增强旅游吸引力。通化市推出以"一条经典旅游线路、八大主题旅游线路和一系列乡村微度假精品线路"为主体的通化十大旅游精品线路产品，以"旅游兴市"，建设关东特色风情西夹荒生态旅游度假区、稻香四溢西江贡米小镇、石美林秀的天然森林氧吧石湖镇等特色旅游景区。各地依据自身特色，打造互通而互不相同的精品乡村旅游产品，提升游客旅游体验，以实现旅游的精品化、特色化发展。

3. 以市场为导向加大宣传力度，创新旅游营销模式

各地围绕旅游市场定位，相继推出旅游品牌，并根据品牌定位策划系列宣传活动，提升边境地区旅游业的知名度，促进了旅游业的可持续发展。延边州借助互联网搭建智慧乡村旅游平台，建立政府、企业、媒体共同合作跟进的营销模式，以"鲜到延边"为品牌开展系列宣传和营销活动。在营销推广方面，延边州充分利用智慧乡村旅游平台，以多形式、多渠道、

---

① 《长白县马鹿沟镇果园村体验民俗风情 感受文化魅力》［EB/OL］．（2022-09-27/2022-12-08）．http://www.cbs.gov.cn/zw/xq/202209/t20220927_743979.html.

多平台的形式实现乡村旅游产品网上营销，拓宽乡村旅游产品的营销渠道和途径，提升贫困乡村旅游品牌、产品等的知名度、影响力、吸引力。白山市与丹东市文旅局签订《鸭绿江旅游联盟红色旅游合作协议》，共同打造鸭绿江流域旅游品牌，并推出"莓好时光采摘"等 16 项春游产品和红色旅游产品，举办"长白山之夏"文化旅游节。通化市强化"红色之城 康养通化"的品牌定位，举办以《铁血将军杨靖宇》为主要内容的大型宣传活动，举办健康徒步节，推出康养天下——人参之路、林海雪原——重走抗联路、踏雪寻梅——葡萄酒采酿之旅、多彩金秋——赏花观枫之旅、风情边境——畅游鸭绿江之旅、冰雪奇缘——浪漫童话之旅六大旅游线路。① 各地将自身资源特色与旅游相结合，根据游客需求，通过"互联网+"、智慧旅游平台、节庆活动、精品线路以及主题宣传等多种形式，强化宣传与营销。

（二）发展对策

1. 以政策激励提升边境乡村发展内驱动力

吉林省边境乡村地区村民在过去以外出打工、务农、养殖等为主，在参与旅游发展中明显暴露出能力不足与内驱动力不足的问题。为了推进旅游业对边境乡村振兴"造血"作用的发挥，应多方着力。首先，加强政策激励。对参与旅游经营的村民给予红利政策，以分红、就业等直接收入方式激发村民的参与热情，对有参与、经营意愿的村民从贷款、税收、项目建设等多方面给予便利。其次，通过上门宣传、组织培训等方式，让村民充分了解开展旅游业带来的短期和长期效益。一方面，村民可以在旅游业中通过分红或者出售农产品等获得经济收益；另一方面，发展旅游业能为村民提供更多就业机会，使其获取劳动报酬。最后，降低村民参与旅游业的门槛，让更多的人能参与到旅游发展之中。各地应通过乡村旅游的发展，带动乡村中的种植业、养殖业、餐饮业、民宿业等产业的振兴和发展，以产业的振兴提高村民的经济收入，提升村民的发展和增收意识，使其积极融入旅游发展中，在农忙之余增加经济来源，并在参与旅游的过程中增强文化自信，提高环保意识。

---

① 《2019 年通化市召开文化广电和旅游工作会议》［EB/OL］. (2019 - 03 - 23). https：// www.sohu.com/a/303333216_100213679？_trans_ = 000019_wzwza.

2. 科学规划，持续实施资金与人才扶持

边境地区旅游业的稳步推进与品质提升，离不开科学的旅游规划与持续性资金扶持。因此，边境地区在今后旅游业发展过程中，应注重规划先行，以科学、合理的旅游规划实现扶持资金的合理使用，依据自身资源特色，将资金投入到真正具有特色和丰富资源基础的乡村旅游经营场所，重视具有多重资源脉络的边境乡村的开发与基础设施建设，集中资金与资源打造精品旅游区、旅游村镇，并以高品质的发展实现由点到面的辐射，避免扶持资金在盲目"摊大饼"式追求规模化的过程中大量浪费，导致旅游产品同质化、吸引力低等多而不精的问题。同时，扩大资金扶持的范围。不应仅仅将资金用于项目开发、基础设施等硬件的建设之中，更应关注旅游开发后续的项目经营、旅游营销、设施维护以及旅游活动创新等推动边境旅游业高品质与可持续发展的核心环节，合理规划并分配扶持资金，保障旅游业对乡村振兴的长久推动作用。此外，在提升边境地区旅游项目资金利用效率的基础上，加强乡村旅游人才的培养。一方面，要在政府的统筹下注重自上而下的智力扶持，打通干部、人才扶持机制，提升扶持效率。另一方面，要善于挖掘本土化人才，使边境乡村的村民能够成为乡村旅游发展的引导者，以"本土能人带户"的发展模式推进乡村振兴进程。

第四节　黑龙江省边境地区旅游业助推乡村振兴发展实践

黑龙江省是中国开展对俄罗斯地方合作最早的省份，也是拥有最长中俄边境线的省份。2005年俄罗斯正式成为我国公民出境旅游目的地国家，自此两国开展旅游合作近20年，2012年"中俄文化年"的举办推动了两国间的旅游与国际合作，黑龙江省成为开展中俄边境旅游合作的重要区域，形成了以"边境口岸和中俄界江"为纽带的发展格局。在自然风光与人文景观的双重优势推动下，黑龙江省在国内发展中的偏远区位劣势转换为优势，推动了中俄两国之间旅游产品的开发、文化的交流以及边境地区的城镇化发展。[①]

---

① 刘林舒．黑龙江省中俄边境旅游开发研究 [J]．经济师，2019（08）：127-128.

一 黑龙江省边境地区旅游业发展概况

黑龙江省边境口岸众多，在鹤岗市、鸡西市、伊春市、牡丹江市、佳木斯市、双鸭山市、黑河市以及大兴安岭地区分布着边境口岸共 25 处，其中有 13 处口岸开展了中俄边境旅游异地办照业务。2016 年，中国赴俄旅游人数达 145.94 万人次，其中通过黑龙江赴俄旅游人数达 52.84 万人次，占中国赴俄旅游市场的 36.21%；2018 年省内开展赴俄团体旅游免签业务的旅行社达 151 家。① 牡丹江市、绥芬河市对面的俄罗斯滨海边疆区符拉迪沃斯托克市是俄罗斯远东地区最大的军港，抚远市对面的哈巴罗夫斯克市是俄罗斯远东地区最大的城市，黑河市对面的布拉戈维申斯克市是阿穆尔州首府。目前黑龙江省已经形成以哈尔滨市、牡丹江市、佳木斯市等中心城市为依托，以黑河、绥芬河、抚远等沿边口岸为通道的边境旅游发展格局。黑龙江省边境旅游业的发展促进了中俄两国间的合作，同时也带动了国内旅游业的发展。黑龙江省旅游产品供给丰富，围绕游客需求，不断推出哈尔滨休闲娱乐、五大连池矿泉疗养、大庆及齐齐哈尔温泉度假、镜泊湖及兴凯湖观光度假、亚布力滑雪度假等多种类型的旅游产品。

在旅游业快速发展的趋势下，国家脱贫攻坚、乡村振兴战略相继出台，中央农村工作会议更是明确提出在乡村振兴中，旅游业将会有更大的作为、更大的担当。② 在从上至下的政策引导下，黑龙江省旅游发展委员会于 2017 年印发《黑龙江省乡村旅游发展指引》，统筹全省乡村的旅游业发展，将已具备一定客源市场基础和旅游资源基础的边境地区纳入重点发展区域。全省形成了农家乐、休闲度假村、休闲观光农业、特色民俗村、现代化农场等多种类型的乡村旅游发展模式。黑龙江省开发了大海林雪乡、向前乡新河村、镜泊湖朝鲜族民族村、帽儿山吕家围子屯、年丰朝鲜族乡等多处农家乐旅游景点，推选出同江市街津口乡渔业村、萝北名山镇名山村、宁安市渤海镇小朱家村、尚志市一面坡镇长营村、元宝镇元宝村和肇东市五站镇东安村 6 个新农村建设省级重点示范村；牡丹江市宁安市渤海镇、伊春市

---

① 《中俄旅游合作风景这边正好》[EB/OL].（2018-06-18）. http://epaper.hljnews.cn/hljrb/20180618/361346.html.
② 陈俐艳. 发展乡村旅游是实现乡村振兴的重要一环 [J]. 奋斗，2018（04）：60-61.

金林区金山屯镇、黑河市五大连池市朝阳山镇被列入黑龙江省首批乡村旅游重点镇名单；牡丹江市东宁市道河镇洞庭村、牡丹江市绥芬河市阜宁镇永胜村、牡丹江市柴河林业局有限公司宏声林场、佳木斯市同江市街津口赫哲族乡渔业村、佳木斯市抚远市黑瞎子岛镇南岗赫哲族村、鸡西市虎林市宝东镇联义村、鸡西市鸡冠区红星乡红星村、伊春市乌翠区西岭林场、伊春市嘉荫红光乡燎原村、伊春市金林区金山屯镇乐园村等被列入黑龙江省乡村旅游重点村名单。2021 年，双鸭山市饶河县四排赫哲族乡四排赫哲族村、大庆市大同区林源镇长林村、伊春市嘉荫县向阳乡雪水温村、佳木斯市同江市街津口赫哲族乡渔业村、牡丹江市宁安市渤海镇上官地村、黑河市爱辉区瑷珲镇外三道沟村、绥化市安达市太平庄镇双兴村入选中国美丽休闲乡村名单。

二　黑龙江省边境地区旅游业推进乡村振兴实施成效及问题

（一）实施成效

1. 旅游带动产业融合，推进边境地区乡村发展

在国家乡村振兴战略的宏观引导下，黑龙江省文化和旅游部门联合农业、民政、交通、财政等相关部门，积极推进乡村旅游与边境乡村地区的一体化发展。黑龙江省通过实施"文化+旅游""农业+旅游""生态+旅游""边境+旅游"等多种乡村旅游发展模式，通过群文进乡村、美丽进乡村、文博进乡村、民宿进乡村、文创进乡村、旅游纪念品进乡村等十大进乡村计划，建设了一批品质较高的旅游村、非遗村、民宿村等特色乡村。基于各乡村的不同情况，培育了一批生态美、生产美、生活美的乡村旅游目的地，并打造了一批有特色、有内涵、有品位的乡村旅游精品线路。① 依据"因地制宜、突出特色、合理布局、和谐发展"的总体布局，在省内编制乡村旅游专项规划，并出台推进乡村旅游发展的实施计划。同时，重点发展省内的"一带四区"，以大兴安岭、黑河、伊春、鹤岗、佳木斯、双鸭山、鸡西、牡丹江 8 个市（地区）的 18 个沿边县市为代表的"沿边开放合作与休闲旅游带"成为边境地区乡村旅游发展的最主要区域。黑龙江省在边境

---

① 宋晨曦. 乡村游如何成为振兴新引擎？［N］. 黑龙江日报，2022-06-21.

地区以田园风光、农耕体验、文化休闲、科普教育、健康养生等形式，建设综合性休闲农业园区、垂钓园和休闲农庄，将乡村休闲、娱乐、饮食、文化等融入旅游发展之中，将传统的农业资源、生态资源、边境资源以及民族文化与旅游业相结合，推动第一、第二、第三产业融合发展。在2021年文旅部发布的"体验脱贫成就·助力乡村振兴"乡村学习体验300条线路中，黑龙江省有10条线路入选，其中"行走在希望的田野上、探寻东方神秘赫哲族"三日游、佳木斯金色之野二日游、大庆市农业生态观光采摘一日游、边塞乡村风情之旅、伊春森林里的家漫步乡村三日游等多条线路均为展示边境地区乡村振兴与发展的特色旅游线路。①

2. 投放扶持资金，旅游增收助力脱贫攻坚

黑龙江省是我国的农业大省，农业基础良好，但由于省内一部分地区产业基础薄弱，全省曾有20个国家级贫困县、8个省级贫困县、1778个贫困村，其中3个为深度贫困县，107个为深度贫困村。② 自党的十八大以来，黑龙江省相继出台了健康扶贫、产业扶贫、教育扶贫、生态扶贫、兜底保障扶贫等13个大类202项脱贫攻坚举措，通过农业供给侧结构性改革发挥省内农业资源富集、生态优良、农产品量大质优等优势，发展旅游业和特色农业等新业态，以此实现产业扶贫。2016年，全省361个村成为全国乡村旅游扶贫重点村，并在旅游业的整体规划和带动下，实施乡村旅游扶贫八大行动，即村环境综合整治专项行动、旅游规划扶贫公益专项行动、乡村"旅游后备箱"和旅游电商推进专项行动、万企万村帮扶专项行动、百万乡村旅游创客专项行动、金融支持旅游扶贫专项行动、扶贫模式创新推广专项行动、旅游扶贫人才素质提升专项行动，省内共有361个建档立卡贫困村7.59万个建档立卡贫困户19.8043万贫困人口参与其中。③

结合省内良好的资源基础，黑龙江省乡村旅游脱贫攻坚效果显著，形成旅游扶贫、旅游乡村振兴的发展模式，将乡村的"好风景"转变为"好

---

① 《体验脱贫成就 助力乡村振兴 黑龙江10条旅游线路入选》[EB/OL]. (2021-05-14). https：//baijiahao. baidu. com/s? id=1699700097501045423&wfr=spider&for=pc.
② 《"清零"! 黑龙江28个贫困县全部退出摘帽》[EB/OL]. (2020-02-28). https：//baijiahao. baidu. com/s? id=1659741995277590207&wfr=spider&for=pc.
③ 《黑龙江：361个村成为全国乡村旅游扶贫重点村》[EB/OL]. (2016-10-16). http：//www. gov. cn/xinwen/2016-10/16/content_5119801. htm.

钱景"。2017~2020 年，黑河市爱辉区累计投入 3 亿元①，用于提升农村人居环境质量，扶持当地产业发展。在政府资金的扶持下，外三道沟村打造知青民宿和知青生活体验园，建成黑河市首家村史馆，村外围建有超过 20家家庭旅馆，每位村民每年保底分红 3000 元以上。② 外三道沟村村集体先后荣获黑龙江省十佳和谐村屯、省新农村建设"五星级"示范村、省级美丽乡村建设示范村等称号。2020 年在全省农村人居环境整治擂台赛中，外三道沟村荣获"黑龙江省最佳特色民宿示范村"光荣榜第五名，2021 年成功入选中国美丽休闲乡村③，并于同年入选第三批全国乡村旅游重点村。

在资金的大力扶持下，黑龙江省因地制宜，积极引导边境乡村旅游发展与当地产业结合。位于中俄边境的逊克县将乡村旅游与当地的捕鱼业、农业相结合，推出"露营+乡村""露营+垂钓""露营+篝火""露营+电影"等旅游产品，自发展旅游业以来，累计接待休闲农业游客 3000 人次，接待节庆游客 5000 人次，带动农民增收 35 万元。④ 抓吉赫哲族村将传统渔业与旅游业相结合，开办农家乐，推出渔家宴，建设民俗馆、莫日根广场、赫哲风情园等游艺活动，村民自发成立舞蹈队，建立鱼皮制作技艺合作社，实现村中人均增收 3000 余元。⑤ 黑河市积极引导企业与贫困户建立利益联结机制，在保护生态环境的前提下将生态效益转化为经济效益。旅游业为边境乡村的发展注入新生力量，带动乡村产业振兴和经济发展，推动边境乡村的村民成为乡村振兴和脱贫攻坚的重要参与主体，守住了不发生规模性返贫的底线，脱贫攻坚成果进一步巩固提升。2020 年黑龙江省内贫困地区农村居民人均可支配收入达 11933 元，比 2012 年增加 6991 元，年均增长 11.6%。⑥

① 《黑河爱辉：3 年投入 3 亿元 农村环境大变样》［EB/OL］.（2020－12－19）. https：//view. inews. qq. com/k/20201219A08ANE00? web_ channel = wap&openApp = false.
② 《旅游助脱贫 "好风景" 变 "好钱景"》［EB/OL］.（2020－10－17）. https：//new. qq. com/rain/a/20201017A0FMG800.
③ 《外三道沟村：穿越时光长廊 感受知青文化》［EB/OL］.（2020－12－16）. https：//www. sohu. com/a/508637240_362042.
④ 《黑龙江省逊克县做实做强乡村旅游 "五篇文章" 打造乡村振兴新引擎》［EB/OL］.（2021－08－20）. https：//hlj. cri. cn/n/20220816/94faf627－5407－aecb－d873－c7073b45-3916. html.
⑤ 《旅游助脱贫 "好风景" 变 "好钱景"——佳木斯市抓吉赫哲族村的 "脱贫" 故事》［EB/OL］.（2020－10－23）. https：//new. qq. com/rain/a/20201023A0D0CI00.
⑥ 《黑龙江省农村和贫困地区农村居民生活水平稳步提升》［EB/OL］.（2021－08－20）. https：//www. hlj. gov. cn/n200/2021/0820/c35－11021407. html.

（二）存在问题

1. 旅游业的规模效益尚未充分显现

黑龙江省地处我国东北部，年内气候与温度差异极大，这也为省内开展旅游业带来了难以克服的自然环境难题。虽然省内近年来积极发展冰雪旅游以带动冬季旅游经济，但由于与旅游相配套的产品特色未能深入挖掘，边境地区的旅游产品缺乏吸引力，无论是冬季盛行的冰雪游，还是夏季的休闲游都处于初步开发阶段，不仅未能明显缓解旅游发展的四季不均衡问题，在规模效益上也并不理想。尤其是一些传统的自然观光及农事活动均受到季节性的约束，而现代化的旅游休闲活动十分欠缺，在空间和时间上尚未形成规模化发展，这也导致旅游业的带动作用受到限制，难以持续拉动当地经济发展。

2. 产业融合度亟须提升，集聚效应不足

旅游业推动乡村振兴的作用着重体现在第一、第二、第三产业的融合发展方面，但就黑龙江省的发展实情来看，旅游业与其他产业的融合度亟须提升，尤其在乡村旅游发展中，多是对现有的农场、果园、养殖场等进行改造，旅游产品多为初级的农产品，缺乏深度加工和改造，附加值较低，因此其经济增收效果缓慢。诸多旅游经营场所均以满足游客的"食、住、游"需求为主，而忽略了产生较高经济效益的"购、娱"环节，尤其在一些以文化、民俗为特色的经营场所，将民族艺术、民族文化融入乡村旅游产品中的少之又少，且特色并不突出，造成游客停留时间短，缺乏核心竞争力，难以发挥旅游业对当地经济发展的带动作用。

与此同时，省内的旅游业发展未能形成连点成线、以线带面的发展格局，旅游产业的区域化与规模化程度较低，由此导致其对地方经济发展的带动作用受限且十分不均。以现代农业、种植业、养殖业以及优质农家乐、民宿为典型的乡村旅游产业仍呈现无序的分散状态，规模化、集约化程度较低，在发展中的辐射作用十分有限。此外，边境地区地理位置偏远、交通不便，虽然拥有可开发的旅游资源，但受到基础设施、环境建设等问题的限制，接待层次与接待能力难以提升，未能融入省内旅游发展的总体格局。

三　黑龙江省边境地区旅游发展推进乡村振兴发展路径及对策

(一) 发展路径

1. 搭建合作平台，以边境旅游促进全省旅游格局的发展

黑龙江省把边境旅游定位为带动全省旅游发展的重要品牌，并以边境旅游为核心统筹布局全省旅游产业。2018 年，黑龙江开发俄式风情探寻等 10 种创意玩法和俄式庄园度假等 10 条精品旅游线路，以哈尔滨为中心，向俄罗斯推广黑龙江省跨境旅游产品，把哈尔滨建设成俄罗斯人的旅游乐园。黑河市与俄罗斯布拉戈维申斯克市共同制定了《中俄双子城旅游发展总体规划》，相继开发多条边境旅游线路及康养观光、休闲购物等边境游项目。2019 年，黑河市共接待国内外游客 1313.2 万人次，同比增长 14%，边境旅游出入境人数为 102 万人次，同比增长 16%。其中，出境人数为 51.1 万人次，增长 15.8%，入境人数为 50.9 万人次，增长 16.1%，边境旅游收入 17.8 亿元，增长 16%。① 中国和俄罗斯之间的第一座公路大桥黑河-布拉戈维申斯克黑龙江大桥于 2016 年开工建设，并于 2022 年 6 月开通货运，双方跨境旅游通道更加完善快捷。牡丹江市是中国重要的对俄经贸城市，是中国游客赴俄领略异国风情的中转站和俄游客到中国旅游的目的地。2019 年，牡丹江市共接待国内外游客 2655.8 万人次，同比增长 11.1%，其中国内旅游人数为 2581.9 万人次，同比增长 11.5%；入境旅游人数为 73.9 万人次，同比增长 0.7%。全市实现旅游业总收入 205.4 亿元，同比增长 11.5%，其中国内旅游收入 182.5 亿元，同比增长 24.3%；入境旅游收入 3.5 亿美元，同比下降 2.1%。②

在政府的统筹与规划下，黑龙江省形成了以哈尔滨为核心区域，以黑河、牡丹江为重点区域的 "一主两双" 边境旅游整体发展格局，以边境旅游带动全省旅游业的发展。边境地区旅游业的发展，促进了边境地区产业的发展以及人口、贸易的密切往来，并拉动了中俄两国之间的合作，促进国内其他省份的城市与俄罗斯城市之间的合作与交流，在繁荣边境经济的

---

① 《2019 年黑河市国民经济和社会发展统计公报》［EB/OL］. (2020 - 04 - 26). http://zwgk.heihe.gov.cn/info/1474/1184.htm.

② 《2019 年牡丹江市国民经济和社会发展统计公报》［EB/OL］. (2020 - 03 - 31). http://zwgk.mdj.gov.cn/bmxxgk/tjj/202005/t20200504_299409.html.

同时，使边境地区成为促进中俄两国合作的前沿与窗口。

2. 深入推进旅游业在边境地区的带动作用

边境旅游提升了黑龙江省边境城市的知名度，并促进了全省旅游发展新格局的形成。在此格局下，黑龙江省依据政策红利，将旅游业对边境地区的带动作用从城市延伸至乡村，发挥旅游业在边境乡村中的带动作用，促进旅游业与农业、种植业、渔业等传统产业的融合，大幅度提升传统产业的经济附加值，推动了农业的规范化、集约化、标准化生产，带动了边境地区产业的发展与振兴，为乡村振兴提供了动力。从黑龙江省的发展实践来看，省内农业资源和自然资源十分丰富，尤其是农林牧渔产业较为发达，全省共有 113 个农（牧）场，805 家国有及国有控股企业，1028 家非国有企业；全省垦区面积达 5.43 万平方千米，其中耕地 3100 万亩，林地 1305 万亩，草原 549 亩，水面 411 万亩；① 兴凯湖的当壁镇、胜利农场的喀尔喀山、宁安农场附近的镜泊湖和尾山农场附近的五大连池均是省内垦区中的风景区。② 在脱贫攻坚和乡村振兴战略的引导下，黑龙江省加大了对知名度较高的边境乡村的旅游发展力度，推出以大界江、大森林、大湿地、大农田、大粮仓和大平原为主的乡村旅游风光，新建和完善佳木斯万庆稻田公园、桦川新中国第一集体农庄、富锦万亩水稻公园、通江赫哲文化村、抚远华夏东极、建三江万亩大地号等乡村旅游景区，以乡村旅游的发展推动省内赫哲族文化、鄂伦春族文化、满族文化以及红色文化的传承、保护与活化，同时以旅游区的设施建设和生态环境保护，改善乡村生态环境，打造宜居环境，促进边境地区的生态振兴。

3. 因地制宜，精准识别

在黑龙江省的乡村旅游发展实践中，旅游业对边境乡村的扶贫作用十分显著。旅游扶贫中，找准贫困症结，因地制宜地进行发展十分必要。③ 首先，黑龙江省在进行前期调研工作的基础上对行政贫困乡村进行旅游规划编制，确保每个贫困乡村具有可操作性，进而对贫困乡村的自然旅游资源、

---

① 《2021 北大荒农垦集团公司简介》［EB/OL］.（2021 - 11 - 10）. http：//hlj. zggqzp. com/2021/bsjq_1110/10684. html.

② 刁志波. 黑龙江乡村旅游与创新研究［M］. 北京：旅游教育出版社，2014：28.

③ 邓小海，曾亮，罗明义. 精准扶贫背景下旅游扶贫精准识别研究［J］. 生态经济，2015，31（04）：94-98.

文化旅游资源、旅游基础设施、旅游配套设施、近年来的旅游规划等进行全方位的研究分析，精准识别每个乡村的特质以及差异，再由调研专家组结合市、镇、村整体规划重点打造具有特色的规划，涌现出诸如小南山、四排赫哲族民族乡等特色边境旅游乡村。其次，精准识别适合并且能够参与乡村旅游扶贫的贫困人口，对其进行建档追踪，集中企业力量参与帮扶，印发《黑龙江省旅游委关于组织开展旅游企业帮扶贫困村专项行动实施方案》，积极推动旅游扶贫，不断吸引有劳动能力的贫困人口直接参与到扶贫产业中创业或就业，对于无劳动能力的贫困人口实施资产收益扶贫来保障贫困户收入，从而不断拓展乡村旅游扶贫的深度和广度。

4. 以政策支持推进边境地区人才与组织建设

在旅游市场的驱动下，边境地区旅游业日益呈现个性化与精品化的发展趋势，因此如何提升边境地区旅游业发展水平成为其可持续发展的关键。为实现旅游业在乡村中的持续发力，黑龙江省持续出台投资政策、土地政策、税收政策、财政政策、信贷政策、人才扶持政策等支持乡村旅游发展，积极推进林权改革、宅基地改革以及土地流转，如省级贫困村逊克利民村实施整村搬迁，并以农业、旅游业发展推进村中集体经济发展。2022 年发布《黑龙江省乡村旅游发展指引》，提出乡村旅游按照整体推进、各具特色、重点提升的要求，发挥农业、林业等资源要素与旅游的叠加效应，通过乡村旅游的发展积极吸引人员在乡村地区以人才扶持、人才创业、外来务工、本地就业等形式集聚，实现人口的逆向流动。同时，随着国家权力的逐级下沉，乡村基层自治组织以及村中的传统组织功能也在旅游业的发展中得以增强，使乡村基层自治组织成为带领村民参与旅游经营的重要渠道，激发了边境乡村的内生发展动力，实现了乡村在人才、组织方面的振兴与增能发展。

（二）发展对策

1. 明确发展定位，促进产业融合

旅游业对边境地区经济与社会发展的带动作用已不言而喻，乡村旅游是助力乡村振兴的特色发展模式之一，推进乡村旅游的高质量发展是满足乡村旅游市场多元化需求的有效途径。[①] 为进一步扩大黑龙江省旅游业的规

---

① 周永珍. 内蒙古乡村旅游：现状·案例·实践 [M]. 北京：中国旅游出版社，2019.

模及集聚效应，充分发挥旅游业在带动农村增收，带动农村就业，吸引外来人口，改善人居环境，推动基础设施建设以及促进民风、民俗的传承与保护等方面的作用，应进一步挖掘旅游产品的文化特色与内涵，并从全省、全国范围内予以定位和统筹，在省内形成以点成线、连线成面的差异化发展格局。

2. 运用科技手段打造旅游新业态

为克服省内发展不均衡的问题，在充分挖掘地方特色形成旅游产品开发体系的基础上，还应顺应市场发展，在旅游业发展中注入互联网、物联网等技术与手段，打造旅游发展的新业态，通过科技手段提高旅游产品的附加值，丰富旅游产品的等级与层次，推动体验式旅游活动向深度休闲式旅游活动转变，推进单一的旅游观光向丰富的产品业态转变，充分发挥旅游业的综合带动作用，促进多种产业融合发展，促进旅游业的专业化与规模化，打造特色旅游城镇，助力乡村振兴。

第五节　内蒙古自治区边境地区旅游业助推乡村振兴发展实践

内蒙古自治区与俄罗斯、蒙古国接壤，早在 1991 年，中蒙两国便开展了边境旅游相关合作，合作至今已超过 30 年，中俄边境旅游合作也近 20年。在边境旅游的带动下，区内已形成以满洲里、二连浩特为主的跨境旅游合作区建设与发展格局，旅游业已成为自治区的支柱产业。

一　内蒙古自治区边境旅游业发展概况

内蒙古自治区内共有包头市、乌兰察布市、锡林郭勒盟、呼伦贝尔市、巴彦淖尔市、阿拉善盟以及兴安盟 7 个边境地区，截至 2020 年区内共有 A级以上旅游景区 434 家，其中 5A 级 6 家、4A 级 138 家、3A 级 135 家。①2019 年全区接待国内外旅游总人数达 19512.45 万人次，同比增长 10.05%，实现旅游业综合收入 4651.49 亿元，同比增长 12.01%，旅游业总收入占全省

---

① 《内蒙古最新 5A 级旅游景区名录》［EB/OL］.（2022-05-27）. https://mp. weixin. qq. com/ s?＿＿biz＝MzIzNjM3MzQ5Nw＝＝&mid＝2247553358&idx＝4&sn＝332f50cc2bb5d310ccd1-c1584616788f&chksm＝e8da85d8dfad0ccefb76277ed0448dc27ee90a643fb42486d04e8e83f463855-0b72a47ef1d10&scene＝27.

GDP 的 27.04%①，旅游业已经成为地区经济发展的重要组成部分。

目前，区内已经形成了以边境旅游为特色，以乡村旅游、文化旅游、红色旅游为支撑的发展体系，乡村旅游发展十分迅速。截至 2018 年，区内已有乡村旅游接待户 4584 家，星级旅游接待户 750 家；工农（牧）业旅游示范点 22 个，其中国家级 18 个、自治区级 4 个；休闲农业与乡村旅游示范县 26 个，其中国家级 9 个、自治区级 17 个；全国乡村旅游创客基地 3 个。

在自治区旅游业快速发展的背景下，旅游业成为各边境城市的重要经济支柱，边境旅游城市在全区经济发展中也具有至关重要的带动作用。从东北边境地区来看，2019 年，呼伦贝尔市共接待国内外旅游者 2228.39 万人次，其中国内旅游人数为 2152.78 万人次，入境旅游人数为 75.61 万人次。实现国内旅游收入 677.02 亿元，入境旅游收入 56442 万美元。② 兴安盟国内旅游人数达 837.31 万人次，入境旅游人数为 2330 人次，实现国内旅游收入 124.26 亿元，实现入境旅游收入 266.86 万美元；共有星级以上宾馆 23 家，旅行社 56 家。③ 锡林郭勒盟以文、旅项目为重点，在累计投资 70 亿元后，实现旅游业发展的提档与升级，2019 年全盟旅游接待总人数达 1936.83 万人次，旅游业总收入达 424 亿元，分别较 2015 年增长 44.5% 和 50.3%。④ 二连浩特市累计接待国内外旅游人数 229.3 万人次，同比增长 1.7%；实现旅游收入 54.7 亿元，同比增长 2.97%。其中国内旅游人数为 124.5 万人次，同比增长 8.8%，实现国内旅游收入 25 亿元，同比增长 8.8%；入境旅游人数为 104.8 万人次，同比下降 5.7%，实现入境旅游收入 29.7 亿元，同比下降 5.7%。⑤

① 《内蒙古自治区 2019 年国民经济和社会发展统计公报》［EB/OL］.（2020 - 02 - 28）. http：//tj. nmg. gov. cn/files_ pub/content/pdfview/web/viewer. html？ file =/files_ pub/content/PDF/60edbc5e2e6a465caa30f8bbf4f26c5a/60edbc5e2e6a465caa30f8bbf4f26c5a. pdf.
② 《2019 年呼伦贝尔市旅游业统计》［EB/OL］.（2020 - 10 - 21）. http：//wlgj. hlbe. gov. cn/News/show/467682. html.
③ 国家统计局内蒙古调查总队. 内蒙古调查年鉴 2020［M］. 北京：中国统计出版社，2020.
④ 《“文旅+”为决胜全面小康添动力》［EB/OL］.（2021 - 01 - 21）. https：//www. mct. gov. cn/whzx/qgwhxxlb/nmg/202101/t20210110_920625. htm.
⑤ 《二连浩特市 2019 年旅游组接指标情况》［EB/OL］.（2020 - 01 - 09）. http：//www. xlgl. gov. cn/zx/qxdt/202001/t20200109_ 2390721. html.

二 内蒙古自治区边境地区旅游业推进乡村振兴实施成效与问题

(一) 实施成效

1. 带动特色旅游产品转型与升级

在旅游业发展的带动下，内蒙古自治区内旅游产品在原有依托都市和传统景区的发展模式上不断推陈出新，区内农家乐、林家乐、渔家乐等旅游产品增多，并在发展过程中逐渐向休闲农业转变，推出"家庭农场+农事体验""农业景观+观光旅游""农业旅游+休闲度假""乡土风情+民宿旅游"等特色旅游模式，旅游发展成为拉动区内农牧民增收与就业、加快城乡统筹发展的重要途径。目前，区内旅游业带动乡村地区发展的模式主要分为四种。第一种是农牧民自发投资的农家乐、牧家乐模式，大部分是个体经营，小部分是农牧民合伙投资、共同经营。第二种是村经营模式，主要由村集体成立公司经营，农牧民凭借土地参股，参与分红。第三种是企业经营模式，即主要由个体民营企业征用村集体土地经营，吸纳当地农牧民就业。第四种是混合经营模式，即村集体成立公司予以统筹，并将经营部分分块、分包进行经营和管理。自治区为持续推进乡村旅游的发展，正式制定了《自治区乡村旅游高质量发展三年行动计划》，实施乡村旅游"百千万工程"，成功创建全国乡村旅游重点村6个、全国乡村旅游重点镇3个，评定自治区乡村旅游重点村34个。印发《内蒙古自治区乡村（牧区）旅游接待户星级评定管理办法》，评定五星级乡村牧区旅游接待户22家。①

除乡村旅游外，自治区还加强了对边境地区文化旅游、红色旅游的资源开发与挖掘，推出"亮丽北疆"主题精品红色旅游线路10条，其中3条线路入选国家"建党百年红色旅游百条精品线路"。组织开展"自治区红色讲解员讲百年党史"宣讲活动113场，举办自治区首届红色故事讲解员大赛，3名红色旅游讲解员入选"全国红色五好讲解员"，6名红色旅游讲解员入选全国"百名红色讲解员讲百年党史巡回宣讲活动"讲解员名录。舞剧《草原英雄小姐妹》以及12款红色旅游文创产品入选《全国红色旅游创

---

① 《内蒙古自治区文化和旅游厅 2021 年工作总结》［EB/OL］.（2022-03-10）. https://www.nmg.gov.cn/zwgk/zdxxgk/ghjh/jzqk/202203/t20220310_2015036.html.

意产品和红色旅游演艺创新成果征集展示活动作品集》。[①] 兴安盟内蒙古自治政府纪念地获第二届全国红色故事讲解员大赛"优秀活动单位"荣誉称号。锡林郭勒盟以草原为品牌，面向市场需求积极融入自治区环京津冀草原风情旅游片区，打造1条主线、8条干线、6条支线，融合研学、运动、艺术、养生等多种旅游业态的锡林郭勒盟千里草原风景大道，创建4A级景区6家、3A级景区3家、A级景区19家，依托"中国马都"品牌持续打造中国马术大赛、"贵由赤"马拉松赛、草原马拉松山地自行车挑战赛、环多伦湖自行车赛、走近乌拉盖河徒步溯源之旅活动、银色锡林郭勒草原冰雪那达慕六大精品"体育+旅游"赛事活动。目前已形成夏季以"辽阔草原锡林颂歌"为主题、冬季以"燃情冰雪温情牧歌"为主题的旅游新业态，草原旅游的网络及新媒体曝光量年均超过1亿人次。[②]

2. 旅游扶贫成效显著

在以政府为主导、企业与边境乡村积极参与的多元主体发展模式下，旅游业在乡村地区的扶贫成效显著，形成了"政策支持、规范管理、环境整治、规模升级"的旅游扶贫推进形式。自2011年起，内蒙古文化和旅游厅与农牧业厅等部门带领农户参与家庭旅游接待、休闲农业和乡村旅游示范县（示范点）建设，规范经营与发展，培养示范户、旅游经营带头人，打造示范村，从上至下实现有组织的旅游帮扶。2021年在文化和旅游部推出的《体验脱贫成就·助力乡村振兴全国旅游扶贫示范案例选编》中，内蒙古自治区呼和浩特市和林格尔经济开发区台格斗村、赤峰市喀喇沁旗西桥镇雷家营子村、兴安盟阿尔山市白狼镇林俗村、巴彦淖尔市临河区狼山镇富强村入选。其中，白狼镇林俗村位于东北边境地区，是区内重点扶贫村，该村结合独特的林俗文化、冰雪资源与矿泉资源，以打造全域旅游、四季旅游为引擎，通过"旅游+"模式，打造成为独具特色、富有活力的美丽乡村，2019年旅游扶贫带动户数109户，带动人数147人，并于2020年

---

① 《自治区党委宣传部召开"庆祝建党百年 践行初心使命"系列发布第二场——弘扬红色文化推进红色旅游专场发布会》［EB/OL］.（2021-06-17）. https://www.nmg.gov.cn/xwfb/fbh/qtxwfbh/202106/t20210617_1637088.html.

② 《"文旅+"为决胜全面小康添动力》［EB/OL］.（2021-01-21）. https://www.mct.gov.cn/whzx/qgwhxxlb/nmg/202101/t20210110_920625.htm.

被评为全国乡村旅游重点村。① 通过"旅游+扶贫"的发展模式，旅游业成为自治区助力富民扶贫的工作核心。同时在自治区相关政策的推动下，旅游企业积极参与地方扶贫，在常规旅游线路中融入特色乡村旅游点，开辟景区与农、牧家乐相融合的新线路，有效实现了旅游资源、经营收益的共享与共赢。

3. 重点村镇建设推动乡村旅游品牌发展

为了进一步推进区内旅游业的优质发展，内蒙古将具备特色景观的旅游村镇建设为重点乡村旅游村。截至2021年底，内蒙古获评全国乡村旅游重点村的乡村有30个，为乡村旅游高质量发展奠定了基础，② 而具有区位优势以及丰富人文资源的边境地区涌现出诸多国家级乡村旅游重点村。2019年，巴彦淖尔市临河区狼山镇富强村、呼伦贝尔市额尔古纳市蒙兀室韦苏木室韦村等9个村（嘎查）入选首批全国乡村旅游重点村名单。2020年、2021年呼伦贝尔市额尔古纳市恩和俄罗斯族民族乡恩和村、乌兰察布市兴和县店子镇卢家营村等21个村（嘎查）相继入选第二批、第三批全国乡村旅游重点村名单。2021年鄂尔多斯市康巴什区乌兰木伦文化和旅游街区、呼伦贝尔市满洲里市中俄边境旅游区套娃景区入选第一批国家级夜间文化和旅游消费集聚区名单。③ 边境地区旅游业带动了当地经济的发展，在"亮丽内蒙古"文化品牌下，自治区依托其毗邻俄蒙两国的地缘优势，在"一带一路"倡议下，形成了集草原、森林、沙漠、冰雪等多项特色于一体的中俄蒙旅游文化品牌。在此基础上，自治区为突出边境地区乡村旅游发展的特色与资源优势，加强了乡村旅游的供给侧结构性改革，重点改革旅游业中的文化产品供给，推出乡村非遗类产品，乡村博物馆、民族音乐、服饰等民俗类产品，加大民俗、农耕、游牧、民间技艺等融入乡村旅游产品的力度，在区内重点培育以兴安盟阿尔山市温泉街文化和旅游街区、赤峰市红山区新华步行街文化旅游集聚区、鄂尔多斯草原丝路文化——康镇景

① 《汇聚民心共脱贫　打造特色文化地——内蒙古自治区兴安盟阿尔山市白狼镇林俗村旅游扶贫案例》[EB/OL].（2022-02-09）. https：//ishare.ifeng.com/c/s/v002OQPm4b8Qo-A5nfm3MUSL29CruWZ3YJ8eDk-_QlqI8Q--ao__.

② 《内蒙古加快乡村旅游供给侧结构性改革的若干思考》[EB/OL].（2022-06-16）. https：//baijiahao.baidu.com/s? id=1735744048938260870&wfr=spider&for=pc.

③ 《乡村游越游越诗意 夜经济越夜越美丽》[EB/OL].（2022-04-12）. https：//www.nmg.gov.cn/asnmg/asnmg/asnmgxcp/202204/t20220412_2036513.html.

区、阿拉善盟定远营古城夜间文化和旅游消费集聚区为主的特色旅游街区。

（二）存在问题

1. 区内产品同质化严重，且季节性显著

从内蒙古旅游业发展现状来看，目前已基本形成以边境旅游、乡村旅游、红色旅游、民俗旅游、冰雪旅游以及生态旅游为主要特色的旅游产品，产品类型渐趋多元化。但从自治区内部来看，各地区旅游发展模式以及旅游产品同质化严重。仅凭单一旅游线路及旅游产品的发展难以带动全区旅游业及地区的综合发展，反而容易加速地区间发展的不平衡。与此同时，随着旅游业的迅速发展，旅游经营场所及旅游产品呈现快速增多的趋势，也由此出现各经营场所趋同化，缺乏具有深度特色与内涵的旅游产品，这一问题在乡村旅游中尤其突出。乡村旅游经营点大多为农（牧）家乐、民宿等形式，个体经营占据较大比例，旅游发展仍处于追逐游客需求的初级阶段，提供的产品及对应服务相似度高，但产品品位亟须提升，难以满足渐趋个性化和多元化的旅游市场需求，难以形成差异化发展。

2. 运营中缺少政策和资金支持

在目前内蒙古边境地区旅游业经营的实践中，经营者无论采取金融借贷还是对外筹资进行旅游开发，都在很大程度上依赖于政府的资金和政策支持，由此也出现了政策与资金扶持的灵活度低、扶持力度不够，导致边境乡村地区的旅游发展出现融资困境，即便在前期获得启动资金，后续运营及景区扩大也面临资金筹集难的问题。受资金和政策的限制，一些经营场所仅有初期的经营设施和场所，旅游项目开发层次低、规模小，且难以及时与游客快速变化的旅游需求相适应，从而导致经济收益下降。

三　内蒙古自治区边境地区旅游业推进乡村振兴发展路径与对策

（一）发展路径

1. 注重规划与统筹

科学的规划与统筹是实现旅游业可持续发展的重要前提，尤其在边境地区可用于旅游开发的资金及相关资源有限的发展实情下，科学的规划与统筹必不可少。内蒙古自治区针对全区旅游发展格局以及特色旅游进行了

系统的旅游规划。《内蒙古自治区旅游业 2022 年行动方案》明确提出 "持续开展呼和浩特市、呼伦贝尔市、鄂尔多斯市、阿拉善盟等旅游休闲城市创建工作；推动阿尔山、额济纳等重点旅游优势区块率先发展"。① 2022 年编制的《内蒙古自治区休闲农牧业与乡村旅游发展规划（2021—2025 年）》在宏观上对区内乡村旅游的发展目标与格局进行了规划，并明确了呼伦贝尔市、兴安盟、锡林郭勒盟、鄂尔多斯市、巴彦淖尔市等边境地区 "生态、边关、农牧" 的旅游特色定位，推动美丽乡村建设成果与乡村振兴战略相衔接。此外，从全区统筹的层面，编制了《内蒙古自治区 "十四五" 文化和旅游融合发展规划》，积极倡导全区发挥区位优势，参与 "中蒙俄经济走廊"，以 "万里茶道" 推进文化和旅游发展，推动满洲里边境旅游试验区、二连浩特跨境旅游合作区建设，优化全区文旅产业发展布局。

2. 以标准化建设提升建设水平

除在全区层面进行科学规划外，内蒙古自治区还通过标准化评比提升各地旅游服务质量，以评代奖激励各旅游经营单位、场所提升自身建设水平。制定并印发《内蒙古自治区乡村（牧区）旅游接待户星级评定管理办法》，并制定《乡村（牧区）旅游接待户星级评定标准》，积极推动区内乡村旅游的优质发展，从住宿接待、标识系统、带动就业、旅游厕所等方面，对各旅游经营场所的建设进行了规范。② 印发《自治区旅游民宿实施规范》，通过文明旅游示范单位和丙级旅游民宿绿色旅游饭店评比等形式推选出优质旅游经营点，在 24 家区级文明旅游示范单位中有 14 家位于边境地区，在 15 家丙级旅游民宿中有 12 家位于边境乡村地区。③ 同时，在全区推进旅游示范区的建设，鄂尔多斯市康巴什区、锡林郭勒盟二连浩特市被评为国家全域旅游示范区④，兴安盟乌兰浩特市、兴安盟科右中旗、锡林郭勒盟乌拉盖管理区、鄂尔多斯市

---

① 《内蒙古自治区旅游业 2022 年行动方案解读》［EB/OL］.（2022 – 04 – 12）. https：//baijiahao. baidu. com/s？ id =1729895084190599504&wfr = spider&for = pc.

② 《自治区文化和旅游厅关于印发内蒙古自治区乡村（牧区）旅游接待户星级评定管理办法的通知》［EB/OL］.（2021 – 05 – 31）. https：//wlt. nmg. gov. cn/zfxxgk/zfxxglzl/fdzdgknr/bmwj/202106/t20210615_ 1636045. html.

③ 《内蒙古自治区文化和旅游厅关于首批省级文明旅游示范单位和丙级旅游民宿绿色旅游饭店评定结果公示》［EB/OL］.（2022－06－22）. https：//wlt. nmg. gov. cn/zfxxgk/zfxxglzl/fdzdgknr/tzgg/202206/t20220622_ 2075773. html.

④ 《内蒙古两地区被命名为国家全域旅游示范区》［EB/OL］.（2020 – 12 – 18）. http：//www. nmgzf. gov. cn/msrx/2020-12-18/42754. html.

伊金霍洛旗等地相继成为区级全域旅游示范区。自治区通过标准化建设以及以评代奖的管理方式，使区内旅游经营与服务的水平整体提升，各具特色的旅游示范区发展迅速，边境乡村旅游服务接待水平提升，旅游业的辐射效应增强，带动当地农（牧）民参与经营、就业，实现传统产业与旅游业的融合发展。

3. 完善体制建设提供多维支持

旅游业已成为内蒙古自治区的核心产业之一，尤其在边境乡村地区的发展中带动作用显著。为了保障区内旅游业的发展，自治区相继推出资金、人才、宣传、扶贫等多项政策，以多维政策支持保障旅游业的可持续发展。首先，持续加大了旅游开发的资金扶持力度，用于完善贫困地区旅游基础设施和相应的服务接待设施，仅 2018 年用于乡村旅游扶贫的项目资金便达 1960 万元，拨款 1 亿元用于贫困地区的旅游厕所建设，改善贫困地区的人居环境，改善旅游基础建设条件。其次，积极引导旅游业与贫困地区发展相结合，通过旅游业实现农牧民脱贫致富。将区内的乡村旅游景区与红色旅游景区等纳入区内精品旅游线路和红色旅游线路，以周末游、短途游、红色旅游、生态旅游等特色旅游产品吸引旅游消费，通过"旅游后备箱"工程，带动贫困地区农畜产品加工、生产、销售，并积极与发达城市签订合作协议，建立相应的旅游扶贫合作交流机制。

（二）发展对策

1. 加强制度供给，增强行业指导

旅游业是涉及多个行业的综合性产业，制度能够从宏观上保障旅游业发展与相关资源的科学调控与供给，边境地区的旅游业发展更需要以制度的形式从根本上确保资金、人力、土地、科技、金融等多项要素向边境地区倾斜与流动。首先，要完善制度的顶层设计，将旅游业的发展融入自治区整体发展格局，将边境地区乡村发展与新农村建设、美丽乡村建设相整合，以制度供给完善顶层设计，实现区内旅游业的合理布局和科学发展。其次，完善旅游业促进乡村振兴的发展机制，从制度上减少旅游扶贫、旅游乡村振兴面临的障碍，减少旅游发展中内外主体之间的矛盾，以制度和政策的灵活调控实现乡村发展要素的效用最大化，发挥旅游业在乡村发展中的典型作用，形成"省（区）统筹、地市组织、村镇落实"的体制，增强对旅游业推进乡村振兴

的发展指导。在尊重市场的基础上，通过政府的有序引导，破解自治区在旅游发展中面临的同质化以及季节性问题，以此推进边境地区乡村旅游项目有序开展。

2. 多渠道吸引资金，注重人才培养

政策、资金和服务人员质量是影响乡村旅游质量及其推动乡村振兴效果的重要因素。资金需要相关政策的保障，政府应通过制定扶贫资金政策、拨款、专项资金补助、税收减免等措施为乡村旅游提供资金扶持。服务人员质量方面，应搭建各类旅游院校与贫困村之间的智力扶持桥梁，组织专家学者深入贫困乡村举办培训班，为贫困村旅游发展答疑解惑。同时，对开展民宿、餐饮的贫困村，构建与宾馆酒店的合作对接机制，以宾馆酒店的标准对乡村旅游从业者进行服务技能培训。组织旅行社及旅游行业其他组织为贫困人口提供乡村旅游服务方面的培训，引导村民以积极的服务态度为游客提供优质的服务。

第八章 东北边境地区边境旅游试验区建设模式及路径

第一节 边境旅游试验区产生背景及相关研究

一 边境旅游试验区产生背景

边境旅游试验区是在中国边境区域内设立的、依托边境口岸城市、强化政策集成和制度创新、以旅游业为主导的发展区域。[①] 2015 年 12 月，国务院颁发《关于支持沿边重点地区开发开放若干政策措施的意见》（国发〔2015〕72 号），提出：改革边境旅游管理制度，修订《边境旅游暂行管理办法》，放宽边境旅游管制；依托边境城市，强化政策集成和制度创新，探索建设边境旅游试验区，并鼓励边境旅游试验区积极探索"全域旅游"发展模式；加强旅游支撑能力建设，加强沿边重点地区旅游景区道路、标识标牌、应急救援等旅游基础设施和服务设施建设。[②]

边境旅游试验区是近年来我国旅游改革层面的重大决策和举措。边境旅游试验区是国家层面确定的以改革为指向的旅游业发展重点区域，其目的在于以旅游业发展为主导推动稳边安边兴边。边境旅游试验区在发展过程中要从改革和产业发展的角度落地，通过探索"全域旅游发展模式"等政策和制度的创新，推动用地指标适当倾斜、试验区实施口岸签证等便利

---

① 李庆雷，高大帅．边境旅游试验区建设的认识问题与推进对策［N］．中国旅游报，2016-12-06（003）．

② 《国务院关于支持沿边重点地区开发开放若干政策措施的意见》［EB/OL］．（2015-12-24）．http：//www.gov.cn/zhengce/content/2016-01/07/content_10561.htm.

性政策的实行，打造以边境地区民族特色村镇为代表的各类旅游产品。①

就边境旅游试验区的发展条件来看，我国边境地区地理位置独特，自然和人文旅游资源非常丰富，国家一直以来非常重视对我国边境地区的建设发展问题，并给予了多项政策支持，为边境旅游试验区的设立提供了基础和保障。国家政策支持层面，2017 年，国务院办公厅发布的《兴边富民行动 "十三五" 规划》在主要任务和重点工作中明确指出要在项目、资金和政策上对边境地区旅游业予以倾斜支持，大力发展 "多彩边境" 旅游和跨境特色旅游，积极扶持一批脱贫致富带动力强的重点景区；将具有特色资源、区位优势的重点镇培育成休闲旅游、商贸物流等特色小镇。② 可以看出，近年来在边境地区开发开放进程中，边境旅游试验区的战略地位、创新意义和强带动性日益受到重视。截至 2016 年，国家已经批准建立边境旅游试验区的边境城市有 28 个，东北地区包括辽宁省丹东市，吉林省珲春市、图们市、龙井市、和龙市、临江市、集安市，黑龙江省黑河市、同江市、虎林市、密山市、穆棱市、绥芬河市，内蒙古自治区二连浩特市、阿尔山市、满洲里市、额尔古纳市。

就边境旅游试验区建设的意义来看，首先，边境旅游试验区的建设融入了腹地理论和全域旅游理念，与传统依托边境口岸的发展模式不同，可以有效规避市场风险，避免与周边社区相隔离的 "孤岛效应"，有助于进一步整合区域内资源，促进区域共生发展。其次，因其独特的发展理念和发展模式，边境旅游试验区建设采取 "自下而上" 的管理模式，注重最大化调动各级地方政府和社区居民参与建设的积极性，避免 "一刀切" 现象，面向国内国际两个市场，探索性寻求边境旅游发展新动能、新模式。最后，边境旅游试验区利用 "旅游+" 模式，发挥旅游产业的联动作用，全方位带动边境地区社会发展，加快内陆沿边地区开发开放目标的实现。③

---

① 《旅游局：为旅游改革开放种好 "试验田"》［EB/OL］.（2016 - 08 - 29）. http：// www. gov. cn/xinwen/2016-08/29/content_5103162. htm.

② 《国务院办公厅关于印发兴边富民行动 "十三五" 规划的通知》［EB/OL］.（2017-5-28）. http：//www. gov. cn/zhengce/content/2017-06/06/content_5200277. htm.

③ 李庆雷，高大帅. 边境旅游试验区建设的认识问题与推进对策［N］. 中国旅游报，2016- 12-06（003）.

二　边境旅游试验区内涵及相关研究

边境旅游试验区相关研究分为两个方面：一方面是对边境旅游试验区的概念、内涵、特征等内容的研究；另一方面是对边境旅游试验区的建设条件、现状、路径及模式等内容的研究。

关于边境旅游试验区的概念，李庆雷、高大帅（2016）认为边境旅游试验区是指在中国边境区域内设立的，依托边境口岸城市发展旅游业的试验区，其突出了旅游业的主导作用，着眼于改革创新，明确了地方政府的职责，并在发展中践行全域旅游等政策和制度的集成与创新，目的在于打造边境旅游发展新模式，促进边境地区开发开放。华旅兴（2018）提出边境旅游试验区是指在中国境内依托边境城市设立，按照特殊方式和政策，推进沿边重点地区全域旅游发展的试验区域。

关于边境旅游试验区的建设路径，刘宏芳等（2017）提出边境旅游试验区建设路径：第一，创新边境旅游管理体制、产业引导机制以及人员车辆流动制度；第二，健全全域旅游公共服务体系，全面提升边境旅游服务质量；第三，深化"旅游+"产业融合，激发沿边旅游经济活力与辐射带动效应；第四，优化协调边境旅游空间结构，奠定边境旅游试验区建设总体基础；第五，建设一批展示边关民族风情的边境旅游城镇与民族特色村寨。李庆雷、高大帅（2016）在分析了边境旅游试验区主要认识问题的基础上，提出边境旅游试验区建设的建议：第一，引导地方政府提高认识、克服畏难情绪；第二，省市级相关部门加强调查研究和业务指导；第三，设立不同级别的边境旅游试验区并开展试点；第四，明确边境旅游试验区建设的现实抓手。陈立新（2018）抓住国务院批准满洲里建设边境旅游试验区的契机，提出满洲里边境旅游试验区建设路径：一是要不断强化顶层设计；二是要创新边境旅游管理体系；三是要创新边境旅游体制机制；四是要突出打造全域旅游产品；五是要大力打造特色旅游品牌；六是要全方位做好配套服务。

本书认为边境旅游试验区是指在国内边境区域范围内划定的，以文化旅游开发为主，以商贸合作、劳动力流动、技术合作为辅，实施特殊政策，践行全域旅游发展模式，推进边境重点地区旅游全方位发展的试验区域。

三　全域旅游建设模式

国发〔2015〕72号文件明确肯定了沿边重点地区在"一带一路"倡议中的先手棋和排头兵地位，首次将跨境旅游合作区和边境旅游试验区建设纳入国家战略范畴，提出探索建设边境旅游试验区，依托边境城市，强化政策集成和制度创新，鼓励边境旅游试验区积极探索全域旅游发展模式。①

（一）全域旅游内涵

全域旅游是综合式、科学性的系统旅游，其基于旅游者内在体验性需求的增长以及旅游产业供给侧结构性改革的现实需求，一方面强调全社会的共同参与，另一方面对区域内资源、空间、产品、产业等进行整合，目的在于促进实现经济、社会、环境效益的共生。② 杨振之（2016）认为全域旅游贯彻了五大发展理念，是以旅游产业为主导或引导的创新模式，其注重对空间和产业两个层面生产要素的合理配置，明确了旅游业的战略地位和社会价值。何建民（2016）认为全域旅游是指在一定区域内，将旅游业作为主导产业，致力于实现区域内旅游资源、生态环境、公共服务等要素和资源的系统整合与提升，以旅游产业促进发展的区域协调发展理念和模式。华旅兴（2018）提出全域旅游是指在一定区域内，以旅游业为优势产业，通过统一规划布局、公共服务优化、综合统筹管理、整体营销推广，最大限度地满足大众旅游时代人民群众消费需求的发展新模式。

（二）全域旅游建设条件

2016年7月，习近平总书记在宁夏考察时指出：发展全域旅游，路子是对的，要坚持走下去。杨振之（2016）提出全域旅游示范区建设的条件：第一，推进旅游行政管理体制的变革；第二，在旅游资源富集区，建立以旅游产业为主导的区域发展新平台、新模式；第三，引导多产业融合发展，形成区域泛旅游产业集群；第四，在适合发展全域旅游的地区，将全域旅

---

① 《国务院关于支持沿边重点地区开发开放若干政策措施的意见》［EB/OL］.（2015-12-24）. http：//www.gov.cn/zhengce/content/2016-01/07/content_10561.htm.

② 王海荣，王海凤．全域旅游背景下黑龙江省旅游可持续发展研究［J］.边疆经济与文化，2022（6）：1-4.

游规划作为区域顶层设计，引导实现"多规合一"；第五，借力供给侧结构性改革，推动全域旅游产品提档升级。2017 年《政府工作报告》提出大力发展全域旅游，并指出需进一步促进旅游改革创新，建立现代旅游综合治理机制，以"旅游+"模式做长旅游产业链，不断优化现阶段和未来旅游环境与全过程，全域旅游上升为国家战略。2017 年 6 月 12 日，国家旅游局印发《全域旅游示范区创建工作导则》（以下简称"《导则》"），明确了全域旅游示范区创建"旅游治理规范化""旅游发展全域化""旅游供给品质化""旅游参与全民化""旅游效应最大化"五大目标以及"创新体制机制，构建现代旅游治理体系""加强规划工作，做好全域旅游顶层设计""加强旅游设施建设，创建和谐旅游环境""提升旅游服务，推进服务人性化品质化""坚持融合发展、创新发展，丰富旅游产品，增加有效供给""实施整体营销，凸显区域旅游品牌形象""加强旅游监管，切实保障游客权益""优化城乡环境，推进共建共享"八大任务，为全域旅游示范区创建工作提供了清晰的行动指南。

（三）全域旅游建设模式

建设全域旅游示范区能够进一步推进旅游供给侧结构性改革，促进当地经济结构转型升级，增加地方财政收入，提高旅游业在国民经济中的综合贡献率，增强人民群众的幸福感和获得感，使我国旅游业发展水平和竞争力再上新台阶，为实现全面建成小康社会作出贡献。全域旅游发展的基本模式是从景点模式走向全域旅游模式。其本身存在内在规律和发展阶段，因此需因地制宜，基于各地现实情况选择全域旅游操作模式，从而助力区域发展的"破局"。第一阶段是党政统筹阶段。第二阶段是落实公共福利供给和统筹旅游休闲发展阶段。这个阶段致力于打造新型全域旅游发展区，此阶段以旅游休闲消费和服务为主导，规模和活动空间均较大，产品呈现多样化。第三阶段是跨区域构建旅游功能区阶段，即全域旅游的高级发展阶段。旅游功能区在制度上以旅游业为主导，相应生产要素也需针对旅游业优先配置，从而引导社会经济发展，增强区域乃至跨区域旅游发展的能力。

第二节 中朝边境地区边境旅游试验区建设模式

一 中朝边境地区边境旅游试验区建设条件分析

中朝边境地区有辽宁省丹东市，吉林省通化市、白山市、延边朝鲜族自治州（以下简称"延边州"）4个市（州），所辖的边境县（市、区）有丹东市振兴区、振安区、元宝区、宽甸满族自治县、东港市，通化市集安市，白山市长白朝鲜族自治县、临江市，延边州安图县、和龙市、龙井市、图们市、珲春市。中朝边境地区边境城市分布情况如表8-1所示。

表 8-1 中朝边境地区边境城市分布情况

边境省（区）	边境市（州）	边境县（市、区）
辽宁省	丹东市	振安区、振兴区、元宝区、宽甸满族自治县、东港市
吉林省	通化市	集安市
吉林省	白山市	临江市、长白朝鲜族自治县
吉林省	延边州	珲春市、图们市、龙井市、和龙市、安图县

数据来源：人民交通出版社. 东北地区公路里程地图册（辽宁省、吉林省）[M]. 北京：人民交通出版社，2022.

根据国发〔2015〕72号文件和全域旅游示范区建设要求，边境旅游试验区建设条件可以从边境城市主要旅游资源禀赋情况、旅游市场情况、旅游企业发展情况、经济发展规模、全域旅游示范区建设情况五个要素来分析。

（一）中朝边境城市主要旅游资源禀赋情况

旅游资源是一个国家或者地区吸引国内外游客的核心要素之一，旅游景区数量越多，旅游资源质量越高，对游客的吸引力越强，访问的游客数量越多。本书根据国家旅游景区质量等级划分标准，对东北中朝边境城市旅游资源情况进行分析，东北中朝边境城市A级以上旅游景区分布情况如表8-2所示。从A级以上旅游景区数量可看出通化市旅游资源禀赋程度最高，其次为延边州，第三是丹东市。

表 8-2　东北中朝边境城市 A 级以上旅游景区分布情况

单位：个

边境城市	5A 级旅游景区	4A 级旅游景区	3A 级旅游景区	景区总数
丹东市	0	18	10	28
延边州	1	16	20	37
通化市	1	12	27	40
白山市	0	6	16	22

（二）中朝边境城市旅游市场情况

旅游市场是一个国家或地区旅游产业的主要评价指标，旅游市场分为国内旅游市场和国际旅游市场，国际旅游市场又分为入境旅游市场和出境旅游市场。一个国家或地区的旅游市场情况一般用国内旅游人数、入境旅游人数、国内旅游收入和入境旅游收入（又称"旅游外汇收入"）来衡量。2019 年中朝边境城市旅游市场情况如表 8-3 所示。在国内旅游人数方面，丹东市最多，其次是延边州，第三为通化市；在入境旅游人数方面，延边州最多，其次是通化市，第三为丹东市。

表 8-3　2019 年中朝边境城市旅游市场情况

边境城市	国内旅游人数 （万人次）	国内旅游收入 （亿元）	入境旅游人数 （万人次）	入境旅游收入 （万美元）
丹东市	5593.9	521.10	14.22	8618.00
延边州	2694.8	537.47	56.58	26534.71
通化市	1727.5	308.15	17.02	3787.00
白山市	1241.6	197.37	5.53	2260.00

数据来源：丹东市、延边州、通化市、白山市 2020 年统计年鉴。

（三）中朝边境城市旅游企业发展情况

旅游企业是支撑一个国家或地区旅游业的核心要素之一，根据旅游接待业的分类，旅行社、住宿设施、餐饮企业、旅游景区等都属于旅游企业。旅游企业的数量是衡量一个国家或地区旅游产业发展的主要指标之一，特别是边境城市的旅行社主要经营边境（跨境）旅游业务，旅行社的数量越多，该城市边境（跨境）旅游市场越大。星级饭店接待国内外游客，一个城市星级饭店的数量越多，该城市旅游产业发展越好。2019 年中朝边境城市旅游企业发展情况如表 8-4 所示。在旅行社数量方面，延边州最多，其次为丹东市，第三为白山市；在星级饭店数量方面，延边州最多，其次为丹东市，第三为白山市。

表 8-4 2019 年中朝边境城市旅游企业发展情况

单位：个

边境城市	旅行社数量	星级饭店数量
丹东市	299	25
延边州	374	40
通化市	114	8
白山市	176	11

数据来源：丹东市、延边州、通化市、白山市 2020 年统计年鉴。

（四）中朝边境城市经济发展规模

评价一个城市经济发展规模的主要指标有地区生产总值、第三产业增加值、边境贸易总额、人均地区生产总值等。边境城市地区生产总值越多，经济发展程度越高，旅游业的投入资金越多。边境贸易总额是边境城市跨境交流的主要指标之一，一个城市贸易额越多，跨境交流越活跃，边境城市商务、物流、旅游者越多，旅游业越发达。2019 年中朝边境城市经济发展规模如表 8-5 所示。在地区生产总值和第三产业增加值方面，丹东市最多，其次为延边州和通化市，白山市最少；在边境贸易总额方面，丹东市最多，其次为延边州，通化市和白山市较少。

表 8-5 2019 年中朝边境城市经济发展规模

边境城市	地区生产总值（亿元）	第三产业增加值（亿元）	边境贸易总额（亿元）	人均地区生产总值（元）
丹东市	768.00	430.80	154.20	32256
延边州	723.37	420.20	149.68	34789
通化市	725.8	418.30	27.50	33702

续表

边境城市	地区生产总值 （亿元）	第三产业增加值 （亿元）	边境贸易总额 （亿元）	人均地区生产总值 （元）
白山市	509.00	313.12	20.67	43744

数据来源：丹东市、延边州、通化市、白山市 2020 年统计年鉴。

（五）中朝边境城市全域旅游示范区建设情况

2015 年 8 月 25 日，国家旅游局发布《关于开展"国家全域旅游示范区"创建工作的通知》，要求每年筛选 10% 的县来探索全域旅游，计划连续 3 年形成 600 多个全域旅游示范县。2016 年 2 月，国家旅游局公布了首批"国家全域旅游示范区"创建单位，共计 262 个。2016 年 11 月，国家旅游局公布了第二批"国家全域旅游示范区"创建单位，共计 238 个。中朝边境城市国家全域旅游示范区创建名单如表 8-6 所示。中朝边境城市获批创建国家全域旅游示范区的县（市、区）共有 15 个，其中辽宁省丹东市 2 个，吉林省延边州 5 个、通化市 6 个、白山市 2 个。

表 8-6　中朝边境城市国家全域旅游示范区创建名单

边境城市	第一批（2016 年 2 月）	第二批（2016 年 11 月）
丹东市	凤城市、宽甸满族自治县	—
延边州	敦化市、延吉市、珲春市	和龙市、安图县
通化市	辉南县、柳河县、集安市、通化县、梅河口市	东昌区
白山市	临江市、抚松县	—

数据来源：原国家旅游局。

（六）中朝边境城市边境旅游试验区建设优先顺序

根据边境城市主要旅游资源禀赋情况、旅游市场情况、旅游企业发展情况、经济发展规模、全域旅游示范区建设情况五个方面的分析结果，中朝边境城市边境旅游试验区建设优先顺序如表 8-7 所示。辽宁省丹东市和吉林省延边州的各项指标显示优秀，可以优先发展；吉林省通化市各项指标显示良好，可以良好发展；吉林省白山市可以逐渐培育后再发展。

表 8-7 中朝边境城市边境旅游试验区建设优先顺序

边境省（区）	边境城市	优先顺序
辽宁省	丹东市	优先发展
吉林省	延边州	优先发展
吉林省	通化市	良好发展
吉林省	白山市	培育发展

二 中朝边境城市边境旅游试验区建设模式

根据全域旅游示范区建设标准和边境旅游试验区建设条件分析，中朝边境地区的辽宁省丹东市和吉林省延边州建设条件优秀，可优先发展边境旅游试验区；吉林省通化市建设条件良好，可第二批发展边境旅游试验区；吉林省白山市建设条件一般，可继续培育后发展边境旅游试验区。

中朝边境地区边境旅游试验区根据不同的旅游资源特色、旅游市场情况、经济发展情况等建设条件，可采取边境商贸旅游试验区、边境民族文化旅游试验区、边境风景廊道旅游试验区、边境生态旅游试验区四种建设模式。

（一） 探索建设边境商贸旅游试验区模式

边境商贸旅游试验区模式是指以边境城市与周边国家的商务物流、商务旅游为主要合作形式，发挥边境贸易优势、区位优势、合作优势，全区域建设集商贸、旅游、度假、购物于一体的旅游试验区。辽宁省丹东市东与朝鲜的新义州隔江相望，是辽宁沿海经济带重要的港口城市，是一个以商贸、港口、物流、旅游为主体的沿江、沿海、沿边城市，是中朝边境线上对朝贸易额最多的城市，也是赴朝旅游人数最多的口岸城市，拥有国家级铁路口岸和公路口岸。丹东可以发挥边境贸易优势、区位优势、合作优势、资源优势，建设集商贸、旅游、度假、购物于一体的边境商贸旅游试验区。

（二） 探索建设边境民族文化旅游试验区模式

边境民族文化旅游试验区模式是指以边境城市的民族文化、历史文化为主要建设要素，发挥边境城市的民族文化优势、历史文化优势，全区域建设集民俗、文化、历史、旅游、体验于一体的旅游试验区。中朝边境线上的吉林省通化市集安市和吉林省白山市长白朝鲜族自治县可以采用此模式建设边境旅游试验区。吉林省通化市集安市拥有吉林省唯一一处世界文化遗产——高句丽文物古迹旅游景区，拥有包括山城、陵墓、碑石、上万座古墓和众多的出土文物在内的高句丽文物古迹，2016 年 1 月，高句丽文物古迹旅游景区被批准为国家生态旅游示范区。2018 年 12 月，集安市入选第二批国家生态文明建设示范市县；2020 年 12 月，集安市入选第二批国家全域旅游示范区。集安市可以发挥历史文化优势、民族文化优势、边境优势、资源优势，建设集历史体验、民俗体验、边境观光、跨江旅游于一体的边境旅游试验区。吉林省白山市长白朝鲜族自治县是中朝边境线上的朝鲜族自治县，隔鸭绿江与朝鲜两江道首府惠山市相望。截至 2020 年末，全县朝鲜族人口占 16.7%。2018 年 12 月，该县获批国家民委第六批全国民族团结进步创建示范区；2020 年获中国夏季休闲百佳县市。长白朝鲜族自治县可以发挥民族文化优势、区位优势、资源优势，建设集民俗体验、边境观光、历史文化、跨江旅游于一体的边境民族文化旅游试验区。

（三）探索建设边境风景廊道旅游试验区模式

边境风景廊道旅游试验区模式是指以边境城市的边境廊道、边境文化、边境山水为主要旅游吸引物，发挥边境城市的交通走廊优势、边境文化优势、区位优势、资源优势，全区域建设集自驾体验、边境文化、生态体验、民族文化、跨江旅游于一体的边境旅游试验区。吉林省延边州安图县、和龙市、龙井市、图们市、珲春市隔图们江与朝鲜的两江道、咸镜北道、罗先市等诸多城市相望。延边州是我国唯一一个朝鲜族自治州，和龙市、龙井市、图们市和珲春市朝鲜族人口比较多，都有对朝的国家级口岸。这些城市在对朝的边境线上修建了一条边境道路，被誉为最美边境廊道，从长白山景区的北门开始一直修到图们江下游珲春市防川风景区，途经安图县双目峰口岸、和龙市南坪口岸、龙井市三合口岸、图们市图们口岸、珲春市圈河口岸等边境口岸。延边州的 5 个边境城市可以建设集民族文化、边境文化、跨江体验、自驾体验、购物、度假、红色研学于一体的边境风景廊道旅游试验区。

(四) 探索建设边境生态旅游试验区模式

边境生态旅游试验区模式是指依托边境地区跨国生态资源和自然资源，以生态保护为目的，发挥生态优势、边境优势、区位优势，建设集生态体验、边境体验、康养旅游于一体的边境生态旅游试验区。长白山自然保护区及周边区域可以采用此模式建设边境生态旅游试验区。长白山是中朝界山，也是世界上最著名的高山活火山风景区之一，长白山景区是我国首批国家 5A 级景区，联合国"人与生物圈"自然保留地。长白山周边有二道白河镇、松江河镇、漫江镇 3 个镇，长白山保护开发区管委会池北区（二道白河镇）于 2019 年 9 月入选首批国家全域旅游示范区；2020 年 10 月，被生态环境部授予第四批国家生态文明建设示范市县称号。长白山朝鲜一侧有茂峰国际旅游特区、长白山最高峰白头峰、三池渊市、红色旅游基地、鲤明水瀑布等旅游度假区及景点。两国地方政府已开发环长白山跨境旅游线路，就共同保护开发世界旅游资源而多次开展合作交流。目前，在两国还没有形成全方位合作的前提下，可以从中方的层面，建设集生态旅游、森林体验、探险考察、跨境旅游等于一体的边境生态旅游试验区。

第三节 中俄边境地区边境旅游试验区建设模式

一 中俄边境地区边境旅游试验区建设条件分析

东北中俄边境地区有黑龙江省牡丹江市、鸡西市、双鸭山市、佳木斯市、鹤岗市、伊春市、黑河市、大兴安岭地区，吉林省延边州，内蒙古自治区呼伦贝尔市 10 个边境市（州、地区行署），所辖的县（市、区、旗）有牡丹江市绥芬河市、东宁市、穆棱市，鸡西市鸡东县、虎林市、密山市，双鸭山市饶河县，佳木斯市抚远市、同江市，鹤岗市绥滨县、萝北县，伊春市嘉荫县，黑河市爱辉区、逊克县、孙吴县，大兴安岭地区呼玛县、塔河县、漠河市，延边州珲春市，呼伦贝尔市满洲里市、额尔古纳市、新巴尔虎左旗、新巴尔虎右旗、鄂温克族自治旗。东北中俄边境地区边境城市分布情况如表 8-8 所示。

表 8-8　东北中俄边境地区边境城市分布情况

边境省（区）	边境市（州、地区行署）	边境县（市、区、旗）
黑龙江省	牡丹江市	绥芬河市、东宁市、穆棱市
	鸡西市	鸡东县、虎林市、密山市
	双鸭山市	饶河县
	佳木斯市	抚远市、同江市
	鹤岗市	萝北县、绥滨县
	伊春市	嘉荫县
	黑河市	爱辉区、逊克县、孙吴县
	大兴安岭地区	呼玛县、塔河县、漠河市
内蒙古自治区	呼伦贝尔市	满洲里市、鄂温克族自治旗、额尔古纳市、新巴尔虎左旗、新巴尔虎右旗
吉林省	延边州	珲春市

数据来源：人民交通出版社．东北地区公路里程地图册（黑龙江省、吉林省、内蒙古自治区）[M]．北京：人民交通出版社，2022.

（一）中俄边境城市主要旅游资源禀赋情况

根据国家旅游景区质量等级划分标准，东北中俄边境城市 A 级以上旅游景区分布情况如表 8-9 所示。根据 A 级以上旅游景区数量可看出延边州旅游资源禀赋程度最高，其次是牡丹江市，第三是呼伦贝尔市。

表 8-9　东北中俄边境城市 A 级以上旅游景区分布情况

单位：个

边境城市	5A 级旅游景区	4A 级旅游景区	3A 级旅游景区	景区总数
牡丹江市	1	14	21	36
鸡西市	1	6	5	12
双鸭山市	0	4	15	19
佳木斯市	0	8	13	21
鹤岗市	0	6	8	14
伊春市	1	10	19	30
黑河市	1	4	16	21
大兴安岭地区	1	2	19	22

续表

边境城市	5A 级旅游景区	4A 级旅游景区	3A 级旅游景区	景区总数
呼伦贝尔市	1	17	15	33
延边州	1	16	20	37

（二）中俄边境城市旅游市场情况

2019 年东北中俄边境城市旅游市场情况如表 8-10 所示。在国内外旅游人数方面，延边州最多，其次为呼伦贝尔市，第三为牡丹江市；在旅游总收入方面，呼伦贝尔市最多，其次为延边州，第三为牡丹江市。

表 8-10　2019 年东北中俄边境城市旅游市场情况

单位：万人次，亿元

边境城市	国内外旅游人数	旅游总收入
牡丹江市	1106.00	79.90
鸡西市	936.00	55.70
双鸭山市	—	—
佳木斯市	995.00	59.70
鹤岗市	160.00	14.20
伊春市	906.00	54.40
黑河市	642.00	38.40
大兴安岭地区	—	—
呼伦贝尔市	2228.39	715.40
延边州	2751.38	555.51

数据来源：牡丹江市、鸡西市、双鸭山市、佳木斯市、鹤岗市、伊春市、黑河市、大兴安岭地区、呼伦贝尔市、延边州 2020 年统计年鉴。

（三）中俄边境城市旅游企业发展情况

2019 年东北中俄边境城市旅游企业发展情况如表 8-11 所示。在旅行社数量方面，延边州最多，其次为呼伦贝尔市，第三为牡丹江市；在星级饭店数量方面，呼伦贝尔市最多，其次为延边州，第三为牡丹江市。

表 8-11　2019 年东北中俄边境城市旅游企业发展情况

单位：个

边境城市	旅行社数量	星级饭店数量
牡丹江市	205	19
鸡西市	39	10
双鸭山市	79	6
佳木斯市	151	5
鹤岗市	38	5
伊春市	185	13
黑河市	161	10
大兴安岭地区	77	9
呼伦贝尔市	357	49
延边州	374	40

数据来源：牡丹江市、鸡西市、双鸭山市、佳木斯市、鹤岗市、伊春市、黑河市、大兴安岭地区、呼伦贝尔市、延边州 2020 年统计年鉴。

（四）中俄边境城市经济发展规模

2019 年东北中俄边境城市经济发展规模如表 8-12 所示。在地区生产总值和第三产业增加值方面，呼伦贝尔市最多，其次为牡丹江市；在边境贸易总额方面，牡丹江市最多，其次为呼伦贝尔市，第三为延边州。

表 8-12　2019 年东北中俄边境城市经济发展规模

边境城市	地区生产总值（亿元）	第三产业增加值（亿元）	边境贸易总额（亿元）	人均地区生产总值（元）
牡丹江市	825.00	469.50	341.24	32811
鸡西市	552.00	224.40	22.04	32278
双鸭山市	476.40	175.20	13.96	33844
佳木斯市	762.90	315.40	54.77	32788
鹤岗市	336.40	140.70	18.76	33981
伊春市	288.84	129.13	3.74	26384
黑河市	578.90	262.90	38.65	36478
大兴安岭地区	138.60	69.30	2.08	32744
呼伦贝尔市	1193.03	581.40	168.00	47116
延边州	723.37	420.20	149.68	34789

数据来源：牡丹江市、鸡西市、双鸭山市、佳木斯市、鹤岗市、伊春市、黑河市、大兴安岭地区、呼伦贝尔市、延边州 2020 年统计年鉴。

（五）中俄边境城市全域旅游示范区建设情况

东北中俄边境城市国家全域旅游示范区创建名单如表 8-13 所示。东北中俄边境地区获批创建国家全域旅游示范区的县（市、区）共有 12 个，黑龙江省 9 个，其中牡丹江市、黑河市及大兴安岭地区各 2 个；内蒙古自治区呼伦贝尔市 2 个；吉林省延边州 1 个。

表 8-13　东北中俄边境城市国家全域旅游示范区创建名单

边境城市	第一批（2016 年 2 月）	第二批（2016 年 11 月）
牡丹江市	—	绥芬河市、东宁市
鸡西市	—	虎林市
双鸭山市	—	—
佳木斯市	—	抚远市
鹤岗市	—	—
伊春市	伊春市	—
黑河市	五大连池市	黑河市
大兴安岭地区	漠河市	大兴安岭地区
呼伦贝尔市	—	满洲里市、额尔古纳市
延边州	珲春市	—

数据来源：原国家旅游局。

（六）中俄边境城市边境旅游试验区建设优先顺序

根据边境城市主要旅游资源禀赋情况、旅游市场情况、旅游企业发展情况、经济发展规模、全域旅游示范区建设情况五个方面的分析结果，东北中俄边境城市边境旅游试验区建设优先顺序如表 8-14 所示。黑龙江省牡丹江市、内蒙古自治区呼伦贝尔市和吉林省延边州的各项指标显示优秀，可以优先发展；黑龙江省佳木斯市、黑河市和伊春市各项指标显示良好，可以良好发展；黑龙江省鸡西市、双鸭山市、鹤岗市和大兴安岭地区可以逐渐培育后再发展。

表 8-14　东北中俄边境城市边境旅游试验区建设优先顺序

边境省（区）	边境市（州、地区行署）	优先顺序
黑龙江省	牡丹江市	优先发展
	佳木斯市	良好发展
	黑河市	良好发展
	伊春市	良好发展
	双鸭山市	培育发展
	鸡西市	培育发展
	鹤岗市	培育发展
	大兴安岭地区	培育发展
内蒙古自治区	呼伦贝尔市	优先发展
吉林省	延边州	优先发展

二　中俄边境城市边境旅游试验区建设模式

中俄边境地区边境旅游试验区根据不同的旅游资源特色、旅游市场情况、区域经济发展情况等建设条件，可采取边境商贸旅游试验区、边境民族文化旅游试验区、边境风景廊道旅游试验区、边境生态旅游试验区四种建设模式。

（一）探索建设边境商贸旅游试验区模式

牡丹江市是黑龙江省东南部重要的中心城市和风景旅游城市，是中蒙俄经济走廊、龙江丝路带的重要战略支点，是中国对俄沿边开放的桥头堡和枢纽站。黑河市地处黑龙江省北部，与俄罗斯远东第三大城市——阿穆尔州首府布拉戈维申斯克市隔黑龙江相望，是中俄边境线上规模最大、规格最高、功能最全、距离最近的对应城市。牡丹江市、黑河市可发挥商贸优势、区位优势、资源优势，建设集旅游、商贸、购物、度假、冰雪于一体的边境商贸旅游试验区。

（二）探索建设边境民族文化旅游试验区模式

中俄边境线上的内蒙古自治区呼伦贝尔市额尔古纳市，吉林省延边州珲春市，黑龙江省佳木斯市抚远市、伊春市嘉荫县等城市都可以采用此模式建设边境旅游试验区。这些城市可发挥民族文化优势、区位优势、旅游资源优势,建设集民俗体验、边境观光、跨江旅游、生态旅游于一体的边境民族文化旅游试验区。

(三)探索建设边境风景廊道旅游试验区模式

黑龙江省黑河市、逊克县、嘉荫县、同江市、抚远市等城市与俄罗斯阿穆尔州、哈巴罗夫斯克边疆区的城市及地区隔黑龙江相连,沿边境道路连在一起,沿江风景秀丽、边境城市独具特色,可以建设边境风景廊道旅游试验区。黑龙江省绥芬河市、密山市、虎林市、饶河县等边境城市与俄罗斯滨海边疆区、哈巴罗夫斯克边疆区的城市及地区隔乌苏里江相连,也可以建设边境风景廊道旅游试验区。

(四)探索建设边境生态旅游试验区模式

黑龙江省伊春市与俄罗斯阿穆尔州、犹太州隔黑龙江相望,入选第一批国家全域旅游示范区创建名单,是中国北方重要的生态旅游城市,历史悠久,是一个多民族散居的边境城市,有5个国家级自然保护区。伊春市可发挥生态优势、边境优势、区位优势,建设集生态旅游、森林体验、探险考察、跨境旅游于一体的边境生态旅游试验区。抚远三角洲(黑瞎子岛)于2017年7月被国务院批准为国家级自然保护区,拥有典型的沼泽化低湿平原地貌景观。抚远市可发挥资源优势、区位优势,建设集生态旅游、湿地体验、探险考察、边境旅游等于一体的边境生态旅游试验区。

第四节 中蒙边境地区边境旅游试验区建设模式

一 中蒙边境地区边境旅游试验区建设条件分析

东北中蒙边境地区有内蒙古自治区呼伦贝尔市、兴安盟、锡林郭勒盟3个边境市(盟),所辖的边境县(市、旗)有新巴尔虎右旗、新巴尔虎左旗、阿尔山市、科尔沁右翼前旗、东乌珠穆沁旗、阿巴嘎旗、苏尼特左旗、苏尼特右旗、二连浩特市。东北中蒙边境地区边境城市分布情况如表8-15所示。

表 8-15　东北中蒙边境地区边境城市分布情况

边境省（区）	边境市（盟）	边境县（市、旗）
内蒙古自治区	呼伦贝尔市	新巴尔虎右旗、新巴尔虎左旗
	兴安盟	阿尔山市、科尔沁右翼前旗
	锡林郭勒盟	二连浩特市、东乌珠穆沁旗、苏尼特左旗、苏尼特右旗、阿巴嘎旗

数据来源：人民交通出版社. 东北地区公路里程地图册（内蒙古自治区）[M]. 北京：人民交通出版社，2022.

（一）中蒙边境城市主要旅游资源禀赋情况

根据国家旅游景区质量等级划分标准，东北中蒙边境城市 A 级以上旅游景区分布情况如表 8-16 所示。根据 A 级以上旅游景区数量可看出呼伦贝尔市旅游资源禀赋程度最高，其次为锡林郭勒盟，第三是兴安盟。

表 8-16　东北中蒙边境城市 A 级以上旅游景区分布情况

单位：个

边境城市	5A 级旅游景区	4A 级旅游景区	3A 级旅游景区	景区总数
呼伦贝尔市	1	17	15	33
兴安盟	1	5	6	12
锡林郭勒盟	0	11	5	16

（二）中蒙边境城市旅游市场情况

2019 年东北中蒙边境城市旅游市场情况如表 8-17 所示。在国内旅游人数方面，呼伦贝尔市最多，其次为锡林郭勒盟，兴安盟最少；在入境旅游人数方面，锡林郭勒盟最多，其次为呼伦贝尔市，兴安盟最少。

表 8-17　2019 年东北中蒙边境城市旅游市场情况

边境城市	国内旅游人数（万人次）	国内旅游收入（亿元）	入境旅游人数（万人次）	入境旅游收入（万美元）
呼伦贝尔市	2152.78	677.02	75.61	56442

续表

边境城市	国内旅游人数 （万人次）	国内旅游收入 （亿元）	入境旅游人数 （万人次）	入境旅游收入 （万美元）
兴安盟	837.31	124.26	0.23	267
锡林郭勒盟	1857.06	397.47	79.77	38898

数据来源：呼伦贝尔市、兴安盟、锡林郭勒盟 2020 年统计年鉴。

（三） 中蒙边境城市旅游企业发展情况

2019 年东北中蒙边境城市旅游企业发展情况如表 8-18 所示。在旅行社数量方面，呼伦贝尔市最多，其次为兴安盟，锡林郭勒盟最少；在星级饭店数量方面，呼伦贝尔市最多，其次为兴安盟，锡林郭勒盟最少。

表 8-18　2019 年东北中蒙边境城市旅游企业发展情况

单位：个

边境城市	旅行社数量	星级饭店数量
呼伦贝尔市	357	49
兴安盟	56	23
锡林郭勒盟	52	21

数据来源：呼伦贝尔市、兴安盟、锡林郭勒盟 2020 年统计年鉴。

（四） 中蒙边境城市经济发展规模

2019 年东北中蒙边境城市经济发展规模如表 8-19 所示。在地区生产总值和第三产业增加值方面，呼伦贝尔市最多，其次为锡林郭勒盟，兴安盟最少；在边境贸易总额方面，兴安盟最多，其次为呼伦贝尔市，锡林郭勒盟最少。

表 8-19　2019 年东北中蒙边境城市经济发展规模

边境城市	地区生产总值 （亿元）	第三产业增加值 （亿元）	边境贸易总额 （亿元）	人均地区生产总值 （元）
呼伦贝尔市	1193.03	581.40	168	47116
兴安盟	520.06	225.33	184	32310
锡林郭勒盟	798.59	351.62	105	75585

数据来源：呼伦贝尔市、兴安盟、锡林郭勒盟 2020 年统计年鉴。

（五）中蒙边境城市全域旅游示范区建设情况

东北中蒙边境城市国家全域旅游示范区创建名单如表8-20所示。东北中蒙边境地区获批创建国家全域旅游示范区的县（市）共有6个，其中3个边境城市各有2个。

表8-20　东北中蒙边境城市国家全域旅游示范区创建名单

边境城市	第一批（2016年2月）	第二批（2016年11月）
呼伦贝尔市	—	满洲里市、额尔古纳市
兴安盟	阿尔山市	乌兰浩特市
锡林郭勒盟	二连浩特市	多伦县

数据来源：原国家旅游局。

（六）中蒙边境城市边境旅游试验区建设优先顺序

根据边境城市主要旅游资源禀赋情况、旅游市场情况、旅游企业发展情况、经济发展规模、全域旅游示范区建设情况五个方面的分析结果，东北中蒙边境城市边境旅游试验区建设优先顺序如表8-21所示。呼伦贝尔市的各项指标显示优秀，可以优先发展；锡林郭勒盟的各项指标显示良好，可以良好发展；兴安盟可以逐渐培育后再发展。

表8-21　东北中蒙边境城市边境旅游试验区建设优先顺序

边境省（区）	边境市（盟）	优先顺序
内蒙古自治区	呼伦贝尔市	优先发展
	锡林郭勒盟	良好发展
	兴安盟	培育发展

二　中蒙边境城市边境旅游试验区建设模式

中蒙边境地区边境旅游试验区根据不同的旅游资源特色、旅游市场情况、区域经济发展情况等建设条件，可采取边境商贸旅游试验区、边境民族文化旅游试验区、边境风景廊道旅游试验区、边境生态旅游试验区四种建设模式。

（一）探索建设边境商贸旅游试验区模式

二连浩特市地处内蒙古北部，与蒙古国扎门乌德港接壤，是我国对蒙古国开放的最大口岸城市，是欧亚大陆桥梁运输距离最短的运输中心。2014年，国务院批准在二连浩特市建设国家重点开发开放试验区。2020年12月，二连浩特市入选第二批国家全域旅游示范区。二连浩特市是赴蒙旅游人数最多的口岸城市，拥有国家级铁路口岸和公路口岸，可发挥边境商贸优势、区位优势、中蒙合作优势，建设集商贸、旅游、草原体验、恐龙遗址游览、度假、购物于一体的边境商贸旅游试验区。

（二）探索建设边境民族文化旅游试验区模式

呼伦贝尔市对外与俄罗斯和蒙古国毗邻，是中国唯一一个中俄蒙三国交界城市，2017年12月入选中国十佳冰雪旅游城市；呼伦贝尔大草原是世界四大草原之一。位于呼伦贝尔市西南部的新巴尔虎左旗和新巴尔虎右旗是对蒙的两个边境城市，新巴尔虎右旗人口由蒙、汉、回、满、达斡尔、鄂伦春、鄂温克等14个民族人口构成，其中，蒙古族人口29441人，占总人口的84.1%。旗内的呼伦湖是内蒙古第一大湖，贝尔湖是中蒙两国共有的湖泊。2021年9月，新巴尔虎右旗入选"2021中国最美县域榜单"。新巴尔虎左旗位于呼伦贝尔市西南端，西南与蒙古国接壤，东北与俄罗斯隔额尔古纳河相望，南接兴安盟阿尔山市，西隔乌尔逊河、呼伦湖与新巴尔虎右旗、满洲里市相邻，东与陈巴尔虎旗、鄂温克族自治旗相邻。2018年12月，新巴尔虎左旗被国家民委命名为第六批全国民族团结进步创建示范区。旗内居住着蒙、回、满、朝等13个少数民族。呼伦贝尔市可充分发挥民族文化、历史文化、边境文化优势，建设集民俗体验、边境观光、湖泊度假、草原娱乐于一体的边境民族文化旅游试验区。

（三）探索建设边境风景廊道旅游试验区模式

内蒙古自治区呼伦贝尔市根河市、额尔古纳市、满洲里市、新巴尔虎右旗、新巴尔虎左旗与俄罗斯、蒙古国相连，沿边境道路连在一起，沿边草原风景秀丽、边境少数民族城市独具特色，可以建设边境风景廊道旅游试验区。

（四）探索建设边境生态旅游试验区模式

2000 年 2 月，国家林业局批准建设阿尔山国家森林公园，公园内有天池、玫瑰峰、杜鹃湖、鸡冠山等著名景点，阿尔山—松贝尔口岸是中蒙边境线上继满洲里、二连浩特之后的第三大公路口岸，是国际性季节开放口岸。2019 年 5 月，阿尔山市入选"中国最美县域榜单"；2019 年 7 月，荣获"中国天然氧吧"创建地区称号；2019 年 11 月，获评第三批"绿水青山就是金山银山"实践创新基地；2020 年 1 月，入选中国冰雪旅游十强县；2021 年 8 月，入选全国休闲农业重点县。阿尔山市可充分发挥区位优势、资源优势、边境优势，建设集生态体验、民俗文化、冰雪娱乐、边境文化、红色教育于一体的边境生态旅游试验区。

第五节　东北边境地区边境旅游试验区建设路径

一　抓好产业融合和改革示范工作

边境旅游试验区应坚持创新、协调、绿色、开放、共享的新发展理念，抓好旅游产业与文化、体育、农业、工业、互联网等产业的融合发展，形成可以向全国推广的全域旅游示范经验和模式。一个边境旅游试验区不能追求样样示范，要根据当地国民经济和社会发展的条件以及旅游资源与环境条件，有选择地开展边境旅游项目。旅游项目是边境旅游试验区可持续发展的重要保障和内生动力，没有旅游项目的支撑，边境旅游试验区无法得以发展。因此，需要进一步通过体制机制的改革创新，促进旅游项目建设。如丹东市重点开发以娱乐购物、跨境体验为主的旅游项目，延边州重点开发以民俗文化、红色文化、生态旅游为主的旅游项目，白山市重点开发以冰雪、温泉、生态为主的旅游项目，通化市集安市重点开发以历史文化、考古体验为主的旅游项目，牡丹江市绥芬河市重点开发以冰雪、娱乐、购物为主的旅游项目，佳木斯市抚远市重点开发以湿地保护、江河体验为主的旅游项目，呼伦贝尔市额尔古纳市重点开发以民俗文化、古迹探险为主的旅游项目等。

二　改革完善体制机制

在管理体制方面，边境省（区）应设立试验区管理协调机构，解决发展矛盾，减少成本，提高管理效率。边境旅游试验区应建立专门的管理委员会，负责对接省级管理机构，以政府为主导，相关部门共同努力，促进地区的整合与联动。在投融资机制方面，要进一步厘清各利益相关者的关系，深化投融资制度改革，加大投融资力度，实现投资结构的合理调整，支持旅游企业参与旅游项目、基础设施、旅游设施等的开发。在合作机制方面，要强化交通、水电、能源、林业等各方面的协调和交流，加强多层面合作，为边境旅游试验区营造良好的体制氛围。积极借鉴国外的先进经验与实践，形成倒逼机制，赋予边境旅游发展新的内容和新的生机，促进边境旅游产业的转型和发展。

三 提升口岸旅游发展水平，促进试验区转型

边境口岸是边境旅游试验区发展的核心区域。但目前来看，东北地区边境口岸旅游产品较为单一，吸引力不足，难以满足游客的旅游需求，因此游客停留时间短，旅游消费较低，有些边境口岸游客无法接近，这些问题严重影响口岸区域旅游业的发展。这些边境口岸可以从以下几个方面发展转型：第一，根据国家相关规定及要求，统一制定口岸区域开发开放政策，允许国内外游客进入不影响国家安全的区域及设施；第二，改变口岸单一的旅游产品供给，开发最能彰显各个口岸特色的边境旅游产品，结合边境旅游试验区的优势及特色，开展各种民俗文化旅游体验；第三，口岸区域内开设纪念品、免税产品、民俗产品、异国特色商品等购物区，允许进入边境旅游试验区的国内外游客购买旅游纪念商品。

四 加强通道建设，形成贯穿边境旅游试验区的旅游大通道网络体系

大部分边境地区的旅游通道与配套设施比较薄弱，影响国内外游客的旅游体验。如中朝边境城市交通条件参差不齐，有的边境城市交通设施非常完善，如丹东市和珲春市已连接高铁、高速及一级公路，丹东机场和延吉机场畅通国内外大中型城市，但是其他边境城市交通条件薄弱，公路、铁路建设不完善，如集安市、和龙市、龙井市只有高速公路，目前没有开通高铁，长白县既没有高速公路，也没有高铁，只有一级公路连接至白山市，特别是冬天道路结冰，严重影响正常通行。因此，打造完善的旅游交

通网络是推动边境旅游试验区发展的保障。应进一步提升口岸公路等级，通过保持大通道、次干线通道与支路等之间的联系，建设完善的旅游通道网络体系。

五　明确发展定位，打造特色鲜明的全域旅游目的地

发挥每个试验区的优势及特色，展示异国风情和本土文化的结合与创新，使每个试验区都成为当地文化传承的"窗口"和异国文化体验的"特区"。应依据各试验区目标市场定位，整合各类旅游资源，完善旅游基础设施和旅游产品体系，创新开发具有本土特色、边境风情及国际品位的差异化旅游特色产品，把边境旅游试验区打造成为特色鲜明的全域旅游目的地。如满洲里、黑河边境旅游试验区可发挥区位优势及商贸优势，打造集中俄异域风情、红色文化、商贸通道、免税购物、沿江旅游于一体的边境旅游目的地；珲春市可发挥民族文化特色及边境优势，打造集民俗文化、异域文化、移民文化、红色文化于一体的全域旅游目的地。

第九章　东北边境地区跨境旅游合作区
建设现状及路径

第一节　跨境旅游合作区内涵及相关研究

一　跨境旅游合作区发展过程

我国跨境旅游合作区仍处于初步发展阶段，各边境省（区）也将此作为未来发展方向。2010 年 11 月，中俄朝三国决定打造跨境旅游合作区。2011 年 3 月，广西东兴举办中国东兴—越南芒街跨境旅游合作区建设研讨会，提出将跨境旅游合作区建成"无国界旅游试验区"，并提出互免旅游签证，为人员、货物流通等提供便利政策。2011 年 6 月，《国务院关于进一步促进内蒙古经济社会又好又快发展的若干意见》第 38 条明确提出"探索建立中俄、中蒙跨境旅游合作区"，这标志着跨境旅游合作区上升为国家战略。2011 年 7 月，云南省提出推进河口中越跨境旅游合作区、磨憨—磨丁中老跨境旅游合作区、瑞丽中缅跨境旅游合作区建设，并争取相应的政策支持。2011 年 12 月，我国与俄罗斯就建立满洲里—后贝加尔、额尔古纳—普里阿尔贡斯克、室韦—涅尔琴斯克—扎沃德 3 个跨境旅游合作区达成共识。[①]

随着"一带一路"倡议的进一步实施，跨境旅游合作区的建设逐渐成为边境地区的关注焦点。2015 年 12 月 24 日，国务院印发《关于支持沿边重点地区开发开放若干政策措施的意见》（国发〔2015〕72 号），该意见由八个部分构成，其中第五部分专门针对边境旅游发展，要求"提升旅游开

---

① 李飞. 跨境旅游合作区：探索中的边境旅游发展新模式［J］. 旅游科学，2013，27（5）：10-21.

放水平，促进边境旅游繁荣发展。改革边境旅游管理制度。修订《边境旅游暂行管理办法》，放宽边境旅游管制。研究发展跨境旅游合作区，按照提高层级、打造平台、完善机制的原则，深化与周边国家的旅游合作，支持满洲里、绥芬河、二连浩特、黑河、延边、丹东、西双版纳、瑞丽、东兴、崇左、阿勒泰等有条件的地区设立跨境旅游合作区。鼓励省（区）人民政府采取更加灵活的管理方式和施行更加特殊的政策，与对方国家就跨境旅游合作区内旅游资源开发、旅游产品建设、旅游服务标准推广、旅游市场监管、旅游安全保障等方面深化合作，共同打造游客往来便利、服务优良、管理协调、吸引力强的重要国际旅游目的地"①。

二　跨境旅游合作区概念及内涵

目前，学术界对于跨境旅游合作区的概念并没有明确的界定。学者主要基于先前研究，结合自身研究区域和研究对象，总结归纳跨境旅游合作区的概念。

李飞（2013）认为跨境旅游合作区将有效带动跨境经济合作区的建立，是发展边境旅游的新型模式之一，主要是指相邻两国以旅游产业为核心领域，并在其内部深化投资贸易、管理等。跨境旅游合作区具有主体更清晰、产业更多元、方式更具体、空间更明确的特点。"跨境"表明需要相邻国家的参与，"旅游"说明了主要领域，"合作"说明了方式和途径，"区"则明确了地理范围。跨境旅游合作区是跨境旅游发展的新模式，它与过去混乱无序的边境旅游不同，这种新模式强调跨境合作和有序发展。跨境旅游合作区的理念与试验区和特区的理念相近，新政策和新方式经过政府同意批准后，在区域内由地方政府和旅游部门开展实施，发掘更广泛空间内的多领域合作，为边境地区的社会发展做出一定的贡献。袁珈玲（2014）认为，跨境旅游合作区是指充分整合两国相邻区域的自然和文化资源，为游客提供更丰富和多元的旅游体验；其特点就是设立在两国边境线上，具有旅游的功能，人员能够跨境流动；此区域由两国主管部门通过各项合作共同管理。幸岭（2015）指出，跨境旅游合作区是指在相邻的两个国家或多

---

① 《国务院关于支持沿边重点地区开发开放若干政策措施的意见》［EB/OL］.（2015-12-24）. http：//www. gov. cn/zhengce/content/2016-01/07/content_ 10561. htm.

个国家共同划定的区域内,由两个国家或者多个国家的政府共同规划旅游产业。与传统的旅游区域合作相比,跨境旅游合作区具有四个显著特征:合作主体更加明确、范围更加明确,执行力强,合作方式更有效,产业要素的高度集聚。胡抚生(2017)认为,跨境旅游合作区是指两个相邻国家在划定范围内共同对旅游产业进行规划的一种新型模式,此模式可以推动我国边境地区社会经济的稳步发展。

根据原国家旅游局政策法规司相关负责人的解释,跨境旅游合作区是指"相邻国家在边境地区共同划定一定国土范围开展旅游合作,在划定的范围内,以发展旅游产业为主导,实施特殊旅游政策"。跨境旅游合作区建设着眼于对外合作,目的是与相关国家共同打造跨境旅游目的地。①

本书认为跨境旅游合作区是指相邻国家为在旅游开发、商贸、劳动力流动等领域开展全方位合作而共同划定的区域,在划定的区域范围内,以文化旅游产业为主导,全面实施各领域特殊政策,实现全方位融合发展。

三 跨境旅游合作区相关研究

目前对于跨境旅游合作区的研究主要基于两大视角。

一是基于跨境区域合作的角度,研究分析跨境旅游合作区的概念、特点、方式等内容。李飞(2013)基于多学科角度对跨境旅游合作区的概念、特点、发展阶段、发展方式等重点展开论述,认为跨境旅游合作区的发展存在矛盾的二重性和合作的脆弱性。此前多个沿边省区提出建设跨境旅游合作区,但是大多处于探索阶段。幸岭(2015)根据边境贸易、港口进出口加工、城市建设、跨境节庆活动、跨境景区建设等因素,对跨境旅游合作区进行分类:按照合作对象分为双边和多边合作;按照驱动因素分为购物驱动型、商贸驱动型、城镇建设驱动型、景区建设驱动型。李庆雷、杨路佳(2015)认为,跨境旅游合作区建设存在政策限制、旅游产品创新不足、基础设施不够完善、双方投资和收益方式不同等风险,并提出了相应的建议。胡抚生(2017)提出"一带一路"共建国家建设跨境旅游合作区面临的现实瓶颈:一是跨境旅游合作区的双多边协调机制尚不健全;二是国家层面的配套

---

① 王桀,贾晨昕,吴信值.中国面向东盟"两区"建设问题与突破路径探讨[J].亚太经济,2019(2):122-128.

政策措施还不完善；三是跨境旅游合作区的发展基础较为薄弱；四是通关便利化条件不足。在此基础上，他提出推进跨境合作区建设的建议：一是统筹规划"一带一路"共建国家地区建设跨境旅游合作区；二是建立"一带一路"共建国家的跨境旅游合作区建设协调机制；三是推动"一带一路"共建国家逐步实现互联互通；四是推动与"一带一路"共建国家改善旅游基础设施和服务体系；五是以"一区一策"的方式支持跨境旅游合作区的政策创新。徐哲帅（2018）分析认为跨境旅游合作具有以下四个特征：第一，跨越边境实质上是一种国际旅游合作；第二，旅游业占据市场主导地位，且其本身职能更为丰富；第三，集聚效应较为显著；第四，允许旅游要素自由流动。

二是基于不同的地方层面角度，进行合作现状、问题、路径等的分析。夏友照（2011）以图们江区域为研究对象，分析了中朝俄跨境旅游合作区设立的可行性和由此产生的六种效应，最后提出此后的发展对策。袁珈玲（2014）从中越跨境旅游合作区的建设背景出发，探讨了建立中越跨境旅游合作区的重要性，并提出构建中越跨境旅游合作区要率先实现两个突破，即在旅游服务贸易方面要取得新突破、在海上丝绸之路旅游圈中要有新的作为。张燕茹（2016）结合中俄蒙跨境旅游合作区和边境旅游试验区，深入分析了我国与俄、蒙旅游业的发展现状，最后提出设立这两大区的建议。刘民坤、蒋丽玲和陈湘漪（2015）结合中越跨境旅游目的地设施老旧、旅游通关手续烦琐、相关旅游合作程度低等问题，提出了中越跨境旅游合作区的开发路径。原帼力和王英（2016）以我国和哈萨克斯坦的中哈跨境旅游合作区为研究对象，通过可行性分析，提出"三步走"战略，结合框架协议、组织机构、发展基金等提出了总体布局。王桀等（2019）探讨中国和东盟的旅游"两区"建设问题与突破路径，提出探索建立"国际和平公园"新模式，并提出"生态保护区国际和平公园""商贸物流国际和平公园""乡村度假国际和平公园"等模式。

第二节　中朝边境地区跨境旅游合作区建设现状及路径

一　中朝边境地区跨境旅游合作发展过程

中朝的跨境旅游主要在边境城市及边境口岸开展。中朝边境地区有辽宁省丹东市，吉林省通化市、白山市、延边朝鲜族自治州4个地级市，中朝边境地区共有 12 个边境口岸。中朝边境地区边境城市与口岸分布情况如表 9-1 所示。

表 9-1　中朝边境地区边境城市与口岸分布情况

边境市（州）	边境县（市、区）	中国口岸名称	朝鲜口岸名称	口岸级别
丹东市	振兴区	丹东口岸	新义州口岸	一类铁路、公路口岸
通化市	集安市	集安口岸	满浦口岸	一类铁路口岸
白山市	长白朝鲜族自治县	长白口岸	惠山口岸	一类公路口岸
	临江市	临江口岸	中江口岸	一类公路口岸
延边朝鲜族自治州	珲春市	圈河口岸	元汀里口岸	一类公路口岸
		沙坨子口岸	庆源口岸	一类公路口岸
	图们市	图们口岸	南阳口岸	一类公路、铁路口岸
	龙井市	开山屯口岸	三峰口岸	一类铁路口岸
		三合口岸	会宁口岸	一类公路口岸
	和龙市	南坪口岸	茂山口岸	一类公路口岸
		古城里口岸	三长口岸	一类公路口岸
	安图县	双目峰口岸	三池渊口岸	一类公路口岸

数据来源：人民交通出版社. 东北地区公路里程地图册（辽宁省、吉林省）[M]. 北京：人民交通出版社，2022.

（一）辽宁省与朝鲜跨境旅游合作

最早被批准开展边境旅游的城市为辽宁省丹东市，1987 年 11 月 4 日，国家旅游局和对外经贸部联合发布《关于拟同意辽宁省试办丹东至新义州自费旅游事》。从中国丹东市到朝鲜新义州的边境一日游开创了赴朝边境旅游的先河。1988 年 4 月，朝鲜新义州一日游线路正式启动，两年内参加丹东与新义州自费一日游活动的人数为 210 人次。[①] 1990 年，在中国和朝鲜的共同努力下，朝鲜边境旅游新开通了三日游业务，旅游地进一步延展到了妙香山、平壤等地。1991 年 5 月 11 日，辽宁省旅游局制定《辽宁省中朝边境自费旅游业务暂行管理办法》，该办法仅适用于辽宁省境内居民自费到朝鲜平安北道的旅游业务。该办法提出"我方支付朝方的旅游费用，根据经贸部门的规定，由辽宁省边贸公司

① 葛全胜，钟林生，等. 中国边境旅游发展报告 [M]. 北京：科学出版社，2014：132-139.

通过国家计划外的地方产出的轻、纺工业品和小商品偿付，用货币以外的方式结算"，"旅行社在收取综合服务费时，不能收取支票和付款委托书等结算方式，只能通过收取现金的方式，并在收据上盖'不予报销'的印章"。此后，中国不断将跨境旅游的规模和目的地扩大到中朝其他边境地区。

　　1992 年以后，中朝经过协商，将跨境旅游线路延伸至开城、板门店、金刚山等地，游客的旅游时间也随之延长，赴朝鲜多日旅游进一步发展。但中朝边境旅游的开展并不是一直顺利。1990～1997 年，因持续开放的市场和暂时弱化的管理，无序竞争的现象在边境旅游活动中层出不穷。1998 年 9 月，国家相关部门暂停了朝鲜旅游活动。到 1999 年，国家旅游局、公安部联合下发《关于辽宁省丹东市处理朝鲜旅游问题意见的通知》，该通知将原有旅游人数限制取消并将旅游活动时长延至 6 天以内，恢复了朝鲜的边境旅游活动。2001 年，在辽宁省旅游局的支持下，成立了"辽宁省丹东边境旅游管理办公室"，集中管理朝鲜边境旅游。2002 年 4 月，经国家旅游局批准，开展赴朝鲜旅游业务的国际旅行社从最早的一家发展到五家。2009 年 10 月，中朝双方签署了《关于中国旅游团队赴朝鲜民主主义人民共和国旅游实施方案的谅解备忘录》，该备忘录确定朝鲜将成为中国旅游目的地之一。2010 年 4 月 12 日，中国公民团体赴朝鲜旅游业务正式启动。当日，由 10 个省市 395 名游客组成的旅游团从北京、沈阳航空港和丹东陆路港出发，前往朝鲜新义州、妙香山、平壤、开城、板门店等地区开展旅游活动，标志着中朝旅游合作进入新的发展阶段。

　　2013 年公安部、国家旅游局等部门发布《关于规范边境地区边境旅游异地办证工作的意见》，要求有边境旅游线路批准的黑吉辽等 6 个省（区）按照相关条件进行逐级的申报和验收工作，通过国务院验收后可以进行边境旅游异地办证。自 2014 年起，辽宁省丹东市、吉林省延吉市等城市恢复了对朝鲜边境旅游异地证明业务。2016 年，丹东市开通朝鲜新义州登陆旅游免护照、免签证业务，推动跨境旅游人数大幅增加。2018 年，朝鲜国家领导人金正恩访华期间，我国赴朝鲜旅游人数达到高峰，在旅游旺季，丹东至平壤的国际火车票一票难求。①

丹东赴朝鲜旅游的口岸主要有丹东铁路口岸和公路口岸。主要的旅游线路有丹东—朝鲜新义州一日至二日游、丹东—新义州—妙香山三日至五日豪华列车游、丹东—新义州—平壤—板门店五日至七日豪华列车游、丹东—新义州—平壤—金刚山—板门店六日至七日豪华列车游等。

（二）吉林省与朝鲜跨境旅游合作

吉林省对朝跨境旅游历史可追溯到 1988 年。1988 年 8 月，国家旅游局批准延边朝鲜族自治州延吉市到朝鲜稳城郡自费旅游活动，对旅游者及其活动范围有严格限制，但在活动内容安排、出入境手续、结算方法等方面进行了有益的探索，其后来成为其他地方开展边境旅游的重要参考。延吉市和稳城郡自费一日游的人数达 750 人次。1991 年 9 月 14 日，国家旅游局还同意与朝鲜稳城郡、塞贝尔郡进行边境一日游，指出组织中朝边境自费一日游属于试办，全年不超过 3000 人次，且"采取切实措施严禁公费旅游或变相公费旅游"。1991 年 12 月 14 日，国家旅游局批准吉林省集安市与朝鲜满浦市边境三日游，建议对于该边境旅游费用结算双方采用对等互利的方式，不使用货币，差额部分可由我国不实行进口限制的商品支付。中朝边境旅游这种记账易货方式在一定时期内成为中国边境旅游结算的模式。1992 年 9 月 5 日，吉林省旅游局颁布的《吉林省边境旅游暂行管理办法》规定了旅游团队口岸出入境、旅游线路、时间活动的标准。1995 年 9 月，延边朝鲜族自治州珲春圈河边境公务通道正式向朝鲜开放，开发了珲春至罗先 2~3 天跨境游览通道。

从 1991 年开始，延边朝鲜族自治州与朝鲜的罗津、先锋、南阳、清津、七宝山、渔郎、长白山东坡（朝鲜方面）、满浦、妙香山、金刚山、平壤等地开通了为期 1~5 天的旅游线路。2000 年以来，两国跨境旅游合作项目逐年增加，跨境旅游人数也大幅增加。2006 年，和龙市古城里口岸正式向朝鲜开放。2007 年，延边和龙市与朝鲜旅行社代表就三池渊飞往平壤的航线达成协议，为中朝跨境游开辟了新的航线。双方开发了从和龙到白头山东坡（朝鲜），再从朝鲜白头山三池渊机场飞到平壤的 3~6 天跨境线路。在 2009 年中朝两国建交 60 周年之际，相互确定了"中朝友好年"，签订了经贸、教育、旅游等方面的合作文件，极大地带动了旅游和贸易的发展。这是中朝边境旅游合作发展难得的机遇。2009 年，延边朝鲜族自治州和丹东市恢复异地办证边境旅游试点工作。同年，延边州图们市与朝鲜南阳市、七宝山之间开通豪华旅游列车三日游线路。2010 年，朝鲜修改了关于罗先的签证制度，对直接访问罗先的外国人实行了免签证制度。2010～2019 年，是中朝两国跨境旅游日益繁荣发展的时期。2011 年，环中国、朝鲜、俄罗斯三国国际跨境旅游线路正式开通。2012 年，首届《大图们倡议》东北亚旅游论坛首次探讨了无障碍旅游合作的问题。同年 10 月，朝鲜罗先元汀里至罗津的公路正式开通，大幅缩短了珲春至罗先的行程时间，意味着交通更加便利，带动了游客出行需求的增加。2014 年，延边朝鲜族自治州图们市与朝鲜南阳市之间开通自行车边境旅游。2014 年，中朝俄三国一致提出图们江三角洲国际旅游合作区构想，吉林省在发布的"十三五"规划中将其列为重点发展项目，国家层面也将其列入重点项目。

为方便中国游客前往朝鲜旅游，2018 年 5 月 1 日起，吉林省公安厅出入境管理局驻珲春办事处实行游客申办边境旅游出入境证件"只跑一次"制度，5 月 1 日至 10 月 30 日，全面实行"24 小时预约，12 小时出证"服务，对极特殊情况力争 2～3 小时内出证。5 月 18 日，吉林省公安厅出入境管理局正式批准在珲春口岸增设出入境驻地服务场所，以满足访朝游客就近办理边境旅游类出入境证件服务的需要，全力支持珲春市边境旅游业的发展。2019 年，珲春与朝鲜罗先市豆满江郡之间跨江一日游项目开通。2020 年 4 月，国家发改委、自然资源部印发了《关于建设吉林珲春海洋经济发展示范区的复函》，建议建设图们江三角洲中朝俄跨境海洋旅游合作区。[①]

目前吉林省与朝鲜开通珲春圈河口岸、图们口岸、龙井三合口岸、和龙崇善古城里口岸、长白口岸、集安口岸 6 个边境旅游口岸。主要的边境旅游线路有延边图们—朝鲜新星一日游；延边图们—朝鲜南阳一日游；延边珲春—朝鲜罗先市二日至三日大巴游、三日至四日自驾游；延边龙井—朝鲜会宁—清津港—七宝山—金刚山三日至七日游；延边和龙—朝鲜三池渊—长白山东坡（平壤）二日至四日游；延边珲春—朝鲜罗先—金刚山（游轮）三日游；延边珲春—朝鲜罗先—俄罗斯符拉迪沃斯托克环三国三日至四日游；白山市长白县—朝鲜惠山市一日游；白山市长白县—朝鲜惠山市—长白山东坡二日至三日游；通化集安市—朝鲜满浦三日至五日游等。

① 李英花，吴雨晴，崔哲浩. 中朝边境地区跨江旅游合作区建设现状及路径探析［J］.延边大学学报（社会科学版），2022，55（05）：71-78+143.

二 中朝边境地区跨境旅游合作区建设现状

（一）中朝积极建设跨境旅游合作区

2016 年以来，中朝两国在边境地区积极建设跨境旅游合作区，主要建设中的跨境旅游合作区有 6 个，即图们江三角洲中朝俄跨境旅游合作区、中国图们—朝鲜南阳跨境旅游合作区、中国和龙—朝鲜茂峰跨境旅游合作区、中国长白—朝鲜惠山跨境旅游合作区、中国集安—朝鲜满浦跨境旅游合作区、中国丹东—朝鲜新义州跨境旅游合作区。中朝边境地区跨境旅游合作区基本概况如表 9-2 所示。

表 9-2　中朝边境地区跨境旅游合作区基本概况

跨境旅游合作区名称	基本概况
图们江三角洲中朝俄跨境旅游合作区	该合作区以中国吉林省珲春市敬信镇防川景区、朝鲜罗先市豆满江洞与俄罗斯哈桑镇哈桑村为合作区域，各自以 10 平方千米土地为开发建设核心区域，三国共同开发建设集休闲、度假、海洋、娱乐于一体的跨境旅游项目及设施
中国图们—朝鲜南阳跨境旅游合作区	该合作区以中国吉林省图们市与朝鲜咸镜北道南阳市为合作区域，两国共同开发建设集休闲、跨国民俗体验、步行及自行车游、娱乐体验于一体的跨境旅游项目及设施
中国和龙—朝鲜茂峰跨境旅游合作区	该合作区以中国吉林省和龙市崇善镇与朝鲜两江道三池渊郡茂峰国际旅游特区为合作区域，两国共同开发建设集观光、度假、生态、滑雪、民俗于一体的跨境旅游项目及设施
中国长白—朝鲜惠山跨境旅游合作区	该合作区以中国吉林省长白县与朝鲜两江道惠山市为合作区域，两国共同开发建设集观光、度假、生态、民俗、娱乐于一体的跨境旅游项目及设施
中国集安—朝鲜满浦跨境旅游合作区	该合作区以中国吉林省集安市与朝鲜慈江道满浦市为合作区域，两国共同开发建设集观光、游览、度假、生态、民俗、娱乐于一体的跨境旅游项目及设施
中国丹东—朝鲜新义州跨境旅游合作区	该合作区以中国辽宁省丹东市与朝鲜新义州市的黄金坪—威化岛经济特区为合作区域，两国共同开发建设集观光、度假、游船、民俗、娱乐于一体的跨境旅游项目及设施

数据来源：李英花，吴雨晴，崔哲浩. 中朝边境地区跨江旅游合作区建设现状及路径探析［J］. 延边大学学报（社会科学版），2022，55（05）：71-78+143.

（二）　中国大力支持跨境旅游合作

2009 年，《中国图们江区域合作开发规划纲要——以长吉图为开发开放先导区》正式批复，文件指出要进一步推进与周边国家开展跨国旅游合作。2011 年 6 月 5 日，国务院办公厅颁布的《兴边富民行动规划（2011—2015年）》指出，加大力度建设富有边境地区特色的重点旅游景区及线路，鼓励边境旅游、乡村旅游、生态旅游、农业旅游等特色旅游模式的发展。2012年，国家发改委印发《中国东北地区面向东北亚区域开放规划纲要（2012—2020 年）》，推动跨境旅游合作得到进一步发展，并提出要在与东北亚国际双边、多边旅游合作机制的基础上，不断建立和完善东北地区与周边国家地方政府、旅游协会、企业等多层次的合作协调机制。2015 年 12月，国发〔2015〕72 号文件提出支持延边、丹东、满洲里、绥芬河、二连浩特、黑河 6 个地区大力发展边境旅游并设立跨境旅游合作区。根据 72 号文件，2016 年，国家旅游局联合外交部、国家发改委等相关部门编制了《关于加快推进跨境旅游合作区的通知》和《跨境旅游合作区建设指南》。2016 年 8 月，国务院决定设立辽宁自贸试验区，丹东作为东北亚开放开发的重要边境城市，发挥政策优势、资源优势和平台优势，促进中朝日韩等国家商品贸易流通、文化旅游交流。2020 年 5 月，国家发改委等部门联合印发《珲春海洋经济发展示范区建设总体方案》，该方案建议开发跨境海洋旅游项目，以图们江三角洲跨境旅游合作区为重点积极吸引国内知名旅游企业参与海洋旅游项目建设和运营，开发海洋旅游产品。

（三）　朝鲜致力于中朝边界沿线旅游业的发展

朝鲜充分利用本国丰富的旅游资源，实现了与中国旅游的互通。元山—金刚山国际旅游特区、茂峰国际旅游特区、罗先特区、新义州特区 4 个特区主要发展旅游业带动当地经济发展，解决当地人口就业问题。旅游特区的建立对中朝跨境旅游合作发挥了积极作用。

2010 年，中朝两国同意将罗先特区作为共同开发共同管理的实践地，朝鲜在罗先特区相继设立新海区域、琵琶岛等 10 处旅游度假胜地。2011 年4 月 29 日，金刚山国际旅游特区成立，同年 5 月 31 日朝鲜颁布《金刚山国际旅游特区法》，2014 年 6 月 11 日颁布《关于公布朝鲜民主主义人民共和国元山—金刚山国际旅游特区》政令,宣布该特区属于中央级开发区。
2015 年,朝鲜决定将中朝边界线上两江道三池渊郡茂峰工人区部分地区改
为朝鲜茂峰国际旅游特区。该特区是继元山—金刚山国际旅游特区之后的
第二大旅游特区,该特区在层次上属于地方级开发区。2015 年 10 月,朝鲜
颁布《新义州国际经济地区开发总规划图》计划,该经济特区属于中央级
开发区。朝鲜四大旅游相关特区概况如表 9-3 所示。

表 9-3 朝鲜四大旅游相关特区概况

特区名称	基本概况
元山—金刚山国际旅游特区	该旅游特区位于江原道元山市区域范围内,以丰富的人文景观和自然景观闻名,特区内历史遗址数目众多,海边浴场、矿石资源、天然湖泊、矿水资源、泥潭资源丰富,还建有世界一流的马息岭滑雪场和松涛园国际少年夏令营
茂峰国际旅游特区	该旅游特区位于两江道三池渊郡内,总面积达 20 平方千米。特区内规划建设高星级宾馆、赛马场、高尔夫球场、滑雪场、温泉及冷泉康养区、喷水浴池、游览区等旅游项目及设施
罗先特区	该特区以图们江为界,与中国隔江相望,范围包括罗津市和先锋郡部分地区,面积达 746 平方千米。主要旅游资源及设施有琵琶岛、罗津港、先锋港、金日成太阳像、金日成花金正日花温室、罗先市美术展览馆、儿童表演、英皇娱乐酒店等
新义州特区	该特区位于鸭绿江下游平安北道境内,与中国的丹东市隔江相望,由中朝友谊大桥相连。主要的旅游资源有威化岛、鸭绿江大桥、朝鲜关西八景之一的统军亭、新温温泉、东林瀑布、南大门等

数据来源:权哲男,崔哲浩等. 朝鲜经济特区及开发区研究 [M]. 香港:亚洲出版社,2016:11-92.

除此之外,朝鲜于 2013 年 11 月和 2014 年 7 月设立了 19 个经济开发
区,其中稳城岛旅游开发区、清水旅游开发区和新坪旅游开发区主要用于
发展旅游业。朝鲜主要旅游开发区概况如表 9-4 所示。

表 9-4 朝鲜主要旅游开发区概况

旅游开发区名称	基本概况
稳城岛旅游开发区	该开发区位于咸镜北道的中朝边境沿线,面积达 1.7 平方千米。拟建高尔夫球场、游泳池、赛马场、宾馆等旅游设施,将开发集休闲、度假、体验、娱乐于一体的旅游项目及设施
清水旅游开发区	该开发区位于平安北道朔州郡的中朝边境沿线,面积达 3800 多公顷。计划开发建设集观光、度假、休闲、娱乐于一体的旅游项目及设施

续表

旅游开发区名称	基本概况
新坪旅游开发区	该开发区位于黄海北道，面积为 8.1 平方千米。平壤—元山高速公路中间地带，有利于平壤赴金刚山旅游时路经该旅游开发区进行观光游览，计划开发建设集休闲、度假、生态、体验、购物于一体的旅游项目及设施

数据来源：李圣华，朴银哲. 朝鲜外资引进与开发区建设探析 [J]. 亚太经济，2015（3）：81-85.

中朝边境线上的朝鲜惠山经济开发区、满浦经济开发区和鸭绿江经济开发区发展现代农业、出口加工、旅游康养等产业，积极建设边境经济合作区，实现边境地区经济增长。朝鲜旅游相关经济开发区概况如表 9-5 所示。

表 9-5　朝鲜旅游相关经济开发区概况

经济开发区名称	基本概况
惠山经济开发区	该开发区位于两江道的中朝边境沿线，以出口加工、现代农业、旅游疗养为主要产业
满浦经济开发区	该开发区位于慈江道的中朝边境沿线，以农业、旅游休闲、贸易为主要产业
鸭绿江经济开发区	该开发区位于平安北道的中朝边境沿线，以农业、旅游休闲、贸易为主要产业

数据来源：李圣华，朴银哲. 朝鲜外资引进与开发区建设探析 [J]. 亚太经济，2015（3）：81-85.

三　中朝边境地区跨境旅游合作区建设模式及路径

根据中朝跨境旅游合作过程及合作区建设情况分析，中朝两国建设跨境旅游合作区可采取"国际公园"模式，具体可分为国际生态公园、国际文化公园、国际产业公园等。国际公园是在生态、文化、产业可持续发展的理念下，相邻国家在边境地区划定一定区域，创新机制体制，共同出台特殊政策，共同管理、共同合作打造的跨境旅游合作区。

（一）中朝边境地区跨境旅游合作区建设模式

根据中朝两国关系、经贸合作沿革、边境资源禀赋情况等综合考虑，中朝两国边境地区可采取国际海洋生态公园、国际自然生态公园、国际康养文化公园、国际考古文化公园、国际商贸产业公园等合作区模式。

1. 探索建立国际海洋生态公园合作模式

国际海洋生态公园的建设理念，是建设集海洋旅游、国际邮轮、度假购物、生态旅游于一体的跨境旅游合作区。合作区内可以建设国际级邮轮码头、游艇码头、海滩休闲、购物度假、候鸟观赏、湿地体验等旅游项目及设施。例如，中朝图们江三角洲中朝俄跨境旅游合作区可以采用此模式，在中国敬信一侧建设游艇码头、候鸟观赏、湿地体验等旅游项目及设施，在朝鲜豆满江市一侧建设国际级邮轮码头、海滩休闲、购物度假等旅游项目及设施。

2. 探索建立国际自然生态公园合作模式

国际自然生态公园的建设理念，是以生态保护为核心理念，在中朝边境地区生态资源敏感区域制定联合保护措施，并合理规划生态旅游线路，开展以人与自然和谐共处为主题的生态旅游。例如，中国和龙—朝鲜茂峰跨境旅游合作区位于长白山东北侧，在长白山自然保护区范围内，长白山是中朝两国界山，又是联合国生物多样性自然保护区，合作区内可以开发漂流、登山、钓鱼、滑雪、温泉等原生态旅游项目，在保护自然生态的前提下，可持续开发建设跨境旅游合作区。

3. 探索建立国际康养文化公园合作模式

国际康养文化公园的建设理念，是建设集观赏异国文化、疗养康养、冰雪娱乐、国际购物、休闲度假等于一体的跨境旅游合作区。合作区内可以建设赛马、滑雪、冰雪等体育娱乐场所，异国商品展销购物场所，开发温泉冷泉度假酒店等旅游项目及设施。例如，中国图们—朝鲜南阳跨境旅游合作区可以采用此模式，在中国图们一侧建设温泉度假高星级酒店、休闲康养文化度假区，在朝鲜南阳一侧建设赛马、娱乐文化、购物等体育娱乐文化场所和异国商品展销购物场所。

4. 探索建立国际考古文化公园合作模式

国际考古文化公园的建设理念，是以历史遗址遗迹保护为核心，建设集历史探访、考古体验、遗址观赏、博物馆文化于一体的"考古＋文化＋旅游"跨境旅游合作区。如中国集安—朝鲜满浦跨境旅游合作区可采取此模式。吉林省通化市集安市是中朝边境线上的历史文化名城，拥有吉林省唯一的世界文化遗产——高句丽王城、王陵及贵族墓葬，在集安市周边的平原上，分布着一万多座高句丽时代的古墓。朝鲜一侧也有很多高句丽时期的遗址，2004 年中朝共同申请成功列入世界文化遗产。中国集安—朝鲜满浦跨境旅游合作区可利用独一无二的历史文化资源，建设集高句丽历史探访、考古体验、遗址观赏、博物馆文化于一体的国际考古文化公园。

5. 探索建立国际商贸产业公园合作模式

国际商贸产业公园的建设理念，是建设集边境贸易、跨境物流、便民互市、国际联运转口贸易、保税加工、边境旅游购物于一体的"物流+旅游"跨境旅游合作区。合作区内可以建设国际游览区、国际免税购物区、国际贸易区、跨境电商区等平台，扩大合作领域。[①] 例如，中国丹东—朝鲜新义州跨境旅游合作区和中国长白—朝鲜惠山跨境旅游合作区可以采用此模式。丹东是对朝最大的边境城市，也是最大的中朝经贸城市，朝鲜新义州是朝鲜的经济特区，中朝两侧都可以建设跨境游览体验、商贸物流、便民互市、保税加工、国际免税购物等旅游项目及设施。

（二）中朝边境地区跨境旅游合作区建设路径

中朝边境地区跨境旅游合作区根据不同的地域特色、资源特色、发展过程，形成不同的国际公园合作模式，笔者提出了以下共性建设路径。

1. 利用统一的"国际公园"标准，做好跨境旅游合作区建设规划

统一的"国际公园"标准对目的地旅游形象定位及品牌形成具有积极影响。中朝跨境旅游合作区须严格按照国际标准进行规划。例如，按照国际旅游设施标准，建设住、购、娱等设施设备。另外，中朝跨境旅游合作区需结合两国周边城市的现实需要和发展目标，分别针对核心区、拓展区进行景点景区、旅游交通、住宿、餐饮、购物等旅游要素的综合规划。

2. 组建"国际公园"合作机构，促进旅游区域国际合作

组建"国际公园"跨国旅游合作组织和跨国旅游公司等主体机构，推动实现区域国际合作。跨国旅游合作组织由中朝双方同等的组织机构组成，形成一套独有且较为完备的旅游组织体系，积极举办相应的国际旅游合作论坛及国际商品展会。跨国旅游公司可采用合作公司及合资公司等不同形

---

① 王桀，贾晨昕，吴信值. 中国面向东盟"两区"建设问题与突破路径探讨 [J]. 亚太经济，2019（2）：122-128.

式，针对合作区的特色，整合旅游资源，设计和培育旅游产品及线路，建设国际免税购物店、休闲体育娱乐场所等。

3. 塑造"国际公园"旅游形象，创新合作机制，实现利益共享

塑造"国际生态、文化、产业公园旅游合作区"的整体旅游形象，联合制定合作方案及规划，优化合作区空间配置，打造具有区域优势、资源优势的旅游合作区。为了降低中朝双方合作的风险，各旅游合作区应在提升互信度和利益共享的基础上对合作项目和实施内容进行规划和调整。另外，要推进信息一体化，定期地公开相关信息数据和进程，让双方以及外界可以随时随地对相关信息进行查询了解。应不断深化中朝双方旅游合作交流平台的建设，建成以资源共享、游客无障碍流通、信息彼此公开、文化不断融合、利益成果共享为合作蓝图的跨境旅游合作区。

4. 创新"国际公园"服务管理模式，活用经营机制

经营机制的活用是指可以充分活用合作区内旅游企业的联合、重组、加盟等方式，将旅游企业推向产业化、规模化、品牌化和国际化，其对跨境旅游合作区扩大规模有重要的助推作用。在跨国企业管理中，要有效地建立相应的诚信机制。两国政府要加强行政及服务效率的创新，具体表现在三个方面。一是简化游客通关手续，如采用免签或落地签等方式，提高过境效率，增加游客满意度及游玩时间；二是重视包括土地在内的资源保护与利用；三是完善两国财政税收的特区制管理，给予合作区一定的税收优惠、相关补贴等优惠政策。

第三节　中俄边境地区跨境旅游合作区建设现状及路径

一　东北中俄边境地区跨境旅游合作发展过程

我国东北中俄边境地级行政区包括黑龙江省牡丹江市、鸡西市、双鸭山市、佳木斯市、鹤岗市、伊春市、黑河市、大兴安岭地区，吉林省延边朝鲜族自治州，内蒙古自治区呼伦贝尔市，共有19个边境口岸。东北中俄边境地区边境城市与边境口岸分布情况如表9-6所示。

表 9-6　东北中俄边境地区边境城市与口岸分布情况

边境市（州、地区行署）	边境县（市、区、旗）	中国口岸名称	俄罗斯口岸名称	口岸级别
牡丹江市	绥芬河市	绥芬河口岸	波格拉尼奇内口岸	一类公路、铁路口岸
	东宁市	东宁口岸	波尔塔夫卡口岸	一类公路口岸
鸡西市	虎林市	虎林口岸	列索扎沃茨克口岸	一类公路口岸
	密山市	密山口岸	图里罗格口岸	一类公路口岸
双鸭山市	饶河县	饶河口岸	比金口岸	一类水运口岸
佳木斯市	抚远市	抚远口岸	哈巴罗夫斯克口岸	一类水运口岸
	同江市	同江口岸	下列宁阔耶口岸	一类水运、铁路口岸
鹤岗市	萝北县	萝北口岸	阿穆尔泽特口岸	一类水运口岸
伊春市	嘉荫县	嘉荫口岸	帕什科沃口岸	一类水运口岸
黑河市	爱辉区	黑河口岸	布拉戈维申斯克口岸	一类公路、水运口岸
	逊克县	逊克口岸	波亚尔克沃口岸	一类水运口岸
大兴安岭地区	呼玛县	呼玛口岸	乌沙科沃口岸	一类水运口岸
	漠河市	漠河口岸	加林达口岸	一类水运口岸
呼伦贝尔市	满洲里市	满洲里口岸	后贝加尔斯克口岸	一类铁路、航空口岸
		二卡口岸	阿巴该图口岸	二类公路口岸
	陈巴尔虎旗	胡列也吐口岸	凯拉克堆口岸	二类公路口岸
	额尔古纳市	黑山头口岸	旧粗鲁海图口岸	一类公路口岸
		室韦口岸	奥洛契口岸	一类公路口岸
延边朝鲜族自治州	珲春市	珲春口岸	克拉斯基诺口岸	一类公路、铁路口岸

数据来源：人民交通出版社．东北地区公路里程地图册（黑龙江省、吉林省、内蒙古自治区）[M]．北京：人民交通出版社，2022.

（一）黑龙江省与俄罗斯跨境旅游合作

黑龙江省主要以黑龙江和乌苏里江为界河与俄罗斯接壤。作为我国最早发展跨境旅游且极具吸引力的中俄沿边旅游省份，黑龙江省共有 13 个对俄边境口岸，也是中俄两国在跨境旅游及进出口贸易中的重要基础。

早在 1988 年 9 月，中苏第一个跨境旅游项目开通，这标志着东北亚地区中苏跨境旅游的开始，双方一年间组团 389 个，其中中方旅游团占 49%，苏方旅游团占 51%，双方旅游者总数近 16000 人。1988 年黑河—阿穆尔州布拉戈维申斯克市一日游开通以来，两地民航班机每周从 1 班增加至 14 班，铁路通车增加的商业利润约 900 万元，且宾馆酒店等住宿服务业淡季游客数量增加，旺季更加火爆，1991 年三个主要集贸市场的税收就高达 150 万元以上。基于其发展规模的不断扩大，中苏双方将跨境旅游团每周增加 10 个。之后 "哈尔滨赴苏七日游" "东宁—乌苏里斯克一日游" 等旅游项目在 1990 年相继开通。基于双方的努力，20 世纪 90 年代，俄罗斯到我国的入境旅游游客数量超过了日本，成了黑龙江省外国游客人数最多的客源地。在 1988~1992 年，双方互访游客数量基本持平，人数在 10 万人左右。在这个阶段，双方采取以物换物的方式来避免结算问题。[①]

1991 年苏联解体后，俄罗斯国内的政治经济出现重大的变化，对黑龙江省的边境旅游业也造成了一定程度的冲击。俄罗斯内部经济形势波动，各种轻工业产品缺乏，出现了一批来黑龙江省购物的俄罗斯游客，这一阶段的俄罗斯游客消费水平明显增加，黑龙江省的旅游外汇收入出现了明显的增长。不同于原本苏联采取的等额团队交换式旅游，俄罗斯采用更加多元化的出行方式。[②] 1992 年 7 月 16 日，国家旅游局出台了《关于扩大边境旅游促进边疆繁荣的意见》，该意见批准黑龙江省中俄跨境旅游线路 3 条，即绥芬河—符拉迪沃斯托克三日游、黑河—布拉戈维申斯克五日游、绥芬河—纳霍德卡五日游。1992 年，黑龙江省依照《中俄边境旅游暂行管理办法》，制定了《绥芬河—符拉迪沃斯托克 "三日游" 管理暂行办法》。

黑龙江省密山、东宁等边境县市从 1993 年开始，对边境旅游的模式进行了优化，传统 "一日游" "多日游" 游客开始向现汇游客转变；旅游项目也从简单的边境旅游拓展为妇女、儿童、夫妇旅游团等。尽管中俄经贸合作的运行战略在 1994~1995 年进行了一系列的调整，但是两国的边境旅游合作没有受到太多波及。相比于 1993 年，这一时期俄罗斯入黑龙江旅游人数增长了 50%，达到了 10 万人次。为了引导中俄双方的边境旅游进一步规范化和正规化，1995 年下半年，中央及边境地方政府开始实施一系列的整

① 巴塔戈夫. 中俄边境旅游区域合作发展研究 [D]. 青岛科技大学，2015：10-12.
② 孙杨. 基于中俄战略协作伙伴关系的两国边境地区旅游发展研究——以黑龙江边境旅游为例 [D]. 黑龙江大学，2014：53-54.

改措施。同时俄罗斯仍采取原有的政策，对俄罗斯的出境游客给予一定的政策支持，为中俄边境旅游和边境贸易的经济创收做出了贡献。作为创收主力的边境旅游也顺势步入新阶段，1996 年黑龙江省吸引的俄罗斯游客达到 16 万人次，此后出现跳跃式发展，1999 年已经超过 30 万人次。[①]

在国际形势更加复杂的 21 世纪，中俄两国的战略合作伙伴关系进一步深化，两国之间的交流往来也日益密切频繁，同时两国的边境问题也得到了有效的处理和解决，为双方的边境旅游创造了空前的良好环境。随着黑龙江省的边境旅游业发展逐步规范，两国跨境旅游人数也出现了不同程度的波动，但是整体上仍然呈现上升的趋势。2000 年俄罗斯来华旅游人数达 42.6 万人次、2001 年达 47.44 万人次、2002 年达 56.88 万人次、2004 年达 179 万人次。[②] 2005 年，中国政府宣布将俄罗斯列入中国公民团体出境游的开放国名单，俄罗斯成为中国公民出境游的可选目的地，是中国第 70 个公民团体出境旅游开放国。中俄旅游相关部门于 2005 年签署了谅解备忘录，决定自同年 9 月起中国赴俄罗斯的旅游团队可以通过互免团体旅游签证进行旅游，俄罗斯成了第一个对中国游客实行全境免签的国家。旅行社填写《中国公民赴俄罗斯旅游团队名单表》，相关部门盖章后提交中方边防检查站和俄方边防检查站验收，中国游客便可通行，在俄罗斯境内可随意旅游。这也标志着中俄跨境旅游合作迈入全新的阶段。2005 年，国家取消了异地办证业务，这对黑龙江省的边境旅游产生了很大影响。2009 年，国家陆续恢复了边境口岸城市如黑河、绥芬河等的异地办证政策。2008 年，俄罗斯把黑瞎子岛的一半划拨交还中国，大大促进了中俄两国在边界地区的和平稳定，为两国的边境贸易发展提供了坚实的保障。

受国际形势影响，俄罗斯赴中国旅游的游客以购物为主。在当时，俄罗斯的轻工业发展停滞，与之相比中国的轻工业发展较为发达，吸引了众多的俄罗斯游客前来购物。中国的日用品和食品是俄罗斯远东地区的主要市场需求，中俄跨境"穿梭贸易"形成的商贸游客有增无减。自 1990 年开始，俄罗斯来中国的游客中，以购物为主的游客占总人数的比重达80%，直至 21 世纪，

———————

① 孙杨. 基于中俄战略协作伙伴关系的两国边境地区旅游发展研究——以黑龙江边境旅游为例 [D]. 黑龙江大学，2014：53-54.

② 孙杨. 基于中俄战略协作伙伴关系的两国边境地区旅游发展研究——以黑龙江边境旅游为例 [D]. 黑龙江大学，2014：53-54.

我国边境地区的度假、娱乐、观光设施越来越发达，购物游的游客数量有所减少，但仍占一半以上，仍是赴中国旅游的俄罗斯游客的主体。同俄罗斯游客相比，中国赴俄罗斯的游客以观光、商务、娱乐休闲为主，旅游消费相对较高。《俄罗斯旅游业统计年鉴》和《中国旅游业统计公报》数据显示，2010年两国旅游互访人数达310万人次，2011年两国互访游客超过330万人次，2012年达337万人次。2011年，中国成为俄罗斯游客的第二大跨境旅游目的地，同时俄罗斯成为中国游客的第三大跨境旅游目的地。2003～2012年，俄罗斯来华的游客人数从127.16万人次增至253万人次，年均增长率达到7.9%；而中国赴俄罗斯的游客人数从72.6万人次增至84.4万人次，年增长率仅为1.7%。

黑龙江省与俄罗斯已经形成了三个规模较大的跨境旅游合作区域，分别是牡丹江市（绥芬河市和东宁市）、佳木斯市（同江市和抚远市）、黑河市，分别对应着俄罗斯远东地区的滨海边疆区首府符拉迪沃斯托克市、哈巴罗夫斯克边疆区首府哈巴罗夫斯克市和阿穆尔州首府布拉戈维申斯克市。其中来华的俄罗斯游客最多的地区是滨海边疆区，其首府城市符拉迪沃斯托克市是远东地区集工业、经济贸易、文化和科技于一体的中心城市，城市居民收入较高，同时人口密度大，与我国黑龙江省的接壤地区建设了高等级的陆路、水路等交通线路，配备了有良好服务设施的口岸。尤其是绥芬河边境口岸，便利的跨境程序带来不断增多的中国赴俄罗斯出境度假游和俄罗斯来华购物休闲游人数，是黑龙江省跨境旅游的三个增长极口岸之一，对我国和俄罗斯远东地区游客有着较为显著的影响。两国边境地区旅游资源和环境的进一步改善，吸引了更多以"购物观光、购物度假"为主要目的的游客。此类游客不仅更追求休闲度假式的旅游体验，同时消遣型消费支出也比其他类型的游客更多。中俄两国跨境旅游的空间也进一步扩大，从原本的边境省区逐步延伸到两国内地。从总体上来看，中俄两国的跨境旅游需求呈现层次分明的形式。2012～2014年，免签、取消查验健康证、允许自驾游、国际专列等活动和政策促进了中俄跨境旅游进一步发展。①

2014年末，中国第一次在特定区域内允许使用与人民币同等效应的货

---

① 赵宛燕. 基于 SWOT 分析的绥芬河市中俄边境发展研究 [D]. 牡丹江师范学院，2017：21-31.

币——卢布，中国人民银行宣布在绥芬河地区试点进行适用，进一步促进了游客消费，简化了边境城市的货币转换，促进了当地旅游经济往来，提供了更为广阔的边境旅游市场。① 2014 年绥芬河地区正式开通了符拉迪沃斯托克—绥芬河—哈尔滨的跨境旅游线路，这也是我国第一条对俄免签旅游线路。次年哈尔滨也成了国外游客 72 小时内过境免签城市。2016 年 8 月起，经有关部门批准，绥芬河市成为黑龙江省内首批境外旅客退税试点，也就是在绥芬河市实施境外旅客购物离境退税政策。从绥芬河市国税局获悉，2016 年 8 月至 12 月底，绥芬河市共办理离境退税业务 90 笔，占全省离境退税业务的 90%。2018 年，中俄双方商定在绥芬河—波格拉尼奇内口岸成立跨境经济合作区，两国跨境合作进一步加深。

中俄两国于 2019 年 6 月经双方元首研讨后正式确立 "新时代中俄全面战略协作伙伴关系"，两国关系有了较大的实质性进展。2019 年开通由绥芬河口岸入境的中俄班列，同年 6 月同江中俄跨江铁路大桥贯通，同江口岸—下列宁斯阔耶口岸连接，与西伯利亚大铁路相贯通，东连远东最大城市哈巴罗夫斯克，西通欧洲大陆；2019 年 11 月末中俄黑龙江大桥（黑河—布拉戈维申斯克）完成合龙和交工，黑河黑龙江大桥口岸联检区全年过客将达到 285 万人次、过货能力将达到 620 万吨，② 人员货物通关能力大幅提高，有效提升了对俄跨境旅游合作的效率和数量。

黑龙江省对俄的主要边境旅游线路有黑河—布拉戈维申斯克一日至三日游、绥芬河—符拉迪沃斯托克三日至四日游、哈尔滨—哈巴罗夫斯克—莫斯科—圣彼得堡六日至八日游、黑河—布拉戈维申斯克—克拉斯诺亚尔斯克—北冰洋五日至十日游、哈尔滨—五大连池—黑河—布拉戈维申斯克市观光度假十日至十五日游等。

（二）吉林省与俄罗斯跨境旅游合作

吉林省与俄罗斯的跨境旅游是在珲春市开展的，珲春市对俄口岸有珲春公路口岸和珲春铁路口岸，目前只有珲春公路口岸进行中俄国际旅游合

---

① 孙杨. 基于中俄战略协作伙伴关系的两国边境地区旅游发展研究——以黑龙江边境旅游为例 [D]. 黑龙江大学，2014：49-50.

② 《黑龙江大桥公路口岸联检设施加速复工：项目进度已达 75%》. [EB/OL].（2020-03-24）. https：//baijiahao. baidu. com/s? id=1662034165636005761&wfr=spider&for=pc.

作。与珲春公路口岸相对应的是距克拉斯基诺镇 29 千米、距离符拉迪沃斯托克市 170 千米、临近波谢特港和扎鲁比诺港的俄罗斯滨海边疆区克拉斯基诺口岸。

1988 年 5 月，国务院同意开放边境贸易口岸——长岭子口岸（现珲春公路口岸）。1992 年 7 月 16 日，国家旅游局出台《关于扩大边境旅游促进边疆繁荣的意见》，批准吉林省中俄跨境旅游线路 2 条，即珲春—斯拉夫扬卡二日游、珲春—纳霍德卡三日游。次年，国务院正式批准珲春口岸为允许第三国人通行的国际客货运输口岸，1998 年 5 月 5 日开始通行游客。2004 年 8 月，珲春口岸获批开展口岸签证工作。

随着图们江区域国际合作开发的不断强化，俄罗斯政府逐渐开发开放滨海边疆区的沿海地区，1995 年正式宣布将滨海边疆区哈桑区设为自由经济区，加强了图们江区域中俄的全方位合作。1998 年 5 月，中国吉林省珲春市与俄罗斯滨海边疆区斯拉夫扬卡的旅客班车首次通行，主要的旅游目的地有符拉迪沃斯托克市、斯拉夫扬卡市、扎鲁比诺、波谢特等港口城市。2000 年 4 月 28 日，我国吉林省珲春市正式开通了途经俄罗斯扎鲁比诺，终到韩国江原道束草市的海路客运客货联运线路。2008 年，中俄韩日四国签署关于开通环日本海的"黄金航线"相关合作协议，航线始发于吉林省珲春市，途经俄罗斯滨海边疆区扎鲁比诺港，海上经停韩国江原道束草港，最后抵达日本西海岸新潟港，这条黄金航线是我国东北第二条出海大通道。[①]

2011 年 4 月 26 日，在中俄朝三国有关部门的共同努力下，中俄朝环三国跨境旅游线路正式开通，游客通过珲春口岸出境，先抵达俄罗斯斯拉夫扬卡、符拉迪沃斯托克等城市观光游览，然后在东方港乘邮轮到达朝鲜的罗津港，在罗先特区观光游览，最后由朝鲜元汀里口岸入境，旅游时间为 4~6 天。2012 年珲春—俄罗斯符拉迪沃斯托克—韩国东海—日本靖港环海邮轮游线路开通，2013 年珲春—俄罗斯扎鲁比诺—韩国束草跨三国旅游线路恢复，2014 年珲春—哈桑区斯拉夫扬卡二日游线路恢复。2014 年珲春市正式提出"图们江三角洲国际旅游区"构想，与俄罗斯、朝鲜两国在"东北亚旅游论坛"上达成共识，俄罗斯滨海边疆区旅游部门与朝鲜罗先

---

① 李英花，崔哲浩. 图们江区域边境旅游合作的现状与展望［J］. 延边大学学报（社会科学版），2011，44（3）：32-35.

特区旅游部门给予高度重视，开始着手编制规划哈桑区和罗先特区，三国基本完成国际旅游合作区的规划。次年我国东北地区和俄罗斯远东地区在合作理事会第一次会议上，提出了"支持中国吉林省和俄罗斯滨海边疆区共同开发、建设图们江三角洲国际旅游合作区"这一国家级项目。同年11月，吉林省珲春市在"大图们倡议"第四届东北亚旅游论坛与项目磋商暨中俄蒙旅游合作会议中落实我国的"一带一路"倡议，全面推动落实东北亚区域旅游合作。2010~2015年，俄罗斯来珲春市的游客总人数达62.3万人次，2013年增长幅度很大，达120%，2012~2015年俄罗斯来珲春游客基本保持在每年15万人次左右。① 2016年3月，珲春首次开通赴斯拉夫扬卡、符拉迪沃斯托克、乌苏里斯克等城市的自驾游线路。

珲春市于2012~2016年共连续举办5届东北亚旅游论坛，经由吉林省民政厅注册，获"大图们倡议"秘书处授权，2014年3月，东北亚多目的地旅游促进中心正式运营。第四届东北亚旅游论坛在2015年11月于吉林省珲春市举办，会议针对图们江三角洲区域的国际旅游合作区建设以及旅游市场的开发、手续简化等方面的问题进行了沟通。2016年9月，"大图们倡议"第五届东北亚旅游论坛的召开，建立了信息共享、人员交往等系列旅游发展的协调机制。② 2016年7月，吉林省旅游部门组织省内旅游行政部门以及相关企业人员前往伊尔库茨克等地开展吉林旅游交流推广活动，介绍并宣传了吉林省的医疗康养、休闲度假、购物娱乐等旅游产品。

2017年3月底，16辆小型自驾车组成的60余人的小团队以"跨境自驾，畅游中俄"为主题进行了中俄跨境自驾游活动。自驾旅游线路为从中国珲春出发，通过珲春口岸和俄罗斯克拉斯基诺口岸，途经哈桑区首府城市斯拉夫扬卡市、滨海边疆区首府符拉迪沃斯托克市、乌苏里斯克、安德烈耶夫卡等地观光游览后，返回珲春，全程历时5天。此次活动填补了吉林省对俄边境自驾旅游的空白，是中俄边境旅游自开展以来具有里程碑意义的一次旅游活动。同时为了丰富边境旅游产品的多样性，吉林省举办了跨境自驾游培训活动，由省内具备自驾游资质的旅游企业进行，进一步规范

---

① 数据来源：珲春市旅游局。

② 柳涛.加强合作 推动中蒙俄旅游快速发展——以吉林省为例 [J].北方经济，2017 (10)：33-36.

了吉林省对俄跨境自驾游旅游项目的开展。2017 年 9 月底，旅游"两区"创建北部片区座谈会在珲春市召开，此次座谈会为吉林省边境县市的边境旅游试验区和跨境旅游合作区建设提供了诸多的有益经验。2017 年 8 月 1 日，俄罗斯开通中国赴俄罗斯远东地区免费电子签证，简化了赴俄旅游的签证手续。同时中俄双方把团体旅游免签门槛从 5 人降低至 3 人，把团体免签停留期限从 15 天延长到 21 天。2018 年 1 月，俄罗斯扩大符拉迪沃斯托克自由港电子签证制度适用范围，将适用口岸由 2 个（符拉迪沃斯托克克涅维奇机场和海港商港部分）增至 11 个（新增 3 个铁路口岸，即波格拉尼奇内、哈桑、马哈利诺；2 个公路口岸，即波尔塔夫卡、图里罗格；4 个海运口岸，即扎鲁比诺、彼得罗巴甫洛夫斯克—堪察加、科尔萨科夫、波谢特）。

吉林省珲春市对俄的跨境旅游线路有珲春—扎鲁比诺或波谢特专客一日游、珲春—斯拉夫扬卡专客三日游、珲春—符拉迪沃斯托克专客四日游、珲春—符拉迪沃斯托克—莫斯科大巴铁路八日至十日游、珲春—斯拉夫扬卡—符拉迪沃斯托克—罗先特区—珲春环三国陆海五日至七日游。

（三）内蒙古自治区与俄罗斯跨境旅游合作

内蒙古有 16 个对国外开放的国际口岸，其中对俄开通边境旅游业务的口岸有 3 个，对蒙开通边境旅游业务的口岸有 5 个。共有边境旅游线路 21 条，包括 6 条对俄线路和 15 条对蒙线路。1992 年 4 月 8 日，内蒙古自治区外事办公室、旅游局、公安厅等部门联合颁布了《中俄边境旅游暂行管理办法》，该办法规定中俄边境旅游属不动汇旅游，双方采取对等交换旅游团组、提供对等服务的形式，严格禁止公费旅游，旅行社开具的发票上必须印有"自费旅游，不作报销"凭证字样等。1992 年 7 月 16 日，国家旅游局出台《关于扩大边境旅游促进边疆繁荣的意见》，该意见批准内蒙古中俄跨境旅游线路 5 条，即海拉尔—赤塔三日双飞游、满洲里—红石—乌兰乌德三日游、拉布大林—红石二日游、拉布大林—嘎拉嘎区二日游、拉布大林—赤塔州三日游。

满洲里市是我国中俄边境线上对俄贸易量最多的城市之一，拥有中国最大的对俄陆路口岸——满洲里口岸。其凭借着自身独特的区位优势，为我国东北地区的边境贸易及边境旅游发展做出了突出贡献。现阶段满洲里市已经拥有了公路、铁路以及航空三个国际出入境口岸，实现了与俄罗斯对应交通的联通，与蒙古国和俄罗斯实现了 24 小时通关，在很大程度上为出行游客及中外合作企业人员提供了便捷条件。

2003 年和 2004 年俄罗斯来满洲里的游客人数保持稳定增长的态势，先后为 41.2 万人次和 45.9 万人次；而中国赴俄罗斯的游客人数仅为 2.6 万人次和 14.2 万人次。2007 年，满洲里跨境旅游人数达 90.8 万人次。2004 年 11 月，满洲里西郊国际机场启用，2005 年 2 月正式通航，并于 2009 年经由国务院审批，正式对外开放满洲里航空口岸，主要航线包括由满洲里至俄罗斯赤塔、乌兰乌德等地。次年 9 月，满洲里西郊国际机场被中俄两国设立为国际航线直飞点。俄罗斯入境游客占内蒙古入境游客的 90% 以上，约占全国的 25%。2010 年，满洲里跨境旅游总人数达 62.2 万人，同比增长 3.9%，其中中方出境 9.9 万人次，同比下降 39.9%；俄方入境 52.3 万人次，同比增长 22.4%。入境旅游收入 2.4 亿美元，同比增长 25.7%。①

2011 年 6 月颁布的《国务院关于进一步促进内蒙古经济社会又好又快发展的若干意见》第 38 条明确提出"探索建立中俄蒙、中蒙跨境旅游合作区"。这是跨境旅游合作区上升为国家战略层面的标志。内蒙古为了促进口岸中方游客赴俄罗斯旅游，推进了海拉尔、满洲里的护照制证问题的解决，这一举措进一步推进了中俄双方的边境旅游发展，帮助两国出入境人数的恢复和增长。我国在 2015 年 3 月发布了《推动共建丝绸之路经济带和 21 世纪海上丝绸之路的愿景与行动》，指出内蒙古是联通中俄蒙的重要纽带，是推进建设"中蒙俄经济走廊"、促进中俄蒙旅游的重要角色。2014 年建立了中俄蒙三国五地旅游联席会议，中俄蒙三国五地轮流举办，至 2017 年已分别在呼和浩特市、伊尔库茨克州和乌兰巴托市举办了三届会议。中俄蒙三国共同打造"万里茶道""和平之旅""三湖之旅"等品牌旅游线路。同时，巩固满洲里、二连浩特口岸的俄蒙合作成果，把室韦、阿日哈沙特、阿尔山、满都拉、策克等口岸的对俄蒙旅游合作开展起来，创建满洲里—俄红石、二连浩特—蒙扎门乌德、阿尔山—蒙松贝尔等跨境旅游合作区，并创建室韦—黑山头、满洲里—阿日哈沙特、额布都格—阿尔山、满都拉—甘其毛都等区域自驾游小环线。2015 年，俄罗斯来内蒙古的游客达 51.41 万人次，占全国俄罗斯入境市场的 32.49%。满洲里市中俄边境旅游区在 2016 年被评为国家 5A 级景区，满洲里抓住国家扩大开放的契机，进一步简

---

① 杨翔宇. 满洲里口岸对外贸易现状及对策研究 [D]. 内蒙古农业大学，2020：30-43.

化国际国内游客的入境手续,简化入境流程,降低入境要求,完善相关配套设施,进一步推进口岸旅游业的发展,实现了跨境旅游"大通道"建设。

为了推进"三互"大通关建设,满洲里辖区内的口岸均启动通关便利政策,以着力推进当地旅游产业能够更好地联动口岸资源,创造更好的出入境旅游、边境旅游的出行环境。内蒙古致力打造国内外知名旅游目的地,进一步推动建立口岸资源与旅游业的联动发展。跨境旅游团队的通关机制在不断完善,推出了"绿色通道"来帮助旅游团队减少出入境的烦琐程序,同时也完善了小型客车出入境监管机制,为跨境旅游提供了更加便利的条件。积极配合周边国家,设立相应的入境免税店,引导入境游客消费回流,推动满洲里模仿义乌模式,打造国际集散采购中心城市,推动市场采购贸易方式的试点申请。

作为欧亚大陆桥的交通要冲,满洲里口岸是中国通往俄罗斯和蒙古国以及欧洲各国的重要国际大通道,是海陆空运输的重要战略口岸,也是我国货运量最大的陆路口岸,是我国唯一一个公路、铁路、航空三位一体的国际沿边口岸,同时也是唯一一个实行24小时全天通关的陆路口岸。截至2018年底,满洲里空运口岸开通了满洲里至俄罗斯乌兰乌德、伊尔库茨克、赤塔、克拉斯诺亚尔斯克以及蒙古国乌兰巴托的5条国际航线。2018年共计吞吐游客3.49万人次,出入境航班685架次。① 2016~2019年,满洲里市接待出入境旅游人数总体呈上升态势(见表9-7)。

表 9-7 2016~2019 年满洲里市国际游客情况

单位:万人次

年份	出入境旅游人数	俄入境旅游人数	俄籍过夜人数	中方出境人数
2016	141.59	60.87	59.61	9.42
2017	165.14	71.50	70.42	11.28
2018	164.21	71.29	68.09	11.00
2019	168.81	74.22	59.24	10.23
合计	639.75	277.88	257.36	41.93

数据来源:古燕,张海云."一带一路"背景下边境口岸文化旅游发展与国家形象构建关系研究——以满洲里为例 [J].青藏高原论坛,2021,9 (01):42-47.

① 杨翔宇.满洲里口岸对外贸易现状及对策研究 [D].内蒙古农业大学,2020:30-43.

2016~2019 年满洲里市出入境人数有小幅度增长，俄入境旅游人数也小幅度增长，但俄籍过夜人数 2017 年起逐年降低，说明一日游人数占比上升；中国赴俄人数变化不大。2019 年 9 月 11 日，中俄边境自驾游线路满洲里—俄红石—额尔古纳旅游环线自驾游发车，共有 25 台自驾游车 100 人，从满洲里公路口岸出发，并在两天时间内行驶 400 多千米返回起点，开启深度链接中俄两国三地独具魅力的跨境融合之旅。这一边境旅游线路的开启，将推动中俄毗邻地区跨境旅游合作，加强中俄的合作交流与友好往来。

内蒙古与俄罗斯的跨境旅游路线有满洲里—俄后贝加尔斯克—红石市专客一日至二日游、满洲里—俄博尔贾—赤塔市专客三日游、满洲里—俄博尔贾—赤塔市专列四日游、满洲里—俄乌兰乌德—贝加尔湖专列五日游、满洲里—俄贝加尔湖—伊尔库茨克专列七日游等。

二 中俄边境地区跨境旅游合作区建设现状

（一）中俄积极建设跨境旅游合作区

中俄两国在边境地区积极建设跨境旅游合作区，在建和拟建的跨境旅游合作区有黑河—布拉戈维申斯克跨境旅游合作区、绥芬河—波格亚尼奇内跨境旅游合作区、东宁—乌苏里斯克跨境旅游合作区、抚远—哈巴罗夫斯克黑瞎子岛跨境旅游合作区、同江—下列宁斯阔耶跨境旅游合作区、兴凯湖跨境旅游合作区、图们江三角洲中俄朝跨境旅游合作区、满洲里—后贝加尔斯克跨境旅游合作区、室韦—温尔琴斯克—扎沃德跨境旅游合作区、额尔古纳—普里阿尔贡斯克跨境旅游合作区（见表 9-8）。其中建设有一定进展的跨境旅游合作区是黑河—布拉戈维申斯克跨境旅游合作区、图们江三角洲中俄朝跨境旅游合作区，以下简要介绍这两个跨境旅游合作区建设情况。

表 9-8 东北中俄边境地区跨境旅游合作区概况

跨境旅游合作区名称	概况
黑河—布拉戈维申斯克跨境旅游合作区	该合作区以中国黑龙江省黑河市与俄罗斯阿穆尔州首府布拉戈维申斯克市为合作区域，两国共同开发建设集购物、休闲、民俗、自驾、冰雪、娱乐于一体的跨境旅游项目及设施

续表

跨境旅游合作区名称	概况
绥芬河—波格亚尼奇内跨境旅游合作区	该合作区以中国黑龙江省牡丹江绥芬河市与俄罗斯滨海边疆区波格亚尼奇内为合作区域,两国共同开发建设集购物、休闲、跨国民俗体验、自驾、娱乐体验于一体的跨境旅游项目及设施
东宁—乌苏里斯克跨境旅游合作区	该合作区以中国黑龙江省牡丹江东宁市与俄罗斯滨海边疆区乌苏里斯克为合作区域,两国共同开发建设集购物、休闲、跨国民俗体验、自驾、娱乐体验于一体的跨境旅游项目及设施
抚远—哈巴罗夫斯克黑瞎子岛跨境旅游合作区	该合作区以中国黑龙江省佳木斯抚远市与俄罗斯哈巴罗夫斯克边疆区首府哈巴罗夫斯克市为合作区域,两国共同开发建设集购物、休闲、跨国民俗体验、自驾、娱乐体验于一体的跨境旅游项目及设施
同江—下列宁斯阔耶跨境旅游合作区	该合作区以中国黑龙江省佳木斯同江市(同江东港)与俄罗斯滨犹太自治州首府比罗比詹市(下列港)为合作区域,两国共同开发建设集购物、休闲、跨国民俗体验、自驾、娱乐体验于一体的跨境旅游项目及设施
兴凯湖跨境旅游合作区	兴凯湖作为中俄界湖,北部归中国,占总面积的26.9%,南侧归俄罗斯,占73.1%。该合作区可以建设集游览、观光、水上休闲、避暑、度假等旅游服务功能于一体的跨境旅游合作区
图们江三角洲中俄朝跨境旅游合作区	该合作区以中国吉林省延边州珲春市敬信镇防川地区、朝鲜罗先特区豆满江洞与俄罗斯哈桑镇哈桑村为合作区域,各自以10平方千米土地作为开发建设核心区域,三国共同开发建设集休闲、度假、海洋、娱乐于一体的跨境旅游项目及设施
满洲里—后贝加尔斯克跨境旅游合作区	该合作区以中国内蒙古自治区呼伦贝尔市满洲里与俄罗斯后贝加尔斯克边疆区后贝加尔斯克为合作区域,两国共同开发建设集购物、休闲、跨国民俗体验、草原、娱乐体验于一体的跨境旅游项目及设施
室韦—温尔琴斯克—扎沃德跨境旅游合作区	该合作区以中国内蒙古自治区呼伦贝尔市室韦与俄罗斯温尔琴斯克—扎沃德为合作区域,两国共同开发建设集购物、休闲、跨国民俗体验、草原、娱乐体验于一体的跨境旅游项目及设施
额尔古纳—普里阿尔贡斯克跨境旅游合作区	该合作区以中国内蒙古自治区呼伦贝尔市额尔古纳与俄罗斯普里阿尔贡斯克为合作区域,两国共同开发建设集购物、休闲、跨国民俗体验、草原、娱乐体验于一体的跨境旅游项目及设施

数据来源:笔者整理。

1. 黑河—布拉戈维申斯克跨境旅游合作区

黑河市与俄罗斯远东地区第三大城市——阿穆尔州首府布拉戈维申斯克市隔黑龙江相望,是中俄边境中规模、功能、距离等各方面条件最具优势的一对对应城市。

中俄两国具有良好的政治关系基础。两国具有长期的跨境往来经验,两国的边境旅游、边境贸易和经济合作等多种跨境活动日益频繁，双方就跨境旅游具有强烈的合作意愿。

共同编制中俄双子城规划。黑龙江省黑河市和阿穆尔州首府布拉戈维申斯克市总体发展较好，于 2013 年共同编制了《中俄双子城旅游业发展总体规划》，并在规划中提出整合两地区旅游资源，发挥各自优势，加强全方位合作。①

合作开发跨国旅游产品。中俄两国目前拥有较为丰富的边境旅游项目，包括自驾、垂钓、冰雪极地、火山、康养、森林等 9 种主题的旅游产品，其中最著名的是西伯利亚钻石之旅、贝加尔湖生态之旅等 10 余条特色精品旅游线路，共同打造出独特的边境旅游产品，合作宣传营销，逐步彰显品牌效应。

中俄两国的边境城市中，黑河市与布拉戈维申斯克市近年来交往日益密切，同时双方就边境生态、界江水质检测、跨境应急救援等方面开展了合作交流。为了进一步保护好游客权益，黑河市旅游局通过黑河市政府驻阿穆尔州对外联络办事机构协调边境旅游相关事宜。

2. 图们江三角洲中俄朝跨境旅游合作区

2014 年初，吉林省在第一届中俄朝图们江区域旅游（厅）局长圆桌会议上提出开发建设图们江三角洲国际旅游合作区。2015 年，吉林省人民政府把图们江三角洲国际旅游合作区建设提升为"十三五"吉林省重点规划项目。2016 年，图们江三角洲国际旅游合作区建设取得了突破性进展，省级分管领导牵头，各部门协调推进，省市州负责人共同参与中朝俄国际旅游合作事宜。省政府分管领导与俄罗斯滨海边疆区行政长官进行了信件往来，提出了推动图们江三角洲国际旅游合作区开发建设，开通新的中俄旅游通道，打造中俄滨海跨境旅游合作区。2016 年 6 月，吉林省旅游部门在珲春市举行《图们江三角洲国际旅游合作区总体规划》评审会，中俄朝三国旅游部门及相关专家学者共同参会。此次会议标志着图们江区域中俄朝跨国旅游合作区建设进入了新的阶段。同时我国本着"以我为主、先行启动"的原则，率先启动了吉林省珲春市敬信功能区的开发建设工作。图们江（中朝界河段）水上游、张鼓峰木栈道、张鼓峰事件陈列馆、图们江旅游码头等项目正逐一实施。

---

① 高桂娟．依托区位优势 大力发展中俄跨境旅游合作［J］．黑河学刊，2016，224（2）：1-2．

(二) 中国大力支持跨境旅游合作

中俄边境地区是中国政府最早批准开展边境旅游的地区之一，早在1989年9月23日，国家旅游局就颁布了《关于中苏边境地区开展自费旅游业务的暂行管理办法》，该办法规范了两国间的边境旅游活动，对中苏边境地区开展自费旅游业务的范围、审批权限、申报程序、结算方法等做了明确的规定。1992年4月8日发布的《中俄边境旅游暂行管理办法》沿用了这些规定。同时期，我国与俄罗斯接壤的四个省区——黑龙江、内蒙古、吉林和新疆也非常重视边境旅游，并出台了一系列相关政策。1998年6月3日，国家旅游局按照《边境旅游暂行管理办法》的规定，会同外交部、公安部、海关总署制定并颁布了《中俄边境旅游暂行管理实施细则》。《中俄边境旅游暂行管理实施细则》是第一部针对边境旅游方面提出的实施细则，它的颁布为我国与其他国家边境旅游细则的制定提供了借鉴。

中俄政府对两国间的边境旅游合作一直比较重视。在金融政策方面，中俄边境地区也做了相关努力。2002年8月22日，《中国人民银行与俄罗斯联邦中央银行关于边境地区贸易银行结算协定》签订，将人民币、卢布作为合法流通货币。除此之外，中俄边境地区在货币兑换方面也做了一些尝试。2013年下半年，吉林省珲春市的农村信用合作社与俄罗斯滨海边疆区商业银行合作，在原有的卢布兑换基础上开展出新的卢布汇兑业务。通过这一业务，中俄两国的客户在本国银行存入相应货币后，可以到对方的国家换取当地使用的货币，减少了中间烦琐的交易过程，更便于双方游客的消费。

在通关政策方面，2005年中俄双方签署的关于修改和补充《互免团体旅游签证的协定》的协定书，通过中俄互免团体签证渠道，我国游客可以在赴俄罗斯的过程中集体免签。新的俄罗斯旅游免签政策将办理免签的旅行社范围扩大，游客节省了办理签证的时间，这意味着中国游客赴俄边境旅游更加方便。[①] 2010年9月27日，《中华人民共和国和俄罗斯联邦关于全面深化战略协作伙伴关系的联合声明》提出："双方商定互办旅游年，责成两国有关部门制定具体活动清单并确定举办日期。"与此同时，中俄两国间

---

① 葛全胜，钟林生，等. 中国边境旅游发展报告［M］. 北京：科学出版社，2014：143-144.

边境旅游方面的经济文化交流更为密切。中国政府多次在旅游会议中明确指出要将旅游合作培育成中俄战略合作的新亮点，保证俄来华旅游市场的稳定增长，要求对俄口岸城市加大在俄宣传推广力度，做好广告投放和旅游推介，并且加大对俄边境旅游的奖励力度，特别是对从事中俄边境旅游的旅行商进行奖励，提高中俄旅游便利化程度，如入境、边检、保险、签证等方面中俄两国都为对方提供更多便利化服务。2015 年 6 月，中俄红色旅游合作与交流系列活动开始在韶山举办，并且中俄双方签署了《中俄旅游部门关于 2015~2017 年红色旅游合作的谅解备忘录》，明确了三年内中国与俄罗斯之间开展红色旅游合作的机制体制、内容形式、发展前景等事宜。2019 年 8 月 2 日，国务院正式设立黑龙江自由贸易试验区，包括哈尔滨分区、黑河分区、绥芬河分区 3 个分区，总面积为 119.85 平方千米。黑河分区和绥芬河分区都把旅游产业确定为核心支柱产业。总体方案要求两个分区能够提供更方便的出入境条件，并且推进口岸邮轮、游艇的自由出行，建设黑河岛国际游艇码头口岸。2020 年 4 月，国务院批准建设中国珲春海洋经济发展示范区。示范区建设总体方案提出积极建设中俄朝跨境旅游休闲区，完善图们江旅游通道设施，加快推进三国互联互通防川公路铁路友谊大桥建设，保障图们江水上游和跨江游常态运营。以图们江三角洲国际旅游合作区为重点，积极引进国内知名旅游企业参与海洋旅游项目建设和运营，开发海洋旅游产品，打造集旅游、购物、休闲、服务于一体的跨境旅游合作区。

（三）俄罗斯积极参与中方的跨境旅游合作

中俄两国在旅游领域交流合作的具体方向和内容通过 1993 年签署的《中华人民共和国政府和俄罗斯联邦政府旅游合作协定》正式确定了下来。为了确保中俄双方的旅游合作，2011 年两国基于合作情况对该协定进行了一定程度的修改，相关政策更加完善，为两国的边境旅游交流合作创造了良好条件，促进了两国的旅游合作开展。俄罗斯于 2003 年颁布了《1996 年至 2005 年及 2010 年前远东和外贝加尔地区社会经济发展联邦专项纲要》和《2013 年前远东和外贝加尔地区经济社会发展联邦专项纲要》，进一步推动了远东地区与东北亚国家之间的整体区域经济发展。2015 年 7 月 13 日，俄罗斯总统签批了《符拉迪沃斯托克自由港法》，将图们江三角洲跨境旅游合作区涉及的哈桑区、符拉迪沃斯托克市、波谢特港、扎鲁比诺港均纳入自由港法适用范围，实行特殊制度和优惠政策。俄罗斯政府自2015年以后每年都会在符拉迪沃斯托克举办"东方经济论坛"，论坛共邀请了60余个国家的领导人以及政府部门人员参与，就远东地区的合作与经济建设问题进行协商，并通过吸引外商投资的方法来促进远东地区的交通运输、旅游业、相关配套设施的发展，实现远东地区的经济发展。[①]

俄罗斯是与我国接壤边境线最长的邻国，边境地区旅游资源丰富，山水相邻，具有良好的人文交流基础。随着两国的边境往来日益密切，两国的双边旅游合作成了未来的必然趋势。据国家旅游局统计，2016年赴俄中国游客人数达107.3万人次，同比增长15%；来华俄罗斯游客达118.3万人次，同比增长31%。2016年，中国已成为俄罗斯最大入境旅游客源国，同时也是增速最快的国家之一。[②] 中俄双边跨境旅游得以快速发展离不开两国政府的积极推进，中俄红色旅游合作得到两国政府的高度重视和大力推动，已成为两国人文和经贸合作的重要组成部分。

2018年，中俄两国签署了《中俄在俄罗斯远东地区合作发展规划（2018—2024年）》，该规划中推介在俄远东地区开展中俄经贸合作的七个优先领域之一是旅游合作。黑河市跨境旅游合作区的建设正是两国合作依托地方、落实地方、造福地方的体现。中俄两国旅游交流机制日趋完善，相关互动平台数量增加。中俄人文合作委员会旅游分委会、中俄旅游论坛、二十国集团旅游部长会议、亚太经合组织旅游部长会议、中蒙俄三国旅游部长会议、"万里茶道"国际旅游联盟等机制平台，有效地促进了中俄两国的边境旅游合作交流。其中中俄人文合作委员会旅游分委会和中俄旅游论坛是两国在旅游合作方面的重要联系纽带和合作保障。2019年8月14日，在中俄人文合作委员会旅游分委员会第十六次会议上，中俄双方就落实2000年2月29日签署的《中华人民共和国政府和俄罗斯联邦政府关于互免团体旅游签证的协定》及筹备签署协定的情况进行了交流，双方希望该协定尽快签署落实。双方于2020年7月举办了线上视频会议，关于旅游相关

---

① 苑海龙，于斌. 珲春图们江国际三角洲跨境旅游合作研究 [J]. 东北亚经济研究，2020（4）：79-88.

② 殷勇. 东北亚区域内多边跨境旅游合作现状与对策建议 [J]. 西伯利亚研究，2018，45（4）：63-67.

扶持政策以及未来的旅游合作问题进行了深入讨论，为两国的旅游业恢复提供了充足的政策支持。作为中俄两国旅游合作的重要平台，中俄旅游论坛从 2012 年开始举办，为两国的旅游合作做出了突出贡献。①

三　中俄边境地区跨境旅游合作区建设模式及路径

旅游合作是中俄双边合作中最有前景和最应先行的领域之一，建设中俄边境地区跨境旅游合作区，不仅可以推动双边和多边的旅游合作，而且能够推进中俄在经贸、投资和人文等方面合作的深化。

（一）中俄边境地区跨境旅游合作区建设模式

根据中俄两国关系、经贸合作沿革、边境资源禀赋情况等综合考虑，中俄两国边境地区可采取国际商贸产业公园、国际康养文化公园、国际自然生态公园、国际文化公园的合作模式。

1. 探索建立国际商贸产业公园合作模式

国际商贸产业公园的建设理念，是建设集边境贸易、跨境物流、便民互市、国际联运转口贸易、保税加工、边境旅游购物于一体的"物流+旅游"合作区。合作区内可以建设国际游览、国际免税购物区、国际贸易区、跨境电商区等平台，扩大合作领域。② 例如，中俄黑河—布拉戈维申斯克跨境旅游合作区可以采用此模式。黑河市是对俄最大的边境城市，也是最大的中俄经贸城市之一，俄罗斯布拉戈维申斯克市是俄罗斯阿穆尔州首府城市，也是远东地区第三大城市，中俄两侧都可以建设跨境游览体验、商贸物流、便民互市、保税加工、国际免税购物等旅游项目及基地。满洲里—后贝加尔斯克跨境旅游合作区也可以采用这种模式。

2. 探索建立国际康养文化公园合作模式

国际康养文化公园的建设理念，是建设集观赏异国文化、疗养康养、冰雪娱乐、国际购物、休闲度假等于一体的跨境旅游合作区。合作区内可以建设赛马、滑雪、冰雪等体育娱乐场所，异国商品展销购物场所；开发

① 周言艳. 中俄在旅游领域的人文交流问题探究 [J]. 西伯利亚研究，2020，47（5）：94-101.
② 王桀，贾晨昕，吴信值. 中国面向东盟"两区"建设问题与突破路径探讨 [J]. 亚太经济，2019（2）：122-128.

温泉冷泉度假酒店等旅游项目及设施。例如，中俄绥芬河—波格拉尼奇内跨境旅游合作区可以采用此模式。中国绥芬河一侧建设温泉度假酒店、休闲康养度假区、购物娱乐休闲区、民俗文化体验区，俄罗斯一侧建设购物、观光、民俗、赛马、娱乐等体育娱乐场所和异国商品展销购物场所。东宁—乌苏里斯克、抚远—哈巴罗夫斯克、同江—下列宁斯阔耶等跨境旅游合作区也可以选择这种模式。

3. 探索建立国际自然生态公园合作模式

国际自然生态公园的建设理念，是以生态保护为根本遵循，对中俄边境地区生态资源敏感区域制定联合保护措施，并合理规划生态旅游线路，开展以人与自然和谐共处为主题的生态旅游。例如，中俄兴凯湖跨境旅游合作区位于黑龙江省的东北部，南北长 100 多千米，东西宽约 60 千米，湖泊北部为中国，约 1226 平方千米，占总面积的 26.9%，南侧归俄罗斯，约 4380 平方千米，占总面积的 73.1%。①。中俄两国共同开发建设了兴凯湖，该地地处中俄边界，周边环境良好，维持着原始的自然景观，是世界上为数不多的未被污染的湖泊之一，享有"绿色的宝石"的美誉，其独特的生态环境为开展休闲度假提供了良好条件。合作区内可以建设生态农业观光园、俄罗斯异国风情园、湖泊休闲度假园，开发钓鱼、滑雪、温泉等原生态旅游项目。抚远—哈巴罗夫斯克黑瞎子岛跨境旅游合作区、图们江三角洲中俄朝跨境旅游合作区等也可以选择这种模式。

4. 探索建立国际文化公园合作模式

国际文化公园的建设理念，是以保护历史遗址、民俗文化为遵循，建设集历史探访、民俗文化、遗址观赏、博物馆文化于一体的"历史+文化+旅游"跨境旅游合作区。例如，内蒙古自治区呼伦贝尔市额尔古纳—俄罗斯普里阿尔贡斯克、室韦—温尔琴斯克—扎沃德可采取此模式。额尔古纳市先后被评为"中国最具民俗文化特色旅游目的地""全国休闲农业与乡村旅游示范县""中国特色旅游最佳湿地""中国城市湿地公园"等，市内 21 个民族和谐共处，有黑山头、室韦两个国家级一类口岸。合作区可以开发集民俗文化、草原文化、湿地体验、历史探访于一体的边境旅游项目及设施。

---

① 吴殿廷，王斌，周李. 中俄旅游合作的现实意义和突破路径 [J]. 东北亚经济研究，2021（1）：25-35.

（二）中俄边境地区跨境旅游合作区建设路径

中俄边境地区跨境旅游合作区根据不同的地域特色、资源特色、发展过程，形成不同的"国际公园"建设模式，具有以下共性建设路径。

1. "国际公园"合作区加大开发开放力度，落实旅游优惠政策

持续加强入境政策的简化、减少通关所需的时间和步骤仍然是双方进行无障碍跨境旅游的一个重要前提，这对出入境游客有着较为直接的影响。现阶段中俄两国的战略合作伙伴关系不断深化，一系列的签证简化政策被推出，但仍不能很好地满足两国边境地区的跨境旅游需求，应该进一步提供更加切实有效、有操作性和实践性的旅游签证政策，例如第三方国家游客可实施 72 小时免签证政策，在跨境旅游合作区内向中俄两国游客开放 7 天个人免签证政策等。与此同时，相应的购物免税政策也是双方应该关注的重点，为跨境旅游合作区提供相应的免税和购物优惠政策，提高当地旅游商品的吸引力，不仅能够通过旅游商品的直接贸易来提高旅游业带来的直接或间接收益，同时还能够凭借相应的优惠政策来拓宽原有的客源市场，吸引更多的购物游游客前来游玩。

2. 拓宽旅游融资渠道，建立"国际公园"专项基金

中俄两国在跨境旅游合作区内的相关基础服务设施需要更充足的资金支持，同时旅游业的发展具有前期投入高、风险大等特点，跨境旅游合作区还要受到两国外交相关政策的影响，当地的旅游投资主体以及投资方式也具有不同程度的影响。我国应当开拓新的融资渠道，针对当地特有的经济特征进行招商引资并提供相应的投资优惠政策。比如可以为当地建立专门的"国际公园"旅游投资基金，针对某些旅游资产进行证券化等。

3. 建立常驻协调管理办公室，协调合作区内事务

跨境旅游合作区建设是在两国的中央、地方行政单位主导下进行的，其旅游产品和相关服务以及产生的一系列旅游纠纷和旅游危机在处理上难免会涉及体制、机制、法律、规范以及语言理解上的障碍，同时两地在跨国企业管理和跨国游客权益维护等方面也存在一定程度的争议。为了保证在问题的处理上具有相对协调统一性，需要建立一个相应的协调管理部门。

4. 打造独特的跨境旅游文化 IP 产品体系

IP 在旅游业中起到了十分重要的作用，是商业发展中独特的一环，在旅游业中主要表现为凭借着独特的文化和符号，对当地的旅游产品进行文化赋予和包装。随着时代的发展，旅游者对于旅游精神层面的需求比以往更多，这就要求旅游目的地需要开发出更多富有文化内涵的产品，同时文化产品的发展也有助于开拓市场、提高旅游地知名度。中俄边境地区跨境旅游合作区可以利用其独特的地理位置和边境文化，打造许多富有中俄风情的旅游产品和活动，以提高当地的知名度。①

5. 完善互联网跨境旅游合作机制

随着互联网技术的不断发展和普及，各类技术可以成熟地运用在旅游业中，中俄两国的相关部门在建设跨境旅游合作区时也可以充分运用互联网合作平台机制。互联网平台有助于双方的线上产品销售，促进两国的旅游产品产出。两国凭借互联网平台可以更好地将信息公开透明，方便游客查询各类出行的优惠政策；详细地说明两国的边境出入境流程；加强两国旅游企业的合作和相应的信息交流。同时互联网平台有助于两国实现对旅游企业的线上监管，实现公平、公正、公开的透明化管理，对跨境旅游区的合作建设起到良好的辅助作用，在一定程度上消除两国的跨境旅游障碍。

6. 构建更加完善合理的跨境区域合作体系

跨境旅游合作区作为区域性强、综合程度高、涉及范围广的特殊区域，其旅游产品的开发、区域整体的协调发展、相应的管理政策以及出入境签证办理不能单独依托政府部门支持来解决，需要包括相关政策、经济、文化、社会等多方面的支持。跨境旅游合作区要充分发挥旅游企业在市场中的作用，将旅游企业作为区域的重点依靠对象，通过企业间的配合和发展，来丰富当地的区域旅游合作体系，合理运用两地的资源配置，发挥区域合作的优势。对此，在政策上，政府应该给予一定的融资鼓励和资金支持，吸引外资介入以提高当地的经济能力，进一步有效推动当地区域合作项目的开展。旅游企业也应该积极响应政府部门的政策，加强区域合作，活化市场，努力达到旅游合作区整体发展的预期收益，在政府部门的支持和主

---

① 赵欣. 黑河市中俄跨境旅游合作区创建策略研究 [J]. 长春师范大学学报，2019，38 (12)：93-96.

导下，联合其他旅游企业和社会组织，形成完善的区域合作体系。①

第四节　中蒙边境地区跨境旅游合作区建设现状及路径

一　东北中蒙边境地区跨境旅游发展过程

东北地区中蒙边境线上有内蒙古自治区呼伦贝尔市、兴安盟、锡林郭勒盟3个地级市，其中具有边境口岸的县（市、旗）有5个，即新巴尔虎右旗、新巴尔虎左旗、阿尔山市、东乌珠穆沁旗、二连浩特市。内蒙古自治区对蒙国家级口岸共有13个，其中属于东北地区的边境口岸有5个。东北中蒙边境城市对应的口岸分布情况如表9-9所示。

表 9-9　东北中蒙边境城市对应的口岸分布情况

边境市（盟）	边境县（市、旗）	中国口岸名称	蒙古国口岸名称	口岸级别
呼伦贝尔市	新巴尔虎右旗	阿日哈沙特口岸	哈毕日嘎口岸	二类公路口岸
	新巴尔虎左旗	额布都格口岸	白音胡硕口岸	二类公路口岸
兴安盟	阿尔山市	阿尔山口岸	松贝尔口岸	一类公路口岸
锡林郭勒盟	东乌珠穆沁旗	珠恩嘎达布其口岸	毕其格图口岸	二类公路口岸
	二连浩特市	二连浩特口岸	扎门乌德口岸	一类铁路、公路口岸

数据来源：人民交通出版社. 东北地区公路里程地图册（内蒙古自治区）[M]. 北京：人民交通出版社，2022.1.

蒙古国是最早与我国建立外交关系的国家之一。1989年中蒙关系实现正常化以后，双边的政治关系得到了稳定发展，加强了两国在经济与文化等方面的合作与交流。② 1990年3月，时任蒙古国国家旅游局局长格·吉山率旅游代表团到我国内蒙古自治区考察旅游资源，并与内蒙古旅游局共同探讨开展旅游合作事宜。同年6月，内蒙古自治区旅游局组团对蒙古国进行了回访，双方探讨了中蒙之间开展边境旅游事宜。1991年9月18日，我国国家旅游局在《关于开展中蒙边境一日游活动的批复》中批准先从二连浩特到蒙古国扎门乌德市进行对等交换一日游活动，并对该一日游的试办时

① 李雪. 中俄跨境旅游合作区建设探讨 [J]. 对外经贸，2018，284（2）：32-33.
② 王珊，斯琴，吴海珍，吴必虎. 基于"点—轴"系统理论的内蒙古与蒙古国旅游合作空间结构研究 [J]. 内蒙古财经大学学报，2021，19（1）：80-84.

间与人数提出要求，每年双方交换的旅游人员要小于等于 3000 人，暂时试办两年。① 同时，该批复明确严禁用公费开展一日游，参游人员一律自费。1992 年 4 月，内蒙古自治区外事办公室、旅游局和公安厅联合颁布《中蒙多日游暂行管理办法》。

在 1992 年国务院首批开放的 13 个边境城市中，东北地区有二连浩特市、满洲里市、珲春市、绥芬河市、黑河市 5 个城市入选，内蒙古自治区有 2 个城市。自 1992 年沿边开放战略实施以来，中蒙双方在贸易取得快速增长的同时，通过开展边境旅游线路、举办旅游交流会及开通旅游专列等各种途径不断促进旅游方面的合作。

自 20 世纪 90 年代以来，中蒙边境旅游得到了迅速发展，与此同时也创建了旅游定期会晤机制，为两国跨境旅游的发展奠定了稳固的合作基础。1992 年，国家旅游局批复了 3 条中蒙边境旅游线路，即二连浩特—蒙古国赛音山达专客三日游、二连浩特—蒙古国乌兰巴托专列五日游、呼和浩特—乌兰巴托双飞四日游。2000 年以来，双方不断加深在旅游方面的合作。2003 年，内蒙古召开了旅游推介交流会。2005 年，蒙古国道路、交通及旅游部门出访内蒙古，双方在旅游合作方面开展了友好交流与沟通。② 2005 年，中蒙两国签订《关于中国旅游团队赴蒙古国旅游实施方案的谅解备忘录》，标志着中蒙两国在旅游领域的合作进入了一个新阶段。2006 年 3 月，蒙古国成为我国公民自费旅游目的地，意味着中蒙两国在旅游合作方面有着更广阔的发展前景。③ 2006 年，又有 2 条内蒙古区域边境旅游线路得到了国家旅游局的批准。2009 年，满洲里国际航空口岸得到国务院批准正式对外开放，已开通的航线主要有满洲里至蒙古国乌兰巴托、乔巴山的国际航线。

2012 年，由蒙古国新组成的文体旅游部代表团出访内蒙古时，双方就深化加强中蒙旅游合作方面存在的问题发表了各自的意见并进行了深层次探讨，从 2012 年 5 月 17 日起，二连浩特—扎门乌德的一日游，恢复使用《中华人民共和国出入境通行证》，持有该证件的游客可进入蒙古国旅游。2013 年 12 月，国家旅游局在《关于同意开通阿尔山至蒙古国 3 条边境旅游

---

① 《国家旅游局关于开展中蒙边境一日游活动的批复》，1991 年 9 月 18 日.
② 王珊，斯琴，吴海珍，吴必虎. 基于"点—轴"系统理论的内蒙古与蒙古国旅游合作空间结构研究 [J]. 内蒙古财经大学学报，2021，19（1）：80-84.
③ 张秀杰. 中蒙旅游合作及其发展策略研究 [J]. 俄罗斯中亚东欧市场，2011（06）：32-36.

线路的复函》中，同意阿尔山—东方省哈拉哈高勒县二日游、阿尔山—东方省乔巴山市五日游、阿尔山—肯特省成吉思汗市五日游 3 条边境旅游线路。2014 年阿尔山口岸正式开放。2014 年，中蒙俄三国的旅游部门共同创建"三国五地"旅游联席会议机制，制定了各种形式的合作机制，高层会晤及多样化的旅游活动轮流举办，成为推进跨境旅游发展的垫脚石。中蒙旅游合作洽谈会于 2015 年在内蒙古举办，在该会议上，两国在旅游线路开发与设计、酒店建设、旅游人才队伍培训及旅游规划与开发等领域达成了 9 项旅游合作项目。《中华人民共和国国家旅游局与蒙古国环境、绿色发展与旅游部旅游合作协议》在 2016 年签订。①

2016 年，中蒙俄旅游部长会议召开并成立"万里茶道"国际旅游联盟，跨境旅游取得了较大的成绩。中蒙俄三国合作开发的跨三国铁路旅游线路吸引了中国、俄罗斯、蒙古国、日本、韩国等国家的众多游客。跨三国铁路旅游线路有两条：中国北京—集宁—二连浩特—蒙古国扎门乌德—赛音山达—乌兰巴托—达尔汗—苏赫巴托尔—俄罗斯纳乌什基—乌兰乌德—贝加尔湖跨三国纵向旅游线路；中国哈尔滨—大庆—呼伦贝尔—满洲里—俄罗斯后贝加尔斯克—赤塔—乌兰乌德—贝加尔湖跨两国横向旅游线路。这两条"贝加尔湖+铁路"旅游线路与丰富多彩的谢肉节、哥萨克文化节、白月节、射箭比赛等民族文化节日相结合，形成了"贝加尔湖+"生态旅游模式。②

2018 年，由蒙古国首都乌兰巴托市旅游局组建的旅游代表团在内蒙古举办了旅游推广交流活动，并签订了各种旅游合作协议。③ 2018 年 3 月，国务院批准在满洲里市设立边境旅游试验区。截至 2018 年底，满洲里市旅游总人数达到了 836 万人次，同比增长了 10.26%；旅游总收入 144.36 亿元，同比增长了 11.08%。④ 满洲里与蒙古国乔巴山、额尔登特市，俄罗斯赤塔市、克拉斯诺卡缅斯克市、鄂木斯克市等城市建立了友好关系，借此打造了多种跨境旅游产品。

① 王珊，斯琴，吴海珍，吴必虎. 基于"点—轴"系统理论的内蒙古与蒙古国旅游合作空间结构研究 [J]. 内蒙古财经大学学报，2021，19（1）：80-84.
② 孟根仓，萨如拉."中蒙俄经济走廊"建设背景下跨境区域经济合作研究——以俄罗斯布里亚特共和国为例 [J]. 东北亚经济研究，2022，6（02）：63-81.
③ 王珊，斯琴，吴海珍，吴必虎. 基于"点—轴"系统理论的内蒙古与蒙古国旅游合作空间结构研究 [J]. 内蒙古财经大学学报，2021，19（1）：80-84.
④ 任青丞. 博弈论视角下满洲里市边境旅游发展研究 [J]. 营销界，2019（52）：62-64.

近年来中蒙两国跨境旅游合作逐渐加深，先后通过开展旅游线路、举办国际冰雪节等各类活动进一步深化合作，促进两国跨境旅游合作。据相关数据统计，2017 年，内蒙古的出入境旅游人数创下新高，入境人数为 184.8 万人次，出境人数为 26.8 万人次，并实现了 12.5 亿美元的外汇收入。2018 年内蒙古接待俄罗斯以及蒙古国游客分别为 78 万人次和 95 万人次，并且在全国接待量中分别占 33% 和 50%，成为中国接待俄罗斯和蒙古国游客的首选之地。另外，俄蒙也是内蒙古游客首选的跨境旅游目的地。①"万里茶道"国际旅游系列活动以及跨境自驾线路的开发，推进了两国旅游合作的产业化进程，推动了跨境旅游向内陆地区合作拓展，进一步促进了跨境旅游合作区的开发建设。②

相比于我国居民对俄蒙边境旅游及跨境旅游的需求，俄蒙两国居民对边境旅游的需求相对较弱，并且对跨境旅游的需求也以商贸或贸易为动机，在很大程度上受经济水平的影响。近年来，中俄蒙三国根据《中华人民共和国、俄罗斯联邦、蒙古国发展三方合作中期路线图》，共同推动《建设中蒙俄经济走廊规划纲要》中旅游合作项目顺利落地，加强"万里茶道"国际旅游合作，使"万里茶道"国际旅游联盟成为中国"一带一路"倡议、俄罗斯"欧亚大通道"战略、蒙古国"草原之路"倡议的重要黏合剂。内蒙古充分发挥联通俄蒙的区位优势，与蒙古国、俄罗斯建立了协作关系，共同打造了中蒙俄"万里茶道"自驾活动、"呼伦贝尔—乌兰乌德"美食品鉴之旅等系列品牌旅游活动，开通 21 条边境旅游线路，其中对蒙 15 条、对俄 6 条；开通旅游专列，畅通了中蒙俄三国旅游通道。③ 在出入境总人数方面，二连浩特最多，其次是满洲里，其他口岸出入境人数较少。

总体来说，2010~2019 年，中蒙跨境旅游的合作形式多种多样。具体来看：在合作活动多元化方面，双方通过举办国际旅游节、旅游交易会、服装与服饰展览节、青少年夏令营等活动开展了跨境旅游合作；在开展务实合作方面，通过在多元化的合作平台上开通旅游专列、拓展旅游包机与自驾游领域、举办美食展览会等，进一步加快了双方跨境旅游的发展；在打

① 丰华. 中蒙俄经济走廊内蒙古文化旅游发展研究 [J]. 合作经济与科技，2021 (06)：43-45.
② 乌丽晗，胡伟华. "一带一路"倡议下中蒙跨境旅游合作研究 [J]. 中国经贸导刊 (中)，2020 (05)：34-35+76.
③ 丰华. 中蒙俄经济走廊内蒙古文化旅游发展研究 [J]. 合作经济与科技，2021 (06)：43-45.

造旅游品牌方面，中蒙两国的旅游部门更深层次地挖掘了双方认同的文化和历史事迹，创建了"万里茶道""和平之旅""三湖之旅"等旅游精品线路；在旅游企业合作方面，为了促进中蒙跨境旅游业发展，中蒙双方积极为企业合作牵线搭桥，加大投资力度和政策扶持力度，使旅游企业之间直接对接，加快了跨境旅游发展。[①]

二　东北中蒙边境地区跨境旅游合作区建设现状

（一）跨境旅游合作区建设概况

东北中蒙边境地区在建和拟建的跨境旅游合作区有4个，即二连浩特—扎门乌德跨境旅游合作区、满洲里中蒙俄跨境旅游合作区、阿尔山—松贝尔跨境旅游合作区、珠恩嘎达布其—毕其格图跨境旅游合作区（见表9-10）。

表 9-10　东北中蒙边境地区跨境旅游合作区概况

跨境旅游合作区名称	基本概况
二连浩特—扎门乌德跨境旅游合作区	该合作区以中国内蒙古自治区二连浩特市与蒙古国扎门乌德市为合作区域，两国共同开发建设集休闲、跨国民俗体验、步行及自行车游、娱乐体验、购物于一体的跨境旅游项目及设施
满洲里中蒙俄跨境旅游合作区	该合作区以中国内蒙古自治区满洲里口岸、俄罗斯后贝加尔斯克口岸与蒙古国哈毕日嘎口岸为合作区域，三国共同开发建设集休闲、民俗、度假、娱乐、草原、购物于一体的跨境旅游项目及设施
阿尔山—松贝尔跨境旅游合作区	该合作区以中国内蒙古自治区阿尔山口岸与蒙古国松贝尔口岸为合作区域，两国共同开发建设集观光、度假、生态、滑雪、森林、民俗于一体的跨境旅游项目及设施
珠恩嘎达布其—毕其格图跨境旅游合作区	该合作区以中国内蒙古自治区锡林郭勒盟珠恩嘎达布其口岸与蒙古国毕其格图口岸为合作区域，两国共同开发建设集观光、度假、生态、滑雪、民俗于一体的跨境旅游项目及设施

数据来源：笔者整理。

这些跨境旅游合作区中，建设条件比较好，而且有一定成效的合作区是满洲里中蒙俄跨境旅游合作区、二连浩特—扎兰乌德跨境旅游合作区和阿尔山—松贝尔跨境旅游合作区。这3个旅游区已初步完成了合作区的规划

---

① 乌丽晗，胡伟华．"一带一路"倡议下中蒙跨境旅游合作研究［J］.中国经贸导刊，2020（05）：34-35+76.

编制，而珠恩嘎达布其—毕其格图跨境旅游合作区有构想但没有实质性的进展。

满洲里、二连浩特开展跨境旅游合作区建设的条件较好。在国内政策方面，两地是国家重点开发开放试验区，国发〔2015〕72号文件已把满洲里、二连浩特列入国务院支持的11个跨境旅游合作区名单；在区位优势方面，两地是我国最大的对俄、对蒙公路口岸；在跨境旅游区建设方面，两地提出时间早，且中方设施建设已经具有一定规模，俄蒙积极性有一定程度提高。阿尔山—松贝尔跨境旅游合作区建设构想于2015年提出，阿尔山与蒙古国东方省哈拉哈高勒县多次开展合作交流，共同在哈拉哈高勒县修建旅游标识、旅游厕所、旅游救助站等旅游基础设施，并共同制作了跨境旅游宣传片，开展了采风、踩线、摄影大赛、自驾等系列旅游活动。①

（二）中国大力支持与蒙古国跨境旅游合作

1992年4月8日，内蒙古自治区外事办公室、旅游局、公安厅等部门颁发了《中蒙多日游暂行管理办法》，该办法规定了中蒙三日至七日旅游线路4条，同时规定经营单位只能办理自费旅游，直接向个人收费，不得以任何形式开展公费旅游。1994年，中蒙两国签署了《中蒙友好合作关系条约》，之后一直保持睦邻友好的关系。

2005年开始，内蒙古自治区旅游局与蒙古国自然环保旅游部建立边境旅游协调会议制度，约定双方每年召开一次年度会议，及时交流信息，充分表达双方意愿，切实解决存在问题，积极开辟新的边境旅游线路、拓展旅游业务往来、扩大双边旅游合作。2011年6月，《国务院关于进一步促进内蒙古经济社会又好又快发展的若干意见》指出，要不断推进包括基础设施在内的重点旅游景区的建设以及旅游产品的开发，并基于内蒙古特色资源，大力发展边境旅游，同时将边境旅游与生态游、乡村游、文化游等融合发展。除此之外，政策明确提出推进满洲里重点开发开放试验区建设，研究建立二连浩特国家重点开发开放试验区，探索建立中俄、中蒙跨境旅

---

① 张燕茹．内蒙古关于边境旅游试验区和跨境旅游合作区建设的思考［J］．北方经济，2016（08）：24-26.

游合作区。① 2014 年中俄蒙三国进行会晤，并提出对接中国"丝绸之路"经济带、俄罗斯"跨欧亚大铁路"和蒙古国"草原之路"倡议，并于 2016年签署了《建设中蒙俄经济走廊规划纲要》，由此促进三国合作有了实质性的进展。2017 年，中蒙两国在"一带一路"国际合作高峰论坛上，提出进一步加快两国战略对接，并于 2019 年签署了《推进"一带一路"倡议和"发展之路"倡议对接合作规划》，相关政策文件为中蒙两国发展跨境旅游提供了政策支持和保障。②

（三）蒙古国积极参与中国的跨境旅游合作

自 1989 年以来，中蒙人文交流日趋活跃。2001 年，蒙古国重新修订和完善了旅游法，2003 年开启了旅游年活动，2005 年开展了"发现蒙古"活动年，借势北京奥运会进行旅游营销，吸引游客去"发现蒙古"。

蒙古国政府非常重视旅游业的发展，先后出台了一系列优惠政策。蒙古国在《2007~2021 年国家整体发展战略》中，要求大力发展旅游业和加快国内矿产资源开采，并把旅游业和矿产资源开采业列为带动蒙古国经济发展的重要支柱产业，号召全国民众和政府部门一道，通过努力发展旅游产业，增加外汇收入，减少失业人数，提高蒙古国的知名度，促进外国企业来蒙古国投资。③

中蒙双方于 2014 年建立"全面战略协作伙伴关系"。2014 年 11 月，蒙古国为了振兴本国经济，提出实施由五大项目构成的"草原之路"倡议，即直接连接中俄的高速公路、新建输电线路、扩展跨境铁路、天然气和石油管道。除此之外，中蒙两国多次政策对接，领导人多次表示"一带一路"倡议与"草原之路"倡议高度契合、相互助推，达到互利共赢。"两路"的契合，促进两国跨境贸易、旅游、人员交流等领域的发展，特别是促进铁路、高速公路的建设及完善，极大地促进了跨境旅游合作。2016 年 6 月 23日，中蒙俄三国签署《建设中蒙俄经济走廊规划纲要》，并明确指出三国将

---

① 《国务院关于进一步促进内蒙古经济社会又好又快发展的若干意见》，（国发〔2011〕21号），2011-06-29.

② 乌丽晗，胡伟华."一带一路"倡议下中蒙跨境旅游合作研究［J］. 中国经贸导刊，2020（05）：34-35+76.

③ 张秀杰. 中蒙旅游合作及其发展策略研究［J］. 东北亚，2011（06）：32-36.

充分发挥各地比较优势，推动地方级边境地区合作，共同推进"中蒙俄经济走廊"建设。① 2018年1月，中蒙人文交流共同委员会成立，中蒙两国通过该机制为两国人文交流合作提供了统筹规划的新平台。2018年"万里茶道"国际旅游联盟成立，三国共同签署《第四届中俄蒙三国旅游部长会议纪要》，这有利于推动三国跨境旅游及区域合作深入发展。

截至2020年8月，中蒙已举行五次外交部门战略对话，强调增强政治外交来往，推进"一带一路"建设及经贸往来，在国际地域事务中增强协调配合。

三 中蒙边境地区跨境旅游合作区建设模式及路径

根据中蒙跨境旅游合作过程及合作区建设情况分析，中蒙两国建设跨境旅游合作区可采取"国际公园"模式。

（一）中蒙边境地区跨境旅游合作区建设模式

根据中蒙两国关系、经贸合作沿革、边境资源禀赋情况等综合考虑，中蒙两国边境地区可采取国际商贸产业公园、国际康养文化公园、国际自然生态公园、国际文化公园的模式。具体合作模式如下。

1. 探索建立国际商贸产业公园合作模式

二连浩特—乌兰乌德跨境旅游合作区可以采用国际商贸产业公园的建设模式。二连浩特是我国对蒙开放的最大公路口岸，也是内蒙古自治区向北开放的前沿和窗口，又是中蒙跨境旅游合作中最大的口岸，中蒙两侧都可以建设跨境游览体验、商贸物流、便民互市、保税加工、国际免税购物等旅游项目及基地。

2. 探索建立国际康养文化公园合作模式

满洲里中蒙俄跨境旅游合作区可以采用国际康养文化公园的建设模式。满洲里一侧建设温泉度假酒店、休闲康养度假区、购物娱乐休闲区、民俗文化体验区，蒙古国一侧建设观光、民俗、赛马、草原体验等体育娱乐场所，俄罗斯一侧建设购物、观光、民俗、娱乐等体育娱乐场所和异国商品

---

① 孟根仓，萨如拉."中蒙俄经济走廊"建设背景下跨境区域经济合作研究——以俄罗斯布里亚特共和国为例［J］.东北亚经济研究，2022，6（02）：63-81.

展销购物场所。

3. 探索建立国际自然生态公园合作模式

阿尔山—松贝尔跨境旅游合作区可以采用国际自然生态公园的建设模式。合作区内可以开发森林生态游、异国风情园、滑雪、温泉、冷泉等原生态旅游项目，在保护自然生态资源的前提下，可持续开发建设跨境旅游合作区。

4. 探索建立国际文化公园合作模式

珠恩嘎达布其—毕其格图跨境旅游合作区可以采取国际文化公园的建设模式。东乌珠穆沁旗居住着蒙古族、鄂温克族、鄂伦春族、锡伯族、维吾尔族、达斡尔族、俄罗斯族、朝鲜族、满族等13个少数民族，蒙古族人口占75%，蒙古族勒勒车制作技艺被列入第一批国家级非物质文化遗产，东乌珠穆沁旗获"内蒙古自治区蒙古族长调民歌之乡""中国蒙古族乌尔汀哆（长调）之乡及研究基地"等荣誉。合作区可以开发集民俗文化、草原文化、自驾、跨国文化于一体的旅游项目。

（二）中蒙边境地区跨境旅游合作区建设路径

中蒙边境地区跨境旅游合作区根据不同的地域特色、资源特色、发展过程，形成不同的"国际公园"建设模式，具有以下共性建设路径。

1. 加大政府政策支持力度，赋予"国际公园"优惠政策

调动两国各地方政府的积极性，使其在双方协调机制中肩负起发动者和实施者的责任。各地方政府不仅要探讨双方合作机制及联合开发战略的制定，还要最大限度地简化中蒙两国游客出入境手续，针对"国际公园"加大对投资、财政、金融、建设等方面的政策扶持力度，降低出入口关税。

2. 建立常态化合作管理机制，逐步推进"国际公园"合作区建设进程

相较于一般的国内旅游，跨境旅游的实现还需要考虑到不同利益主体参与旅游的积极性及其实际利益的问题，因此需要加强顶层制度设计，提升人员、区域流动便利性，创建边检、签证、通关一站式模式。[①] 中蒙两国可成立由负责区域合作的部门或旅游部门带领，外事、公安、海关、交通等部门共同参与，有独立运作基金支持的机构，并建立定期会晤机制、旅

---

① 张莉莉. 云桂两地面向东盟跨境旅游合作区建设的现状、问题与突破路径 [J]. 服务贸易，2021（01）：85–88.

游信息交流机制以及自下而上的公民参与机制，分步骤、分层次逐步推进"国际公园"建设进程。

3. 利用政策优势，共创"国际公园"旅游合作区

为了使地方享受最大化的福利待遇以及打破当地政府难作为的局面，合作区需要把国家的各项政策更有效地落到实处。内蒙古自治区旅游主管部门应从自身条件出发制定跨境旅游管理实施办法，在指出地方政府部署工作要求的同时，还应当成立专业认证的专家组与调研小组把握区内旅游资源的整体现状以及未来走势。与此同时，应该加大人才政策福利力度，吸引一批有活力并且在旅游、管理等方面业务能力强的综合型人才，组建人才队伍，使其利用专业知识针对地方层面的旅游管理咨询问题提供更多的专业指导。组建人才队伍和推行政府政策双管齐下，能够推动中蒙创建个性化的跨境旅游合作区，给当地带来经济效益的同时兼顾社会效益和生态效益。

4. 全面释放活力，激发旅游热情

在打造中蒙"国际公园"旅游合作区过程中，激发当地群众的活力与热情是必须考虑的因素。地方政府在建设旅游合作区以及释放当地旅游产业发展活力上必然要面临与群众利益相关的土地规划与开发、房屋拆迁及产业调整等综合性问题。首先，仔细选择旅游产品，做好群众的舆论宣传推广工作，以及对抛弃依赖矿产资源的传统产业和发展模式做好阐释和指导；其次，选择完善的规划体系，发展特色旅游，吸引更多游客进行跨境旅游；最后，加大对外推广力度，释放盈利红利，最大限度地发挥当地民众的活力和热情，促进跨境旅游的发展。

5. 开发展现中蒙边境特色的跨境旅游产品

在"国际公园"旅游合作区建设中，开发特色旅游产品、打造特色旅游品牌能够吸引更多的国内外游客，使两国边境区域得到更快的发展。中蒙边境地区的跨境旅游合作区可根据各自的资源优势、合作基础及市场需求，在多次论证探讨的基础上，共同谋划"一区一策"的建设方案，制定令双方满意的跨境旅游管理、服务标准，进一步完善旅游基础设施、接待服务设施，联合打造多样化、实时化、前沿化的跨境旅游合作区。①

---

① 张莉莉. 云桂两地面向东盟跨境旅游合作区建设的现状、问题与突破路径 [J]. 对外经贸实务，2021（01）：85-88.

6. 国家层面及地方政府层面的协调机制

建立国家及地方政府层面的战略协调机制。首先，根据内蒙古自治区针对跨境旅游合作区提出的具体要求，结合地域差异性、机制能动性、可持续发展等特殊性问题，国家层面从全局出发制定总体规划方案。其次，地方政府层面与周边地区的政府和自治区的公安、交通运输、边检、海关、质量检测及外事等部门共同参与联合启动创区方案，共同研究形成跨境旅游合作区的总体架构。

第十章 东北地区边境旅游转型发展战略目标及展望

第一节 东北地区边境旅游转型发展战略目标

一 发展目标

基于东北地区边境旅游发展现状、存在问题、旅游"两区"建设模式及路径等内容，东北地区边境旅游的发展须以边境口岸城市为依托，充分利用东北边境地区丰富的旅游资源、有利的地理位置及地缘优势，积极开发多元化、具有特色的边境旅游产品，培育知名边境旅游品牌，通过建立高效的区域旅游合作机制，深化边境地区旅游业发展的跨国合作，探索跨境旅游合作区和边境旅游试验区建设模式及路径，从而将东北边境地区打造成为旅游产业体系完善，边境旅游发展模式创新，集边境观光、边境商贸、民俗文化、养生度假、文化体验、生态休闲、冰雪或森林或草原旅游于一体，具有影响力、吸引力和竞争力的黄金边境旅游带，把边境城市旅游产业培育成为带动边境地区经济发展和社会经济的战略性支柱产业以及东北地区旅游业发展的新增长极，并为国家"一带一路"倡议、新一轮东北振兴战略、"兴边富民"行动、乡村振兴战略的实施做出贡献。

（一）通过发展边境旅游促进乡村振兴

东北边境地区的很多乡村处于农业经济非常薄弱的地区，不同层级的贫困村遍布于边境地区，如辽宁省中朝边境地区的宽甸满族自治县，吉林省中朝边境地区的龙井市、和龙市、安图县，中俄边境地区的绥滨县、饶河县、抚远市、同江市，中蒙边境地区的阿尔山市、鄂伦春自治旗等都是国家级贫困县（市、旗），这些贫困县（市、旗）在国家政策的扶持下虽然已经实现脱贫，但农业基础仍然薄弱，边境地区"三化"①问题严重。因此，东北边境地区应发挥区域优势、资源优势、政策优势，大力发展边境旅游，增加乡村居民收入，实现共同富裕，促进乡村振兴。

（二）通过发展边境旅游畅通北上丝绸之路

东北地区是我国"一带一路"倡议向北延伸的主要通道之一。东北地区的边境口岸与俄罗斯的西伯利亚大铁路连接，如内蒙古自治区满洲里口岸是我国对俄最大的边境贸易口岸，二连浩特是我国对蒙最大的边境贸易口岸，黑龙江省黑河口岸、抚远口岸等直接连接到俄罗斯的西伯利亚大铁路，方便我国北上丝绸之路的发展。东北地区东部的边境口岸与海洋北上丝绸之路连接，如黑龙江省绥芬河口岸、东宁口岸，吉林省珲春口岸是东北地区东部对俄的主要边境贸易口岸，这些口岸直接连接俄罗斯滨海边疆区的扎鲁比诺、波谢特等港口，货物通过这些港口，经过日本海、鄂霍次克海、白令海和俄罗斯北冰洋海上通道，最终可到达北欧国家。这一路线比东南亚海上丝绸之路缩短了很多里程，节省了很多交通成本，实现了丝绸之路经济带的全方位贯通。这些北上丝绸之路通道的建设，将进一步完善中俄、中蒙间的旅游交通设施，进而加强东北地区与周边国家间的边境旅游合作。

（三）通过发展边境旅游加强旅游"两区"建设

目前东北地区边境旅游业面临一些问题，但边境旅游具备较大的发展优势，应充分利用边境旅游资源优势、政策优势，将边境旅游打造成区域经济合作的先导产业，从而带动其他产业协调发展。"一带一路"倡议和新一轮东北振兴战略为东北地区的旅游、商贸、技术、劳务等领域发展提供了新的机遇。所以，东北地区的边境旅游业应发挥优势，结合当地特色，及时进行转型升级，探索推进边境旅游持续健康发展的新途径和新方法，为东北边境地区的开发开放走出一条新路。旅游"两区"建设是东北地区边境旅游转型升级的有效方案，可为边境地区增加就业机会和财政收入，

---

① "三化"问题指农村老龄化、空心化和空巢化。

促进地区经济发展。目前，东北地区旅游"两区"建设各项条件正在日渐成熟，即将成为旅游业转型升级的"试验田"。这是我国在区域经济一体化框架下旅游领域的新尝试，也是对边境旅游和毗邻国家经济合作模式的新探索。

（四）通过发展边境旅游带动边境地区和平稳定与国际合作

边境旅游的发展能增加东北地区与毗邻国家人民之间的直接接触、交往交流交融，这将有助于推进中外跨国交流与合作，进一步增强跨国贸易以及文化、技术、劳务往来，加深中国与朝鲜、俄罗斯、蒙古国人民的友谊，增进国家间政治互信与睦邻友好，促进边境地区的国际友好关系与和平稳定，进而巩固邻国战略协作伙伴关系。①

（五）通过发展边境旅游实现边境地区共同富裕

东北边境地区大多为经济欠发达地区，经济发展缺乏动力，产业链条无法形成，人民生活水平低下。发展边境旅游能够带动边境商贸、劳务、技术、基础设施等其他领域的发展，增加就业机会，拉动东北边境乡镇的经济发展。在乡村振兴、东北振兴、沿边开发开放等政策的支持下，东北地区要大力发展边境地区旅游经济，提高居民生活质量，扩大就业，鼓励东北边境地区居民积极参与旅游、商贸、电商等经济活动，实现东北边境地区共同富裕。

（六）通过发展边境旅游加强边境地区生态文明建设

东北边境地区的生态资源丰富，生态环境质量良好，中朝边界上的长白山，中俄边境线上的东北虎豹国家公园、兴凯湖、黑瞎子岛国家湿地公园，中蒙边境线上的阿尔山等都是国家级生态保护区。发展边境旅游业，可促进边境地区的生态环境保护，促进植被、动物等生态系统的恢复、培植和保育，促进自然生态环境质量的提升，促进生态经济的繁荣，促进生态人居的和谐，实现经济的低碳发展，最终达到边境地区生态环境质量的提升。

---

① 葛全胜，钟林生，等. 中国边境旅游发展报告 [M]. 北京：科学出版社，2014：166-177.

二 发展战略

旅游产业是综合性产业，又是敏感性强、关联度大的产业，而边境旅游涉及的因素复杂多变，受到国际、国内政治及经济的影响较大。为了更好地促进东北地区的边境旅游发展，并体现东北地区边境旅游的品牌吸引力，将其培育成带动东北边境地区经济发展和社会稳定的战略性支柱产业，须从大局和整体上完善边境旅游发展的方向，由此形成东北地区边境旅游的六大发展战略。

（一）"政策创新"发展战略

按照我国旅游产业发展的新特点和新模式，结合东北地区边境旅游发展趋势及特色，东北地区应以新思维、新方式推动东北地区边境旅游业的政策创新。东北地区边境旅游发展必须和国家边境相关战略和东北区域发展战略相协调，拓展国家及地方政府在边境旅游发展方面的管理空间。提升东北地区边境旅游业的发展与东北振兴、乡村振兴战略的融合协调度，完善地方政府对边境旅游的管理职能，开辟东北地区边境旅游业发展的新模式，全面发挥边境旅游产业在新一轮东北振兴、乡村振兴战略方面的综合功能。

（二）"旅游+"发展战略

边境地区的旅游与其他产业的融合发展主要体现在"旅游+"的快速发展上。2015年8月，国家旅游局提出"旅游+"概念及发展模式，"旅游+"发展模式能充分发挥旅游业与其他相关产业的融合协调力、拉动力及集成作用，为相关产业和领域协调发展提供旅游平台。东北地区边境旅游业应加快形成"旅游+农业""旅游+红色""旅游+商贸""旅游+互联网""旅游+外交"等多种融合发展模式，积极服务于新一轮东北振兴战略和北上丝绸之路战略。

（三）"产业关联"发展战略

我国对边境地区的产业布局与空间规划是基于我国国内产业发展的实情和需要的，而边境地区作为"承内接外"的过渡地区，肩负着将邻国产业链引进来、将我国产业链延伸出去的重要使命，所以边境旅游业及其他产业的发展也要考虑到邻国特别是其边境地区的产业布局和规划。① 东北地区边境旅游发展要注重衔接毗邻国家边境地区的产业规划，如衔接辽宁省丹东市与朝鲜新义州市的旅游产业规划、吉林省延边朝鲜族自治州与朝鲜罗先特区的旅游产业规划、黑龙江省黑河市与俄罗斯阿穆尔州布拉戈维申斯克市的旅游产业规划、内蒙古自治区二连浩特市与蒙古国扎门乌德市的旅游发展规划等，以规避恶性竞争，达到优势互补。

（四）旅游"两区"发展战略

旅游"两区"建设是东北地区边境旅游转型升级的有效方案。国发〔2015〕72 号文件提出改革边境旅游管理制度，大力支持丹东、延边、黑河、绥芬河、满洲里、二连浩特等东北主要边境城市的跨境旅游合作区和边境旅游试验区建设，加强旅游支撑能力建设等举措。这些国家战略层面的举措不仅为东北地区边境旅游发展提供了强有力的政策指导，更预示着边境旅游在我国即将迎来跨越式的发展。旅游"两区"建设是顺应"一带一路"倡议和新一轮东北振兴战略构想的重要举措，是推动沿边开放的创新之举，更是推动我国与周边国家共同发展的实际需要。旅游"两区"建设能够为东北边境地区增加就业机会和财政收入，实现边境地区共同富裕，促进边境振兴。目前，东北地区旅游"两区"建设各项条件正在日渐成熟，即将成为旅游业转型升级的"试验田"。

（五）"跨国合作"发展战略

在国外市场方面，加强与朝鲜、俄罗斯、蒙古国等东北地区周边国家的友好往来及旅游商贸合作，将东北边境城市发展成为邻国入境旅游者的主要旅游目的地，也将毗邻国家边境城市发展成为我国居民的主要出境旅游目的地。在国内市场方面，积极发展与京津冀、长三角、珠三角等主要客源市场的合作，打造边境特色旅游品牌，扩展国内旅游市场。在跨境旅游合作方面，加强国内外口岸合作，开发环线跨境旅游线路，如游客从吉林省对俄边境口岸出境，从黑龙江省对俄边境口岸入境，或从辽宁省丹东

---

① 葛全胜，钟林生，等. 中国边境旅游发展报告［M］. 北京：科学出版社，2014：166-177.

口岸赴朝鲜旅游，然后从延边口岸回国等。通过跨境旅游合作的进一步加强，实现全方位的跨境经济合作。

（六）"文旅融合"发展战略

边境线上的主要旅游吸引物有国门、界碑、界桩等人文旅游资源，还有界江、界山、界湖等自然旅游资源。东北边境线上的长白山、图们江、乌苏里江、兴凯湖、黑瞎子岛、黑龙江等都是吸引国内外游客的边境特色旅游资源，为开展边境旅游提供了有利条件。边陲小镇居住着满族、朝鲜族、蒙古族、俄罗斯族、锡伯族、鄂伦春族等少数民族，他们的民俗、语言、服装、美食、建筑风格、特色节庆活动等也是吸引国内外游客的独特文化旅游资源，成为别具一格的旅游资源。东北地区应深度开发优秀地域文化、民族文化、边境文化、红色文化、冰雪文化，结合独具特色的自然旅游资源，实现以文塑旅、以旅彰文，全面提升边境旅游的品位与内涵，塑造东北地区边境旅游鲜明的特色品牌。

第二节　东北地区边境旅游转型发展对策建议

一　东北地区边境旅游转型发展对策建议

针对东北地区边境旅游面临的实际问题，结合东北边境地区的政策优势、资源优势、区位优势、文化优势、毗邻国家友好关系，在东北地区边境旅游转型发展的战略目标指引下，本书提出符合新时代东北地区边境旅游转型发展的对策建议。

（一）全面贯彻法律法规，实施扶持政策

法律法规是解决边境旅游发展过程中产生的新问题、新矛盾的有利依据，更是边境旅游业可持续发展的有力保障。边境旅游发展首先应以《中华人民共和国旅游法》（以下简称《旅游法》）为准则，按照相关文件的要求办理边境旅游各项业务，各边境地区也可根据少数民族地区的相关条例对边境旅游活动进行监督管理。

1. 全面贯彻《旅游法》及相关法律法规

全面贯彻《旅游法》和边境旅游管理办法，严格实施《中华人民共和

国公民出境入境管理法》《旅行社条例》《旅游景区管理规定》《旅行社出境旅游服务规范》《旅行社入境旅游服务规范》《旅行社国内旅游服务规范》《星级饭店规章制度》《国家公园管理暂行办法》等，以及东北各省（区）边境旅游暂行管理办法、地方相关法律等。严格执行国家和东北各省（区）制定的有关保护珍贵动植物、环境保护、水污染防治等方面的法律法规，依法实施生态环境保护，把社会发展和经济建设严格控制在生态环境可承载的范围内，实施全面的可持续发展。

2. 制定边境旅游相关规定

目前文旅部等部门联合起草《边境旅游管理办法（修订征求意见稿）》并公开征求意见。东北各省（区）也应根据各自边境旅游实际情况尽快出台边境旅游管理办法，严格按照新制定的办法落实边境旅游业务。

出入境方面，有序开放出入境政策，按照新管理办法规定，简化通关手续，建设快捷的跨境旅游通道。东北各省（区）有条件的口岸实施落地签证和免签证政策，允许我国及毗邻国家国际游客办理便利的出入境落地签证。

财税政策方面，设立边境旅游发展专项资金，用于补助重点旅游项目和投入产出效益好的旅游经营企业，建立政府、企业、个人投融资机制，调动各方主体的积极性，并起到良好的导向和示范作用。东北各省（区）边境地区基础设施薄弱、交通设施较差、通信设施不完善，因此主要由政府财政负责加大对旅游基础设施建设、旅游交通设施、通信设施的投入等；主要由企业和个人资金负责旅游资源保护、重点旅游景区开发、旅游企业建设等。①

设立各种免税店，根据新管理办法要求，创造条件实施境外游客购物退税制度。国际旅游业是国际服务贸易的重要组成部分，应该享受外贸出口企业的出口退税政策。对重点边境旅游建设项目（如跨境旅游合作区、边境旅游试验区建设等）贷款实行财政贴息；对聘用一定数量本地居民的免税店、旅游景区、旅游企业给予税收优惠政策。

土地政策方面，根据边境旅游试验区和跨境旅游合作区建设需要，划定旅游用地范围，禁止引进环境污染比较严重的旅游项目，确保旅游"两

---

① 葛全胜，钟林生，等 . 中国边境旅游发展报告［M］. 北京：科学出版社，2014：166-177.

区"用地供给和环境保障，并对符合土地利用总体规划的旅游"两区"开发项目所占土地、森林、江湖，按项目实际占用面积收缴土地出让金和森林江河资源补偿费。

（二）统筹旅游规划管理，创新经营管理体制

东北边境地区情况错综复杂，且边境旅游发展的资源、市场、企业等诸多要素存在比较鲜明的特色，各省（区）地方政府亟须统筹边境旅游规划管理，以促进东北边境旅游产业的健康持续发展。东北各省（区）边境（跨境）旅游规划需以各省（区）地方政府国民经济和社会发展规划为依据，边境旅游的发展需与经济增长和相关产业的发展相适应，具备发展优势的边境旅游需寻求建立切合边境地区实际条件的管理体制。

1. 组建边境旅游发展协调机构

东北各省（区）文化和旅游主管部门、发展改革委、外办等部门牵头，建立由文化、旅游、交通、环保、自然资源、水利等相关部门领导组成的边境旅游发展协调机构，并建立旅游联合执法机制，有条件的边境地级市旅游局设立专门的边境旅游发展处，具体落实边境旅游发展协调机构的各项决策，快速高效地解决边境旅游发展中遇到的各类疑难问题及重大问题。

2. 制定东北地区边境旅游总体发展规划

根据东北边境地区地理环境、社会经济条件、旅游资源、旅游设施及旅游市场情况，制定具有超前性与预见性的东北边境旅游总体发展规划，并保障边境旅游的发展在总体规划的指导下进行。边境旅游规划的制定遵循因地制宜的原则，边境地区社会经济发展水平相对滞后，地缘政治关系相对复杂，边境旅游资源禀赋差异较大，与周边国家合作情况各异，由此边境旅游发展规划应采用适合实际情况的旅游发展模式及路径。边境旅游规划将有效保障整体发展的有序性，避免发展中的盲目性，有助于实现东北地区边境旅游业的可持续发展。东北各省（区）与毗邻国家间的经济发展水平、政策落实情况、旅游资源开发程度、地理环境等存在明显差异，边境旅游发展规划的制定还需注重与毗邻国家的统筹协调，共同协调旅游发展目标、旅游产业空间规划。

3. 将东北地区边境旅游发展规划纳入东北振兴战略体系

根据新一轮东北振兴战略发展目标，把东北边境旅游纳入北上丝绸之

路和乡村振兴发展体系之中，扩大边境旅游效益。把边境旅游发展与"政策沟通、设施联通、贸易畅通、资金融通、民心相通"这一"一带一路"发展目标联系起来，重点建设旅游"两区"，提升边境旅游发展定位。

4. 创新边境旅游管理体制

创新边境旅游管理体制要遵循经济发展规律和旅游产业发展规律，适应国际旅游产业发展的需要，加强旅游产业宏观调控，推进旅游管理体制从行业管理向产业管理、从监管型管理向服务型管理、从分散管理向统筹管理转型。创新边境旅游管理体制，对沿边境线景区所有权、保护权、经营权、开发权进行分离，引入市场化的现代经营管理体制，广泛吸纳社会资本和专业的开发管理方式，以促进景区质的转变与提升。如吉林省的长白山景区是中朝边界线上的国际旅游景区，中朝政府应签好长白山景区的开发权和保护权相关的合作协议，同时可将长白山景区委托给专业的国际大型投资集团来进行经营和开发，以有利于长白山景区的可持续发展，致力于将其开发成为边境地区跨境旅游合作区的典范。

（三）优化边境地区投资环境，拓宽融资渠道

目前我国旅游产业投融资仍存在不少困难，主要表现在投融资体制不顺、机制不活、资金投入不足、渠道狭窄、投融资方式单一和滞后，而边境地区生活环境相对较差，基础设施薄弱，城市化水平较低，其投融资将面临更大的困难。特别是东北各省（区）经济发展水平低于全国平均水平，边境地区经济发展水平更差，边境地区的旅游企业基本都是中小型企业，国内大型旅游企业很少在东北边境地区开展各种经营活动，受此影响很多中小型旅游企业倒闭或者转型，严重影响边境地区的投资环境。为此，有必要优化旅游投资环境，并争取国家政策支持性融资，通过各种基金等形式打破东北边境地区旅游投融资"冰点"，在此基础上鼓励企业进驻。

1. 优化东北边境地区旅游投资环境

良好的投资环境是旅游地招商引资的基础条件，对拓展融资渠道、广泛吸收外来资金用于旅游开发建设至关重要。旅游投资环境按照内涵可分为硬环境、软环境两大部分。硬环境包括道路交通、通信、水、电、能源等基础设施；软环境包括各种政策法规、社会文化环境、劳动力素质、居民的价值观念、道德标准以及治安状况等。软、硬环境的质量成为投资者

实施投资决策的重要影响因素。东北各省（区）政府及边境沿线各级政府应提供硬环境建设资金保障道路交通、通信、水、电、能源等基础设施的建设和完善，并实施相应的管理措施，创建良好的社会环境和法治环境，由此吸引外来资金的投资建设。①

2. 拓宽东北地区边境旅游融资渠道

边境地区经济发展水平相对滞后，各产业难以形成规模效应，导致地方资金获得相对困难。在国家对边境地区实行倾向性政策之际，边境地区应争取国家投资、招商引资、民间投资等为边境旅游的发展融资，同时地方政府须对获取资金进行合理配置，充分发挥旅游资源价值在资金分配中的杠杆作用。

边境沿线各级政府应增加对旅游业的财政性资金投入，把旅游业专项发展资金纳入本级财政预算中，并根据旅游产业发展需要，为需要重点扶持的旅游企业和项目提供资金支持。特别是边境地区很多中小型旅游企业面临巨大的经营压力，地方政府应重点扶持中小型旅游企业。

招商引资。东北各省（区）应尽快策划、包装、推出一批酒店、餐饮、交通、购物、景区等商业性旅游投资项目，以项目为载体，吸引国内外知名的大企业、大财团参与边境旅游发展。在土地利用、减免税金、信贷融资、劳动力等方面制定招商引资优惠措施，改革管理体制，加强对企业的服务，改善投资环境。鼓励有竞争力的文旅企业在境内外上市融资，支持符合条件的文旅企业发行企业债券。②

（四）提升旅游产业地位，积极培育边境旅游市场

随着旅游者需求的多样化与个性化发展以及国内外居民收入的不断提升，边境旅游得到了更广泛的关注。边境旅游、冰雪旅游和生态旅游是东北地区代表性旅游品牌，东北冰雪旅游市场是全国最大的旅游市场，长白山、三江平原、大兴安岭地区的生态旅游资源丰富、市场规模逐年扩大，将成为东北地区的主要生态旅游目的地之一。边境旅游市场潜力巨大，将

① 葛全胜，钟林生，等. 中国边境旅游发展报告 [M]. 北京：科学出版社，2014：166-177.
② 杨洪，陈长春，袁开国. 我国西部边境旅游开发研究 [J]. 世界地理研究，2001，10 (3)：64-69.

成为东北地区主要的旅游吸引物。边境旅游具备较大潜力,边境旅游产业地位需得到提升,以迎合未来整体旅游产业发展的需要。东北地区可通过倾向性政策、招商引资、寻求组织合作等方式提升产业地位,培育旅游市场。

1. 提升边境旅游产业地位

科学合理地定位旅游产业是提升地区社会经济发展水平的首要任务。东北地区应根据边境地区的政治条件、资源优势、发展潜力、地理特点、支撑条件和旅游业对地方经济的拉动作用,确定边境旅游产业地位,将边境旅游发展为边境地区的优先发展产业和战略支柱产业。中朝边境地区的辽宁省丹东市和吉林省延边朝鲜族自治州把中朝边境旅游确定为优先发展产业;中俄边境地区的黑龙江省牡丹江市、佳木斯市和黑河市把边境旅游确定为优先发展产业;中蒙边境地区的内蒙古二连浩特市把边境旅游确定为优先发展产业,其他东北边境地区将边境旅游逐步发展为战略性支柱产业。东北边境地区应结合实际发展定位,根据国内外旅游市场规模、旅游资源空间布局及资源禀赋、旅游项目建设情况及旅游企业发展情况,因地制宜地发展各旅游相关产业,有效控制产业要素的空间布局,实现旅游产业结构的最优化。东北边境地区的少数民族地区应发挥民族文化优势、区位优势,开发集民俗、美食、旅游、体验、草原、界河、界山等于一体的边境旅游产品,优化旅游产业结构,构建现代旅游产业新格局,不断推进旅游产业转型升级。

2. 加大开放力度,培育边境旅游企业

边境地区旅游业的对外开放要本着"走出去"和"引进来"相结合的原则,进一步探索对外开放的新模式,以深化与扩展邻国政府及国际组织之间的合作领域与外延,以大力扶持旅游企业、提升公共服务水平以及强化人才引进,促进边境旅游业的国际化发展,提升旅游产业的可持续发展能力与核心竞争能力,大力发展国内旅游和入境旅游,积极发展出境旅游。推动旅游企业公平竞争和优胜劣汰,加大金融支持力度,加强企业品牌建设,积极参与国际竞争,持续提升企业竞争力。探索国内旅游企业与邻国旅游企业间的合作模式,扩大独资和合资旅游企业的经营范围,逐步培育国际旅游集团。

（五）加快边境特色城市建设，完善边境基础设施

边境旅游的发展离不开边境城市和基础设施的建设，边境地区交通、通信等基础设施是边境旅游的保障体系，边境特色城市建设是边境旅游试验区和跨境旅游合作区建设的前提条件。

1. 加快边境特色旅游城市建设

结合国家新型城镇化进程，创新边境城镇发展模式，完善边境城市功能，提升边境城市品位，建设特色城市。东北边境地区要加快城市建设发展，不断完善城市功能和规划布局；完善城市市政配套设施和旅游服务基础设施，建设游客服务中心或全域旅游服务中心，提高城市旅游接待水平；建设边境跨境旅游目的地和旅游集散地；提升城市文化内涵，塑造城市个性；提高边境双语或者多语种教育和应用水平，建设宜商、宜旅、宜居的边境国际化口岸城市。

2. 完善边境地区基础设施

旅游设施分为旅游基础设施和旅游上层设施。旅游基础设施包括区域交通、水电、供气、城市公共交通、公园等当地居民也必须利用的设施；旅游上层设施包括旅游景区、游客集散中心、酒店等专门为游客服务的设施。旅游基础设施是旅游产业赖以生存的核心要素，旅游上层设施是旅游产业高质量发展的必备环境。东北边境地区要争取国家战略的扶持，加快完善城市基础设施，东北地区的丹东、延边、牡丹江、黑河、满洲里、二连浩特等地区都得到了国家级不同战略的扶持，高速公路、高铁、航空等交通基础设施比较完善，但其他地区旅游基础设施建设比较薄弱，甚至有些地区没有建设高铁、高速公路等交通设施。各省（区）应联合规划建设东北边境高等级交通通道，为边境客源市场的扩展及自驾游客提供方便的交通环境。

（六）利用高科技手段，提升旅游景区及企业的智慧平台

旅游上层设施的建设需加强各环节科学与技术的应用，要充分运用与旅游资源环境管理、旅游管理信息化、旅游市场营销信息平台等相关的新技术，提高边境旅游产品与服务的科技含量，科学完善旅游上层设施。

1. 提升边境旅游景区建设水平

景区建设是旅游业发展的关键,也是旅游环境影响相对集中的场所。必须采用现代声、光、电技术展示旅游资源,同时还要采用先进的方法和技术来开发利用旅游资源。一是生态交通技术,采用无污染汽车燃料技术,并合理搭配燃料动力交通、电动力交通、顺水航运交通、人力交通等交通方式,使旅游交通的综合能耗达到最小,以实现旅游的低碳化发展。目前,长白山景区、集安高句丽遗址景区等国家5A级景区基本都利用生态交通技术设施,但4A级以下的旅游景区使用的交通设施比较老化,未来应改善生态交通技术。二是生态厕所技术,主要包括循环水生物处理技术、免水冲生物堆肥处理技术、生物药水循环处理技术等,主要适用于旅游公路管理部门、旅游景区等。通过旅游厕所革命,3A级以上景区及高速公路基本都采用生态厕所技术,但一些国道、省道及3A级以下景区应加快完善厕所技术。三是"智慧景区"建设技术,主要由门禁票务系统、多媒体展示系统、电子商务系统、办公自动化系统、GPS车辆调度系统、智能化环境监控系统六大系统组成。边境地区旅游景区应加快完善"智慧景区"技术。四是旅游目的地信息系统,装备于各大宾馆、旅行社、主要停车场、旅游景点、长途汽车站和游客服务中心,为国内外游客提供旅游信息。

2. 完善边境旅游企业信息化平台

旅游企业管理突出以财务管理、统计分析和信息检索等系统为代表的信息化建设,确保以计算机为主的现代科技得到迅速普及。特别是高星级酒店和重要景区的管理应该首先实现企业信息化管理。做好边境旅游企业上网工程,旅行社、饭店、旅游景区和旅游交通企业可以单独设立网站,也可以在边境省旅游信息网上设立。

游客服务中心建设技术,主要包括手机加油站、LED显示屏、语音合成技术、信息查询计算机、无线上网技术、环保厕所技术等的配备应用。

边境旅游信息平台,是面向所有互联网用户和各旅游企业的综合服务系统,主要提供旅游信息发布、宣传促销、咨询服务、统计以及调度功能,同时提供在线旅游线路预订、饭店客房预订和招商引资、电子结算和出售旅游商品等功能。东北各省(区)应联合建立边境旅游信息平台,及时上传边境(跨境)旅游产品信息、出入境政策信息、邻国旅游资源及企业信息等,向旅游主管单位和旅游企业及时反映游客的需求和边境旅游业发展的动态。

（七）健全边境旅游人才培养体系，积极引进边境旅游专门人才

我国旅游人才的规模不大，特别是经济欠发达地区的旅游业急需很多文化旅游相关人才。东北地区虽然有不少高校设立了旅游管理、酒店管理、会展经济与管理、外语类专业、民族学、地理学等相关文旅专业，但东北地区在就业的学生比较少，毕业后能留到边境地区的学生少之又少。边境旅游发展离不开专业人才的贡献，因此应注重对旅游人才的培养，可通过建立健全边境旅游人才培养体系，发挥国家优惠条件积极引进专业人才，为边境地区旅游产业的发展做出贡献。

1. 积极培养边境旅游急需人才

根据东北边境地区文旅相关产业的发展需要，政府文化旅游主管部门、旅游行业协会、旅游学会、旅游教育培训机构等部门联合高等院校定制式培养边境地区急需的人才，采用校企合作、政产学合作等多种渠道培养旅游人才。针对高校刚毕业入职的人才，要在全行业开展比较全面系统的岗位职务培训，并对人才开展英语、俄语、朝鲜语、蒙古语等语言能力的培训，以全面提升旅游人才的综合素质和管理水平。

2. 积极引进文旅相关人才

旅游人才的培养是一个长期的过程，应优化用人环境，抓住各种机会，积极吸引旅游开发、旅游管理和旅游服务人才。建议根据东北地区边境旅游发展的需要，引进政府文旅主管部门管理、旅游景区规划和经营管理、宾馆饭店旅行社管理等领域急需的人才，确保重点旅游景区和星级饭店具备高层次的专业管理人才。以公开招聘、免公务员考试、优先选派挂职等优惠政策吸引旅游高级人才和高校毕业生到边境市（县）工作。聘请国内外知名旅游专家担任边境地区文旅产业发展顾问，为边境旅游发展出谋划策。同时引进毗邻国旅游从业人员，培训我国相关旅游政策及语言能力，或组织我国旅游从业人员到对方国家参加语言、政策、管理等方面的培训，提升综合能力及素质。

（八）加强跨国旅游合作，强化国内地域间合作

东北边境地区虽然旅游资源禀赋条件较好，但旅游资源开发程度较低，

旅游服务水平较差，旅游整体竞争力不强，在旅游市场中不具备竞争优势。边境地区旅游资源开发因需与邻国合作，存在边境安全隐患、进入性较差、融资难等问题，开发程度较差。所以边境旅游发展必须注重与邻国的跨国性旅游合作，并同时实现与国内其他边境地区的有效合作，以突出旅游产品特色，实现旅游产品互补与市场资源共享，从而实现边境旅游整体竞争力的提升。

1. 加强区域性跨国旅游合作

根据当前我国东北地区边境旅游发展的实际需要，东北各省（区）应与邻国对应旅游机构加强联系，定期举行工作会议，协调解决如何开放边境、简化签证办理手续、增加出入境人数等问题。根据东北地区边境旅游资源和市场需求特点，与邻国深入合作，开辟精品跨国旅游线路，打造边境旅游品牌，提高旅游经营效益。东北各省（区）政府还可在毗邻国边境城市设立旅游相关办事机构，及时协调解决边境旅游合作中出现的各种问题，通报出入境旅游人数、流向和通关情况，共同开发跨国旅游市场。加强与毗邻国政府间互惠政策的制定，以期促进边贸互市、跨境合作区的发展，从而达到边境旅游迅速发展的目的。

2. 强化国内地域间合作

东北边境地区应注意和相邻省（区）的跨区域联动，根据旅游资源跨省（区）分布情况，在旅游资源及旅游产品开发、旅游线路组织、旅游企业合作及旅游宣传促销等方面优势互补、加强合作，达到资源共享、客源互流、促销互助、产品互补的目的。通过内联外拓，促进边境旅游和贸易进一步发展。要加强边境县（市）之间的合作，特别是要充分依托政府层面旅游集散中心和客源市场的宣传促销，联合当地旅行社，做好边境旅游的精品线路。

（九）社区参与边境旅游助力乡村振兴

边境地区乡村社区与边境旅游发展密切相关。保护乡村社区原生态文化、实现乡村居民共同富裕是边境旅游需要着重考虑的发展目标。边境少数民族村寨特色鲜明，具有较强的旅游吸引力，因此发挥边境乡村文化资源优势，动员社区居民积极参与边境旅游活动能助力边境居民致富，达到共同富裕的目标。一方面，边境乡村社区及居民作为地域特色文化的传承者，又是地域文化的实际载体，直接扮演着旅游资源的角色；另一方面，乡村社区居民参与旅游服务，有助于增加居民实际收入，达到乡村振兴的目的。在边境乡村旅游发展过程中，可通过提升乡村社区居民的旅游发展意识、拓宽社区居民旅游参与渠道、实现社区居民旅游增权等措施保障乡村社区居民参与旅游活动，并助推实现居民共同富裕。

1. 提升边境地区乡村居民旅游参与意识

通过各种培训，加强乡村居民对旅游活动的认识，提升乡村居民参与旅游活动的积极性及意识。旅游培训教育的方式包括：与当地的科教致富和就业指导培训相结合，农业农村主管部门等政府组织专题培训，高等学校专家对农业科学技术的专题培训，农业示范区相互交流，旅游企业对居民服务活动的专项培训，组织居民学习、进修等。乡村社区居民参与旅游活动的培训教育是一个长期性的工作，尽量采用居民通俗易懂、喜闻乐见、共同受益的方法。

2. 拓宽边境乡村居民参与旅游活动的渠道

为保证社区居民参与旅游活动的积极性及权利，地方政府层面应创造居民参与旅游活动的平台、机会及合作机构。政府主管部门组织旅游企业定期到社区培训宣传企业的需求及游客服务技巧，让居民逐渐掌握旅游服务技能及增加家庭收入的方法。旅游资源比较丰富的边境乡村社区可组建居民旅游发展协会，对本乡村社区的旅游开发和经营行为以及旅游企业行为等进行监督，确保他们的行为符合社区居民的整体利益。乡村社区可引进有经验的旅游企业进驻社区直接或间接参与及指导乡村旅游活动，企业优先雇用当地社区居民，开发民宿、乡村体验、研学等旅游项目，让当地社区居民通过参股、投资、直接参与等方式参与乡村旅游活动。政府部门、村委会及村民积极探索乡村居民的经济增权、社会增权、政治增权、心理增权等多种增权路径及方式，真正实现乡村居民增加实际收益，达到共同富裕的目的。

（十）创新边境旅游发展模式，探索旅游"两区"建设路径

旅游"两区"建设是我国边境旅游发展的"试验田"，也是我国旅游外交战略实施的"试验田"。为了解决旅游"两区"建设过程中遇到的问题，并尽可能降低或避免各类风险，东北地区需要积极采取有效的应对措施。

1. 加强沟通，营造旅游"两区"建设的良好环境

要提升合作各方的协作能力，实现有效合作的目的，唯有加强彼此间的沟通与交流。一方面，充分利用目前已经搭建好的各种交流合作平台，如中蒙俄三国旅游部长会议、中日韩旅游部长会议、中国—东北亚博览会、中国—蒙古国博览会等，继续推进我国与周边国家不同层级政府之间的对话，在扩大旅游合作发展共识中不断增进互信；另一方面，以旅游为媒介，充分发挥企业、民间往来优势，积极开展各类国际性人文交流活动，为旅游"两区"建设营造良好环境。

2. 统筹规划，稳步推进旅游"两区"建设

旅游"两区"建设不能急于求成，要避免盲目确定、无序发展的局面。为此，必须做好顶层设计，与对方国家充分探讨合作模式及路径，并制定旅游"两区"建设的相关规范和标准。在充分解读原国家旅游局等政府部门出台的《关于加快推动跨境旅游合作区工作的通知》和《跨境旅游合作区建设指南》的前提下，结合东北各省（区）建设推进的实际情况，与周边国家共同制定《跨境旅游合作区建设标准》和《边境旅游试验区建设方案》等规范性方案。与跨境旅游合作区建设相比，目前东北地区边境旅游试验区建设显得比较滞后，各地的研究谋划和推进落地工作都还不到位。为此，文化和旅游部联合其他相关部门研究制定了边境旅游试验区建设的相关指导意见、规范或标准。与此同时，东北各省（区）边境地区还要将旅游"两区"建设纳入区域发展规划中，做好整个地区经济社会发展的统筹工作。

3. 推进政策与管理创新，为旅游"两区"建设提供有力保障

由于边境旅游涉及外交、公安、国土、海关等多个部门，旅游"两区"在建设过程中，很可能会受到现行部门政策的制约。为此，需要相关部门在开展深入调研的基础上积极推进政策创新，为顺利推进旅游"两区"建设铺平道路。另外，为确保旅游"两区"运行顺畅，并有效防范各种非传统安全因素对国家安全的威胁，相关部门还需要在管理理念、管理体制、管理方法、管理技术等各方面加强管理创新，从而为旅游"两区"建设提供有力保障。[1]

① 王婕. 边境旅游：理论探索与实证研究 [M]. 北京：人民出版社，2021：271-276.

二　东北与毗邻国边境旅游发展建议

（一）中朝边境旅游发展建议

1. 开发体验型旅游产品

赴朝鲜的旅游产品基本都是观光型、观赏型产品，很少有体验型、参与型产品，如游览观光朝鲜的名山——金刚山、妙香山、七宝山，观赏朝鲜学生的歌舞表演或阿里郎大表演等。根据中朝边境地区旅游资源特色及游客需求，建议中朝旅行社合作开发体验型旅游产品，如中朝界山——长白山的朝鲜一侧的登山游、野外帐篷住宿；中朝边界线上的罗先特区、咸镜北道首府清津市等地区有非常优质的海滩，海水非常干净，建议开发滨海度假游，可提供美味海鲜，提高游客的满意度和重游率。

2. 创新中朝边境旅游合作机制

中朝边境地区具有高句丽世界文化遗产、长白山世界级自然保护区、鸭绿江和图们江等东北顶级的自然和人文旅游资源。根据旅游资源分布情况、跨境旅游市场规模、边境城市经济发展程度、全域旅游发展情况等，创新边境旅游合作模式，探索建设以国际生态公园、国际文化公园、国际产业公园为合作模式的跨境旅游合作区。如丹东—新义州跨境旅游合作区采用国际产业公园模式；图们江三角洲中朝俄跨境旅游合作区采用国际海洋生态公园旅游合作区模式；和龙—茂峰跨境旅游合作区采用国际自然生态公园旅游合作区模式[①]；集安—满浦跨境旅游合作区采用国际历史文化公园旅游合作区模式。

（二）中俄边境旅游发展建议

1. 创新中俄边境旅游合作机制

中俄两国在开放包容、合作共赢、公平公正的合作理念下，建立良好的跨境旅游合作机制。消除人为障碍，简化旅游者通关手续，加快实现双方互免旅游签证，实现旅游人员自由来往、车辆互通、货币自由兑换以及旅游信

[①] 李英花，吴雨晴，崔哲浩. 中朝边境地区跨境旅游合作区建设现状及路径探析 [J]. 延边大学学报（社会科学版），2022，55（5）：71-78.

息定期交流互动。探索建立中俄双方共同旅游发展基金,为旅游资源开发、旅游产业发展提供资金支持,形成开放有序的旅游开发与投资机制,推进跨境旅游合作区的规范发展。依托中俄边境自然旅游资源、人文旅游资源和民族文化风情资源等旅游资源上的差异性和互补性,在综合考虑跨境旅游市场规模、边境城市经济发展程度、全域旅游发展条件等因素的前提下,有条件地建设中俄跨境旅游合作区。如中俄边境线上优先建设黑河—布拉戈维申斯克跨境旅游合作区、抚远—哈巴罗夫斯克跨境旅游合作区、绥芬河—波格拉尼奇内跨境旅游合作区等。中俄双方政府间应建立跨境旅游合作区领导小组,定期召开推进会议,共同打造跨境旅游合作的总体形象,在旅游产品开发、旅游展会、网络营销等方面建立和形成联合统一的促销机制,研究推进旅游项目建设和无障碍旅游事宜,创新边境旅游合作机制。

2. 开发中俄边境特色旅游产品

随着封闭口岸的逐渐开放,中俄国际游客将跳跃式膨胀增加,中俄双方应突出边境地区独有的旅游资源优势,形成具有竞争力的旅游产品体系,将冰雪、界江、森林、漂流、异国文化、探险、生态旅游等优势旅游产品作为旅游开发的重点方向,针对不同的市场,开发适应市场需求的特色旅游产品。面向俄罗斯市场大力开发度假疗养、商贸购物旅游产品;面向东南亚各国、港澳台地区及日本、韩国旅游市场,开发火山、温泉与矿泉疗养度假,冰雪观光,民俗风情旅游产品;面向国内市场,重点开发冰雪休闲、自然生态、民俗文化、漂流探险、界江观光等特色旅游产品。①

(三) 中蒙边境旅游发展建议

1. 创新中蒙边境旅游合作机制

为了更好地建设旅游"两区",中蒙双方应加强旅游合作领域的交流与磋商,制定发展旅游合作的重大政策,确定旅游"两区"发展的总体布局、重点区域、核心领域,提出旅游"两区"发展的保障措施和近期行动计划,建立跨国旅游突发事件的应急协调机制,为两国公民安全、和谐、友好、方便的跨国旅游活动提供有利条件。

---

① 葛全胜,钟林生,等. 中国边境旅游发展报告 [M]. 北京:科学出版社,2014:177-182.

2. 开发中蒙俄边境特色旅游产品

内蒙古应整合中蒙俄三国的边境旅游资源，树立共同的品牌形象，筹划建立中蒙俄三国营销合作联盟，继续推进"万里茶道"、蓝色之旅、和平之旅、三湖之旅（呼伦湖、贝加尔湖、库苏古尔湖）、红色旅游、探寻之旅等特色旅游品牌，并不断开发新的旅游产品和线路。在边境地区合理规划旅游交通网络布局，开通从内蒙古各地区经二连浩特、满洲里等边境口岸至俄蒙毗邻地区的跨境国际旅游列车，开发集草原特色、异国风光、探险体验于一体的国际列车游产品。

3. 加强中蒙旅游企业合作

加强旅游企业的合作是中蒙两国旅游合作的主要合作领域之一，双方企业可以通过签署旅游产品供应、旅游市场共享、旅游线路组合等诸多旅游合作协议，共同开发边境特色旅游产品、开拓旅游市场、做好旅游营销。中蒙通过政府间、企业间及行业间的定期沟通，成立中蒙旅游合作委员会，统筹文化、旅游、人文、外事、交通、环境等合作事宜，共同制定旅游企业服务管理标准，探讨文化旅游合作机制及路径，构建中蒙两国长期的旅游合作机制。

第三节　东北地区边境旅游发展展望

一　东北地区边境旅游发展趋势

（一）边境旅游规模快速扩大

在未来国际形势逐渐优化调整的前提下，我国与俄罗斯、朝鲜、蒙古国等周边国家睦邻友好，经济合作进一步加强，不难看出边境旅游将成为我国与周边国家合作的主要领域之一，并带动东北边境地区农业、工业、服务业的发展，边境旅游规模也逐渐呈扩大趋势，并且日益创新。

在"一带一路"倡议和新一轮东北振兴战略的有效推动下，东北地区边境旅游将实现跳跃式发展，对地方经济的作用越来越显著。展望未来，东北地区边境旅游的发展必将对边境地区国民经济和社会发展起到巨大推动作用乃至变革性影响。边境旅游的快速发展将起到很大的经济拉动作用，边境旅游产业不但成为边境地区第三产业的支柱，更是我国边境经济不可或缺的重要部分。

（二） 边境旅游政策更加开放

随着我国旅游发展模式向市场导向型和效益型转变，我国旅游市场呈现市场主体细分化、旅游需求多元化、旅游方式多样化等新的特征。根据旅游市场的发展特点，我国边境旅游市场的开放化程度越来越高，主要表现如下。国发〔2015〕72 号文件提出"深入推进兴边富民行动，实现稳边安边兴边；探索发展跨境旅游合作区和边境旅游试验区；提升旅游开放水平，促进边境旅游繁荣发展；改革边境旅游管理制度，修订边境旅游暂行管理办法，放宽边境旅游管制；将边境旅游管理权限下放到省（区），放宽非边境地区居民参加边境旅游的条件，允许边境旅游团队灵活选择出入境口岸。鼓励沿边重点地区积极创新管理方式，在游客出入境比较集中的口岸实施'一站式'通关模式，设置团队游客绿色通道"。我国《"十三五"旅游业发展规划》提出，要实施旅游外交战略，开展"一带一路"国际旅游合作，拓展与重点国家的旅游交流，以此推动共建"一带一路"国家经济社会发展、文化互联互通；推进我国与周边国家的跨境旅游合作区、边境旅游试验区建设。发展边境旅游已经成为我国推进与共建"一带一路"国家的国际合作、实施"旅游外交"战略的重要措施。文化和旅游部、外交部、公安部等部门联合起草的《边境旅游管理办法（修订征求意见稿）》提出"取消'边境旅游项目审批'和放宽'边境旅游管制'，鼓励边境地区打造具有特色的边境旅游目的地，明确边境旅游团队可以灵活选择出入境口岸，并删除了边境旅游审批、就近办理出入境证件等前置条件"。

（三） 边境旅游上层设施更加完善

旅游上层设施是指为旅游者在旅行游览活动中的需要而建设的各种设施的总称，是发展旅游业的主要支撑要素，主要包括星级饭店、经济型酒店等住宿设施；高铁、高速、航空等旅游交通设施；旅游景区、度假区、主题公园等旅游吸引设施；餐厅等用餐设施等。随着旅游业的发展，旅游上层设施的建设日趋完善和多样化，同时各种服务设施的增加会进一步推动旅游业的发展。

东北边境地区的旅游交通设施将越来越完善，省会（首府）城市与主要边境城市间已基本形成集高速、高铁、航空于一体的复合式交通网络。未来随着边境旅游市场的进一步扩大，东北各省（区）省会（首府）城市与边境其他城市间的交通网络将持续完善，并且不同省（区）边境城市间的交通网络也将成为东北边境地区交通一体化网络的主要建设项目。随着国家对边境地区投资力度的加大以及边境地区经济社会的持续发展，东北边境地区的旅游交通、旅游标识系统、旅游厕所、景区停车场、游客集散中心等旅游设施将会更加完善，为边境旅游业又快又好发展提供强劲动力。

（四）边境旅游产品特色日趋鲜明

旅游产品是指旅游者从离家外出开始，直至完成全程旅游活动并返回家中为止这一期间的全部旅游经历的总和。[①] 随着我国经济的快速发展及人民收入水平的不断提高，人民的需求层次也不断地升华，人民更需要能满足精神需要的有特色、高质量、个性化的旅游产品。边境旅游产品不同于大众旅游产品，边境地区开发的集边境文化、边境口岸、民族风情、边境城市、生态资源、异国文化、美食文化于一体的特色旅游产品，具有体验参与性较强、观赏性较强、游客重游率较高、消费较高等特点，所以边境旅游特色产品得到国内外游客的持续关注。如吉林省珲春市是我国唯一一个与俄、朝两国交界，具有俄罗斯风情和朝鲜族风情的边境城市，已开发了赴朝、赴俄等双边或三边的跨境旅游产品；内蒙古自治区的满洲里市是我国与俄、蒙交界的城市，具有俄罗斯风情和蒙古族风情，已开发了赴俄、赴蒙等跨境旅游产品。

（五）边境旅游合作日趋加强

随着我国边境旅游不断发展，我国边境旅游经济规模逐渐扩大，边境旅游领域不断拓展，旅游区域合作与旅游业内外整体的联系愈加紧密。"一带一路"、新一轮东北振兴、西部大开发、乡村振兴、兴边富民等国家政策的进一步实施，使边境地区的跨国合作将逐渐深化，边境旅游合作将成为跨国合作的主要合作领域之一。

东北边境地区地域辽阔，边境旅游资源具有鲜明的多样性和地区差异

---

① 李天元. 旅游学（第三版）[M]. 北京：高等教育出版社，2011：176-178.

性，由此形成的资源互补性为边境旅游合作提供了客观基础和现实条件。东北各边境地区只有坚持优势互补、平等互利，遵守国际规则和协调发展的原则，合理发挥各地区边境旅游功能，实施边境旅游发展战略，积极开拓旅游市场，才能不断提高各地区旅游知名度和市场竞争力，促进边境旅游业快速、持续、健康发展，并带动相关产业和区域整体实力的提高。

（六）边境旅游模式不断创新

在我国边境旅游发展过程中，初期的相关政策强调边境口岸景区建设、交通道路建设、旅游线路开发。随着口岸建设和交通道路的不断完善、经济社会发展、大众旅游时代的到来以及旅游需求的个性化和多样化，边境旅游相关政策开始重视重点边境口岸城镇建设、跨境旅游合作区建设、边境旅游试验区建设、国际旅游集散中心建设、重点开发开放试验区建设、自贸区建设等。从以上变化趋势可以看出，早期的政策强调的是通道建设，主要是为了促进货物和人员流动。随着边境旅游的不断发展，未来的边境旅游相关政策不仅重视便利往来的通道建设和集散中心建设，更加强调将边境地区打造成为吸引力强的重要国际旅游目的地。

二 东北地区边境旅游前景预测

（一）政府对边境旅游的重视程度进一步增强

随着中国 "一带一路" 倡议的进一步实施，中国与周边邻国已经形成互为目的地、互为客源地的格局，中国和东北亚各国对欧美等国家旅游者具有巨大的吸引力。边境旅游是中国与周边国家加强联系、增进合作的新途径，是中国旅游业新的增长点，也是巩固边疆、振兴边境地区经济的重要措施，是实现外拓内联经济发展战略的重要一环。因此，从中央到各省（区）对边境旅游的重视程度将进一步增强。

东北地区各省（区）也将边境旅游发展为重要的战略性支柱产业。黑龙江省文化旅游业 "十四五" 规划提出："明确全省旅游发展定位，以发展冰雪游、森林游、避暑游、湿地游、边境游为重点，聚焦推进旅游发展国际化进程，力争到 2030 年，将黑龙江省基本建成产品多样化、业态多元、品牌知名、基础完善、服务优质的国际冰雪旅游度假胜地。策划建设黑龙江（醉美龙江 331 边防路）自驾游旅游廊道、乌苏里江漫游观光廊道等边境旅游自驾线路。"吉林省文化旅游业"十四五"规划提出："在全面实现旅游强省和冰雪经济强省目标基础上，乡村游、红色游、生态游、边境游、工业游、康养游、自驾游、研学游多元发展。"吉林省把图们江下游中俄朝国际旅游合作区确定为"十四五"时期重点建设项目。辽宁省文化旅游业"十四五"规划提出："要全力建设东北亚旅游目的地，建设滨海休闲度假旅游带、建设鸭绿江边境风情旅游带，创新旅游市场开发，提振发展出入境旅游，扩大形成旅游对外开放新格局。"辽宁省把丹东跨境旅游合作区确定为"十四五"时期重点国际旅游合作项目。

（二）边境旅游将成为东北地区边境经济的战略性支柱产业

从中国未来边境发展前景来看，凭借资源、生态环境、口岸、区位、交通优势，边境地区旅游业必将成为其经济的支柱产业。东北边境地区经济发展条件薄弱，边境贸易、旅游业早就成为经济社会发展的战略性支柱产业。吉林省延边朝鲜族自治州"十三五"规划中提出"文化强州·旅游兴州"的发展目标，全州上下加大文化旅游融合发展力度，并把文化旅游业确定为全州经济发展的战略性支柱产业。辽宁省丹东市是中朝边境地区对朝跨境旅游市场规模最大的边境城市，又是东北地区最大的边境城市，其发挥边境地区资源优势、区位优势、通道优势，积极发展边境旅游，将旅游业确定为地区社会经济发展的核心支柱产业。黑龙江省拥有不同类型的对俄边境口岸，也是对俄口岸最多的省份，边境地区的繁荣发展是黑龙江省经济发展的主要引擎之一。边境地区发挥口岸优势、区位优势、资源优势，大力发展边境旅游、边境商贸。发展边境旅游将成为黑龙江省边境地区的战略性支柱产业。

（三）边境旅游将助力东北边境地区实现共同富裕

发展边境旅游是促进东北边境地区实现共同富裕的重要抓手。首先，发展边境旅游，有利于边境地区增加财政收入，为经济发展积累资金。从边境旅游产生的直接经济效益来看，边境旅游不仅使企业从中获取利润，国家和地方政府也可以对边贸口岸征收营业税、所得税，从而增加国家和地方税收收入。其次，从边境旅游的间接经济效益来看，开展边境旅游、与邻国开展旅游经济合作都可以促进边境地区的技术进步和创新，加强传统产业的技术改造，从而促进经济更好地发展，创造更大的产值，实现更多的利润，给国家和地方财政带来更多的利税收入。

发展边境旅游可以促进边境地区产业结构优化升级。东北边境地区以农业为主，工业基础十分薄弱，第三产业相对落后，边境地区的经济本来就处于国内经济循环系统的边缘地带，再加上交通通信条件的限制，使得这个循环系统不是很畅通，严重阻碍边境地区的经济发展，同时也妨碍了产业结构和经济结构的合理调整。东北边境地区只有以边境旅游为突破口，带动相关产业的发展和优化组合，才能实现产业结构升级，以边境振兴带动东北振兴。在边境旅游的推动下，边境地区的第三产业也得到了迅速发展，一大批为边境贸易、边境旅游服务的饭店、商店、交通运输、邮电通信、金融保险等第三产业企业也得到了很大发展，从而促进了边境地区产业结构的优化。

发展边境旅游，有助于解决边境地区就业问题。边境地区经济结构单一，经济规模薄弱，就业机会不多。但是旅游业是一个劳动密集型、以提供劳动服务为主的综合性产业，具有很强的吸收劳动力、增强就业的功能。边境地区大量居民转入旅游业减少了边境剩余劳动力，有助于社区居民参与经济活动，有利于增加居民收入，提高居民生活水平，实现共同富裕，继而减少社会矛盾，减轻就业压力，节约边境管理成本，使剩余劳动力的转移更加稳定。

（四）边境旅游将成为边境地区生态文明建设的抓手

东北边境地区生态资源比较丰富，如长白山、东北虎豹国家公园、兴凯湖、黑瞎子岛、大兴安岭、黑龙江、乌苏里江、图们江、鸭绿江等都是东北具有代表性的生态旅游资源，在可持续保护的前提下，合理有序开发边境生态旅游资源，发展边境旅游将成为边境地区促进生态保护、加强生态文明建设的主要手段。旅游业是资源消耗少、环境污染小的典型资源节约型、环境友好型产业，是全世界公认的绿色产业。与传统产业相比，旅游业基本没有生产活动，主要是直接再生性地利用自然资源和人文资源，因此旅游业是与环境保护、生态文明建设冲突最小的产业之一。

东北边境地区应把生态文明建设始终放在突出地位，自觉地将其融入边境旅游开发建设的各个方面和全过程中，优化边境旅游空间开发格局，加大自然生态系统和环境保护力度。边境旅游在开发过程中应充分尊重自然、顺应自然、保护自然，将大自然视为人类社会的根本，因地制宜，合理利用自然条件，追求边境地区人与自然的高度和谐。要大力提高社会对发展边境旅游业促进环境保护、生态保护、实现资源可持续利用的认识，重视边境旅游的生态效益、社会效益，大力发展生态旅游、低碳旅游、健康旅游和旅游业循环经济，把边境旅游打造成为边境地区生态文明建设的重要抓手。

（五）边境旅游将成为我国实施"旅游外交"战略的重要措施

广义的旅游外交包括旅游对外活动的全部内涵，涉及对外交往、对外交流、对外合作、对外决策、对外战略等方面；狭义的旅游外交是指政府或政府性的旅游活动，其背后有强烈的国家意志或政府意图。2015 年 3 月 28 日，国务院发布的《推动共建丝绸之路经济带和 21 世纪海上丝绸之路的愿景与行动》首次提出"加强旅游合作、扩大旅游规模；联合打造具有丝绸之路特色的国际精品旅游线路和旅游产品"是与共建国家合作的重点内容之一，凸显了旅游合作在"一带一路"互联互通中具有的先联先通的天然优势。国务院发布的《"十三五"旅游业发展规划》提出，要实施旅游外交战略，开展"一带一路"国际旅游合作，拓展与重点国家的旅游交流，推动共建沿线国家经济社会发展、文化互联互通。边境旅游由此上升到了国家战略层面，发展边境旅游已经成为我国推进与"一带一路"共建国家的国际合作、实施"旅游外交"战略的重要措施。[①] 东北地区是"一带一路"倡议向北发展的关键节点，未来东北地区将成为我国实施"一带一路"倡议和"旅游外交"战略的重要区域之一。

---

① 王枭. 边境旅游：理论探索与实证研究［M］. 北京：人民出版社，2021：16-22.

参考文献

书籍：

Asian Development Bank. Building on Success：A Strategic Framework for the Next Ten Years of the Greater Mekong Subregion Economic Cooperation Program［M］. Manila：Asian Development Bank，2002.

Glücksmann R. Fremdenverkehrskunde（Tourism Knowledge）［M］. Bern：Verlag von Stampfliund Cie，1935.

Charles R. Goeldnerldner，J. R. Brent Ritchie 著，李天元等译. 旅游学（第12 版）［M］. 北京：中国人民大学出版社，2014.

Hall C M. Tourism：Rethinking the Local Science of Mobility［M］. London：PersonEducat ional，2005.

John U. Sociology Beyond Societies：Mobilities for the Twenty－first Century［M］. London：Routledge，2000.

Tuner，Ash. Dissonant Heritage：The Management of Past as a Resource in Conflict［M］. Chi Chester：John Wiley and Sons，1996.

Timothy D J. Tourism and Political Boundaries［M］. London & New York：Routledge，2001.

《总体国家安全观干部读本》编委会. 总体国家安全观干部读本［M］. 北京：人民出版社，2016.

畅游世界编辑部. 畅游俄罗斯［M］. 北京：化学工业出版社，2019.

崔哲浩. 大图们江区域旅游发展转型与旅游合作模式研究［M］. 北京：社会科学文献出版社，2016.

丹东市史志办公室.2020 年丹东年鉴［M］. 沈阳：沈阳出版社，2020.

葛全胜，钟林生，等. 中国边境旅游发展报告［M］. 北京：科学出版社，

2014.

国家统计局内蒙古调查总队. 内蒙古调查年鉴 2020 ［M］. 北京：中国统计出版社，2020.

韩庆一. 朝鲜旅游 ［M］. 朝鲜宣传社，2014.

华旅兴. "全域旅游"热词 ［M］. 北京：人民出版社，2018.

金道俊，黄凤赫，等. 朝鲜旅游 ［M］. 朝鲜国家旅游局，1997.

李天元. 旅游学（第三版）［M］. 北京：高等教育出版社，2011.

孙晓谦，李莹. 俄罗斯旅游概论 ［M］. 哈尔滨：黑龙江人民出版社，2015.

田欣. 中国边境旅游必备 ［M］. 北京：中国旅游出版社，2003.

王桀. 边境旅游：理论探索与实证研究 ［M］. 北京：人民出版社，2021.

吴海燕，张明植，韩奉赞. 朝鲜概观 ［M］. 北京：外文出版社，2019.

习近平. 习近平谈治国理政 ［M］. 北京：外文出版社，2014.

辛宝英，安娜，庞嘉萍. 人才振兴：构建满足乡村振兴需要的人才体系 ［M］. 郑州：中原农民出版社，2019.

张广瑞. 中国边境旅游发展的战略选择 ［M］. 北京：经济管理出版社，1997.

张辉，等. 转型期中国旅游产业环境、制度与模式研究 ［M］. 北京：旅游教育出版社，2005.

中国旅游研究院. 中国旅游大辞典 ［M］. 上海：上海辞书出版社，2012.

周永珍. 内蒙古乡村旅游：现状·案例·实践 ［M］. 北京：中国旅游出版社，2019.

论文：

Ahmed Z U. An international marketing perspective of Canadian tourists Shopping behavior：Minot（North Dakota）［J］. Journal of Vacation Marketing，1996，2（3）：207-214.

Anderson J B，Dimon D. The impact of opening markets on Mexican male/female wage and occupational differentials ［J］. The Social Science Journal，1995，32（4）：309-326.

Anderson J B. Formal sector job growth and women's labor sector participation：The case of Mexico ［J］. The Quarterly Review of Economics and Finance，

1999, 39 (2): 169-191.

Armaitien A, Boldyrev V, Povilanskas R, et al. Integrated shoreline management and tourism development on the cross-border World Heritage Site: A case study from the Curonian spit (Lithuania/Russia) [J]. Journal of coastal conservation, 2007, 11 (1): 13-22.

Arrington A L. Competing for tourists at Victoria Falls: A historical consideration of the effects of government involvement [J]. Development Southern Africa, 2010, 27 (5): 773-787.

Banfi S, Filippini M, Hunt L C. Fuel tourism in border regions: The case of Switzerland [J]. Energy Economics, 2005, 27 (5): 689-707.

Bhatasara S, Nyamwanza A M, Kujinga K. Transfrontier parks and development in southern Africa: The case of the Great Limpopo Transfrontier Park [J]. Development Southern Africa, 2013, 30 (4-5): 629-639.

Blasco D, Guia J, Prats L. Emergence of governance in cross-border tourism governance: A multi-scalar approach focusing on the German-Czech borderlands [J]. Annals of Tourism Research, 2017 (64): 126-138.

Bradbury S L. The impact of security on travelers across the Canada-US border [J]. Journal of Transport Geography, 2012 (26): 139-146.

Canally C, Timothy D J. Perceived constraints to travel across the US-Mexico border among American university students [J]. International Journal of Tourism Research, 2007, 9 (6): 423-437.

Chirozva C. Community agency and entrepreneurship in ecotourism planning and development in the Great Limpopo Transfrontier Conservation Area [J]. Journal of Ecotourism, 2015, 14 (2/3): 185-203.

Christaller W. Some consideations of tourism locations in Europe: The peripheral egions u nderdevelopment countries recreation areas [J]. Regional Science Association Papers, 1963 (12): 127-137.

Correia Loureiro, Sandra Maria; Miranda Gonzalez, et al. Satisfaction, Trust, And Image In Relation to Rural Tourist Loyalty [J]. Journal of Travel & Tourism Marketing, 2008 (2): 117-136.

Crick M. Representations of International tourism in the social sciences: Sun, sex, sight, savings and servility [J]. Annual Review of Anthropology, 1989, 18 (18): 307-344.

Di Matteo L, Di Matteo R D. An analysis of Canadian cross-border travel [J]. Annals of Tourism Research, 1996, 23 (1): 103-122.

Di Matteo L. Cross-border Trips and Spending by Canadians in the United States: 1979-1991. Canadian Business Economics [J]. 1993, 1 (3): 51-61.

Eriksson G A. Tourism at the Finnish-Swedish-Norwegian borders [C]. Gruber G, Lamping H, Lutz W, Matznetter J and Vorlaufer K eds. Tourism and Borders: Proceedings of the Meeting of the IGU Working Group - Geography of Tourism and Recreation Institute fÜr Wirtsehafts - un d Sozialgeographie der Johann Wolfgang Goethe University, Frankfurt 1979: 151-162.

Farmaki A, Antoniou K, Christou P. Visiting the "enemy": Visitation in politically unstable destinations [J]. Tourism Review, 2019, 74 (3): 293-309.

Ferreira S. Problems associated with tourism development in Southern Africa: The case of Transfrontier Conservation Areas [J]. GeoJournal, 2004, 60 (3): 301-310.

Gelbman A, Timothy D J. From hostile boundaries to tourist attractions [J]. Current Issues in Tourism, 2010, 13 (3): 239-259.

Gelbman A, Maoz D. Island of peace or island of war: Tourist guiding [J]. Annals of Tourism Research, 2012, 13 (3): 108-133.

Gelbman A, Timothy D J. From hostile boundaries to tourist attractions [J]. Current Issues in Tourism, 2010 (3).

Gelbman A. Border to urismin Israel Conflict, peace, fearandhope [J]. TourismGeographies, 2008, 10 (2): 193-213.

Gibbons J D, Fish M. Market sensitivity of U. S. and Mexican border travel [J]. Journal of Travel Research July, 1987, 26 (1): 2-6.

Greer J. Developing trans - jurisdictional tourism partnerships insights from the Island of Ireland [J]. Tourism Management, 2002, 23 (4): 355-366.

Grossman, Helpman. Quality ladders in the theory of growth [J]. Review of economic studies, 1991.

Guo C, Arturo Z. An exploratory study of motives for Mexican nationals to shop in the US: More than meets the eye [J]. Journal of Retailing and Consumer Services, 2006, 9 (13): 351-362.

Gupta D R, Dada Z A. Rehabilitating borderland destinations: A strategic framework [J]. The Journal of Tourism and Peace Research, 2011, 2 (1): 38-54.

Hall C M. Bio-security and wine tourism [J]. Tourism Manage-ment, 2005, 26 (6): 931-938.

Hampton M P. Enclaves and ethnic ties: The local impacts of Singaporean cross-border tourism in Malaysia and Indonesia [J]. Singapore Journal of Tropical Geography, 2010, 31 (2): 239-253.

Helleiner J. Young border landers, tourism work, and anti-Americanism in Canadian Niagara [J]. Identities, 2009, 16 (4): 438-462.

Ioannides D, Nielsen P A, Billing P. Transboundary collaboration in tourism: The case of the Bothnian Arc [J]. Tourism Geographies, 2006, 8 (2): 122-142.

Izotov A, Laine J. Constructing (Un) familiarity: Role of tourism in identity and region building at the Finnish-Russian border [J]. European Planning Studies, 2012, 21 (1): 93-111.

Jakosuo K. Russia and the Russian tourist in Finnish tourism strategies-the case of the Karelian region [J]. Procedia-Social and Behavioral Sciences, 2011 (24): 1003-1013.

Jauregui C, Cristobal-Salas A, Rodriguez-Diaz A, et al. Simulation of Contagion by Tuberculosis in Public Places at US-Mexico Border Area [R]. Ghent: European Simulation and Modelling Conference, 2003.

Kenneth R L, Putrevu S, et al. Cultural influences on cross-border vacationing [J]. Journal of Business Research, 2007 (61): 183-190.

Larsen J. Tourism mobilities and the travel glance: Experiences of being on the move [J]. Scandinavian Journal of Hospitality and Tourism, 2001, 1 (2): 80-98.

Leick B, Schewe T, Kivedal B K. Tourism development and border asymmetries: An exploratory analysis of marketdriven cross–border shopping tourism [J]. Tourism Planning & Development, 2020, 18 (6): 673–698.

Leimgruber W. The perception of boundaries: Barriers or invitation to interaction [J]. Regio Basiliensis, 1989, 30 (2): 49–59.

Lord K R, Putrevu S, Shi Y Z. Cultural influences on cross–border vacationing [J]. Journal of Business Research, 2008, 61 (3): 183–190.

Lovelock B, Boyd S. Impediments to a cross–border collaborative model of destination management in the Catlins New Zealand [J]. Tourism Geographies, 2006, 8 (2): 143–161.

Lovelock B, Boyd S. Impediments to a cross–bounder collaborative model of destination management in the Catlins New Zealand [J]. Tourism Geographies, 2006, 8 (2): 143–161.

Lu Y H, Zhang H, Zhuang M, et al. Understanding regional mobility resilience and its relationship with regional culture during the COVID–19 pathogen–stress theory perspective [J]. Journal of Cleaner Production, 2022: 130621.

Martinez O J. The Dynamics of Border Interaction: New Approaches to Border Analysis [M]. London and New York: Routledge, 1994: 1–15.

Markovic S V. Managing brand of cross–border tourist destinations: Case study cross–border cooperation Karlovac County (CRO) –Southeast Slovenia (SLO) [EB/OL]. papers. ssrn. com, 2013: 05.

Martin E, Vigne L. Successful rhino conservation continues in West Bengal, India [J]. Pachyderm, 2012 (51): 27–37.

Matteo L D, Matteo R D. An analysis of Canadian cross–border travel [J]. Annals of Tourism Research, 1996, 23 (1): 103–122.

Matznetter J. Border and tourism: Fundamental relations [C]. Gruber G, Lamping H, Lutz W, Matznetter J and Vorlaufer K eds. Tourism and Borders: Proceedings of the Meeting of the I GU Working Group – Geography of Tourism and Recreation Institute fÜr Wirtsehafts–und Sozialg eographie der Johann Wolfgang Goethe University, Frankfurt 1979: 61–73.

Mckercher B. An Empirical Study of Tourism into the Pearl River Delta [J].

Pacific Tourism Review, 2001 (5): 33-42.

Mckercher B. Cross-border tourism: An empirical study of tourism into the Pearl River Delta [J]. Pacific Tourism Review, 2001, 5 (1): 33-41.

Mihaela B, Branka C, Matjaz M. Education for responsible persons, tourists and hosts through knowledge of neighboring countries languages in cross-border areas [J]. Kybernetes, 2014, 43 (3/4): 614-628.

Mikaeili M, Aytuǧ H K. Evaluation of Iran's cultural tourism potential from the European Union Perspective: Jolfa Region [J]. Cultural Sustainable Tourism, 2019, 3 (1): 115-130.

Milenkovi M M. Ecoregionalism-Factor cross-border cooperation and tourism development [J]. Procedia-Social and Behavioral Sciences, 2012 (44): 236-240.

Neil L. Tourism and gambling [J]. GeoJournal, 1989, 19 (3): 269-275.

O'connor N, Bolan P. Creating a sustainable brand for Northern Ireland through film-induced tourism [J]. Tourism Culture &Communication, 2008, 8 (3): 147-158.

Patterson T 1, Semple S J, Fraga M, et al. Comparison ofsexual and drug use behaviors between female sex workers in Tijuana and Ciudad Juarez, Mexico [J]. Substance Use & Misuse, 2006, 41 (10-12): 1535-1549.

Plumptre A J, Kujirakwinja D, Treves A, et al. Transboundary conservation in the greater Virunga landscape: Its importance for landscape species [J]. Biological Conservation, 2007, 134 (2): 279-287.

Prokkola E K. Borders in tourism: The transformation of the Swedish-Finnish border landscape [J]. Current Issues in Tourism, 2010, 13 (3): 223-238.

Prokkola E K. Cross-border regionalization and tourism develop-ment at the Swedish-Finnish border: "Destination Arctic Circle" [J]. Scandinavian Journal of Hospitality and Tourism, 2007, 7 (2): 120-138.

Prokkola E K. Regionalization, tourism development and partnership: The European Union's North Calotte subprogramme of INTERREG A North [J]. Tourism Geographies, 2011, 13 (4): 507-530.

Romero-Jordán D, Jorge M, Álvarez-García S. The impact of fuel tourism on retailers' diesel price in Spanish neighbouring regions [J]. Applied Economics, 2013, 45 (4): 407-413.

Saxena G, Clark G, Oilver T, et al. Conceptualizing integrated rural tourism [J]. Tourism Geographies, 2007, 9 (4): 347-370.

Schernewski W, Jülich W D. Risk assessment of virus infections in the Oder estuary (southern Baltic) on the basis of spatial transport and virus decay simulations [J]. International Journal of Hygiene and Environmental Health, 2001, 203 (4): 317-325.

Schindler S, Curado N, Nikolov S C, et al. From research to implementation: Nature conservation in the Eastern Rhodopes mountains (Greece and Bulgaria), European Green Belt [J]. Journal for Nature Conservation, 2011, 19 (4): 193-201.

Scott J. Sexual and national boundaries in tourism [J]. Annals of Tourism Research, 1995, 22 (2): 385-403.

Sofield T H B. Border tourism and border communities: An overview [J]. Tourism Geographies, 2006, 8 (2): 102-121.

Spierenburg M. The politics of the luminal and the limuloid in trans – frontier conservation in southern Africa [J]. Anthropology Southern Africa, 2011, 34 (2): 81-88.

Spierings B S, van der Velde M. Shopping, borders and unfamiliarity: Consumer mobility in Europe [J]. Tijdschrift voor economische en social egeografie, 2008, 99 (4): 497-505.

Stadzieniecki T. The system of cross-border tourism in polish-Russian borderland [c]. 3rd global conference on business economics management and tourism 26-28 November, 2015, Rome Italy, 545-552.

Sullivan P, Bonn M A, Bhardwaj V, et al. Mexican national cross – border shopping: Exploration of retail tourism [J]. Journal of Retailing and Consumer Services, 2012, 19 (6): 596-604.

Szytniewski B B, Spierings B, van der velde M. Socio-cultural proximity, daily life and shopping tourism in the Dutch-German border region [J]. Tourism

Geographies，2017，19（1）：63-77.

Timothy D J，Butler R W. Cross-boder shopping：A North American perspective［J］. Annals of Tourism Research，1995，22（1）：16-34.

Timothy D J. Cross-border partnership in tourism resource management：International parks along the US-Canada border［J］. Journal of Sustainable Tourism，1999，7（3-4）：182-205.

Timothy D J. Cross-border partnership in tourism resource management：International parks along the US-Canada border［J］. Journal of Sustainable Tourism，1999：73-74.

Timothy D J. Political boundaries and tourism：Borders as tourist attraction［J］. Tourism Management，1995，16（7）：525-532.

Timothy D J；Kim. Seongseop. Understanding the tourism relationships between South Korea and China：A review of influential factors［J］. Current Issues In Tourism，2015，18（5）：413-432.

Tomasz S，Tomasz M. How to promote a cross-border region as a tourism destination-the case study of the bug Euro region［J］. Tourism Review，2007，62（1），34-38.

Valdez A，Sifaneck S J. Drug tourists and drug policy on the U. S. -Mexican border：An ethnographic investigation of the acquisition of prescription drugs［J］. Journal of Drug Issues，1997，27（4）：879-898.

Velde M. Socio-cultural proximity，daily life and shopping tourism in the Dutch-German border region［J］. Tourism Geographies，2017，19（1）：63-77.

Vodeb K. Cross-border regions as potetial tourist destinations along the Slovene Croatian frontier［J］. Tourism & Hospitality Management，2010，16（2）：219-228.

巴塔戈夫. 中俄边境旅游区域合作发展研究［D］. 青岛科技大学，2015：10-12.

把多勋. 区域旅游产业发展战略研究论纲［J］. 旅游科学，2005（03）.

白江波. 新中国成立以来我国边疆治理政策概述［J］. 兵团党校学报，2019（04）：16-21.

包彩红. 我国出境旅游发展的阶段特征与政策选择研究 [J]. 品牌（下半月），2015（11）：73-75.

曹璨. "一带一路" 倡议下中缅边境区域旅游合作模式研究 [D]. 云南师范大学，2017.

曾博伟. 全域旅游发展观与新时期旅游业发展 [J]. 旅游学刊，2016，31（12）：13-15.

陈才，丁四保. 东北地区边境口岸经济发展现状的调查与分析 [J]. 东北亚论坛，1999（02）：52-56.

陈健. 区域旅游发展视角下云南与老挝旅游合作机制研究 [D]. 昆明理工大学，2013.

陈俊安. 边疆治理视阈下跨境旅游合作区建设政策构建 [J]. 广西民族师范学院学报，2018，35（1）：64-67.

陈俊安. 中越旅游政策变迁对双边旅游经济影响的实证研究 [J]. 改革与战略，2014，30（2）：36-39.

陈俐艳. 发展乡村旅游是实现乡村振兴的重要一环 [J]. 奋斗，2018（04）：60-61.

陈新建，农优勇. 龙州边境生态文化旅游的思考 [A]. 陆荣廷与龙州学术研讨会论文集 [C]. 2001：164-170.

陈兴华，李键. 论跨境旅游纠纷的法律适用 [J]. 昆明理工大学学报（社会科学版），2008，8（3）：98-102.

陈永涛，田里，张鹏杨. 边境旅游阻滞效应测度及治理启示——以云南省为例 [J]. 中国生态旅游，2022，12（03）：416-428.

陈永涛. 边境旅游阻滞效应研究 [D]. 云南大学，2018.

陈永涛. 边境旅游研究无法绕过的命题——边境旅游资源 [J]. 红河学院学报，2013（03）：87-90.

陈永涛. 云南边境旅游发展研究 [D]. 云南大学，2004.

成竹. 基于共生理论的滇越国际旅游合作研究 [D]. 云南大学，2015.

程励，赵晨月. 新冠肺炎疫情背景下游客户外景区心理承载力影响研究——基于可视化行为实验的实证 [J]. 旅游学刊，2021，36（8）：27-40.

崔莹. 基于国家战略视角的黑龙江边境旅游发展研究 [J]. 佳木斯大学社会科学学报，2010（04）.

崔哲浩，吴雨晴，张俊杰 . 国家安全视域下东北地区边境旅游发展研究 [J]. 中国生态旅游，2022，12（03）：429-441.

崔哲浩 . 2021 年延边州文化旅游产业发展报告，内部研究报告：6-12.

丁蕾，吴小根，丁洁 . 城市旅游竞争力评价指标体系的构建及应用 [J]. 经济地理，2006（03）：511-515.

邓小海，曾亮，罗明义 . 精准扶贫背景下旅游扶贫精准识别研究 [J]. 生态经济，2015，31（04）：94-98.

鄂立志 . 中俄边境管理合作中存在的问题与对策研究 [J]. 西伯利亚研究，2016，43（01）：54-57.

樊杰 . 地理学的综合性和区域发展的集成研究 [J]. 地理学报，2004，59（S1）：33-40.

丰华 . 中蒙俄经济走廊内蒙古文化旅游发展研究 [J]. 合作经济与科技，2021（06）：43-45.

冯建勇 . 边疆的"地方"格局与"世界"意义——四十年来中国边疆对外开放的理路与目标 [J]. 学术月刊，2018，50（12）：166-175.

方创琳，吴丰林，李茂勋 . 汶川地震灾区人口与居民点配置适宜性研究 [J]. 城市与区域规划研究，2010，3（01）：63-78.

冯亮，党红艳，金媛媛 . 晋中市红色文化旅游资源的评价与开发优化 [J]. 经济问题，2018（07）：92-98.

冯燕 . 人文旅游资源评价研究 [D]. 山西大学，2007.

冯章献 . 边境少数民族地区乡村旅游扶贫的问题与出路——来自吉林省延边州的经验 [J]. 旅游导刊，2019，3（01）：86-90.

甘静 . 东北地区边境旅游地域系统研究 [D]. 东北师范大学，2016：35-37.

高飞 . 云南边境旅游发展的时空格局及驱动机制研究 [D]. 云南师范大学，2021.

高桂娟 . 依托区位优势大力发展中俄跨境旅游合作 [J]. 黑河学刊，2016，224（2）：1-2.

葛欣 . 中俄蒙区域旅游合作机制研究 [D]. 内蒙古财经大学，2016.

龚祖联 . 澜沧拉祜族历史文化旅游资源开发研究 [D]. 云南师范大学，2008.

古燕，张海云．"一带一路"背景下边境口岸文化旅游发展与国家形象构建关系研究——以满洲里为例［J］．青藏高原论坛，2021，9（01）：42-47.

官蕊，郑刚．朝核问题及其对我国安全的影响［J］．决策与信息，2009（09）：10-11.

郭辉，王钰凯，韩瑞双．新疆构建边境旅游试验区的区域优先次序及障碍因素［J］．开发研究，2020（4）：118-126.

国家外汇管理局黑龙江省分局课题组，那洪生，史秀芬，张君，何平，丁刚，毕洪伟，段会涛，徐龙一．中俄边境地区地下钱庄成因、运作模式与发展新动向［J］．金融发展评论，2013（11）：136-140.

国家外汇管理局黑龙江省分局课题组，那洪生．中俄边境地下钱庄新动向［J］．中国金融，2014（05）：85-86.

国务院关于进一步促进内蒙古经济社会又好又快发展的若干意见［J］．内蒙古自治区人民政府公报，2011（17）：16-24.

海伦．蒙古国与中国内蒙古旅游合作研究［D］．内蒙古大学，2016：20-26.

韩璐，明庆忠．边境地区民族文化旅游发展模式研究［J］．四川民族学院学报，2018，27（4）：54-64.

何建民．旅游发展的理念与模式研究：兼论全域旅游发展的理念与模式［J］．旅游学刊，2016，31（12）：3-5.

洪黎民．共生的概念发展的历史、现状及展望［J］．中国微生态学杂志，1996（4）：50-54.

胡抚生．"一带一路"倡议背景下跨境旅游合作区建设的思考［J］．旅游学刊，2017，32（5）：1-3.

胡丽娟．秦皇岛入境旅游需求影响因素及预测研究［D］．燕山大学，2013.

胡莹．云南边境旅游发展模式研究［D］．云南财经大学，2018.

黄爱莲，罗平雨．跨境旅游与边境口岸地区产业发展的影响研究——以云南瑞丽口岸为例［J］．东南亚纵横，2018（1）：91-95.

黄爱莲．北部湾区域旅游合作创新研究［D］．中央民族大学，2010.

黄爱莲．基于引力模型的中越入境旅游影响因素分析［J］．商业研究，2011（09）：207-211.

黄华．边疆省区旅游空间结构的形成与演进研究［D］．华东师范大学，2012.

黄华敏．中越边境崇左市体育旅游资源开发优势与对策研究［J］．攀枝花学院学报，2010（03）：98-101.

黄丽霞．基于博弈论的云南省边境旅游的利益协调机制探析［D］．云南财经大学，2013.

黄云．中国少数民族地区跨国运输通道研究［D］．中央民族大学，2010：6-10

黄振宇．"一带一路"倡议背景下边疆少数民族地区安全稳定问题研究［D］．内蒙古大学，2016：41-43，45-47.

纪光萌．边境旅游影响因素指标体系构建研究——以霍尔果斯为例［J］．新疆财经大学学报，2015（3）：43-49.

江瑾．大数据在防城港边境旅游试验区的开发应用研究［J］．信息与电脑（理论版），2020（11）：4-6.

姜丽萍，张昊．黑龙江中俄边境地区生态伦理建设研究［J］．黑河学院学报，2017，8（6）：3-5.

金政远．非传统安全视角下中朝边境安全治理研究［D］．延边大学，2016：27-29.

景婧．"一带一路"倡议下中越跨境旅游合作帕累托效率分析［D］．云南财经大学，2016.

康学会，万继武．图们江大马哈鱼资源衰退的原因及恢复措施［J］．现代农业科技，2016（22）.

李宝明．黑龙江省中俄边境旅游发展研究［D］．牡丹江师范学院，2020：29-35.

李飞．跨境旅游合作区：探索中的边境旅游发展新模式［J］．旅游科学，2013，27（5）：10-21.

李国政．新时代边境地区高质量发展的综合机制与实施路径分析［J］．乐山师范学院学报，2022，37（04）：76-83.

李慧娟．中国边境口岸城市发展模式研究［D］．中央民族大学，2010：7-9.

李军岩，刘颖．后疫情时期东北冰雪旅游产业差异化协同发展研究［J］．沈阳体育学院学报，2020，39（03）：1-9.

李克良，王紫娟，张瑶，苏畅，张彩云．"三亿人参与冰雪运动"背景下我国冬季运动发展的瓶颈与对策研究［J］．冰雪运动，2021，43（06）：45-48.

李梅，郭哲敏．集安市口岸建设的城市规划对策研究［J］．才智，2013（33）：349-350.

李明．中俄边境旅游发展研究［D］．上海师范大学，2006：27-31.

李庆雷，杨培韬，娄阳．边境旅游资源的概念、界定与分类框架研究［J］．大理大学学报，2017，2（3）：19-24.

李日欣．黑龙江省对俄边境旅游发展对策研究［J］．黑龙江对外经贸，2011（07）：4-5.

李胜男．区位条件与边境城市发展研究——以黑河市为例［C］//.面向高质量发展的空间治理——2020中国城市规划年会论文集（18小城镇规划），2021：264-271.

李天华．改革开放以来中国边境贸易政策演变的历史考察［J］．当代中国史研究，2013，20（04）：28-35+125.

李伟山，孙大英．论中越边境跨境民族文化旅游带的开发［J］．广西民族大学学报，2012，34（5）：117-121.

李小芳．桂林人文旅游资源评价与开发研究［J］．商场现代化，2007（27）：256-257.

李雪．中俄跨境旅游合作区建设探讨［J］．对外经贸，2018，284（2）：32-33.

李燕，李继云．"一带一路"战略构想下云南省和越南之间的旅游合作［J］．经济师，2016（7）：126-131.

李英花，吴雨晴，崔哲浩．中朝边境地区跨境旅游合作区建设现状及路径探析［J］．延边大学学报（社会科学版），2022，55（05）：71-78+143.

李有祯，李爱东，田桂梅．东乌旗边境旅游发展现状存在的问题及建议［J］．北方金融，2017（02）：71-73.

梁冬晗．基于面板数据分析我国入境旅游需求的影响因素［D］．山西财经大学，2011.

梁萍．云南、东盟旅游合作动力机制及前景分析［J］．北方经贸，2008

（3）：124-126.

梁振民，陈才.中俄边境城市满洲里口岸经济发展战略研究 [J].世界地理研究，2012，21（2）：97-103.

廖国一.东兴京族海洋文化资源开发——环北部湾地区边境旅游研究系列论文之一 [J].西南民族大学学报（人文社科版），2005（01）：327-331.

廖欣欣，卢小平.边境口岸出入境签证制度与跨境旅游业发展——以广西壮族自治区东兴市为例 [J].广西经济管理干部学院学报，2014，26（03）：75-79.

刘丹诺.丹东边境旅游的发展与研究 [J].现代经济信息，2018（03）：486-487.

刘宏芳，明庆忠，娄思元.边境旅游试验区建设的战略思维 [J].云南社会科学，2017（6）：135-140.

刘佳劼."一带一路"倡议下的东北地区边境口岸旅游发展研究 [D].哈尔滨师范大学，2016：35-58.

刘家诚，林涛，张应武.海南国际旅游岛离岛免税政策系统性优化研究 [J].特区经济，2017（08）：35-37.

刘家明.创建全域旅游的背景、误区与抓手 [J].旅游学刊，2016，31（12）：7-9.

刘来吉.西部边境旅游发展的战略选择和政策选择 [J].经济问题探索，2001（02）：44-46.

刘林舒.黑龙江省中俄边境旅游开发研究 [J].经济师，2019（08）：127-128.

刘民坤，蒋丽玲，陈湘漪."一带一路"背景下中越跨境旅游合作区开发路径研究 [J].经济研究参考，2015（53）：94-96.

刘思敏.旅游资源开发的多国联动和以城兴景战略——以中越边境德天瀑布城开发构想为例 [J].上海城市管理职业技术学院学报，2007（03）：94-98.

刘小蓓.广西边境旅游发展及客源市场开拓 [J].四川大学学报（哲学社会科学版），2004（S1）：244-247.

刘洋.边境文化视角下云南省边境旅游资源开发研究 [D].云南师范大学，2017.

刘颖．黑龙江省边境旅游发展研究［D］．哈尔滨工业大学，2008：13-14.

刘云，张梦瑶．试论中缅跨境旅游合作发展模式构建［J］．经济问题探索，2014（6）：127-131.

刘长敏．中俄东部边界近距离观察与思考［J］．太平洋学报，2016，24（03）：59-67.

刘长生，简玉峰．中国入境旅游市场需求的影响因素研究［J］．产业经济研究，2006（4）．

刘中一．中蒙边境地区的人口安全与人口发展［J］．内蒙古民族大学学报（社会科学版），2012，38（03）：12-15.

柳涛．加强合作推动中蒙俄旅游快速发展——以吉林省为例［J］．北方经济，2017（10）：33-36.

卢澜之．演化博弈视角下德宏州边境旅游发展研究［D］．云南财经大学，2017.

卢卫．广西边境地区旅游特征分析及其发展对策研究［D］．广西师范学院，2012.

罗斌．过境免签政策对杭州入境旅游影响的研究［J］．旅游纵览（下半月），2017（20）：90-91.

罗纯．基于边缘效应理论的边境旅游发展模式分析——以勐海县为例［J］．百色学院学报，2017，30（4）：64-70.

罗静，冯建勇．新时代中国边疆治理的新思路新实践［J］．北京工业大学学报（社会科学版），2018，18（3）：79-88.

罗俊彪．新中国成立以来我国的边境旅游政策研究［J］．中国地名，2020（04）：43-45.

罗奎，张蕾．丝绸之路经济带中国—哈萨克斯坦国际合作示范区边境旅游发展与自由旅游区建设［J］．干旱区地理，2016，39（5）：959-966.

罗妹梅．文旅融合背景下广西龙州边境人文旅游资源评价与开发研究［D］．桂林理工大学，2021.

罗明义．关于建立健全我国旅游政策的思考［J］．旅游学刊，2008（10）：6-7.

马勇，董观志．武汉大旅游圈的构建与发展模式研究［J］．经济地理，1996（02）：99-104.

马振超．边境安全视角下朝鲜族乡村空心化问题探析——以中朝边境地区延

边段为例 [J]．武警学院报，2018，34（09）：20-25．

孟根仓，萨如拉．"中蒙俄经济走廊"建设背景下跨境区域经济合作研究——以俄罗斯布里亚特共和国为例 [J]．东北亚经济研究，2022，6（02）：63-81．

明庆忠，赵建平．新冠肺炎疫情对旅游业的影响及应对策略 [J]．学术探索，2020（03）：124-131．

南晓雪，李卓．中俄打击走私制毒物品犯罪概况 [J]．学理论，2014（1）：127-128．

聂晓倩．丹东旅游资源开发研究 [J]．知识经济，2013（06）：91+112．

牛育育，吴殿廷，周李．中俄旅游合作的回顾及前瞻 [J]．东北亚经济研究，2020，4（05）：78-93．

彭华．旅游发展驱动机制及动力模型探析 [J]．旅游学刊，1999（6）：39-44．

朴今海，孙云彤．中朝边境民族地区跨境公共安全治理研究——以延边朝鲜族自治州中朝边境地带为例 [J]．东疆学刊，2022，39（02）：26-33．

朴今海，王春荣．流动的困惑：朝鲜族跨国流动与边疆地区社会稳定——以延边朝鲜族自治州边境地区为例 [J]．中南民族大学学报（人文社会科学版），2015，35（02）：12-16．

普拉提·莫合塔尔，海米提·依米提．我国西部边境的跨国旅游合作研究——以中国新疆与中亚五国旅游合作为例 [J]．干旱区资源与环境，2009，23（1）：136-141．

齐建坤．优化白山市旅游管理的对策研究 [D]．吉林大学，2010：31-32．

钱学礼．"一带一路"背景下中越跨境民族文化旅游合作开发问题研究 [J]．贵州民族研究，2017，38（3）：173-177．

任力．内生增长理论评述 [J]．重庆工商大学学报（西部论坛），2009，19（3）：80-85．

任青丞．博弈论视角下满洲里市边境旅游发展研究 [J]．营销界，2019（52）：62-64．

邵琪伟．推动旅游产业与文化产业相互促进共同发展 [J]．行政管理改革，2013（07）：46-50．

沈彦蓉．拓展区域合作，发展东北亚旅游区 [J]．旅游学刊，1992（4）：

1-5.

石美玉. 联合营销：经济全球化背景下边境旅游发展的必然选择［J］. 旅游学刊，2009（07）.

时雨晴，虞虎. 我国边境旅游发展的影响因素、机理及现状特征研究［J］. 宁波大学学报（人文科学版），2018，31（2）：114-120.

时雨晴，钟林生，陈田. 中国陆地边境县域旅游竞争力评价［J］. 资源科学，2014，36（06）：1133-1141.

斯琴，王珊，李凌. "一带一路"倡议下内蒙古和蒙古国旅游合作研究［J］. 内蒙古财经大学学报，2021，19（05）：112-115.

宋继承. 边缘地区主导产业理论研究述评［J］. 财经理论研究，2013（01）：1-9.

宋魁，陈秋杰. 中俄旅游合作的回顾与展望［J］. 西伯利亚研究，2001（05）：11-16.

孙久文，蒋治. 沿边地区对外开放 70 年的回顾与展望［J］. 经济地理，2019，39（11）：1-8.

孙良涛，李继云，冯万荣. "桥头堡"战略下滇越边境旅游发展研究［J］. 江苏商论，2012（05）.

孙攀. 我国沿边地区对外开放模式和效应的比较研究［D］. 黑龙江大学，2011：52-58.

孙晓谦. 俄滨海边疆区旅游业发展前景广阔［J］. 西伯利亚研究，2007（03）：22-25.

孙晓谦. 中俄边境地区旅游开发潜力分析［J］. 西伯利亚研究，2002（01）：27-31.

孙新艳. 北京乡村旅游特色业态游客感知价值研究［D］. 首都经济贸易大学，2017.

孙学文，吕弼顺，梁荣. 珲春市边境旅游的发展研究［J］. 山西农经，2020（21）：50-51.

孙学文. 珲春市边境旅游驱动机制及发展模式研究［D］. 延边大学，2021.

孙杨. 基于中俄战略协作伙伴关系的两国边境地区旅游发展研究——以黑龙江边境旅游为例［D］. 黑龙江大学，2014：15-16，33-34，49-50，53-54.

孙永刚. 发展黑河中俄边境旅游新思路 [J]. 东欧中亚市场研究，2001（08）：34-38.

唐承财，张宏磊，赵磊，杨媛媛，魏歌. 新冠肺炎疫情对中国旅游业的影响及其应对探析 [J]. 中国生态旅游，2022，12（1）：169-183.

唐仲霞，马耀峰，肖景义. 基于共生理论的青藏地区入境旅游区域合作研究 [J]. 青海民族研究，2012（1）：100-105.

陶柯方，叶建赓，陈柏如. 基于优化赋权的人文旅游资源可变模糊评价模型 [J]. 统计与决策，2019，35（13）：56-59.

陶岚. 中俄蒙边境资金流动中洗钱风险 [J]. 内蒙古金融研究，2009（2）：58-59.

田里，吴信值，王桀. 国外跨境旅游合作研究进展与启示 [J]. 旅游学刊，2018，33（7）：52-62.

田里. 边境旅游面临的国家安全问题研究 [J]. 湖湘论坛，2022，35（2）：66-77.

田友春，顾永昆. 滇越边境地区合作开发资源研究 [J]. 红河学院学报，2012（01）：24-27.

佟景洋. 改革开放后兴安盟与蒙古国经贸文化旅游合作研究 [J]. 东北亚经济研究，2021，5（06）：112-119.

佟玉权. 区域旅游系统结构优化的理论研究 [J]. 辽宁教育学院学报，1998（2）：31-33.

涂文涛. 呼伦贝尔市发展区域旅游业对策研究 [D]. 黑龙江大学，2019：52-53.

汪德根，陆林，陈田，刘昌雪. 我国边境省区入境客源市场结构及开发战略研究——以内蒙古自治区为例 [J]. 干旱区地理，2004（04）：615-621.

王桂芳. 锡林郭勒盟草原旅游发展模式研究 [D]. 内蒙古师范大学，2012.

王海荣，王海凤. 全域旅游背景下黑龙江省旅游可持续发展研究 [J]. 边疆经济与文化，2022（6）：1-4.

王建军. 旅游资源分类与评价问题的新思考 [J]. 旅游学刊，2005（06）：7-8.

王桀，苏季珂. 边境旅游研究进展与启示——以 SSCI 论文为例 [J]. 中国生态旅游，2022，12（3）：399-415.

王桀，贾晨昕，吴信值．中国面向东盟"两区"建设问题与突破路径探讨[J]．亚太经济，2019（2）：122-128.

王靖宇．黑龙江省推进旅游城镇化建设的政策研究[D]．哈尔滨商业大学，2015：23-24.

王雷．乡村人口流失问题对中蒙边境地区边境管理活动的影响及举措[J]．特区经济，2018（01）：154-156.

王丽丽，明庆忠．中国东北边境旅游发展及其地域空间模式研究[J]．四川旅游学院学报，2018（03）：83-87.

王灵恩，王芳，等．从欧盟经验看跨境合作背景下中国边境旅游发展[J]．开发研究，2013（4）：51-56.

王明清，丁四保．东北地区扩大对外开放的地缘障碍因素分析[J]．当代经济研究，2014（01）：89-93.

王秋屿．延边地区边境旅游质量评价研究[D]．延边大学，2021.

王睿．云南跨界旅游资源开发管理模式研究[D]．云南师范大学，2015.

王若雨．中国与中亚国家旅游服务贸易基础与合作路径分析[J]．对外经贸实务，2020（10）：81-84.

王珊，斯琴，吴海珍，吴必虎．基于"点—轴"系统理论的内蒙古与蒙古国旅游合作空间结构研究[J]．内蒙古财经大学学报，2021，19（1）：80-84.

王晓军，罗显克．广西边境地区少数民族文化与旅游资源开发初探[J]．百色学院学报，2006（04）：106-109.

王新歌，孙钦钦，席建超．边境旅游研究进展及其启示[J]．资源科学，2014，36（6）：1107—1116.

王亚峰．"一带一路"视域下内蒙古与俄蒙旅游业合作机制的研究[J]．北方经济，2016（11）：30-32.

王艺烨．黑龙江省中俄边境旅游发展研究[D]．牡丹江师范学院，2020.

王瑛琦．内蒙古阿尔山市旅游扶贫经验及成果巩固对策研究[D]．广西师范大学，2022.

韦国兆．广西崇左市边境旅游开发对策研究[D]．云南大学，2008.

温艳玲，张倩玉．延边地区中俄朝边境旅游现状与发展战略之思考[J]．东疆学刊，2010，27（03）：94-99+114.

乌丽晗，胡伟华."一带一路"倡议下中蒙跨境旅游合作研究［J］.中国经贸导刊（中），2020（05）：34-35+76.

吴殿廷，崔丹，刘宏红.中蒙旅游合作的现实意义和突破路径［J］.东北亚经济研究，2022，6（05）：23-32.

吴殿廷，王斌，周李.中俄旅游合作的现实意义和突破路径［J］.东北亚经济研究，2021（1）：25-35.

吴松立，李海莲.基于增长极理论视角的我国综合保税区扩散效应研究［J］.海关与经贸研究，2021，42（05）：43-61.

夏文贵.边境安全问题及其治理［J］.西北民族大学学报（哲学社会科学版），2017（6）：64-70.

夏友照.关于建立中俄朝跨境旅游合作区的战略思考［J］.社会科学战线，2011（11）：237-239.

谢莉.西部边境旅游开发的策略研究［J］.热带地理，2005（2）：181—184.

幸岭.区域旅游发展创新模式：跨境旅游合作区［J］.学术探索，2015（09）：70-76.

徐佳.旅游人类学视角下少数民族地区边境购物旅游资源开发——以霍尔果斯口岸为例［J］.贵州商业高等专科学校学报，2015（01）：22-25.

徐黎丽，于洁茹.中蒙边境口岸的发展问题及对策思考［J］.云南师范大学学报（哲学社会科学版），2018，50（06）：1-8.

徐淑梅，李圆慧，王亚丰.中国东北东部边境地区旅游业发展研究［J］.地理科学，2012，32（03）：336-341.

徐武伟.基于空间计量模型的我国入境旅游影响因素与对策研究［D］.江西财经大学，2017.

徐哲帅.沿边开发开放政策背景下东兴跨境旅游合作发展研究［D］.广西大学硕士学位论文，2018：3-4.

杨芳，方旭红.我国边境旅游安全问题探析［J］.乐山师范学院学报，2010，25（09）：87-91.

杨芳.丝绸之路经济带背景下中哈边境旅游合作动力机制分析及保障体系构建［J］.对外经贸，2015（6）：31-33.

杨洪，陈长春，袁开国.我国西部边境旅游开发研究［J］.世界地理研究，

2001，10（3）：64-69.

杨劲松. 我国边境旅游发展的动力集成与前景展望［J］. 旅游研究，2016，
8（6）：8-10.

杨蕾. 呼伦贝尔市旅游业发展中存在的问题及对策研究［D］. 哈尔滨工业
大学，2015：36-37.

杨丽. 边境旅游市场分析与开发战略［J］. 思想战线，2001（05）：63-66.

杨路佳. 基于口岸—通道—腹地理论的边境旅游试验区空间构建研究——以
云南孟连为例［D］. 云南师范大学，2018：59-61.

杨明，吴忠军，孙华强. 边境旅游试验区旅游网络关注度时空分布及影响因
素研究［J］. 四川旅游学院学报，2020（5）：78-83.

杨木连. 对长江三峡湖北峡区与神农架旅游实施战略结合的思考——兼及长
江三峡湖北峡区风光旅游的新思路［J］. 旅游学刊，1994（3）：27-30.

杨翔宇. 满洲里口岸对外贸易现状及对策研究［D］. 内蒙古农业大学，
2020：30-43.

杨效忠，彭敏. 边境旅游研究综述及展望［J］. 人文地理，2012，27（4）：
19-24+93.

杨勇. 中国—东盟自由贸易区与东兴市旅游市场的进一步开发——环北部湾
地区边境旅游研究系列论文之二［J］. 西南民族大学学报（人文社科
版），2005（01）：332-335.

杨兆萍，张小雷. 边境地区旅游业发展模式研究［J］. 经济地理，2001，21
（3）：363-366.

杨振之. 全域旅游的内涵及其发展阶段［J］. 旅游学刊，2016，31（12）：
1-3.

姚素英. 试谈边境旅游及其作用［J］. 北京第二外国语学院学报，1998
（3）：16-21.

殷勇. 东北亚区域内多边跨境旅游合作现状与对策建议［J］. 西伯利亚研
究，2018，45（4）：63-67.

银淑华. 俄罗斯旅华市场独特性分析及其开发策略选择［J］. 北京工商大学
学报（社会科学版），2010（06）：95-102.

于国政，陈唯，周玲. 中国—周边国家跨境旅游合作研究［J］. 资源开发与
市场，2015，31（5）：617-621.

郁滨赫，郭华，刘悦，孙国兴. 天津市蓟州区创建国家全域旅游示范区的思路与建议 [J]. 天津农业科学，2017，23（12）：22-25.

原帼力，王英. 中哈跨境旅游合作区建设发展探究 [J]. 新疆财经，2016（4）：60-71.

苑海龙，于斌. 珲春图们江国际三角洲跨境旅游合作研究 [J]. 东北亚经济研究，2020（4）：79-88.

张广瑞. 边境旅游发展的战略与政策选择 [J]. 经济研究参考，1996（H6）：38-48.

张广瑞. 中国边境旅游的基本类型、基本特点及发展趋势 [J]. 经济研究参考，1996（H6）：15-26.

张广瑞. 中国边境旅游发展的战略与政策选择 [J]. 财贸经济，1997（03）：55-58.

张洁妍. 东北地区沿边主要口岸跨境经济合作研究——兼论王军春跨境经济合作发展对策 [D]. 吉林大学，2013.

张金山，曾博伟，孙梦阳. 跨境游客往来便利化的制度分析及对策研究 [J]. 旅游学刊，2016，31（02）：23-32.

张莉莉. 云桂两地面向东盟跨境旅游合作区建设的现状、问题与突破路径 [J]. 服务贸易，2021（01）：85-88.

张梦瑶. 中缅边境经济合作区区域旅游合作模式构建与路径选择 [D]. 云南财经大学，2014.

张守艳. 黑龙江省三江地区旅游开发模式研究 [D]. 青岛大学，2005.

张慰冰. 合作开发环太湖旅游圈探求区域旅游发展的新思路 [J]. 旅游学刊，1997（4）：42-45.

张秀杰. 中蒙旅游合作及其发展策略研究 [J]. 东北亚，2011（06）：32-36.

张学刚. 内蒙古承接发达地区产业转移的战略思考 [J]. 北方经济，2012（Z1）：49-54.

张燕茹. 内蒙古关于边境旅游试验区和跨境旅游合作区建设的思考 [J]. 北方经济，2016（08）：24-26.

张玉良. 珲春市旅游资源评价与开发研究 [D]. 延边大学，2012.

赵爱华. 丹东中朝边境旅游的发展、问题及对策 [J]. 牡丹江教育学院学报，2004（02）：120-121.

赵多平，孙根年，苏建军. 中国边境入境旅游的客流演化态势及其动因分析——新疆内蒙云南三省区的比较研究 [J]. 人文地理，2012（5）.

赵佳琪. 东北边疆地区非遗现状调研——以鄂温克、鄂伦春、赫哲族传统技艺为例 [J]. 美术观察，2022（06）：8-14.

赵明，郑喜珅. 跨境旅游资源国际合作开发探讨——以黑龙江中俄边境段为例 [J]. 世界地理研究，2004（4）：86-93.

赵明龙. 建立中越国际旅游合作区的探讨 [J]. 学术论坛，2011，34（3）：106-110.

赵宛燕. 基于SWOT分析的绥芬河市中俄边境发展研究 [D]. 牡丹江师范学院，2017：21-31.

赵欣. 黑河市中俄跨境旅游合作区创建策略研究 [J]. 长春师范大学学报，2019，38（12）：93-96.

赵壮，杨吉生. 吉林省边境旅游现状与发展对策分析 [J]. 现代商贸工业，2009，21（03）：58-59.

郑辽吉. 丹东边境旅游产品创新与联合开发——基于行动者—网络理论观点 [J]. 世界地理研究，2009，18（2）：128-134.

郑辽吉. 丹东市赴朝边境旅游发展研究 [J]. 世界地理研究，2002（03）：71-78.

郑憩. 疫情以来我国旅游市场变化趋势特征及对策研究 [J]. 中国物价，2020（10）：107-109.

郑耀星. 区域旅游合作是旅游业持续发展的新路——制订《闽西南五市旅游合作发展规划纲要》的深层思考 [J]. 福建师范大学学报（哲学社会科学版），1999（2）：29.

职晓晓. 旅游资源共有因子评价系统的分析与评价——以焦作市历史文化旅游资源为例 [J]. 中国集体经济，2013（04）：121-122.

钟林生，张生瑞，时雨晴，张爱平. 中国陆地边境县域旅游资源特征评价及其开发策略 [J]. 资源科学，2014（06）：1117-1124.

钟韵，彭华，郑莘. 经济发达地区旅游发展动力系统初步研究：概念、结构、要素 [J]. 地理科学，2003，23（1）：160-165.

周彬，钟林生，陈田，戚均慧，时雨晴，任国柱. 黑龙江省中俄界江旅游发

展策略研究 [J]. 经济地理，2013（06）.

周言艳. 中俄在旅游领域的人文交流问题探究 [J]. 西伯利亚研究，2020，47（5）：94-101.

周英杰，丁玉莲. 内蒙古自治区中蒙边境贸易发展研究 [J]. 内蒙古师范大学学报（哲学社会科学版），2008，37（S1）：41-42.

朱洪璋. 尺度重组视角下内蒙古对蒙古国口岸城市跨境经济合作研究 [D]. 内蒙古财经大学，2022：26-27.

祝亚雯，章锦河，王浩. 利益相关者对旅游产业的认知差异分析 [J]. 云南地理环境研究，2009（03）：86-91.

祝招玲，谢维光. 佳木斯市边境旅游发展模式研究 [J]. 赤峰学院学报（自然科学版），2010，26（1）：154-155.

左新锋，陈新建. 中国边疆地区开放开发的政策变迁与治理创新 [J]. 广西经济，2021，39（Z6）：46-51+78.

报纸：

宋晨曦. 乡村游如何成为振兴新引擎？[N]. 黑龙江日报，2022-06-21.

李庆雷，杨路佳. 对跨境旅游合作区建设的思考 [N]. 中国旅游报，2015-12-14（C02）.

李庆雷，高大帅. 边境旅游试验区建设的认识问题与推进对策 [N]. 中国旅游报，2016-12-06（003）.

班忠柏. 建设边境旅游试验区 打造开放发展新格局 [N]. 中国旅游报，2018-05-28（003）.

陈立新. 全面加快边境旅游试验区建设 打造北疆亮丽风景线上最美名片 [N]. 中国旅游报，2018-06-01（003）.

刘鹤. 加快构建以国内大循环为主、双循环相互促进新发展格局 [N]. 人民日报，2022-11-25（006）.

黄细花. "双循环"新发展格局下——新业态为文旅发展再添动能 [N]. 中国文化报，2021-03-09.

网址：

《中华人民共和国国家安全法》[EB/OL].（2015-07-01）. http://

www. gov. cn/xinwen/2015−07/01/content_ 2888316. htm.

《习近平. 决胜全面建成小康社会夺取新时代中国特色社会主义伟大胜利——在中国共产党第十九次全国代表大会上的报告》［EB/OL］. （2017−10−18）. http：//www. gov. cn/xinwen/2017−10/27/content_ 5234876. htm.

《黑龙江：圆满完成 2020 年中俄边境地区电磁环境测试任务》［EB/OL］. （2020−08−05）. http：//www. srrc. org. cn/article26015. aspx.

《地理地貌》［EB/OL］. （2017−03−22）. http：//www. jl. gov. cn/sq/jlsgk/dldm/ .

《自然概貌》［EB/OL］. http：//www. ln. gov. cn/zjln/zrgm/.

《区域概况》［EB/OL］. https：//www. nmg. gov. cn/asnmg/index_912. html.

《延边概况》［EB/OL］. （2019−11−14）. http：//www. yanbian. gov. cn/zq/ybgk/201911/t20191114_ 307. html.

《二连浩特市概况》［EB/OL］. （2022−01−06）. http：//www. elht. gov. cn/mlel/csgk/.

《满洲里市情》［EB/OL］. （2022−04−11）. http：//www. manzhouli. gov. cn/mzl/mlbc/mzlsq/index. html.

《丹东宽甸"百村脱贫致富"工程富民强村》［EB/OL］. （2020−10−28）. http：//ln. people. com. cn/n2/2020/1028/c378327−34379094. html.

《延边州五年脱贫攻坚工作回眸》［EB/OL］. （2020−01−07）. http：//www. jl. gov. cn/zw/sydtp/202101/t20210107_ 7888124. html.

《呼伦贝尔市建档立卡脱贫户人均纯收入达 1.6 万余元》［EB/OL］. （2022−06−20）https：//www. nmg. gov. cn/zwyw/gzdt/msdt/202206/t20220620_ 2073754. html.

《冰雪头条：吉林省冰雪旅游市场占有率稳居全国第一；吉林省今后 5 年将着力打造三个万亿级大产业，"冰雪和避暑休闲生态旅游"正列其一》［EB/OL］. （2022−06−23）. https：//www. 163. com/dy/article/HAI7D 1UT0529SL28. html.

《中国新闻网：东北亚地方政府共谋打造"东北亚海洋经济合作圈"》［EB/OL］. （2021−09−22）. https：//baijiahao. baidu. com/s? id＝1711606306830790573&wfr＝spider&for＝pc.

《国家发展改革委关于印发东北振兴 "十三五" 规划的通知》[EB/OL].
（2016 - 11 - 12）. https：//www. ndrc. gov. cn/xxgk/zcfb/ghwb/201612/
t20161219_962212. html？ code = &state = 123.

《宽甸 "百村脱贫致富" 工程富民强村村集体年收入全部达到 3 万元，建档立
卡贫困户年人均纯收入达 8536 元》[EB/OL]. （2020 - 10 - 28）. http：//
www. ln. gov. cn/ywdt/jrln/wzxx2018/202010/t20201028_3995705. html.

《民革企业家助力珲春海洋经济合作发展投资促进大会暨珲春海洋经济发展
示范区揭牌仪式举行》[EB/OL]. （2020 - 09 - 10）. http：//www. jl.
gov. cn/zw/yw/jlyw/202009/t20200910_7472650. html.

《国务院关于同意建立中俄满洲里—后贝加尔斯克边民互市贸易区的批复》
[EB/OL]. （2010 - 12 - 17）. http：//www. gov. cn/zhengce/content/
2010-12/17/content_4951. htm.

《国家旅游局关于对政协十二届全国委员会第五次会议第 2868 号（商贸旅
游类 137 号）提案的答复》[EB/OL]. （2017-09-19）. https：//zwgk.
mct. gov. cn/zfxxgkml/zhgl/jytadf/202012/t20201204_906843. html.

《佳木斯旅游景点——佳木斯旅游景点大全》[EB/OL]. （2018-07-19）.
https：//www. jms. gov. cn/html/index/content/2018/7/dc17278f8c434aa
19be37a56e925f06a. html.

《人口》[EB/OL]. https：//www. nmg. gov. cn/asnmg/shjj/rk/.

《国门》[EB/OL]. （2022-05-20）. http：//manzhouli. gov. cn/News/show/
539987. html。

《集安老岭抗日游击根据地获评吉林省首批东北抗联红色教育基地》[EB/
OL]. （2018 - 07 - 05）. http：//www. jilinja. gov. cn/zwdt/201807/t20
180705_233364. html.

《二连浩特市》[EB/OL]. （2018 - 09 - 01）. https：//www. nmg. gov. cn/
asnmg/msfc/202012/t20201207_279843. html.

《商务部办公厅：中国进出口银行办公室联合印发关于应对新冠肺炎疫情支
持边境（跨境）经济合作区建设促进边境贸易创新发展有关工作的通
知》[EB/OL]. （2020-03-23）. http：//www. mofcom. gov. cn/article/
ae/ai/202003/20200302947862. shtml.

《国务院办公厅关于印发兴边富民行动 "十一五" 规划的通知》[EB/OL].

（2007－06－09）. http：//www. gov. cn/zhengce/content/2008－03/28/content_6482. htm.

《文化场馆和旅游资源》［EB/OL］.（2020－10－29）. http：//whhlyt. jl. gov. cn/ggfw/whcg/jng/202010/t20201029_7682937. html.

长白朝鲜族自治县人民政府［EB/OL］.（2022－09－05）. http：//wza. changbai. gov. cn/esd/cbgk/cbxq/201801/t20180108_257116. html.

《走进黑龙江》［EB/OL］.（2007－06－09）. https：//www. hlj. gov. cn/34/index. html.

《国务院关于支持沿边重点地区开发开放若干政策措施的意见》［EB/OL］.（2015－12－24）. http：//www. gov. cn/zhengce/content/2016－01/07/content_10561. htm.

《旅游局：为旅游改革开放种好"试验田"》［EB/OL］.（2016－08－29）. http：//www. gov. cn/xinwen/2016－08/29/content_5103162. htm.

《黑龙江大桥公路口岸联检设施加速复工：项目进度已达75%》［EB/OL］.（2020－03－24）. https：//baijiahao. baidu. com/s？id＝1662034165636005761&wfr＝spider&for＝pc.

《中华人民共和国国家安全法》［EB/OL］.（2015－07－01）. http：//www. gov. cn/xinwen/2015－07/01/content_2888316. htm.

《兴边富民行动"十三五"规划》［EB/OL］.（2017－06－06）. http：//www. gov. cn/xinwen/2017－06/06/content_5200309. htm.

《兴边富民行动：描绘边疆新画卷》［EB/OL］.（2021－05－08）. http：//www. mzb. com. cn/html/report/210530406－1. htm.

《2016年内蒙古自治区政府工作报告》［EB/OL］.（2016－01－23）. https：//www. nmg. gov. cn/zwgk/zfggbg/zzq/201807/t20180730_229819. html.

《2019年丹东市国民经济和社会发展统计公报》［EB/OL］.（2022－04－02）. https：//www. dandong. gov. cn/html/DDSZF/202004/0164015092703429. html.

《丹东市"十四五"旅游业发展规划》［EB/OL］.（2021－12－31）. https：//wlg. dandong. gov. cn/html/WLGDJ/202201/0164152629288352. html.

《2020丹东日记丨高质量答好脱贫攻坚"收官卷"》［EB/OL］.（2021－01－05）. https：//new. qq. com/rain/a/20210105A0F3RC00.

《辽宁省丹东市宽甸县:"电商+扶贫"模式推动精准扶贫取得实效》[EB/OL].(2020-01-12).http://www.canet.com.cn/liaoning/657322.html.

《魅力大梨树 美丽乡村游——辽宁省丹东市大梨树村乡村旅游区》[EB/OL].(2020-11-25).https://www.ndrc.gov.cn/xwdt/ztzl/qgxclydxal/mswhytx/202011/t20201125_1251235.html?code=&state=123.

《中共中央 国务院关于实施乡村振兴战略的意见》[EB/OL].(2018-02-05).http://www.moa.gov.cn/ztzl/yhwj2018/spbd/201802/t20180205_6136480.htm.

《吉林省简介》[EB/OL].(2022-11-05).http://www.gov.cn/fuwu/bumendifangdating/difangdating/jilin/index.html.

《吉林省国民经济和社会发展统计公报(2016、2019)》[EB/OL].(2022-11-05).http://www.jl.gov.cn/sj/sjcx/.

《延边朝鲜族自治州2019年国民经济和社会发展统计公报》[EB/OL].(2020-06-08).http://www.jl.gov.cn/sj/sjcx/ndbg/gdzs/202006/t20200608_7257722.html.

《通化市2019年国民经济和社会发展统计公报》[EB/OL].(2020-06-18).http://tjj.jl.gov.cn/tjsj/sjjd/202006/t20200618_7277394.html.

《白山市2019年国民经济和社会发展统计公报》[EB/OL].(2020-05-12).http://www.cbs.gov.cn/sj/tjgb/202005/t20200512_608048.html.

《吉林省文化和旅游厅网站》[EB/OL].(2020-05-09).http://whhlyt.jl.gov.cn/ggfw/whcg/jng/202005/t20200509_7204841.html.

《延边州五年脱贫攻坚工作回眸》[EB/OL].(2022-01-07).http://www.jl.gov.cn/zw/sydtp/202101/t20210107_7888124.html.

《吹响总攻冲锋号——白山市决战脱贫攻坚纪实》[EB/OL].(2021-03-15).http://www.jl.gov.cn/zw/yw/zwlb/sx/sz/202003/t20200324_6922640.html.

《斩穷根 逐小康——通化市脱贫攻坚工作纪实》[EB/OL].(2021-03-15).http://www.jl.gov.cn/zw/yw/zwlb/sx/sz/202103/t20210315_7966418.htmlb.

《构建长效机制 建设美丽乡村 延边州全面提升农村人居环境质量》[EB/OL].(2022-08-25).http://www.moa.gov.cn/xw/qg/202208/t20220825_6407830.htm.

《文化赋能乡村振兴》［EB/OL］.（2022-09-13）. https：//baijiahao. baidu. com/s？ id＝1743812419593377036&wfr＝spider&for＝pc.

《白山市大力发展乡村休闲旅游产业 助力乡村振兴》［EB/OL］.（2022-11-11）. https：//mp. weixin. qq. com/s？ ＿ ＿ biz＝MzI1NzkzOTkxMw＝＝&mid＝2247528001&idx＝1&n＝65db036da9abac393fff64b7158c7f50&chksm＝ea0deee7dd7a67f14434befe40b3ddedabc1a8bde8e1d4790730f2e53edaf10ac4a3f17a6c86&scene＝27.

《长白县多措并举促进乡村旅游业态融合发展》［EB/OL］.（2022-09-13）. http：//www. xincainet. com/static/news/363398. html.

《通化市冰雪旅游焕发经济发展新活力》［EB/OL］.（2022-04-29）. http：//www. jl. gov. cn/zw/yw/zwlb/sx/sz/202204/t20220428＿8440710. html.

《通化市旅游项目多姿多彩》［EB/OL］.（2022-09-11）. https：//sdxw. iqilu. com/w/article/YS0yMS0xMzM3OTE5OQ. html.

《长白县马鹿沟镇果园村体验民俗风情 感受文化魅力》［EB/OL］.（2022-09-27）. http：//www. cbs. gov. cn/zw/xq/202209/t20220927_743979. html.

《2019年通化市召开文化广电和旅游工作会议》［EB/OL］.（2019-03-23）. https：//www. sohu. com/a/303333216_100213679？＿trans_＝000019_wzwza.

《中俄旅游合作风景这边正好》［EB/OL］.（2018-06-18）. http：//epaper. hljnews. cn/hljrb/20180618/361346. html.

《体验脱贫成就 助力乡村振兴 黑龙江10条旅游线路入选》［EB/OL］.（2021-05-14）. https：//baijiahao. baidu. com/s？ id＝169970009750101045423&wfr＝spider&for＝pc.

《"清零"！黑龙江28个贫困县全部退出摘帽》［EB/OL］.（2020-02-28）. https：//baijiahao. baidu. com/s？ id＝1659741995277590207 &wfr＝spider&for＝pc.

《黑龙江：361个村成为全国乡村旅游扶贫重点村》［EB/OL］.（2016-10-16）. http：//www. gov. cn/xinwen/2016-10/16/content_5119801. htm.

《黑河爱辉：3年投入3亿元 农村环境大变样》［EB/OL］.（2020-12-19）. https：//view. inews. qq. com/k/20201219A08ANE00？ web＿channel＝

wap&openApp＝false.

《旅游助脱贫"好风景"变"好钱景"》［EB/OL］.（2020－10－17）.
https：//new. qq. com/rain/a/20201017A0FMG800.

《外三道沟村：穿越时光长廊 感受知青文化》［EB/OL］.（2020－12－16）.
https：//www. sohu. com/a/508637240_362042.

《黑龙江：361 个村成为全国乡村旅游扶贫重点村》［EB/OL］.（2016－10－
16）. http：//www. gov. cn/xinwen/2016－10/16/content_5119801. htm.

《黑河爱辉：3 年投入 3 亿元 农村环境大变样》［EB/OL］.（2020－12－19）.
https：//view. inews. qq. com/k/20201219A08ANE00？web _ channel ＝
wap&openApp＝false.

《旅游助脱贫"好风景"变"好钱景"》［EB/OL］.（2020－10－17）.
https：//new. qq. com/rain/a/20201017A0FMG800.

《外三道沟村：穿越时光长廊 感受知青文化》［EB/OL］.（2020－12－16）.
https：//www. sohu. com/a/508637240_362042.

《黑龙江省逊克县做实做强乡村旅游"五篇文章"打造乡村振兴新引擎》
［EB/OL］.（2021－08－20）. https：//hlj. cri. cn/n/20220816/94faf627－
5407－aecb－d873－c7073b453916. html.

《旅游助脱贫"好风景"变"好钱景"——佳木斯市抓吉赫哲族村的"脱
贫"故事》［EB/OL］.（2020－10－23）. https：//new. qq. com/rain/
a/20201023A0D0CI00.

《黑龙江省农村和贫困地区农村居民生活水平稳步提升》［EB/OL］.（2021－
08－20）. https：//www. hlj. gov. cn/n200/2021/0820/c35－11021407. html.

《2019 年黑河市国民经济和社会发展统计公报》［EB/OL］.（2020－04－26）.
http：//zwgk. heihe. gov. cn/info/1474/1184. htm.

《2019 年牡丹江市国民经济和社会发展统计公报》［EB/OL］.（2020－03－31）.
http：//zwgk. mdj. gov. cn/bmxxgk/tjj/202005/t20200504_299409. html.

《2021 北大荒农垦集团公司简介》［EB/OL］.（2021－11－10）. http：//
hlj. zggqzp. com/2021/bsjq_1110/10684. html.

《内蒙古最新 5A 级旅游景区名录》［EB/OL］.（2022－05－27）. https：//
mp. weixin. qq. com/s？ _ _ biz ＝ MzIzNjM3MzQ5Nw ＝ ＝ &mid ＝
2247553358&idx ＝ 4&sn ＝ 332f50cc2bb5d310ccd1c1584616788f&chksm ＝

e8da85d8dfad0ccefb76277ed0448dc27ee90a643fb42486d04e8e83f4638550b7 2a47ef1d10 &scene = 27.

《内蒙古自治区 2019 年国民经济和社会发展统计公报》[EB/OL]. (2020- 02-28). http：//tj. nmg. gov. cn/files_pub/content/pdfview/web/viewer. html? file =/files_pub/content/PDF/60edbc5e2e6a465caa30f8bbf4-f26c5a/ 60edbc5e2e6a465caa30f8bbf4f26c5a. pdf.

《2019 年呼伦贝尔市旅游业统计》[EB/OL]. (2020-10-21). http：// wlgj. hlbe. gov. cn/News/show/467682. html.

《二连浩特市 2019 年旅游组接指标情况》[EB/OL]. (2020-01-09). http：//www. xlgl. gov. cn/zx/qxdt/202001/t20200109_2390721. html.

《"文旅+"为决胜全面小康添动力》[EB/OL]. (2021-01-21). https：// www. mct. gov. cn/whzx/qgwhxxlb/nmg/202101/t20210110_920625. htm.

《内蒙古自治区文化和旅游厅 2021 年工作总结》[EB/OL]. (2022-03-10). https：//www. nmg. gov. cn/zwgk/zdxxgk/ghjh/jzqk/202203/t20220310 _2015036. html.

《自治区党委宣传部召开"庆祝建党百年 践行初心使命"系列发布第二 场——弘扬红色文化推进红色旅游专场发布会》[EB/OL]. (2021-06- 17). https：//www. nmg. gov. cn/zwgk/xwfb/fbh/qtxwfbh/202106/t20210 617_1637088. html.

《汇聚民心共脱贫 打造特色文化地——内蒙古自治区兴安盟阿尔山市白狼镇 林俗村旅游扶贫案例》[EB/OL]. (2022-02-09). https：//ishare. ifeng. com/c/s/v002OQPm4b8QoA5nfm3MUSL29CruWZ3YJ8eDk-_QlqI8Q-- ao__.

《以乡村旅游为依托探索脱贫致富新路子——内蒙古自治区巴彦淖尔市富强 村》[EB/OL]. (2020-05-12). https：//baijiahao. baidu. com/s? id = 1666447193836883573&wfr = spider&for = pc.

《内蒙古加快乡村旅游供给侧结构性改革的若干思考》[EB/OL]. (2022- 06-16). https：//baijiahao. baidu. com/s? id = 1735744048938260870&wfr = spider&for = pc.

《乡村游越游越诗意 夜经济越夜越美丽》[EB/OL]. (2022-04-12). https：// www. nmg. gov. cn/asnmg/asnmg/asnmgxcp/202204/t20220412_2036513. html.

《内蒙古自治区旅游业 2022 年行动方案解读》［EB/OL］.（2022-04-12）. https：//baijiahao. baidu. com/s？ id = 1729895084190599504&wfr = spider &for = pc.

《内蒙古自治区文化和旅游厅 2021 年工作总结》［EB/OL］.（2022-03-10）. https：//www. nmg. gov. cn/zwgk/zdxxgk/ghjh/jzqk/202203/t20220310_ 2015036. html.

《自治区文化和旅游厅关于印发内蒙古自治区乡村（牧区）旅游接待户星级评 定管理办法的通知》［EB/OL］.（2021-05-31）. https：//wlt. nmg. gov. cn/zfxxgk/zfxxglzl/fdzdgknr/bmwj/202106/t20210615_ 1636045. htmll.

《内蒙古自治区文化和旅游厅关于首批省级文明旅游示范单位和丙级旅游民宿绿 色旅游饭店评定结果公示》［EB/OL］.（2022-06-22）. https：//wlt. nmg. gov. cn/zfxxgk/zfxxglzl/fdzdgknr/tzgg/202206/t20220622_ 2075773. html.

《内蒙古两地区被命名为国家全域旅游示范区》［EB/OL］.（2020-12-18）. http：//www. nmgzf. gov. cn/msrx/2020-12-18/42754. html.

《中国政府网》［EB/OL］. http：//www. gov. cn/fuwu/bumendif-angdating/ difangdating/jilin/index. html.

《黑龙江大桥公路口岸联检设施加速复工：项目进度已达 75%》［EB/OL］. http：//www. chinanews. com/cj/2020/03_ 24/9136025. shtml.

图书在版编目（CIP）数据

东北地区边境旅游发展转型与旅游"两区"建设路径
及模式研究 / 崔哲浩，吴雨晴著. -- 北京：社会科学
文献出版社，2024.12
ISBN 978-7-5228-3207-4

Ⅰ. ①东… Ⅱ. ①崔… ②吴… Ⅲ. ①边疆地区-旅
游业发展-研究-东北地区 Ⅳ.①F592.73

中国国家版本馆 CIP 数据核字（2024）第 018358 号

东北地区边境旅游发展转型与旅游"两区"建设路径及模式研究

著　　者 / 崔哲浩　吴雨晴

出 版 人 / 冀祥德
组稿编辑 / 任文武
责任编辑 / 王玉霞
文稿编辑 / 吴尚昀
责任印制 / 王京美

出　　版 / 社会科学文献出版社·生态文明分社（010）59367143
　　　　　　地址：北京市北三环中路甲 29 号院华龙大厦　邮编：100029
　　　　　　网址：www.ssap.com.cn
发　　行 / 社会科学文献出版社（010）59367028
印　　装 / 三河市尚艺印装有限公司

规　　格 / 开　本：787mm×1092mm　1/16
　　　　　　印　张：23　字　数：373 千字
版　　次 / 2024 年 12 月第 1 版　2024 年 12 月第 1 次印刷
书　　号 / ISBN 978-7-5228-3207-4
定　　价 / 98.00 元

读者服务电话：4008918866